胡　潔　著

律令制度と日本古代の婚姻・家族に関する研究

風　間　書　房

目次

第二編　婚姻居住と親族関係

序

本書は古代日本の婚姻慣習、家族形態を外来文化、特に律令制の導入との関連から考察したものである。律令といえば、官僚制度をはじめ、国家の政治に関わる諸制度であるという印象は強く、これまで主に法制史学において多くの議論が行われてきたが、社会の基層の家族・親族構造との関連性、婚姻慣習との関連性に関する研究は少ない。しかし実際のところ、律令の受容の歴史を紐解くと、律令条文には戸令をはじめ、中国式の婚姻・家族の規定が書かれており、律令国家の諸制度を通じて、様々な形で日本社会に影響を与えていたのである。また日本上代の漢字文献、例えば『古事記』や『日本書紀』を見ても、結婚や家族に関する記述は中国風に表現されており、両社会は同じ婚姻・家族制度であったかのような印象を受ける。これらの漢字文献をいかに解読すべきか、これが本書の問題意識の一つである。

一方、これら漢字による記述とは対照的に、記紀歌謡や万葉歌さらに平安時代の仮名文学、公卿日記が示す古代日本社会は、婚姻形態においても親族構造においても、中国の父系社会と著しく異なっていた。即ち、父系社会で、その居住形態は夫方居住で、その親族集団「宗」も父系親一族によるものであった古代中国とは異なり、古代日本社会は、非単系の社会で、夫方居住婚は不在で、「宗」のような父系出自集団も不在であった。古代日本は中国の文化や制度を導入することによって、必然的に異質な父系制の諸要素—男尊女卑、父系思想、夫方居住婚（娶嫁婚）、宗族観念、家父長制家族など—に直面することになるが、このような文化的遭遇が古代日本にとっていかなる意味を有していたのかを明らかにしたい。筆者の関心は、外来文化を摂取する側、すなわち、受け手側の受容のメカニズムにある。律令制によって持ち込まれた中国の父系制の諸原理を双系社会であった古代日本がどのように取捨選択し、自社会の婚姻慣習と整合していったのか、これが本書のもう一つの問題意識である。ここにまず、本書の問題意識に沿って、研究史を概観し整理しておきたい。

一　研究の背景と問題の所在

日本古代の婚姻、家族・親族に関して、これまで歴史学、文学、民俗学、社会人類学などの分野で議論が重ねられてきた。しかし、各分野の立場や方法は異なり、議論も多岐に亘っているため、明快に整理することは至難の業である。ここでは本書の問題意識に基づいて（1）出自、（2）婚姻居住、（3）律令制度と婚姻慣習の三つに関する議論を整理しながら、本書の基本的考えを述べることとする。

（1）出自について―父系か母系か、それとも双系か

社会の伝統的構造を形作る中心的な要素の一つに親族組織がある。「出自」（descent）とは、特定の親族集団に編成する規則であり、大きく単系出自（unilineal descent）と非単系出自（nonunilineal descent）に分かれる。親族集団の成員権、財産相続権、さらに地位継承が父系的に伝承される社会を父系出自（patrilineal descent）社会、母系的に伝承される社会を母系出自（matrilineal descent）社会と呼ぶ。第二次世界大戦前までの社会人類学では、出自意識が明確

なアフリカの諸民族などがもっぱら研究対象となっていたため、人類社会の出自集団は父系か母系かのいずれかであるという認識が主流であった。ところが、戦後、東南アジア、オセアニア地域が注目され研究対象となってからは、これまでの出自に対する認識が変わった。父系や母系のような単系社会の出自概念では解釈しきれない諸民族の存在が明らかになったからである。これらの社会は総じて「非単系出自」、または「双系出自／共系出自」(bilateral descent, cognatic descent) と称されるが、学者によって用語もまちまちで未だ明確な定義がなく、様々な解釈が試みられている段階である。本書では「双系」を非単系社会という共通の枠組みで捉える概念として用いる。アメリカの学者G・Pマードックは各社会に関する厖大な資料を通文化的に整理し、類型化した。彼は出自規制、親族(イトコ)名称、居住規制、外婚制の有無などを指標に、諸民族の親族組織を、エスキモー型、ハワイ型、スーダン型など十一タイプに分類し、単系出自社会と双系出自社会の持つ傾向を分析した。マードックによれば、双系社会は世界諸民族の約三〇%を占めている。(2) 双系社会の親族集団の最も一般的なタイプはキンドレッド (kindred) である。キンドレッドとは、自己を中心として、父方・母方双方の血縁をたどる親族を範疇とする概念であるが、婚姻面では内婚と結びつきやすく、居住面では新処居住、双方居住と結びつきやすい。何故なら、内婚的結合が、期待される親族者の空間的、社会的配列を妨げているからだ、と彼は言う。(3) 双系社会は主にヨーロッパ、アジア、アメリカといった大陸の周辺部、イギリス、東南アジア、ポリネシア、北アメリカ北西部に分布しており、日本もその中に含まれる。(4)「双系」という概念が日本の古代家族・親族研究に導入されたのは、二十世紀七十年代以降であった。民族学者大林太良が日本古代に見られる歌垣・訪婚などの習俗が東南アジア社会にも存在し、母系社会ではなく、双系社会の持つ共通点であると指摘して以来、鷲見等曜、吉田孝、明石一紀、義江明子(5) など多くの研究者によって古代日本の非単系的性格が指摘され、双系説も広く認められるようになった。従来の家族史研究と異なり、双系説論者は、婚姻禁忌、親族呼称、居住規制などといった社会人類学の学術概念を導入しながら日本古代の家族・親族を分析している点が特徴的である。これら双系説論者の議論の中でも筆者が注目したい問題は、①族内婚、②直系・エスキモー型の親族名称、③歌垣・訪婚などの習俗の三つである。①と②はいずれもマードックの親族構造の分析で双系社会に結びつきやすい要素として指摘されたもので、③は東南アジアの双系社会との関連性を示すものであり、双系社会の婚姻習俗の共通点を示唆するものである。本書の枠組みもこれらの先学の論考に多くを負っているが、本書の考察の重点は古代日本の双系的諸要素が外来文化との交渉によっていかに変化を遂げたのかということに置かれている。即ち、双系論においては、古代日本社会の非単系的諸要素が指摘されていながら、これらの諸要素の共存のメカニズム、また社会内部の双系的性格と外部から導入された単系（父系）制との関わりなどの諸問題に関する考察は不十分である。またこれまでの研究において「双系」という概念は個人を中心に父系と母系を同時に重んじる、という意味に用いられているのが殆どである。しかし、一口に「双系」と言っても、自己を中心として父方、母方双方につながるような、「方的関係」（laterality）の親族構造を持つ社会も存在すれば、父系と母系の双方の祖先を中心として子孫につながるような、「系的関係」（lineality）を持つ社会も一方では存在する。[6] また歴史的条件によって、父方と母方の親族との関わり方は必ずしも同じではない。特に日本古代社会の場合は、単系（父系）制の中国社会の文化、制度を導入した、という特殊な歴史的状況を考えると、「系的関係」と「方的関係」[7] が併存し、ある局面においては父系の系的関係が顕在し、またある局面においては母方・妻方の方的関係が顕在することも考えられる。非単系社会であったからこそ、単系社会に見られる強力で、排他的な規制は育たず、外来の父系制の導入も可能となったと考えられるが、入りやすい突破口が必要であろう。父系制が内包された律令制度の導入によって、社会の上層部、政治面における父系の「系的関係」が制度的に推進された面がある。男女の法、父姓制、系譜記載、戸籍記載、蔭位制などの一連の運動は、「系的関係」を形成せしめる上で重要な意味を持っていた。一方、実際の基層社会の婚姻と家族において、トップダウン式の父系制に対する反応は非常に緩慢で、極めて屈折的な展開を見せている。この上層と基層の温度差を忘れてはならない。特に次節で述べる居住規制においては、成人した父子兄弟が同居しないという慣習が根強く存在しており、容易に父系制の夫方居住と妥協できなかった。夫方居住即ち夫の実家での同居が実現されるには長い年月を要するが、奈良時代から平安時代へ移行していく中で、妻方居住・独立居住の夫婦同居が普及していた。平安時代の婿取婚には母方・妻方偏重の「方的関係」が顕著に見られるが、その歴史的役割もやはり夫婦同居を促進するところにあったと考えられる。かつて高群逸枝が「父系母所」(8)という概念を用いたが、この概念は外来文化に対する反応の温度差という視点から捉え直すことができよう。無論高群が言う「父系」――父姓、地位の父系伝承を指すと思われるが、これは本当の意味で言う父系出自ではない。「母所」である婿取婚も母系社会の母系出自と連動するものではない。私見ではこのような「父系母所」の現象は、双系社会が外部の刺戟また内部の諸要因の運動によって顕れた併存現象、複合現象と理解されるべきである。このような観点から言えば、これまで法制度や歴史記載の漢字表現を根拠に日本古代社会は父系社会だとした見解も、居住上に顕われた母方・妻方偏向の現象を根拠に母系説を唱える見解も一面的で、妥当性を欠くものである。本書はこのような父系的偏向と母方・妻方的偏向の両方から古代日本の双系的性格を究明することを目標とする。

（２）居住規制について—夫方居住か妻方居住か、それとも独立居住か

居住規制（rule of matrimonial residence）は、ある社会構造を観察する上で重要なメルクマールの一つである。何故なら、結婚した男女がどこに住むかによって、その社会の同居共食の家族共同体の構成が異なってくるからである。人類社会の婚姻居住には主に以下のようなものがあるとされている。

①訪婚（duolocal marriage）夫婦は別々に住み、夫は妻を訪問し、妻とは同居しない形態である。

②妻方居住婚（matrilocal marriage, 母処婚とも訳される）夫と妻が妻の親の家もしくはその近くに住む。

③独立（新処）居住婚（neolocal marriage）夫妻が彼ら自身の独立した家屋に居住する。独立居住の居住地は夫側提供と妻側提供の二種類がある。

④夫方居住婚（patrilocal marriage, 父処婚とも訳される）男性と妻が男性の親の家もしくはその近くに住む。[9]

日本古代の居住に関する議論は戸籍の記載をめぐる論争に始まったと言ってよい。[10] 戸籍の史料価値が疑問視されている今日、それを根拠に日本古代の父系制、家父長家族を説く論も顧みられなくなったが、戸籍制そのものは律令国家の制度の一つであるので、次節に述べる。ここでは戸籍研究以外の重要な研究として、民俗学者柳田国男による婿入—嫁入説、女性史学者高群逸枝による訪婚—（婿取）妻方同居説、民族学者江守五夫による一時妻訪—嫁入説の三つを取り上げて考えてみたい。実際柳田説と江守説は用語こそ異なるものの、同じ見解である。柳田国男は一九二九に発表した「聟入考」の中で、今日では一般的に見られる嫁入婚（娶嫁婚ともいう）[11] の婚儀よりも「昔の型」として婿入—男性が妻の家に承認されるための儀式—が存在していた、と指摘した。[12] 今日に残る習俗を手がかりに「聟入」の婚儀の存在を明らかにした柳田の指摘は重要であり、戸籍記載を巡る議論に終始していた歴史学に反省を促した点にお

いても功績が大きい。ただ柳田の研究では、「聟入」の婚儀は女性が夫の家に入る前に行われる一儀礼にすぎず、婚儀があげられた後、夫がしばらくは妻の家を訪問するが、その後は妻とともに自家に入る、と理解されている。聟入の婚儀の後に行われる男性の訪婚やその後の夫婦同居に至る経緯については、柳田の記述は漠然として簡略である。

（婿が）夜の宿を取るといふだけで、常の衣食を別別にして居る（中略）（伊予の下島七島の睦月という島の風習の紹介で）新郎が双方の親の許諾を受けると、其以後は新婦の家に来て宿泊する。（中略）此節は大抵三箇月も此生活をすれば、女はやがて夫の家へ引き取られることになって居るさうである。（昔の京の風俗の紹介として）女はいつの間にか家刀自となって、夫の家に児と共に住んで居るが、其の行列や門を入る作法などは、つひぞ記傳家の筆には上らなかった。

右の柳田の記述によれば、男性の訪婚の期間は大抵三箇月で、女性の夫家での同居は「いつのまにか」実現されたもので、嫁入即ち夫の家に入る儀式なども記録に残されていない、ということである。このような柳田の見解は無論今日に残っている民俗、慣行の調査によって得られたものであるが、現存の慣行がどこまで遡りうるかは疑問である。確かに各地方に残されている民俗から古い時代の婚姻形態を観察することは重要である。しかし、どの時代の民俗でどのような形で遺留されたものなのかを明らかにするには、歴史文献の参照も重要であろう。文献研究に拘泥していた当時の歴史学の方法論に対する反感からであろうか、柳田は民俗の調査から「聟入」の婚儀が「嫁入」の婚儀より先行していたという重要な指摘をしておきながらも、奈良時代、平安時代の文献に頻繁に出てくる訪婚や婿取りに関する記録には関心を払っていなかった。結局柳田は「聟入」の儀式の歴史的変遷を体系的に記述することに失敗したと言える。柳田の研究の刺激を受けて公刊されたのは、女性史学者の高群逸枝の『招婿婚の研究』（講談社、一九五三年）である。高群は当時の史学では主流となっていた娶嫁婚説に対しても、柳田の婿入―嫁入説に対しても真っ向から批判を行った。高群はまず近代以前の日本の婚姻史を大きく婿取式（招婿婚・母系型）と嫁取式（娶嫁婚・父系型）の二期に大別し、前者は上代から鎌倉時代、後者は鎌倉時代を過渡期に移行し、室町時代には表面化し、近代まで続いたとした[13]。その二分法は男性が女性の家に移動または入居するか、それとも女性が男性の家に入居するかによって分けられたものであるが、さらに「招婿婚」を、男性が単に女性の家に移動する訪婚（妻問）と、女性の家に入居する妻方居住婚（婿取り）に細分した。高群の研究における妻問婚期というのは、上限不明の年代から大化までの期間で、それ以降は婿取婚期に入る。その初期段階の前婿取婚期においては、訪婚はなお遺制として機能しつつ、「なかば通い、なかばすみ」という過渡的な現象が平安中期まで続くという。明らかに高群説は従来の学説の部分修正ではなく、根本から通説を覆そうとしたものである。高群説が発表されて以来、さまざまな角度から検討され[14]、その問題点について多く指摘されてきた[15]。今日の研究水準から見ると、高群が描いた婚姻史表には多くの問題があり、族内婚、族外婚の概念も曖昧模糊たるものであるが、その主な問題は、当時の婚制に色濃く存在していた母方・妻方偏向を母系社会と捉えたところにあり、その結果、妻方居住婚を男性の「妻族化」としたところにある。本書第二編で詳述するが、当時の貴族の男性が妻の生家で同居していたことは平安時代の公卿日記などの史料から見ても明らかで、筆者も当時において、妻方居住婚が存在していたと考える。但し、このような妻の家に住む婿は後代の婿養子のように、完全に妻族化されたものとは異なる。当時の婿が妻方で居住してもその家政機関を別個に持っていることや[16]、妻の死に際して、子供を残して妻の家を出なければならない慣行が存在していたこと、さらに男性が死後自族の墓に入ることなどの諸現象から見て、当時の婿は妻方居住によって完全に「妻族化」されたとは言えない。当時の記録や仮名作品から最も重要な真実を掴んでいながら、父権時代の前の段階の母権時代の現象として進化論的に論を進めてしまったのが高群逸枝の学説の欠陥である。このような高群の学問上の問題点はこれまで多くの研究者に指摘されてきたが、その学説のもつ画期的な意義も否定されがちである。日本婚姻史、家族史における高群の学問的遺産を再認識し、継承すべきところは継承しなければならない。

　高群の学説に反論したのは民族学者の江守五夫である。江守の研究は、かつて柳田が命名した「聟入」を新たに「一時的妻訪婚」[17]と命名し、さらに民族学的考察を加えたものである。名称こそ異なるものの、婿入儀式→男性による一時的訪婚→夫の家に入るという捉え方は柳田と同じである。柳田説と違うところは、嫁入婚の古代起源説である。江守によれば、東アジアに弧形をなして位置している日本列島の地理的条件を考えても多様な婚姻慣習が併存していた可能性が高い。列島の西南部に南方文化である「一時的妻訪」の結婚が存在していたのに対し、東北部では北方文化の嫁入婚が行われていた。もっとも江守の学説は、古墳文化の担い手である日本古代の支配階層が満州族などツングース系民族に淵源するという岡正雄＝江上波夫両氏の説を、婚姻史の面から継承したものである[18]。古代日本を取り巻く地理的状況と交通的状況を考えると、確かに傾聴すべきものがあるが、その嫁入婚の古代起源説や「一時的妻訪婚」に関する説明には疑問を覚えずにはいらない。江守は柳田と同様に、民俗学で観察された各地に遺存している民俗を取り上げて妻訪婚の一時性を説明しているが、それは必ずしも古代の妻訪婚の実態の証明にならない。また江守の挙げた記紀、『万葉集』の用例についての説明は不十分である。例えば、山上憶良の貧窮問答歌に出てくる父母と妻子を夫方居住婚の根拠としているが、本書第二編第一章に指摘したように、『万葉集』における憶良の歌は著しく儒教的で、「父母」と「妻子」は漢詩の対句の技巧によるものである可能性が高い。また江守が嫁入の習俗として挙げた「笠かぶせ」や「錦木」に関する説明も不十分である。従って、江守の言う訪婚の「一時性」を証明する積極的な根拠は現段階ではまだないと見なければならない。

このように、民間に残っている慣行の調査結果から古代の家族、婚姻に遡及して記述する柳田・江守説の問題と平安時代の妻方居住の現象を進化論的に母権社会と解釈する高群説の問題が浮き彫りになったが、文献資料にせよ、民間に残った遺風、遺習にせよ、そこから導き出された結論はすべての問題を説明できないことが確かである。最も問題となったのは、上代の訪婚は一時的なものか生涯的なものか、夫方居住婚は存在していたのかどうか、平安時代の文献に見られる訪婚、妻方居住、独立居住の内的関連性はいかなるものか、などである。これらの問題を明らかにすることも本書の目標であるが、その前に居住形態に関する用語使用の問題を考えておきたい。

双系説の論者の多くは、平安時代に訪婚、妻方居住、夫方居住、独立居住など多様な居住が存在しており、夫方或いは妻方居住規制といった単一で強力な居住規制は存在しなかった、という見解を持っている。「夫方居住婚」という用語は、論者によって微妙に見解が異なるが、「夫の家に住む居住形態」という点では共通しており、訪婚―夫方居住婚が通説化している観さえある。[19] 諸氏の記述を見ると、大林太良の研究では妻訪―夫方居住婚が行われるベトナム北部のタイ語族のトー（土）族では親夫婦と未婚の子供、既婚の息子夫婦とその未婚の子供がそれぞれ別個の家屋に住み、これら家屋のあつまりが一集落を形成していることが紹介されているところからみれば、[20] 大林の言う夫方居住は「男性の親の家の近くに住む形態」を指すことが分かる。明石一紀も中部タイのシャム族に見られる、妻訪の後、夫の実家の近くに新居を設けることを父子別居の独立的夫方居住婚と呼んでいる。[21] 明石一紀は日本古代社会にみられる集落を「父系的な偏向を見せつつも双方的な親族関係にある数家族が集住したもの」と父系的偏向を強調しているのに対して、関口裕子は主流の形態は通いを経た妻方居住婚とし、最終的には娘夫婦が親夫婦から独立する、とその母系的偏向を指摘した。また夫方居住婚については「中央や地方の富裕な層」という限定を入れてその存在を認めたが、関口の言う「夫方居住」も実は父母と同居しないことを前提としているのである。[22]吉田孝も夫方居住婚を「夫方の住処に屋を持つ」と定義し、[23]「婚姻にともなう居住規制がはっきりした形では存在していなかった」とどちらもはっきりした居住規制がないと主張することで双系性を強調している。吉田は現象的には夫方居住婚の存在を認めながら、後世の嫁入婚とは全く異なり、新夫婦世帯は、新しい独立した新処（独立）居住婚としての性格を持つものとしており、このような独立居住婚は、父母と息子夫婦、兄弟夫婦の別居の慣習に由来するものと指摘している。一方、栗原弘の研究においては、まず婚姻居住形態が婚舎の提供という基準から「夫方提供型」と「妻方提供型」の二つに分けられ、さらに夫方提供型の下位概念として、夫方居住（父母と同居する型としない型）と独立居住（夫側居住地提供）の二つが設けられる。「妻方居住型」も同様に下位概念として、訪婚、妻方居住、独立居住（妻側居住地提供）の三つが細分される。[24]結婚した男女のどちらの居住地に入るかによる従来の分類に対し、栗原は居住地提供をより重視している。筆者も古代日本社会に現われる夫側提供の独立居住には重要な役割を持つと考えるが、しかし、実際はどちらの提供かが分からないケースが多く、特に上代の事例の場合は殆ど分からないと言っても過言ではない。従って夫側提供型を確定することが困難である。また父母と同居しない居住形態は一般に新処居住または独立居住と呼ばれるが、栗原の言う「父母と同居しない夫方居住」と「夫方居住地提供の独立居住」の区別ははっきりしない。栗原の記述を追っていくと、前者は父子隣接居住を指し、後者はそうでない夫側居住地提供を指していることが分かる。栗原は父子隣接居住の例に蘇我蝦夷・入鹿父子の例、夫方提供の妻妾隣接居住例に貞婦信紗の例を挙げて説明しているが、

『日本書紀』巻二十四には「蘇我大臣蝦夷・児入鹿臣、双㆓起家於甘梼岡㆒。称㆓大臣家㆒曰㆓上宮門㆒。入鹿家曰㆓谷宮門㆒。谷、此云㆓波佐麻㆒。称㆓男女㆒曰㆓王子㆒。家外作㆓城柵㆒、門傍作㆓兵庫㆒。」と記されているように蘇我蝦夷・入鹿父子の行為は王権を脅かす謀反行為とされている。政治的な必要性で父子が綿密に連携する場合、より近いところに邸宅を寄せるこの例が一般居住形態の代表とできるかどうかは検討する余地があるように思われる。このように、栗原の言う「夫方居住」は吉田・関口の研究で言うそれと微妙に異なるが、要は夫の親の家の近くに居住することを指すものである。夫方居住や妻方居住といった用語には、単に居住地の遠近といった距離関係や居住地の提供などのみならず、夫婦のどちらの側の親族と日常生活をともにするかという問題が内包されており、それによって親族構造が変わってくるので、慎重に用語を選ぶ必要がある。概念の混乱を避けるために、本書は父母と同居せず、夫方提供の夫婦同居に対して「（夫側提供）独立居住」という用語を用いる。

日本古代の訪婚については、これまで一つの慣習として紹介されるにとどまっており、その特徴およびその後の婚姻形態への影響に関する議論は少なかった[25]。しかし、訪婚が長く行われる社会の内的法則とその変化にわれわれはもっと注目すべきである。訪婚社会に特有の段階性、流動性、曖昧性は、訪婚から妻方居住を経て独立居住へと段階的に移行していくという当時の結婚のスタイルに現れているのみならず、訪婚主流の時代―妻方居住主流の時代―独立居住主流の時代という婚姻形態の史的変遷にも現れている。万葉時代は訪婚が主流であったと思われるが、律令制などの外来思想の影響から、夫婦同居の家の観念は実際貴族高層部には定着しつつあったと考えられる。また郡県制の推進により、中央から地方へ官人が派遣され、その妻が随行できることなどの措置によって、夫婦の同居が制度的にも推し進められた面があった。しかし、このような夫婦同居は畢竟トップダウン式によるもので、一般社会への影響は限定的であった。本格的な夫婦同居の普及は平安時代に入ってからである。平安時代の史料を見ると、婿取婚の記述が大量にあり、形態的に母方・妻方偏向であったことは否定できないであろう。しかもこのような母方・妻方偏向は決して洞富雄がいう「特殊な事情から生まれた」[26]ものではない。婿取婚は、訪婚中の夫婦の関係を安定させ、同居させようとする歴史的要請によって現れた現象と理解されるべきである。上代の訪婚では婚舎は妻側にあり、子供も母方で育つため、本来的に母方・妻方偏向を持っている。このような婚姻慣習が行われた社会において、夫婦同居がいきなり夫方居住に移行することは考えられない。夫婦同居が自然に実現できるのは訪婚から妻の家に住むことであった。この意味では、婿取婚は外来の夫婦同居の制度や観念の刺激により起こった双方的社会の双方的反応、選択の結果である。政治面の父系的偏向、居住面の母方・妻方偏向は日本古代の特殊な歴史条件下に生じた現象であり、平安時代の摂関制はこの意味では父系の系的継承と母方の方的後見が併存した政治制度と見ることができる。社会人類学者の中根千枝はかつて古代日本の天皇について父系による継承は存在したが、父系出自集団は存在しなかったと指摘した[27]が、これは最も本質を見抜いた、正鵠を射る指摘であった。政治面における父系主義と生活面における母方・妻方偏向は併存しながらも相互浸潤の関係にあったのが、古代日本の双系的特徴として指摘できる。

(3) 律令制度と婚姻慣習

律令制度と日本の婚姻慣習のズレに早くから注目したのが関根正直であった。関根は一九〇三年に発表した「古代婚姻に関する慣例法律」[28]の中で、「よばひ」といわれる婚前交渉、婿を歓待する「机代之物」、婿による「新造の舎」、多妻婚などといった日本古代社会の婚姻慣例を挙げながら、このような慣例は律令法と大いに異なるものだと指摘した。もっとも、関根のこの論考の目的は、通史的に上代から江戸時代までの婚姻慣例を紹介するところにあったため、古代の婚姻の慣例の具体的な内容には触れていないが、婚姻の実態と律令法の間の懸隔について言及したことの意味は大きい。その後歴史学で、奈良時代の戸籍、計帳をめぐって、三浦周行と新見吉治の間に起こった論争は周知のとおりである。三浦周行は一九〇五年に「古代戸籍の研究」という論文[29]の中で、戸籍記載に現れる同籍者の別居例を挙げながら、戸籍や計帳に記された同籍は必ずしも同居を意味するものではない、とした。三浦によると、戸籍上の同籍記載は唐制の採用によるもので、社会の実態としては夫婦別居が行われていた、ということである。対して新見吉治は一九〇九年に発表した「中古初期における族制」の中で、夫婦同居が当時の制で、別居は例外であり、籍帳の別籍は別居を意味しない、とした。その論拠として、①『隋書・倭国伝』に見える「婦入夫家必先跨火」の記述、②記紀にみえる后を後宮に迎える天皇の結婚、③雄略紀九年の「(田辺氏)伯孫聞二女児産児一レ、往二賀聟家一」という記述の三例を挙げている[30]。両氏の見解は真っ向から対立しながらも、戸籍や計帳などにみえる同籍もしくは別籍の記載は当時の社会の婚姻・家族の実態を反映していないという点で共通している。三浦が通い婚の風習と戸籍記載の変化に着目していたのに対し、新見は隋書や記紀にある記述に拠っている。三浦が通い婚という婚姻慣習と記載方式の懸隔に注目したのは慧眼であったが、通い婚に関する説明はあまりなく、論拠として十分とはいえない。一方で、新見が隋書や記紀の記述を以って戸籍に記載された夫婦別籍の実態性を否定したが、記紀の記述法と戸籍の記載法は次元の異なるものである。関口裕子が指摘したように、隋書にみえる「婦入夫家必先跨火」のような娶嫁婚式結婚の事例は日本側の史料に出てこないので例外的な史料とみなければならない[31]。三浦と新見の論争及び後続の議論については、第二編第一章に詳述する。上代の戸籍制度は律令国家が公地公民制を遂行するために最も重要な制度であり、その内容は居住の問題にはとどまらず、徴税、労役、田制など多くの問題と関わっている。この論争は律令制及びその諸制度を反映する漢字史料をいかに批判的に解読するかという問題を浮き彫りにしたといえる。

一方、比較法制史的立場から古代日本の婚姻慣習や家族法の問題に注目したのが中田薫であった。中田は唐令と日本令を比較し、古代日本の継嗣法について、継嗣の意味するところは祖先祭祀にあらず、名の相続にあり、名の相続は事実上職業の相続であるとした[32]。さらに日本固有の親族法を律令の五等親条と別に、服紀条に求め、中国の律令と異なる親族法および親族計算法を析出した[33]。中田薫の指摘は、単系父系出自社会の中国と異なる日本の親族構造を示唆するものであった。近年、律令の比較研究が盛んに行われており、古代日本の独自の特色が多く指摘されているにもかかわらず、律令婚姻規定と婚姻慣習に関する研究は立ち遅れている[34]。その理由の一つに、律令条文に書かれた婚姻・家族の規定の実効性に対する強い疑念がある。古来日本の婚姻慣習と律令規定との間にある懸隔が大きく、規定の多くが実行されたかどうか疑わしいとする見解は律令研究の分野においては主流である[35]。筆者も古代中国と日本の両社会の婚姻慣行と家族形態は著しく異なっているので、律令制と実態との間にはかなりのズレがあると考える。問題は律令制度の諸規定や戸籍の記載方式をどう解読するかである。これまで見てきたように、戸籍を含む上代の漢字史料の記述を額面どおりに理解すれば父子同居の大家族であり、父系出自の存在が析出されるのはむしろ自然な成り行きである。これまで父系論と母系論が鋭く対立したのは、それぞれに拠れる根拠があるからである。しかし、これらの記載は律令導入期に既成のモデルを参照しながら作られたものである。そこには意味の転用や擬制が多く存在していることを忘れてはならぬ。これらの史料から真実を見いだすためには、律令制度の諸規定や戸籍の記載方式をそのまま中国式で解読するのではなく、中国の文献との比較をしながら綿密に分析していくことが不可欠である。婚姻語彙を例に挙げれば、例えば、「嫁」や「娶」の語には女性が婚出するという空間移動の含意があったが、記紀において、単に男女の結婚を指すもので、女性の婚入か婚出かの区別はない[36]。これらの父系的、娶嫁婚的表現の用いられている文脈を分析することが重要で、漢字表記の婚姻語彙による錯覚を避けるべきである。

二　本書の留意点と目標

これまで述べてきたように、中国と日本の親族組織の原理は著しく異なる。古代日本が異質な社会組織の原理をいかに整合し、自社会の中で再解釈していくのかが本書の関心事である。言い換えれば、排他的で厳格な単系（父系）理論や観念がいかなる過程を経て、柔軟かつ包容力のある双系的制度になったのかということである。この過程を観察するために、外来の律令制度と日本社会の接触という横軸的な視点と、日本古代社会の中で外来文化と接触しながら自律的に変化していく縦軸的な視点の両方が必要である。具体的に、以下の三点において常に留意する。

①　家族・親族をめぐる日中両社会の相違点

古代中国と日本は対照的な社会構造を持つ社会であった。両者の相違を鮮明にすることは両社会の本質を見極める上で欠かせない作業である。これまで多くの研究者が両社会の相違に注目してきた。滋賀秀三は比較法制史的立場から、古代中国の家族法と日本のそれとは「原理的な相反性」を有するとした[37]。滋賀の言う「原理的な相反性」は、婚姻、家族といった基層文化の相違に由来するものである。従って、本書は両社会の構造の原理的相違に関する記述に力を入れる。目的は両社会の相違を解明するのみならず、トップダウン式に持ち込まれた律令という制度と日本の基層文化の「距離」を考えることにある。何故なら、いかなる社会においても、婚姻・家族・親族などの基層文化は自律的原生的な慣行によって左右されることが多いからである。中国式の父系論理が古代日本に流入した主要なルートは七世紀から八世紀にかけて導入された律令制である。律令制そのものは古代中国で高度に発達した政治制度で、その中核をなしているのが官僚体制であるが、この政治制度が中国の原生的父系の親族組織の基盤に立った一個の「上部構造」である。律令制導入によって日本の国制に根本な転換があったことは多くの学者の共同認識[38]であり、筆者も賛同するが、この「根本的な転換」はあくまでも上部構造における転換であり、社会の基層にまで浸透するには長い年月を要する。特に日本社会のような激しい変革を好まない社会の場合は、長いスパンでの観察が必要である。それもトップダウン式の制度が基層社会を変えるという単方向ではなく、血縁・地縁の人間集団による社会の諸関係がボトムアップ的に制度を変えていくという双方向の運動であることにこの際留意すべきであろう。

② 父系制の文化要素に対する双系的選択

先述したように、日本の古代社会が父系母系双方の親族関係を重んじる双系社会であったというのは現在の研究の到達点である。双系論は、従来の父系説、母系説の二つの説の妥協案に終わらせないためにもより広い視点からのアプローチが必要で、特に典型的な父系社会である中国社会との比較研究が必要である。古代日本が置かれた歴史的状況を考えると、父系制の諸要素は漢民族との直接通婚や連姻などによって入ったものではなく、制度導入によってもたらされたものである。従って、書かれたもの、決められた法規がいち早く機能する局面とそうでない局面があったことが考えられる。上部構造において早くも父系的偏向が現れているのに対し、婚姻や居住においてはその反応が遅く、逆にその反動としての母方・妻方的偏向が現れても不思議ではない。無論、筆者はここで高群逸枝が強調する母系社会に同調するつもりはない。外来文化の流入の方式や在来社会の諸要因を考慮にいれて双系社会の反応を観察する必要性を強調しておきたい。トップダウン式に降りてくる父系論理に対して、さまざまなレベルの受容と排除が行われていたと考えられるが、これを総体的に双系社会の出した双方的な選択、修正と捉えるべきである。父系思想が律令の導入によって、「姓」の父系出自の原理、「戸」の父系親集住の擬制、また「職」を中心とした父子継承観念が日本社会に浸透する一方、日常生活面においては、訪婚から妻方居住に偏向し、母族、妻族偏向の現象が現れる。男性を家に留めようとする婿取婚や夫側提供の独立居住婚は時代が下るにつれて主流となったのも、両者の相互作用の結果である。高群逸枝が言う「父系母所」はある意味では的確に言い表したと思われる。二つの偏向を持つ二重構造、これは古代日本社会を考える時に欠かせない視点である。この際に、有効な参照項として、時代や社会的諸条件の相違があるものの、同じく漢民族の婚姻制度に接しながら婚姻慣習が変容していく中国少数民族の社会が挙げられる。中国南部に多くの少数民族がありその婚姻慣習は様々であるが、婚姻・家族には「漢化」（漢民族化）の現象が起きている。古代日本社会と同じく非単系社会の婚姻に関する研究動向に目を配りつつ、複眼的に古代日本社会の婚姻・家族の位相を観察していきたい。

③　「同文同種」―漢字の魔力

古代日本の外来文化の受容に関する多くの研究の中で、律令制と古代日本の家族制度の関連性に関する研究は、概していえば少ない(39)。その理由が様々に考えられるが、その中の一つとして、「同文同種」による錯覚が挙げられる。

現代社会の研究と異なり、古代日本の研究となると、どうしても古代の文献に頼りがちである。しかし、上代の史料はすべて漢字によって書かれたものである。これらの史料の作成の過程において、まず唐制の文章表現という「型」が存在し、その「型」を参照しながら作成したと思われる。特に七世紀から八世紀にかけて制定された大宝律令（七〇一）、養老律令（七一八）には中国父系社会の親族体系、理念が盛り込まれている。律令条文の字面や漢文の書物に見られる婚姻表現だけ読んでは、古代日本の家族のあり方、婚姻のあり方は中国のそれと相似しているように見える。外来の制度や思想は一旦自民族の言葉に翻訳されて吸収されるのではなく、同じく外来の文字である漢字によって表現されたことにもっと注意を払うべきである。つまり漢字は外来文化の導入の媒体であった。律令制定の過程において、中国の律令の漢字の字類書が多く参照されたことは法制史で解明されている。また、先述したように、かつて歴史学において古代日本を父系社会、夫方居住とする見解が主流であったが、その主な根拠も八世紀の戸籍・計帳であった。しかし、これら家族の構成を反映する戸籍・計帳は、古代中国の戸籍記載法に倣ったものであったことがすでに明らかにされており[40]、古代日本の本来的家族形態を反映する以前に漢字記載の「型」が存在しているのである。もっとも当時の戸籍記載は完全なる架空とは言えない。導入された「型」の原義から離れ、再解釈されたもの、と考えてよい。いわば「外来コードをつかって、内生モードを作り出す方法」[41]である。従って上代史料に見られる父系的記述に関して今日的な解釈は慎むべきである。もっとも漢字表現によるこの類の擬制性は、戸籍、計帳研究にとどまらず、上代の漢字史料全般に言える[42]。漢字表現による擬制性は古代日本の漢字文献の一大特徴である。

婚姻関係の史料のもう一つの特徴は、漢字史料と仮名史料の「落差」にある（変体漢文はその間に位置づけられよう）。ここで言う「落差」とは、例えば、一方「嫁」、「娶」といった夫方居住婚の漢字表現が存在しながら、仮名作品では

「つまどひ」、「かよひ」、「むことり」といった和語系の婚姻表現が存在することである。両者が著しく対照的であったことは、藤間生大らが上代の漢字史料から父系的古代家族を析出したのに対し、高群逸枝が中古の仮名作品や変体漢文の公卿日記から濃厚な母系原理を析出したという研究史上の現象からも分かる。史料の相違を即ち時代の実態の相違とは常識的に考えられないので、外来の漢字表現によって隠蔽された多くの真実が和語系の表現によって水面に現れた、と理解するのが自然であろう。この意味においても、いち早く仮名作品や公卿日記に注目した高群逸枝に敬意を表さずにはいられない。史学分野で扱われる史料と仮名文学作品の二系統の比較によって、古代日本の婚姻表現の体系と婚姻体系の解明をすべきであろう。

三　本書の構成

本書は三編からなる。その内容の大半は近年逐次公表した論文であるが、理論的骨格を改めて整理し、その骨格に沿って全体を書き改めている。

第一編「婚姻慣習と漢字表現」は、従来家族史学で議論されてきた古代日本の結婚、家族、親族の諸問題を社会人類学的分析視角と比較言語学的分析視角を導入して再考を試みたものである。日本と中国大陸とは海を隔てている。特に交通、交信手段が少なかった古代社会で人的移動はかなり限られていたため、外来文化の影響のほとんどは伝来した書物によるものと考えられる。このような古代日本を取り巻く地理的、歴史条件を念頭に入れて考えれば、文字の発揮する力はわれわれの想像以上のものであろう。これも本書の第一編に漢字表現を問題として取り上げた理由である。本編の最も注目するところは、もともと存在していた慣行をいかに漢字、漢語を取捨選択して表現したのかということにある。婚姻範囲、親族体系、婚姻語彙の三つの視点を設けて、両社会の相違を明らかにした上で、その用字法、記述法および様々な改変方法を考察した。第一章「王位継承と結婚とその表現」では、婚姻範囲、婚姻禁忌の範囲を念頭に、記紀にみえる古代皇室の近親婚の実態の分析を行い、さらに近親婚に関する漢字表記の問題を考察した。この考察により、王位継承の正統性は、父母双方から受け継がれ、また子女双方の経由で伝えられていく、という双系的継承観念の存在が判明した。さらにこのような双系的継承観念と照応して行われた異母兄妹婚は、漢語の「庶妹」によって記述されていること、この記述法は父系社会の嫡庶観念と異なった独自の用法であること、結婚した男女は異母兄妹と明示する「庶妹」の用法には、王家の血の高貴性を尊ぶ意識と、同母兄妹の結婚に対する禁忌意識が明確に看取されることを指摘した。この章の考察によって明らかになった族外婚の不在、近親婚禁忌の不在は、第二編で明らかにする居住上の問題とも照応するもので、双系社会の生活実態の特徴を表したものとして理解される。第二章「親等、服紀と親族名称」は、日本令における中国の親族名称の使用の問題を取りあげて論じたものである。親族名称は親族構造を分析する重要な指標である。日本語の親族名称は、直系・エスキモー型に属する。その特徴は、父、母、姉妹、兄弟、娘、息子の一次親は用語的に区別するが、傍系に対する区別はしないことにある。具体的には、父の兄弟姉妹と母の兄弟姉妹は同じく「オジ・オバ」、父の兄弟姉妹の子供と母の兄弟姉妹の子供も同じく「イトコ」で指し、区別しない。父系・母系による親族の分類が反映されない点は双系社会の特徴を表している。それに対し、中国の親族名称は典型的な傍系分枝型で、直系、傍系を厳密に区別する。イトコ呼称の分類は、平行イトコ、交叉イトコがすべて区別されるスーダン型に近い[43]。即ち、日本の名称法は、直系・エスキモー型であるのに対し、中国の名称法は典型的な傍系分枝型・スーダン型に近い。G・P・マードックの研究では、直系・エスキモー型は双系社会と結びつきやすく、傍系分枝・スーダン型は父系社会と結びつくことが指摘されている(44)。第二章で注目したのは、親族名称によって示された両社会の親族構造の相違と律令制導入による文化的交渉である。具体的に養老令の五等親条、服紀条を中心に、異質である中国の親族体系をいかに双系的に修正し、自社会に適用させようとしたのか、その方法について考察した。そこで判明したことは、膨大な父系親族体系は親族名称の削除によって縮小され、娶嫁婚下の女性の夫家への帰属性も完全に削除され、父系親族構造に抜本的改変が加えられたことである。第三章「婚姻語彙における和型と漢型の交渉」は婚姻語彙に関する比較研究である。日本古代の文献に現れる婚姻語彙はおよそ二系統に分けられる。一つは日本古代社会に自生的に形成されたもので、本書では和型語彙と呼ぶ。もう一つは外来のもので、漢字によって表記されたもので、本書では漢型語彙と呼ぶ。この両系統はそれぞれの社会の婚姻形態に根ざして形成されたもので、対照的な性格を有する。具体的には、まず求婚や結婚にまつわる基幹語彙を挙げながらそれぞれの特徴を解明し、次に両者の交渉――ここでは主に漢型語彙の借用を指すが――を通じて、外からやってきた異質な婚姻概念の利用法のメカニズムを解明する。この章を通じて、婚前交渉による豊かな恋愛語彙を持つ古代日本社会に対し、婚前交渉が禁止されていた中国古代社会の恋愛語彙が貧弱であったことや男性が女性のもとへ移動する訪婚・婿取婚と、結婚によって女性が夫の家へ移動する娶嫁婚との相違を明らかにし、両社会の婚制の対照性と用語上の対照性を析出した。その上で全く異質であった漢型婚姻語彙の摂取法について記述した。

第二編「婚姻居住と親族関係」は、婚姻居住を中心に形成された家族・親族の「方的関係」の諸相を論じたものである。本編で最も力を入れたのは、夫方居住の不在と母方・妻方偏向の実態を明らかにすることである。そのためには、母方・妻方偏向と深く関わりを持つ婿取婚の本質、特徴をまず突き止める必要がある。史料の制限で、婿取婚の分析は殆ど摂関期を中心としたものになってしまったが、その前後の流れとの連続性に配慮して考察を試みた。第一章「婚姻居住と律令制」は古代日本の婚姻・居住の変遷史に関する総説的な章である。まず古代日本の居住形態の変遷に関する筆者の見通しとして、「訪婚主流期」（大化以前から記紀・万葉時代）―「妻方居住婚主流期」（万葉後期から平安中期）「独立居住婚主流期」（平安中期から鎌倉期にかけて）の三期説を提示し、三つの居住形態が併存しながら、その重心が移行していくという史的変遷を概観した。訪婚の影響については、従来あまり注目されてこなかったが、その特有の流動性・段階性は長く尾を引いた形で他の二つの形態にも濃厚に残っていることを指摘した。万葉歌の表現類型の分析を通じて、訪婚から夫方の移動を唱えた柳田・江守説を批判し、日本古代の訪婚は妻方居住と連続したものと指摘し、さらに妻方居住、独立居住の連続性について論じた。と同時に、律令制の導入によって、夫婦同伴の下向や移郷が増えたことに注目し、夫婦同居が制度的に推進された一面を持っていることを指摘した。第二章「平安時代の婿取婚について」では平安時代の公卿日記の記述を手がかりに、平安時代の婿取婚における「婿」に焦点を当てて、その結婚の決定から通い、妻方居住、さらに独立居住の諸段階の特徴について考察した。十世紀後半から十一世紀中頃まで実在していた六人の貴族の結婚と居住の記録を検討した結果、婿取婚はいわゆる花嫁代償としての労役婚とは異なるもので、両者の違いは、花嫁代償の意識の有無、婿に対する妻方の後見の有無のみならず、次世代に対する母方の後見も後続していた点にあると指摘し、訪婚から直接夫方居住への移行は存在しなかったことを改めて強調した。第三章「平安時代の邸宅伝領」では、これまでの邸宅伝領の研究において、一つの盲点となっている邸宅の所有と居住の関係を取り上げて考察した。十世紀から十一世紀末の文献にみえる「某官人家」という記述法は邸宅所有として説明されてきたが、公卿日記などの記録や歴史物語の記述を分析した結果、これは必ずしも「所有」を表すものではなく、「居住状態」を表す可能性が高いという見解を提示した。特に婿取婚下では、妻家に住んでいる婿、姉妹の後見をする兄弟などかなり多様な居住形態があることを指摘し、所有、居住、後見の三つの概念の区別の必要性を促した。第四章「平安時代の「後見《うしろみ》」について」では、第三章で触れた「後見」という語を手がかりに、当該期の家族・親族間の相互扶助の実態について考察した。父子・兄弟別居を原則とした平安時代の相互扶助の関係を考察し、母、妻、姉妹の関係による人的ネットワークの展開を確認し、その中で女性が中継的役割を果たしていることを述べた。この四章を通じて、社会集団としての家族には妻方居住、母方後見といった妻方・母方に偏向する傾向が顕著に表れることを指摘し、同時に、この偏重は父系社会の文化に刺激によって起きた双系社会の一種の反応であり、夫婦同居を促進するために取られた方策であったことも併せて指摘した。

第三編「職と父系的継承」は、律令官人制と父系制の関連性を中心に考察したものである。本書の構想において、外来の律令制度によって形成された父系の「系的関係」を考察する部分にあたる。古代日本の官人制は中国のそれに範をとっているが、形式的に類似しているにも関わらず、内実は大きく異なっている(45)。その違いの多くは両社会の家族・親族の組織原理の相違に起因している。父祖の社会的身分、政治身分、財産、学問などが子孫に継承されることには、伝え方によって「直接継承」と「間接継承」とに分けられ、さらに受け継ぐ者が単数か複数かによって「単独継承」と「共同継承」に分けられる。直接継承とは、父祖の社会地位、財産または技術が直接子孫に伝えられることを言う。王位や爵位の継承は社会地位の直接継承で、単独継承である。一方、間接継承とは、父祖の地位そのものが子孫に渡らないが、なんらかの形で子孫の社会地位の向上にはたらくことを言う。蔭位制はその典型である。また、父祖の技術、専門知識を身につけることは直接継承であるが、これを用いて科挙などの方法で父祖同様またはそれ以上の地位を獲得した場合は、一種の社会地位の間接継承と考えられる。中国古代にもみられる間接継承の一つであるが、日本の場合は、儒学や律令学の専門知識が専門職に転化し、さらに父子相伝による家業化の側面が強く見られる。所謂家業の継承である。蔭位の継承と家業の継承のあり方を解明し、職を軸とした父子継承の歴史的意義を探ることは第三編の目標である。第一章「嫡庶子制について」では、父子間の継承を考える上で欠かせない嫡子制の受容のあり方と日本の嫡子制の特徴・意義を考察した。嫡子制（世子制、嫡長制）は、政治的地位が兄弟ではなく子へと直系的に継承されるために生まれたもので、その成立期から封建制と父系宗法制と密接に関わっていた。古代中国において、嫡子制は主に王位・爵位などの社会地位の単独継承と祭祀権―宗祧―の継承において機能する。特に宗祧継承は各時代、各階層を通じて行われるものであった。嫡子制は、日本にとっても父系直系継承を実現するための方法の一つであったが、当時の王位継承において、嫡庶の問題よりも父子直系継承の樹立が早急に解決されるべき課題であった。古代日本の嫡子制導入の真の狙いは父系直系継承にあった。一方、唐制の嫡子制の最も基本的な役割であった宗祧継承は日本には見られず、主に戸籍の記載、官人の叙位および財産の相続などの制度規定に持ち込まれたことに、この制度の特徴を見いだすことができる。端的にいえば、中国では父系宗法下の嫡庶子制であったのに対し、日本では律令国家の管理下の嫡庶子制であった。制度的に、トップダウン式に進められた古代日本の嫡子制には、唐制のそれと異なった役割と意義が賦与された、と指摘することができる。第二章「蔭位制について」では、律令の官僚制度の骨格をなすというべき蔭位制と父系継承の関係を考察した。唐制では高官の一特典にすぎない資蔭制は、日本令において、官人登用の主要方法となり、さらに昇進コースと連動して、各階層の官僚の再生産に最も重要な役割を果たしていた。唐制の資蔭制と比較していえることは、日本の蔭位制は、嫡庶制との結合により、一官人登用法に止まらず、職を軸とした父子継承の形成、各階層の固定化を促す重要な働きを持つ制度となった、ということである。蔭位制の進展により、官職を通じて父子の一体感が生まれ、蔭の継承から職の継承へと変わっていった。第三章「家業と父系的継承」では、家業観念を中心に父系継承の形成と特徴を考察した。先述したように、父祖の地位を得るために、専門知識も間接継承の方法として存在している。中国の歴史を概観する際に、儒学を主とする知識が漢代から用いられる人材主義の察挙・科挙制においても、また魏晋南北朝に見られる家格主義においても大きな意味を持っていた。古代日本においても、家業となる知識は父子間の地位の継承と大きく関わるものである。家業の継承における両社会の相似と相違を明らかにすることは、古代日本の父系継承の特徴を考える上で重要である。中国語の家業なる語に家財の意に重きが置かれた理由の一つに父子兄弟の同居共財制が挙げられよう。それに対して、日本語の家業なる語に「わざ＝職」の意に重きが置かれたのも、（実際の居住生活、経済生活から離れたところの）官職こそ父子間で継承される客体だからである。具体的に最も中国の思想、観念、表現に近い位置にある紀伝道文人の描いた家業と父系的継承の具体的内容を通じて、父系継承の「家」は生活をともにする同居集団ではないこと、父系継承の客体も所職であることを指摘した。家業という語に見られるこの差異はまさに中国と日本の「家」の相違を反映したものである。

三編十章を通じて、外来文化としての律令制と在来の婚姻慣習、居住形態、漢字表記、父系的偏向と母方・妻方偏向などを基軸に、日本古代の婚姻・家族を考察した。制度的にトップダウン式に導入された律令に包含されている父系的原理に対して、官人制や官人による記載においては反応が早くても—それも様々な変化が加えられたが—、実際の基層社会の婚姻家族においては、その反応は非常に緩慢で、極めて屈折的な展開を見せている。律令国家の政治中心部と基層社会の、父系原理に対するこのような反応の温度差によって、「居」を中心とした婚姻慣行と親族関係においては母方偏向であった一方、律令官人制においては、職を中心に形成された父子兄弟の繋がり、一見父系にみえる現象の二つが併存して現れた。この併存現象は、外来の父系制原理の刺激によって引き起こされた一種の文化複合現象である。

注

（1）本書でいう「古代日本」とは、大化改新に始まった古代国家の整備期から奈良時代、さらにそれに続く平安時代の期間を指す。この長い期間において、婚姻・家族のあり方が大きく変化していたが、非単系、非夫方居住婚という点では同じである。本書では各時期の変化に注目しながら、娶嫁婚の行われる日本の中世期と区別して「日本古代」、「古代日本」を用いている。なお、本書で言う「古代中国」とは、先秦時代から唐代までを指す。

（2）内藤莞爾監訳、G・P・マードック『社会構造』（新泉社、一九八六年、原著はG. P. Murdock, Social Structure, Macmillan 1949）。マードックによれば、二五〇という広範囲のサンプルの中に少なくとも七十五の双系社会が存在している。

（3）マードック注（2）前掲書第三章。

（4）明石一紀『日本古代の親族構造』（吉川弘文館、一九九〇年）六頁。

（5）大林太良「古代の婚姻」（竹内理三編『古代の日本』第二巻、角川書店、一九七一年）、鷲見等曜「平安時代の婚姻」（『岐阜経済大学論集』八―四、一九七四年、後『前近代日本家族の構造―高群逸枝批判―』（弘文堂、一九八三年）所収）、吉田孝「律令制と村落」（岩波講座『日本歴史』第三巻、一九七六年、後『律令国家と古代の社会』（岩波書店、一九八三年）所収）、明石一紀「日本古代家族研究序説」（『歴史評論』三四七号、一九七九年三月）、義江明子『日本古代の氏の構造』（吉川弘文館、一九八六年）。

（6）北原淳編『東南アジアの社会学・家族・農村・都市』（世界思想社、一九八九年）一五頁。

（7）筆者がここで用いた「系的関係」とは、祖先を中心に、子孫との間に形成される垂直的関係を言い、「方的関係」は個人を中心に実際の生活の中で認識できる親族の範囲で、水平的関係を言う。
（8）高群逸枝『招婿婚の研究』（講談社、一九五三年）第五章「妻問期の族制」一八四頁〜一八八頁。
（9）この四つの居住形態のほかに「オジ方居住」（avunculocal marriage）もあるが、日本古代社会には見られないものなので、ここでは触れないこととする。
（10）日本古代の居住形態に関する研究史は、関口裕子の『日本古代婚姻史の研究』（塙書房、一九九三年）下巻にある「婚姻居住規制の研究史―一九六〇年代まで」と附論「一九九〇年代以降の研究史」を参照されたい。本書第二篇第一章の「はじめに」にも戸籍記載と居住形態の問題に触れているので、参照されたい。
（11）本書では、引用以外は、「娶嫁婚」という術語を用いる。
（12）柳田国男「聟入考」『婚姻の話』（岩波書店、一九四八年、初版一九二九年）。
（13）高群注（8）前掲書四三頁、『日本婚姻史』（至文堂、一九六三年）一〇頁〜一一頁。
（14）鷲見注（5）前掲書、吉田注（5）前掲書、義江注（5）前掲書、明石注（4）前掲書、関口注（10）前掲書、栗原弘『高群逸枝の婚姻女性史像の研究』（高科書店、一九九四年）、同『平安時代の離婚の研究―古代から中世へ―』（弘文堂、一九九九年）、服藤早苗『平安朝の家と女性』（平凡社、一九九七年）などが挙げられる。
（15）高群説に対する批判を行った代表的な研究として、鷲見注（5）前掲書、江守五夫『日本の婚姻』（弘文堂、一九八六年）、栗原注（14）前掲書などが挙げられる。
（16）婿の家政については、高群注（8）前掲書の中でも触れており、「自分の家政の事務所を妻家内に建てることで、「妻家内に自居を確立したこと」（四四九頁）としているが、妻の家での同居の長期化という意味では正しく理解しているが、妻家と同一経営単位ではなく、妻族化されていないという本質を高群は見逃している。
（17）江守五夫の初期の研究では「一時的訪婚」（一九五六年発表した「本邦の《一時的訪婚》慣行の発生に関する社会構造的考察〈序説〉」（東京大学社会科学研究所紀要『社会科学研究』八―二、一九五六年）、「本邦の《一時的訪婚》慣行の発生に関する社会構造的考察〈本論その一〉」（東京大学社会科学研究所紀要『社会科学研究』八―五、六合併号、一九五七年）としているが、後に「一時的妻訪婚」に変えられた。
(18) 江守五夫『物語にみる婚姻と女性』（日本エディタースクール出版部、一九九〇年）二頁。
(19) 明石注（4）前掲書二三頁。
(20) 大林注（5）前掲論文。
(21) 明石注（4）前掲著二〇頁。戸籍記載を分析した伊東すみ子も「奈良時代の婚姻についての一考察」（『続日本紀研究』九―七、八、一九六二年、のち同氏『日本古代社会の基礎構造』（未來社、一九六八年）所収）の中で、万葉時代は「訪婚―夫方居住」と主張し、夫婦同居の場合は夫の両親の近隣に住むとしている。
(22) 関口注（10）前掲書三六三頁、三七九～三八六頁。
(23) 吉田注（5）前掲書一四〇頁。
(24) 栗原弘『万葉時代婚姻の研究―双系家族の結婚と離婚―』（刀水書房、二〇〇二年）二六二～二六三頁。
(25) 管見では、関口注（10）前掲書の中で論じられた対偶婚の、排他的同棲の欠如、気の向く間のみ継続する結婚のありかたという二大特徴は、訪婚下で現れる特徴として理解される。氏は男女の性愛のあり方に重点をおいて考察しているが、訪婚の排他性の欠如はまた婚前交渉との関連性、さらに男女の関係は、娶嫁婚のように一回の婚儀で完結したものではなく、婚前からいくつかの段階の交渉に始まり、通いさらに妻の家に住み着くというくつかの段階を持ったものと理解されるべきである。訪婚の持つこのような漸次的、段階的な特性は、妻方居住、独立居住婚が主流になった時代にも色濃く残っており、古代日本の婚姻形態の特徴をなしている点にもっと注目すべきである。
(26) 洞富雄『庶民家族の歴史像』（校倉書房、一九六六年）七三頁。
(27) 「〈座談会〉家族―その比較にみるアジアと日本」（『世界』一九七二年九月号）における中根千枝の発言。
(28) 関根正直「古代婚姻に関する慣例法律」（『法制論纂』大日本図書、一九〇三年）。
(29) 私が見たのは、三浦周行『法制史の研究』（岩波書店、一九一九年）所収のものである。その「成稿年表」によると、「古代戸籍の研究」は明治三十八年（一九〇五）とある。
(30)　新見吉治「中古初期における族制」（『史学雑誌』二〇―二、三、四、一九〇九年）。
(31)　関口注（10）前掲書三三〇頁。
(32)　中田薫「唐令と日本令との比較研究」（『国家学会雑誌』一八―二二～二四、一九〇四年）、同「古法制三題考」（「祖名相続考」法学協会五十周年記念論文集、一九三三年。但し、筆者が参照したのは『法制史論集』第三巻に収録されたものである）。
(33)　中田薫「日本古代親族考」（『法制史論集』第三巻、岩波書店、一九四三年）。中田は日本固有の親族法を五等親条と別に、服紀条に求めた。中田によると、母方・妻方の高い地位、婚姻関係が最小限度に認められること、己系、父系、祖系の三系を辿って、父子という直系的な親族計算法などは日本固有の親族法である。
(34)　近年の律令研究の成果については、大津透の「律令制研究の成果と展望」『律令制研究入門』（名著刊行会、二〇一一年）を参照されたい。
(35)　井上光貞註釈『律令』（岩波書店、一九七六年）戸令の補注部分を参照されたい。
(36)　これについては本書第一編第三章を参照されたい。
(37)　滋賀秀三『中国家族法の原理』（創文社、一九六七年）。
(38)　井上光貞『日本古代国家の研究』（岩波書店、一九六五年）、石母田正『日本古代国家論』第一部（岩波書店、一九六三年）、吉田注（5）前掲書。
(39)　中国と日本の比較文化研究には、中西進・周一良編『日中文化交流史叢書』（大修館書店、一九九五年～一九九八年）が挙げられる。その中に律令が一つの部類として設けられているが、家族婚姻に関する比較研究はない。また近年勉誠社が出している『アジア遊学』のシリーズの中で、中国文化のアジアにおける伝播を研究しているシリーズの中にも中国の婚姻制度の伝播に関する研究はない。
(40)　布村一夫「籍帳における父系的兄弟的家族共同体」（『歴史学研究』四二九、一九七六年）。
(41)　松岡正剛『日本という方法』（日本放送出版協会、二〇〇六年）四三頁。

(42) 例えば、上代の系譜史料に見られる、父系的に「児」で一直線に繋がる系譜は実際政治地位の継承で父子による血縁的継承ではないことが義江明子の『日本古代系譜様式論』(吉川弘文館、二〇〇〇年)の中で明らかにされている。

(43) 最も古代中国の親族名称は完全にスーダン型と同じではないので、それに近いという表現を用いる。古代中国の名称法では、平行イトコの中においても、父の兄弟の男女子は従父兄弟姉妹、母の姉妹の男女子は従母兄弟姉妹というふうに異なる名称によって区別されている(『爾雅・釈親』)。交叉イトコの母の兄弟の子供と父の姉妹の子供に関しても同様で、前者は内兄弟姉妹、後者は外兄弟姉妹と区別されている。

(44) マードック注(2)前掲書一八六頁

(45) 両国の官人制度の相違に関する比較的早い研究としては、牧英正の「資蔭考」(大阪市立大学『法学雑誌』二―一、一九五五年一月)、野村忠夫『律令官人制の研究』(第二版、吉川弘文館、一九七〇年)などが挙げられる。

第一編　婚姻慣習と漢字表現

第一章　王位継承と結婚とその表現

はじめに

ある社会の婚姻形態を論じる際には、その社会の結婚範囲と禁婚範囲の広狭が重要な指標となる。結婚できる範囲が、出自集団、身分、職業、宗教、民族などによって画定されることがあるが、出自集団に基づく婚姻規制は、基本的に「族内婚」と「族外婚」の二つに分けられる。母系集団または父系集団内部の結婚が許容されるのが族内婚、それを忌避し、結婚相手を族外者に限定するのが族外婚である。また、出自集団に基づく族内婚・族外婚などの概念とは異なるが、近親婚という概念がある。一定範囲の近親者間の婚姻禁忌は人類社会に共通してみられる現象であるが、その範囲は社会ごとに異なり、時代によっても変化する。古代中国では同姓不婚[1]が原則となっており、ユダヤ社会では傍系親との結婚も禁止されている。現在の日本の民法では、直系血族および三親等内の傍系血族を近親婚として禁じている[2]が、記紀など上代の文献には皇族の近親婚例が数多く記されている。もっとも、記紀に見られる近親婚の殆どは王室婚に関するもので、王家の血の純粋さを保持するための特殊事例とみることもできよう[3]。かつて古代エジプト、インカ、ハワイなどの王室、また古代日本と文化的交渉が多かった新羅王朝や高麗王朝の王室においても族内近親婚が行われており[4]、この意味では記紀の結婚例を単純に一般化して論ずることはできない。しかし、古代日本の場合は、記紀に限らず、その他の上代・中古の文献を見ても、族内婚を規制する形跡はなく、禁婚範囲も限定的で、近親同士の結婚例が多く存在したことが分かる。このことを鑑みれば、記紀の婚姻例を王室婚と言って一般社会から完全に切り離してしまうのも妥当を欠くものであろう。いわゆる族外婚は明確な出自集団の存在を前提としたものであるが、族外婚の不在は、言い換えれば、その社会に明確な出自集団が存在しないことである。[5] 族外婚の不在は、中国の律令制度が導入されるに際して族外婚の条文が削除されたことからも窺える。唐律名例律で最も重い罪とされる十悪条は日本律では八逆条と変えられ、削除された項目の一つは近親婚禁止の「内乱」であった。この削除は古代日本が近親婚や同姓不婚の原則を持たなかったことに由来するとされている。[6] 筆者が古代日本の族内婚・近親婚に注目した理由の一つは、その非単系性であった。そしてもう一つの理由は、古代中国との文化的交渉が頻繁に行われていたことである。いうまでもなく、古代中国社会は典型的な単系（父系）社会で、婚姻制度、観念において、非単系の古代日本とは原理的に背反するものを持っている。両社会の持つ背反性は、江戸時代の江戸期の儒学者と国学者達の論争にも反映されている。江戸中期の儒学者太宰春台は彼の著書『乱婚伝』[7]の中で古代日本の王室の近親婚について次のように書いている。

わが東方の古はいまだ礼義あらず、男女の別無し。…綏靖天皇は其の従母を妻り、景行天皇の子鵄馬禿閵結は垂仁天皇の女を娶る。その姑なり。これ仲哀天皇を生む。敏達天皇はその妹を妻り、天武天皇は天智天皇の女を娶る。その兄の子なり。それ従母は同姓にあらずと雖も、しかれど外戚の尊属なり、姑姪と妹とは皆期親なり。妹と兄の子とはなお卑属なり。姑は即ち尊属なり。その姑を妻るはその母を妻るより殆からざらんや。およそこれ古時人主の穢行の大なるものなり。骨肉至親の相汚すこと此の如し。

近親婚を「礼義あらず」、「穢行」、「相汚」と蔑んだ太宰春台の論は、明らかに儒教の家族・親族観に拠って発せられたものである。このような、儒学者による近親婚批判が多く見られる一方、それに対する国学者の反論も多く見られた。最も代表的なものは、本居宣長の上代婚姻風習擁護論である。

儒者などは、ひたぶるにもろこしの国俗を本として、物をさだめ、今の人は、今のならはしになれて、昔をあやしむ。これみなかたおち也。…又新枕のほどのさほうも、昔は女のもとに、男のゆきかよひたりしことなるを、今は、男の家に、女のゆくこととなれるは、もろこしの国俗のうつれる也。これはたことわりをもていはば、男のゆくこそ、正しきにはあれ、女のまづゆくは、いかがとぞおぼゆる。されば又かへりて、むかしの、人の今のよのさまを見たらんには、いとみだりがはしく、正しからずとぞいはまし。『玉の小櫛』(8)

直接に近親婚に触れたものではないが、日本の習俗を「もろこしの国俗」即ち中国の婚姻観で論じられるべきではないというのが宣長の主張である。このような、儒学者と国学者の間に繰り広げられていた論争について詳しく議論する余裕はないが(9)、儒者達の近親婚批判の理論的根拠が中国の経書に由来したことは確かで、両者の論争は、単系（父系）社会の観念と非単系社会の観念の相違を示したものと言っても過言ではない。双系社会の古代日本が、自社会の婚姻慣行と異なる「もろこしの国俗」に直面した際に、いかなる取捨選択をし、いかなる表現を練り上げていったのかは本章のもう一つの関心事である。

記紀にみえる近親婚に学問的関心が示されるのは、津田左右吉の研究が発表されて以降である。津田は、一九一九年刊行された『古事記および日本書紀の新研究』（洛陽堂、一九一九年）(10)の中で、日本上代にみられる婚姻タブーは同母兄弟姉妹にのみ限られ、父方の近親、母方の近親を問わず結婚できることに注目し、このような族内婚の行われた社会の親族集団「氏《うじ》」は単系出自社会でいう「クラン」とは異質なものであると指摘した。また「氏《うじ》」という漢字の用法に注目し、日本上代の文献では、父系的に同族であったはずの兄弟達が異なる「氏《うじ》」に属しており、同一の「氏《うじ》」の内部が必ずしも血族的関係を示すものとは限らない、と指摘した。津田の指摘を敷衍していえば、同じ漢字の「氏」であっても、単系出自を持つ父系集団を意味することにはならない、ということである。族外婚、単系親族集団の不在という重要な事実が津田の研究によって初めて注目されるようになったと言っても過言ではない。二十世紀初頭に、当時の人類学の研究成果をいち早く吸収し、記紀の記録に古代日本の家族・親族の特徴を見いだした津田の研究は極めて重要な意味を持っているが、これらの特徴からさらに社会構造との関連性について深く論じなかった憾みがある。記紀の近親婚と社会構造の関連性について比較的に纏まった研究として、洞富雄の『日本母権制社会の成立』（淡路書房、一九五七年）、布村一夫の『日本神話学・神々の結婚』（むぎ書房、一九七三年）と鷲見等曜の『前近代日本家族の構造』（弘文堂、一九八三年）等が挙げられる。[11] 洞富雄は、進化論的立場から、日本の原始社会に、母権、母系的外婚制が存在していたと想定した上で、母系制が崩れつつある中で父系制が進展し、母系制下の近親婚と父系制下の近親婚が混在し、多様化したと説明しようとした。[12] 一方、布村は日本原始社会には二分組織を伴う族外婚制が存在していたと想定し、例えば、ワニという氏族の女性と天皇家の婚姻はこの二分組織の妻交換原理を示すものとしている。しかしながら、記紀の近親婚の事例は布村の言う二分組織の理論では説明できないほど多様である。布村自身が注目した異世代婚を例にとってみてもそうである。布村によれば、同世代としか結婚できないという世代原則は古代日本では破られており、叔姪婚、従母婚、後母婚ないし祖孫婚が行われている。一夫多妻婚も特徴的で、ソロレート婚と結びついて、①自分と血縁関係のない数人の姉妹とのソロレート、②異母姉妹や従姉妹とのソロレート、③叔母と姪の関係にある二人の女性とのソロレート、という三つのソロレート多妻婚が見られ、近親婚の種別から言って、父系社会で禁忌される近親婚も、母系社会で禁忌される近親婚も見られるという。[13] 父系母系両方の近親婚・族内婚に関する布村の説明は洞富雄とほぼ同じで、母系社会の崩壊と父系社会の進展によるものだとしている。鷲見等曜の研究は、高群逸枝の母系制残存説に対する検証が目的であるため、母系的近親婚の検出に力点が置かれている。記紀の近親婚には、父系及び母系の両方の近親が存在しており、高群が言う母系社会が存在しない、古代日本社会は父系でもなく母系でもなく双系社会であった[14]、というのが鷲見の主張である。このように、論者によって注目点や理解は必ずしも同じではないが、記紀に見られる古代日本の近親婚は多様で、族外婚規制がなく、父母双方の近親と結婚できる。従って、母系または父系といった単一の基準では説明できない、という点では諸氏の見解が一致している。古代日本の近親婚の多様性を説明する好例として、欽明天皇と仁賢天皇の皇女らの結婚が挙げられよう。『日本書紀』によれば、欽明が石姫、稚綾姫皇女、日影皇女ら[15]と結婚しているが、欽明の母手白香皇女と石姫らの母橘仲皇女は春日大娘皇女を母に持つ同母姉妹である。母系から見れば、欽明と石姫らは母方平行イトコである。と同時に、石姫らは欽明の異母兄宣化の娘なので、父系からみれば、異母兄の娘との結婚、所謂叔姪婚《しゅくてつこん》でもある。布村一夫はこの結婚を異世代婚としており、鷲見等曜は母方平行イトコ婚としているが、いずれも一方的な基準による分類である。この婚姻例を考える時には、恐らく姉妹であった母親達の結婚形態（ソロレート）と、兄弟の娘との結婚である叔姪婚、さらに先帝の皇女という政治的要素を総合的に見る必要があるであろう。先述したように、記紀の近親婚は王室という特殊な階層の中で、王権継承と密接に関わりながら行われたものである。従って、王統がいかなる形で継承されていくかが記紀の近親婚を解明する鍵となろう。本章では、記紀を中心に、王室婚の特殊性を念頭に置きながら、族内近親婚と系譜観念に見る双系的性格、さらに父系観念に遭遇することによって生み出された記述法を考察し、双系的性格を持つ古代日本社会と外来の父系制の交渉の一端を明らかにしたい。

一　近親婚例の再検討

記紀の近親婚について、すでにいくつかの分類、分析が行われていた。ここでは主に布村一夫と鷲見等曜の研究を参照しながら、再分類し、再分析を行うが、具体的には、同世代婚（表Ⅰ）と、異世代婚（表Ⅱ）の二つに分けて考察する。(16)

表Ⅰ〈同世代婚〉（第一篇第一章）

類型	
A1 母方平行	①欽明＝石姫・稚綾姫・日影皇女→E2'、B1 ②根鳥皇子＝御原皇女→C ③用明＝間人皇女→C ④茨城皇子＝磐隈皇女→C
A2 父方平行	①崇神＝御間城姫 ②安康＝中蒂姫
A2' 父方平行（父の異母兄弟の子）	①垂仁＝狭穂姫 ②景行＝八坂入姫・弟媛→B1 ③仲哀＝大中姫 ④応神＝高城入姫・仲姫・弟姫→B1 ＊再従イトコ ⑤允恭＝忍坂大中姫・弟姫→B1
B1 ソロレート	⑥応神＝高城入姫・仲姫・弟姫→A2' ⑦応神＝宮主宅媛・小甂媛 ⑧仁徳＝八田皇女・菟道稚郎姫皇女→C ⑨履中＝太姫郎姫・高鶴郎姫 ⑩反正＝津野媛・弟媛 ⑪允恭＝忍坂大中姫・弟姫→A2' ⑫安閑＝紗手媛・香香有媛 ⑬欽明＝石姫・稚綾姫・日影皇女→A1、E2' ⑭欽明＝堅塩媛・小姉君 ⑮天智＝遠智娘・姪娘 ⑯天武＝大田皇女・鸕野皇女・大江皇女・新田部皇女→E2

	⑥仁賢＝春日大娘＊再従イトコ ⑦雄略≠反正皇女ら→B1＊求婚失敗、結婚未成立
A3 母方交叉	①安寧＝阿久斗比売（記） ②履中＝黒姫 ③聖徳＝菟道貝鮹皇女→A4・A1・A2
A4 父方交叉	
B1 ソロレート	①孝霊＝蠅伊呂泥・蠅伊呂杼（記） ②垂仁＝日葉酢媛・渟葉田瓊入媛・真砥野媛・薊瓊入媛・竹野媛→E2' ③垂仁＝刈羽田刀弁・弟刈羽田刀弁（記） ④景行＝八坂入媛・弟媛→A2' ⑤景行＝伊那毘能大郎女・伊那毘能若郎女（記）

	⑰天武＝氷上娘・五百重娘 ⑱景行≠兄遠子・弟遠子＊大碓命の密通により結婚未成立
B2 レビレート	
C 異母兄妹婚	①大江王＝銀王（記） ②仁徳＝八田皇女→B1 ③仁徳＝菟道稚郎姫皇女→B1 ④根鳥皇子＝御原皇女 ⑤隼別皇子＝雌鳥皇女→A1＊紀では姦とされている。 ⑥敏達＝推古 ⑦用明＝間人皇女→A1 ⑧茨城皇子＝磐隈皇女→A1＊紀では姦とされている。 ⑨彦人大兄皇子＝小墾田皇女 ⑩彦人大兄皇子＝糠手姫皇女 ⑪彦人大兄皇子＝玄王（記）

表Ⅱ〈異世代婚〉（第一篇第一章）

類型	
D1 母方オバ	①彦波瀲武鸕鷀草葺不合尊＝玉依姫 ②綏靖＝五十鈴依媛 ③日子坐王＝袁祁都比売（記） ④若沼毛二俣王＝百師木伊呂弁（記） ⑤用明＝石寸名
D1' 母方オバ（母の異母姉妹）	①安閑＝春日山田皇女＊継母の異母姉妹 ②宣化＝橘仲皇女＊継母の姉妹 ③舒明＝田眼皇女→D2' ④草壁皇子＝阿部皇女（元明）→A2 ⑤大津皇子＝山辺皇女→A2
D2 父方オバ	
D2' 父方オバ（父の異母姉妹）	①倭建命＝両道入姫皇女 ②稲瀬毘古王＝阿耶美都比売（記） ③雄略＝幡梭皇女 ④舒明＝田眼皇女→D1'
E2 兄弟の娘	①懿徳＝天豊津媛 ②孝安＝押媛 ③山代之大筒木真若王＝阿治佐波毘売（記） ④多遅摩比多訶＝由良度美（記） ⑤天武＝大田皇女・鸕野皇女・大江皇女・新田部皇女→B1
E2' 兄弟の娘（異母兄弟の娘）	①垂仁＝日葉酢媛・渟葉田瓊入媛・真砥野媛・薊瓊入媛・竹野媛→B1＊イトコの娘 ②垂仁＝迦具夜比売命＊イトコの娘 ③大草香皇子＝中蒂姫 ④欽明＝石姫・稚綾姫・日影皇女→A1 ⑤舒明＝宝皇女 ⑥天智＝倭姫王
F1 後母婚	①伊須余理気比売＝当芸志美美（記） ②開化＝伊香色謎命＊紀では「庶母」とされている。 ③多米王＝間人穴太部王（記）
その他	

表Ⅰの用例数で見ると、ソロレート婚（B1）[17]が最も多く、異母兄妹婚（C）がそれに次ぐ。イトコ婚は、父方平行型（A2・A2'）が多いのが特徴的である。それに対し、父方交叉型A4は皆無で、母方交叉型（A3）は僅少である。[18]母方平行型（A1）は四例あるものの、いずれも複雑な要素が絡んだ結婚である。A1の①の欽明と石姫姉妹らの結婚は、先述したように母方平行イトコ婚であるとともに叔姪婚で、さらにソロレート婚でもある。他の三例は異母兄妹婚である。従って、純粋な意味で言う母方平行型は一例もない。婚姻例の時代的分布を見ても、信憑性があるかどうかは別として、ソロレート婚は伝説時代から各時期に見られる。父方平行イトコ婚は安康・仁賢を除いて古墳時代以前の人物の話が多く、異母兄妹婚は五、六世紀の人物が多いのが特徴である。

まず、用例の最も多いソロレート婚を見てみる。女性の身分によって、皇族と氏族の二つに分けられる。皇族とのソロレートは伝説時代と欠史八代を除いて、B1の②の垂仁と丹波道主王の娘日葉酢媛ら姉妹五人、⑤の景行と吉備臣祖先の若建吉備日子の娘伊那毘能大郎女・伊那毘能若郎女、④の景行と八坂入彦皇子の娘八坂入媛・弟媛、⑥の応神と品陀真若王の娘仲姫姉妹三人、⑨の履中と鯽魚磯別王の娘太姫郎姫・高鶴郎姫、⑪の允恭と稚渟毛二岐皇子の娘忍坂大中姫・弟姫姉妹、⑬の欽明と宣化皇女の石姫・稚綾姫・日影皇女姉妹、⑯の天武と天智皇女の大田・鸕野・大江・新田部の結婚である。そのうち所生の皇子が即位または立太子となったのは、日葉酢媛が生んだ景行、八坂入媛が生んだ成務、仲姫が生んだ仁徳、忍坂大中姫が生んだ安康と雄略、石姫が生んだ敏達、持統（鸕野）が生んだ草壁である。一方、氏族の女性とのソロレートは、③の垂仁と山背大国不遅の娘刈羽田刀弁・弟刈田羽刀弁姉妹（記）[19]、⑦の応神と和珥臣の祖である日触使主の娘宅媛・小甂媛、⑩の反正と大宅臣の祖である木事の娘津野媛・弟媛、⑫の安閑と許勢男人大臣の娘紗手媛・香香有媛、⑭の欽明と蘇我稲目の娘堅塩媛・小姉君、⑮の天智と蘇我山田石川麻呂の女遠智娘・姪娘、⑰の天武と藤原鎌足の女氷上娘・五百重娘の結婚である。その中に所生が即位または立太子となったのは、宅媛所生の菟道稚郎子（立太子）、蘇我稲目の娘堅塩媛の所生の用明、推古と小姉君の所生の崇峻のみである。記紀では、菟道稚郎子が仁徳に王位を譲るために自殺したと記述されているが、最終的に皇族の母を持つ仁徳が王位に就くことは、当時の王位継承の伝統に則ったものである。欽明―敏達の時期が転換期である点については後述することにして、全体から見れば、王位継承者は同じ皇族の中で再生されるべきだという観念が明確に看取される。

父方平行イトコ婚はソロレート婚に次ぐ多い結婚である。A2の①の崇神天皇と大彦命《おほびこのみこと》の娘御間城姫《みまきひめ》の結婚は父方平行イトコである。孝元紀に、欝色謎命《うつしこめのみこと》が二男一女を産んだとあり、第一子は大彦命で、開化は第二子である。大彦命ではなく、次子の開化が王統を継ぐが、開化のミコ崇神天皇が大彦命の女御間城姫と結婚する（図1）。このような父方平行イトコ婚を重要視する意識は変形的でありながら安康、雄略の求婚、結婚にもみられる。A2の②の安康の父允恭と中蒂姫の父履中は同母兄弟である（図2）。記紀の伝えでは、安康は大草香皇子を誤解し、皇子を殺してその妻中蒂姫を皇后としたということであるが、父の同母兄の娘で、自分に近い系統のミコという認識が安康にあったろう。同じことは、A2'の⑦に挙げた雄略の、反正皇女らへの求婚[20]についてもいえる。雄略

図1

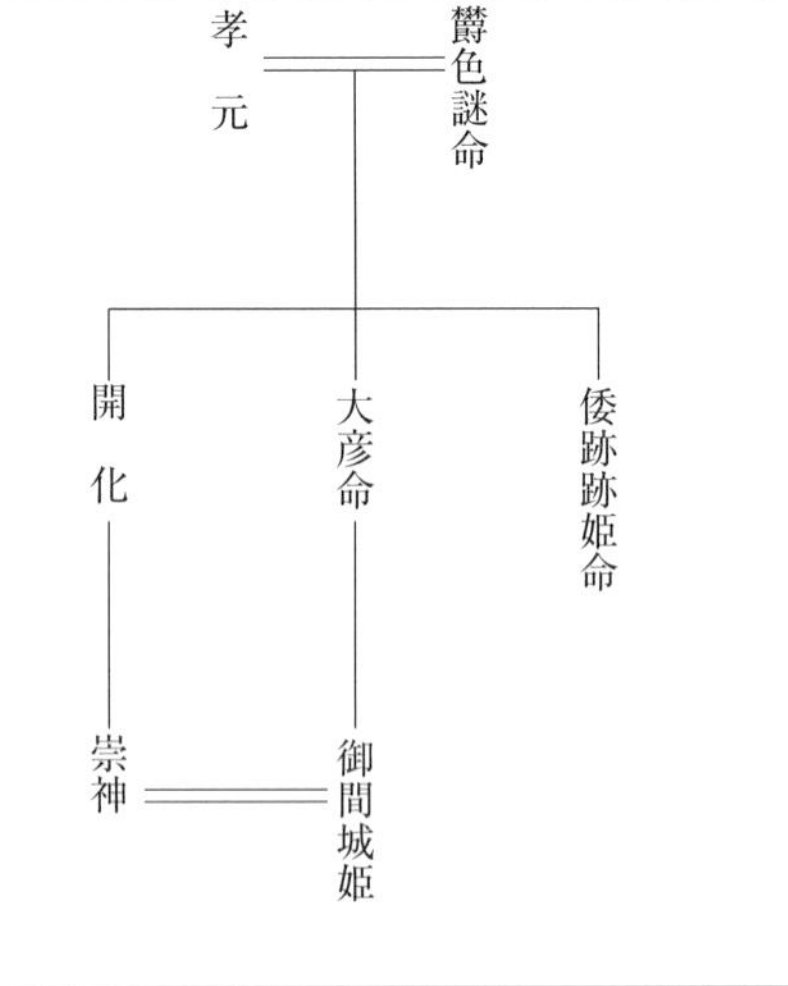

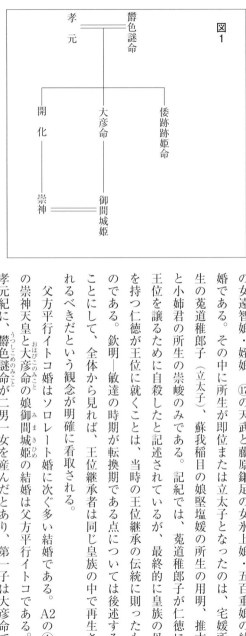

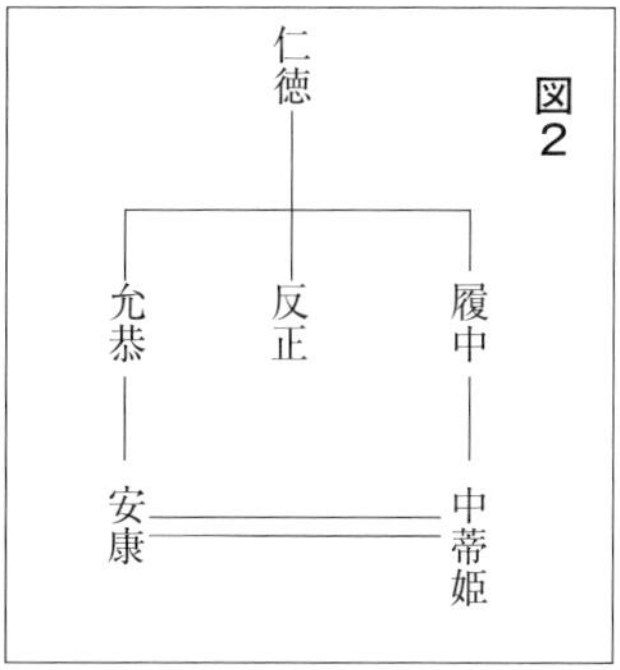

図2

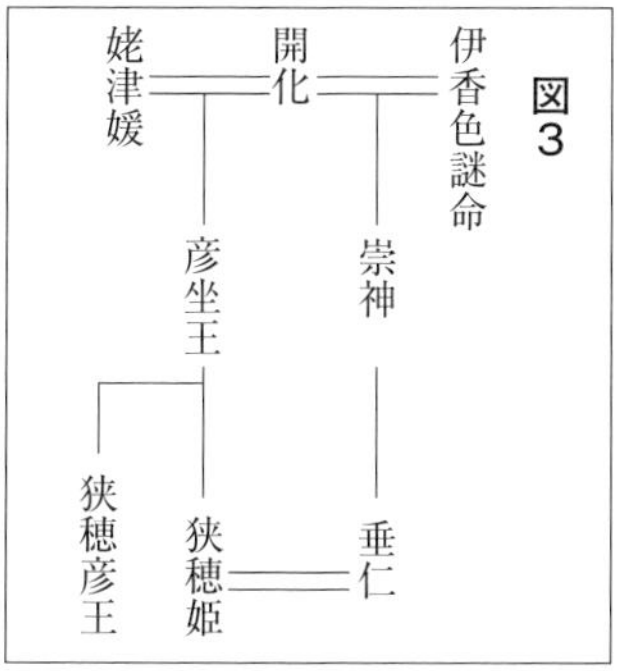

図3

も父の同母兄の娘であるために求婚した可能性が高い。父の同母兄と言っても、中蒂姫も反正の皇女らも先帝のミコであることが重要である。後述するように、先帝のミコとの結婚は、王権継承の正統性を獲得する上で重要な意味を持つものである。同母兄弟のみならず、垂仁と狭穂姫《さほびめ》の結婚のように、異母兄弟乃至従兄弟同士の子女の間にも行われる。A2'の①の狭穂姫は開化子彦坐王《ひこいますのみこ》の娘である。[21]彦坐王は崇神の異母兄弟であり、垂仁と狭穂姫の結婚は父方平行イトコ婚になる（図3）。彦坐王の系統は王位継承しなかったものの、『古事記』の系譜の記述が詳しく残っていることから、彦坐王およびその子孫も王権継承に近い存在であった。後に狭穂姫の兄狭穂彦王《さほびこのみこ》（沙本毘古王）が垂仁に対し、反旗を翻したことから、崇神—垂仁と彦坐王—狭穂彦王の両系の対立があったとみられる。狭穂彦王の叛乱は失敗に終わり、狭穂姫が死に、狭穂姫の所生である誉津別命《ほむつわけのみこと》（本牟智和気王）も王位継承から外される結果になってしまったが、このような父方平行イトコ婚は両系統の対立を解消し、ある種の聯合関係を築くことを目的とするものである。のみならず、父母両方から皇統を受け継ぐ次世代の王位継承者を誕生させることも目的であろう。

C型異母兄妹婚は、景行の子女の一例を除いて、応神のミコ達と欽明のミコ達の結婚に集中している。結婚する異母妹の人数によって分けると、異母妹をソロ

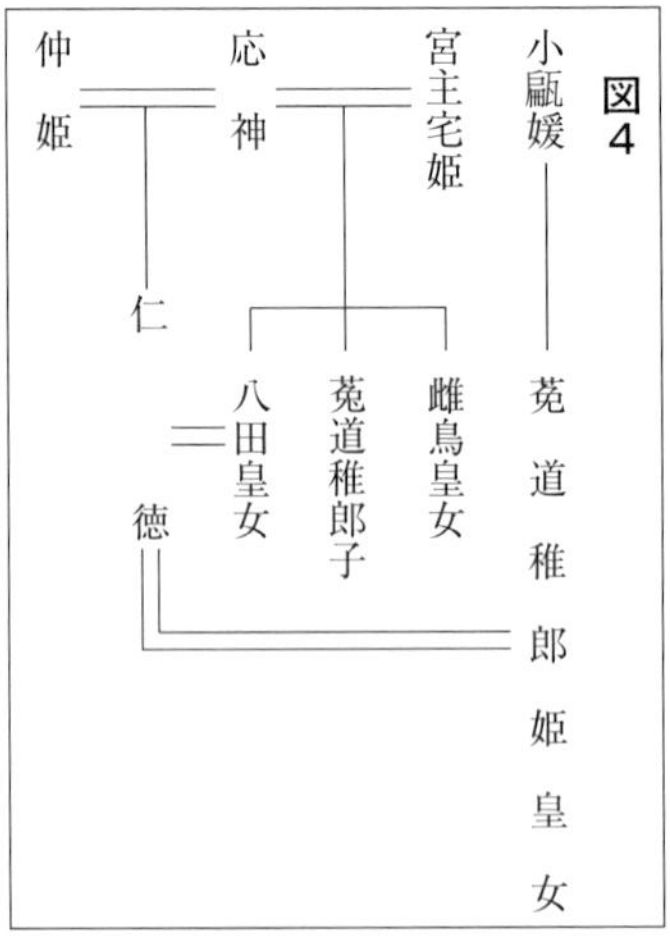

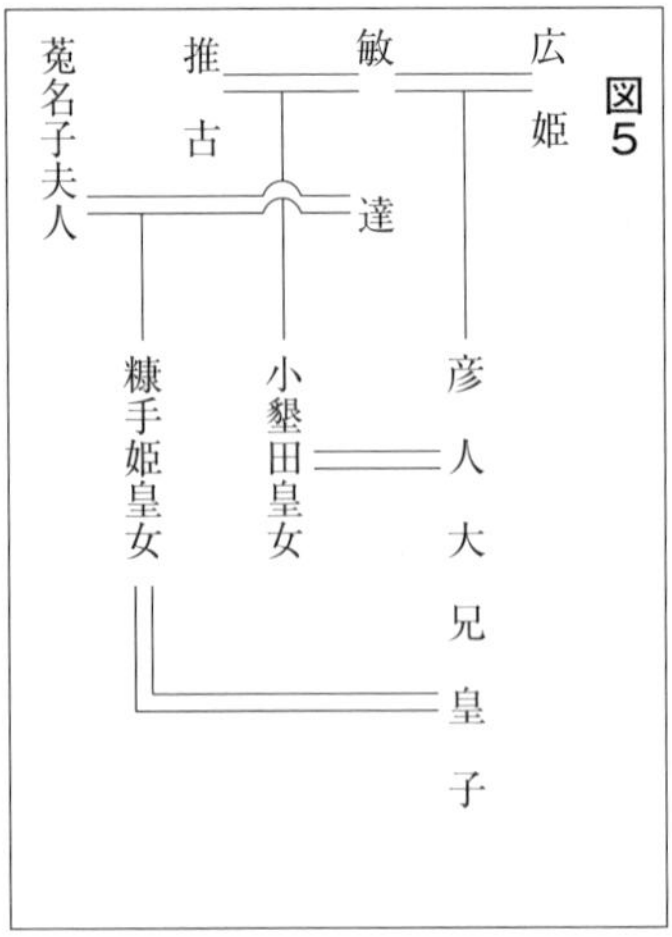

レートする形と、単数の異母妹と結婚する形とがある。前者は仁徳、彦人大兄皇子、後者は、大江王、根鳥皇子、敏達、用明の結婚である。仁徳の即位について、記紀では、菟道稚郎子が仁徳に王位を譲るために自殺したとあるが、和珥氏系統の宅媛所生の菟道稚郎子と仲姫所生の仁徳は王位を巡る拮抗があったと考えられる（図４）。仁徳の場合は、次の王位継承者は磐之媛との間に生まれた履中、反正、允恭になっていくが、菟道稚郎子が立太子されたことから考えると、相当政治勢力の強い氏族が背後にあると思われる。仁徳が王位継承者として、宅媛所生の八田皇女、小甂媛所生の菟道稚郎姫皇女との結婚、さらに雌鳥皇女への求婚は、皇族の持つ高貴性を吸収し、さらに皇女らの母方の政治勢力を自らの秩序のもとに収斂させようとしたものである。即位は実現できなかったものの、彦人大兄皇子の異母妹とのソロレートも恐らく同じ性格のものである。また敏達と用明の異母兄妹婚は、当時の王権を巡る拮抗を示したものと理解されよう。敏達も用明も欽明のミコであるが、宣化のミコの石姫を母に持つ敏達が紀では「嫡子」と記されるのは後述のように、父母双方から皇統を受け継いだ王位継承者だからである。敏達の最初の皇后広姫も皇族で、二人の間に彦人大

図6

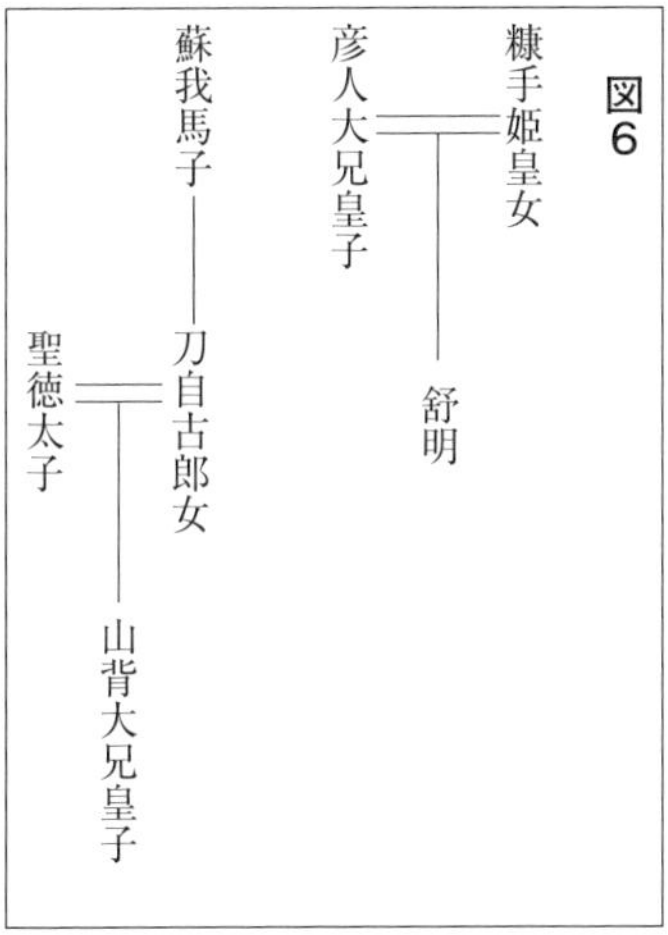

図7

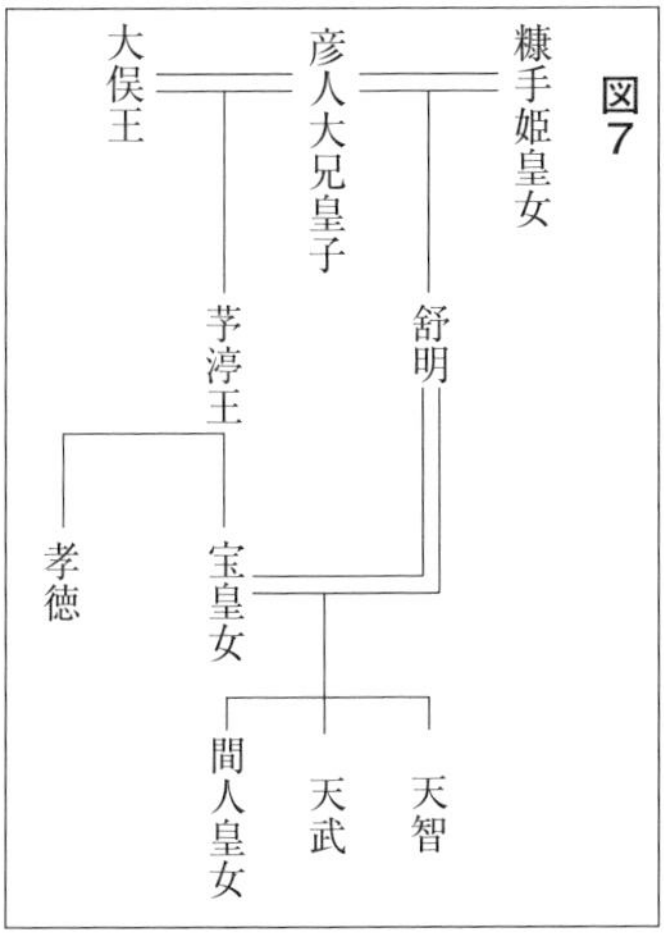

兄皇子が生まれたが、広姫は死去した。その後蘇我堅塩媛所生の皇女豊御食炊屋姫（推古）が立后されたのも次第に強くなった蘇我氏と敏達との融合策と理解される。二人の間に生まれた小墾田皇女[22]が彦人大兄皇子と結婚するのも、恐らく両系統の融合を目的としたものであろう（図5）。異母兄妹婚の最も注目すべきことは、母の世代のソロレート婚との関係性である。表Ⅰに示したように、A1の母方平行イトコ婚の4例中3例はCの異母兄妹婚である。

　異世代婚（表Ⅱ）では、叔姪婚は八代欠史の懿徳と孝安の二例を含めて計十一例（E2、E2'）、従母婚（D1・D1'）は十例、後母婚三例の順になっている。叔姪婚（E2、E2'）は、A2型、A2'の父方平行イトコ婚と同様に、皇族の連立と融合を図るものだと理解される。典型的な例はE2'の⑤の舒明天皇と宝皇女の結婚が挙げられる。舒明は敏達の皇子彦人大兄皇子の子で、敏達の孫である。舒明の即位は、父子という直系継承ではなく、推古のあとを受けて即位した天皇である。推古は後継者を決めないまま崩御したので、舒明（田村皇子）と蘇我氏の血を引く山背大兄皇子の皇位継承の争いを避けるために、蝦夷が舒明を擁護したというのが現在の通説であるが、王統の「血」の論理で見た時に、

図8

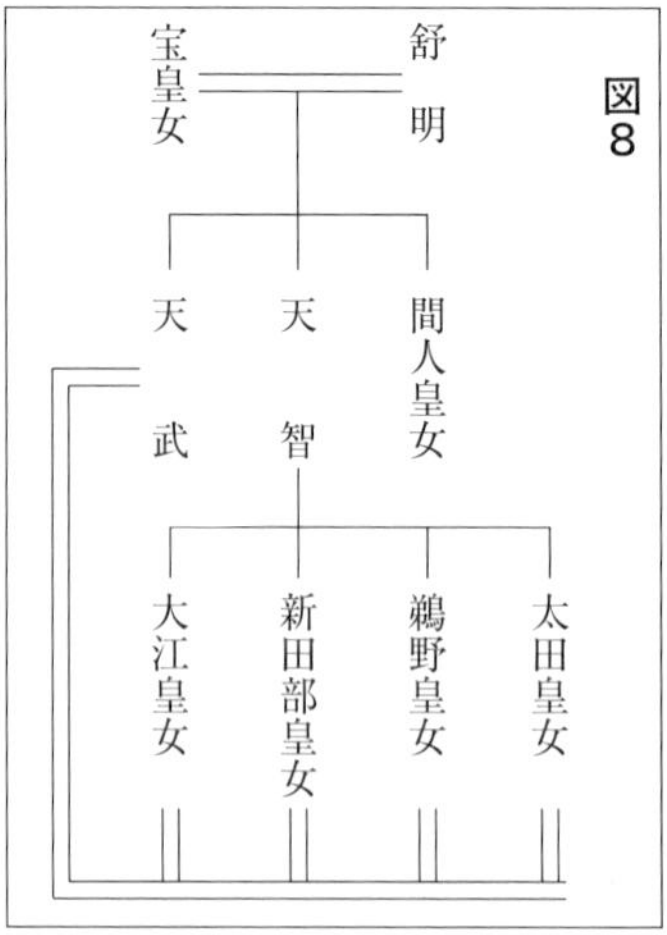

図9

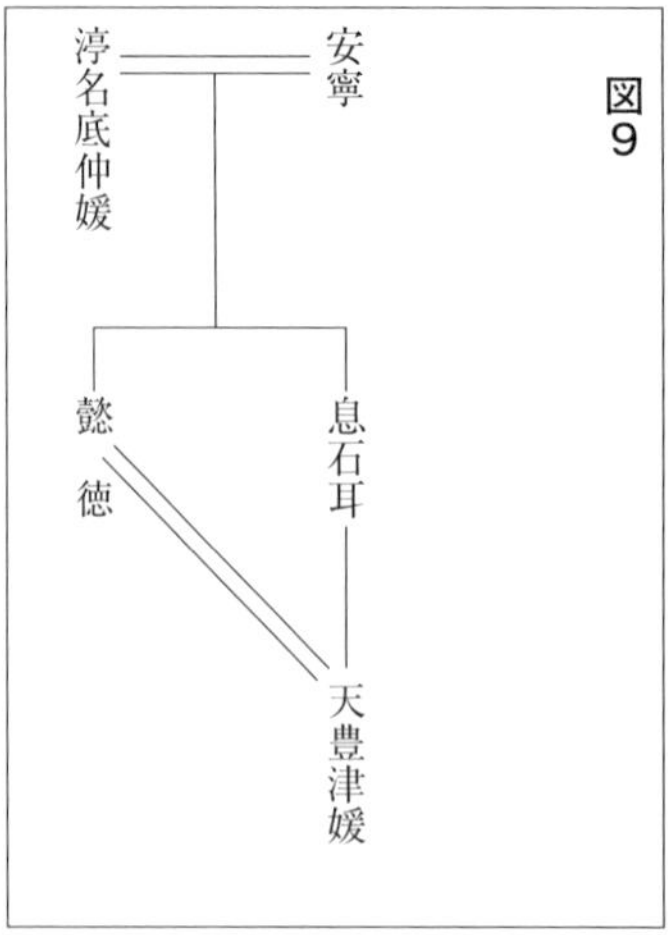

舒明の父母の結婚は先述した異母兄妹婚で、敏達の直系である彦人大兄皇子と皇女糠手姫の間に生まれた舒明のほうが山背大兄皇子より純粋な血統を持っている（図6）。舒明は同じく敏達系の皇子で、舒明の異母兄である茅渟王との融和を図るために、茅渟王の娘宝皇女《たからのひめみこ》（皇極・斉明）と結婚した。二人の間に生まれたのは、天智、天武、間人皇女である（図7）。天智も父舒明の第一皇子で異母兄弟の古人大兄皇子《ふるひとのおほえのみこ》の娘倭姫王《やまとひめ》と結婚している。二人の間には子女が生まれなかったが、同様の目的の結婚である。叔姪婚の中でも先帝の皇女との結婚が注目される。天武天皇が天智天皇の四人の娘、大田皇女、鸕野皇女（持統）、新田部皇女、大江皇女の結婚（図8）はその典型例である。天武と天智の皇女たちの結婚が、天智天皇の生前か死後か、また壬申の乱の前かは定かではないが、異常にもみえるこのソロレート型の叔姪婚は、恐らく王位継承をめぐる天智系との緊張関係を和らげるためのものであろう。天智天皇の娘鸕野皇女（持統）との間に生まれた草壁皇子《くさかべのみこ》を太子に立てることで、天智・天武両系を受け継ぐもっとも正統な王位継承者が誕生したわけであるが、草壁太子は早世した。その後母親鸕野皇女が「臨朝称制」したのは、皇女は王統を受け継ぐ継承権利を潜在的に持って

いたからであろう。天武と天智の皇女らとの結婚は、先帝の皇女との結婚という別の意味からも考えられる。姉妹の娘との結婚は僅少で、孝徳天皇と間人皇女の結婚の一例しかない。この縁組も先帝の皇女との結婚である。

女性の父親が王位継承の可能性のある人物である点においてもE2・E2′は表ⅠのA2型、A2′に似ている。例えば①の懿徳と天豊津媛《あまとよつひめ》の結婚であるが、天豊津媛の父息石耳は安寧の第一皇子で、懿徳の同母兄で、『先代旧事本紀』によれば、息石耳に後《あとつぎ》が無かったとあるが、同母弟懿徳と娘とを結婚させている（図9）。また②の孝安と押媛の結婚も同じである。押媛の父天足彦国押人命は孝昭の第一皇子で、孝安の同母兄である（図10）。このような同母兄弟の娘との結婚は、同じ母の所生による融和また連立を図るものである。場合によっては、叔姪婚と父方平行イトコ婚によって父子二代に亘って行われる。王位こそ継承しなかったものの、同じ意図による結婚に、山代之大筒木真若王と阿治佐毘売の結婚がある。一方で異母兄弟の娘との結婚は両方融和が主目的であろう。父子二代が姉妹と結婚するタイプには、継体、履中・宣化父子と賢仁の皇女らの結婚、文武と聖武父子と藤原不比等の娘宮子、光明子との結婚が挙げられる。前者は先帝の「ミコ」との結婚によって、先代の王統との連続性、継体父子の王統の正当性を強化する狙いがあると思われるが、後者は蘇我氏の女性との結婚によって、蘇我氏出身の王位継承者を確保する狙いであろう。ここに歴史的転換点があった。即ちミコまたはミコの娘を母方とする王位継承候補者と氏族、正確に言えば蘇我氏を母方とする王位継承候補者が競合し、拮抗し、

図10

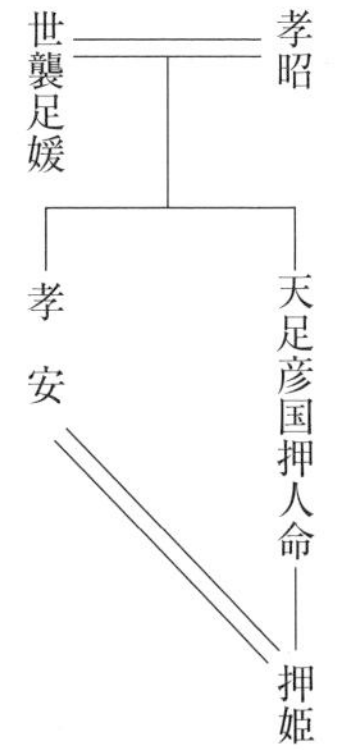

次第に蘇我氏出身の女性と朝廷の縁組みが有力になったと思われる。

二　近親婚から見る双系的性格

表Ⅰと表Ⅱから了解されるように、古代日本の王室の近親婚は単一のカテゴリーで分類できないほど多様性に富んでいる。布村はかつてソロレート婚と一夫多妻婚との関連性を指摘したが、ソロレート婚（B1）と父方平行イトコ婚（A2）さらに叔姪婚（E2・E2'）の高い関係性を表Ⅰ、表Ⅱは示している。景行と八坂入姫・弟媛、允恭と忍坂大中姫・弟姫、応神と高城入姫・仲姫・弟姫の三つの縁組からは王位継承者が生まれたことから見ても分かるように、父方平行イトコのソロレートは、より純正な次世代の王位継承者の確保、王位を巡る争いの回避のために機能したと考えられる。同様の機能は叔姪ソロレート、例えば、垂仁と日葉酢媛ら五人の結婚、天武と鸕野皇女らの結婚にも通底する。ソロレート婚と異母兄妹婚との関連性にも注目したい。例えば、B1⑥の応神と高城入姫・仲姫・弟姫のソロレート(23)と、Cの④仲姫腹の根鳥皇子《ねとりのみこ》と高城入姫腹の御原皇女《みはらのひめみこ》の異母兄妹婚は、二世代に亘って行われたものである。皇族の母を持つミコ達の結婚である。一方、B1の⑦応神と宮主宅媛、小甂媛のソロレートと仁徳と異母妹八田皇女、菟道稚郎姫皇女の結婚、B1の⑬の欽明と蘇我氏出身の堅塩媛《きたしひめ》、小姉君《をあねのきみ》のソロレートと、C⑦の用明と間人皇女《はしひとのひめみこ》、⑧茨城皇子と磐隈皇女の二組(24)の異母兄妹婚も同じく世代を超えて行われた。用明、磐隈皇女の母堅塩媛《きたしひめ》と、茨城皇子、間人皇女の母小姉君《をあねのきみ》(25)は同母姉妹である。従って、この二組の結婚はA1母方平行イトコ婚でもある。「ミコ」と「ミコ」の王統の融合のみならず、母方の身内で固まっていこうという意識が観察されよう。もっともソロレート婚と関連がなくても、異母兄妹婚は欽明の子供達の結婚に多く見られ、敏達と推古、さらに敏達と皇族出身の広姫の間に生まれた彦人大兄皇子と異母妹の小墾田皇女、糠手姫皇女との結婚が行われている。異母兄妹婚で兄妹という「横」の関係よりも、応神または欽明の「ミコ」という「縦」の関係がより重要であろう。同世代のみならず、E2'④の欽明が異母兄弟の宣化の皇女の石姫らとのソロレート、E2⑤の天武が同母兄弟の天智の皇女大田皇女らとのソロレートも、叔姪という関係よりも、先帝の王統を受け持つ皇女を経由して今帝が王統を受け継ぐという「縦」の関係が重要視されている。同じ皇族の結婚によって、より純粋で、正当な血筋を作ろうとする血統観が明晰に浮かび上がってくるのである。いうまでもなく、これは父系社会の結婚とは異なる運動をするもので、双方社会の特徴を有するものである。王室近親婚の双方的性格を最も示したのは、皇女の位相である。王位継承において、皇女は皇子と同様に「ミコ」として皇統の継承と伝達の役割を持つのである。王位は父系的に継承されるが、血筋は父のみならず、母からも受け継がれ、また皇子を通じてのみならず、皇女を通じても子孫に伝えられるのである。

　記紀において、継体天皇は応神天皇の五世孫とされている。この記載が後世の造作であることは水野祐、井上光貞、直木孝次郎らの研究によって明らかにされた(26)。即ち、古代王統の継承の流れを見る時に、継体天皇とそれ以前の王権とは、系譜的に繋がっておらず、一度断絶したものと見るべきである(27)。しかし、継体天皇が先代の仁賢天皇の皇女手白香皇女《たしらかのひめみこ》と結婚することによって、皇統との連続性を持つようになる。ここで注目したいのが手白香皇女との結婚を勧める大伴大連の提言と継体天皇の勅である。『日本書紀』継体紀に次のように記されてある。

庚子、大伴大連奏請曰、臣聞、前王之宰レ世也。非二維城之固一、無三以鎮二其乾坤一。非二掖庭之親一、無三以継二其趺蕚一。是故白髪天皇無レ嗣、遣二臣祖父大連室屋一、毎レ州安二置三種白髪部一、以留二後世之名一。嗟夫、可レ不レ愴歟。請立二手白香皇女一、納為二皇后一、遣二神祇伯等一、敬祭神祇、求二天皇息一、允答二民望一。…三月庚申朔、詔曰…大連憂二朕無一レ息、披二誠款一、以二国家一世世尽レ忠。豈唯朕日歟。宜下備二礼儀一。奉中迎手白香皇女上。

大伴大連が継体に手白香皇女との結婚を勧めた際に、天皇の「無嗣」―世継ぎの皇子がいないことを理由にしており、継体の詔にも「息《こ》無きこと」という表現があるが、安閑、宣化は欽明より年長であり、その母目子媛は「元妃」と記されたことから、この時点で継体にすでに皇子が生まれていた可能性が高い。すると、大連や継体の言葉に出てくる「無息」というのは、継体に皇子がいないということではなく、前王統の血筋を引くような皇子がいないことであろう。前代の天皇と父系的に血筋が遠くても、先帝の皇女―前王統の血筋を引く女性―との結婚を通じて皇統継承の正当性が得られる、という発想は、父母双方の血筋を重要視するものであると同時に、王権との血統上の密度を重要視することも示している。手白香皇女と継体との間に生まれた欽明が「嫡子」と記されたのは、単に皇后の子だからではなく、父親の皇統を継承したのみならず、母親を通じて、先帝の皇統をも継承した皇子だからであろう。継体のみならず、その皇子の安閑、宣化も仁賢天皇の皇女と結婚している。継体から宣化の三代は大体五世紀後半から六世紀中頃の時期であるが、この時期では、皇室の血筋が男性のみに伝えられるという父系的な観念は未熟で、女性によっても伝えられるという双系的な観念が存在していたと考えられる。記紀に見られる幾つかの異母兄女との異世代婚も実はこの先帝の皇女との結婚によって皇統を継承するという双方系観念に通底するものである。同じケースが、推古朝から舒明朝へ移行する時期にも見られる。舒明天皇と田眼皇女の結婚は異世代婚であるが、舒明側からみれば、田眼皇女は父方オバであると同時に母方オバである。何故なら舒明の父彦人大兄皇子と母糠手姫皇女は異母兄妹だからである。しかし、このような濃厚な近親婚をする目的は、先帝の皇統の正統性を受け継ぐことにある。田眼皇女は推古と敏達の間に生まれた皇女で、この皇女は舒明の皇統継承に正統性をもたらすのである。古代日本の王室の近親婚はさまざまな角度から考察可能であるが、父母双方を重要視する継承理念は要因の一つである。このような皇女にも王統を伝えることのできる双方的継承観念は、少なくとも八世紀後半にまで根強く残っており、推古、皇極（斉明）、持統、元明、孝謙（称徳）の女帝の即位とも関連してくると考えられる。六世紀〜八世紀後半にいたるこの時期に女帝が輩出したことは決して偶然ではない。無論各時期の女帝の持つべき意味も異なるが、王統は皇子を通じてのみ伝えられるのではなく、皇女を通じても伝えられるという継承観念が働いたことは明らかである。即ち、父母双方から王統を受け継ぐことができることと照応した形で、子女双方から次世代へ王統を伝えることができるのである。忘れてならないことは、この時期はまさに律令制が本格的に導入されはじめた時期にあたり、中国の父系制に直面する時期でもあったことである。従って、これは外来の父系制に対する双系的な反応とみてよかろう。外来文化の影響は、必ずしも単純に進展するとは限らない。この事は、光仁天皇が父施基王に贈天皇の称号を贈ることによって、自分が天智天皇の称号を与える行動からも読み取れる。天智天皇の皇子である父施基王に贈天皇の称号を与えることによって、自分が天智天皇の直系の継承者であることを強調すると同時に、天武系の井上内親王（聖武天皇皇女）を皇后に、その間に生まれた他戸親王を皇太子に立てることで双系的正嫡性を示そうとした。聖武天皇が藤原不比等の娘光明子を皇后に立てることによって、非皇族として初めての立后が誕生した。光明子の立后の意義について、河内祥輔が「藤原氏を母とするものこそが皇位を継ぐべきものなることを、天下に明らかにした」(28)と指摘している。もともと王位継承をめぐって皇家の血統を双系的に受け継ぎ、双系的に伝えていくという系譜意識が皇室以外の有力氏族の聯姻によって、他氏の立后という新たな現象をもたらしたのである。しかし、これも系譜の観念からみれば双系的なものである。桓武天皇が即位後は、同じく母親高野新笠を皇太夫人にし、それによって正嫡性を主張した。また、妻の藤原乙牟漏を皇后にすることによってその息子の正嫡性を示した。藤原乙牟漏の立后は桓武天皇の弟皇太子になっている事情があり、立后する必要があった。

三　近親婚に関する記述法

これまで見てきたように、皇族内部で何重にも重ねていく近親婚の主要な目的は、王家の血の尊貴性を維持すること、そして確保することである。言い換えれば、近親間の結婚は、その血をより濃くすることである。このような近親婚はまた天孫降臨以降の天皇家の血筋の尊貴性に対する宗教的観念によって支えられていたと思われる。いうまでもなく、族内近親婚は女性を他氏に排出することによって父系親族集団を形成させる父系社会の観念とは相反するものである。一方で、記紀をはじめとする上代の書物は漢字で書かれている。漢字で書くというのは、単なる「字」や「語」のレベルの問題に止まらず、観念や規範、制度とどう向き合うのかという問題につながるのである。ここでは、近親婚の中でも一段と特殊性を持つ異母兄妹婚と後母婚について見てみたい。もっとも上代の書物と言ってもそれぞれ性格が異なるので、その記述法も一様ではない。異母兄妹婚に限っていえば、『古事記』や『上宮聖徳法王帝説』（以下「法王帝説」と省略）所引の中宮寺「天寿国曼荼羅繡帳銘」（以下「繡帳銘」と省略）では「庶妹」という語を使って異母妹を明記する方針を取るのに対し、『日本書紀』では結婚する二人の名前のみ記し、異母兄妹という関係性を示さない方針を取っている。「庶」または「嫡」はもともと中国の婚姻制度、親族名称と深く関わる言葉である。親族名称としての「嫡」「庶」については次章で詳述するが、『古事記』や繡帳銘の「庶」の用法はある特徴を持っている。それは、「嫡」と対応しない「庶」の用法で、しかも中国の文献上に稀にしか見ない「庶妹」(29)という名称が皇室の系譜記載に用いられている点である。この「庶妹」の用法が『古事記』にも継承され、古代日本の系譜記載の一大特徴と言っても過言ではない。かつて関口裕子がこれらの史料にみえる「庶」の用法について、「日本では「庶」が中国のように嫡出に対する妾出の意で使用されているのではなく、同腹出に対する異腹出の意で使用されている」と指摘している(30)。ただその指摘は「庶」の意味の変容にとどまり、いかなるプロセスを経て、このような「異腹」の意味を獲得したのかについては言及していない。一方、「嫡」の用例が少ないながら記紀に見える。その用法を注意深く見てみると、そこに一定の基準があり、しかも皇統の系譜関係と密接に関わっていることが分かる。以下順次見ていく。

(1) 庶妹という表記

『古事記』に同母兄妹の軽太子と軽大郎女の関係が記されている。

天皇崩之後、定㆓木梨之軽太子所㆑知㆓日継㆒。未㆑即㆑位之間、姦㆓其伊呂妹軽大郎女㆒・・是以百官及天下人等、背㆓軽太子㆒而、帰㆓穴穂御子㆒。（允恭記）

「伊呂妹」とは、同母妹のことである。『日本書紀』の允恭紀に次のような記述がある。

二十三年春三月甲午朔庚子、立㆓木梨軽皇子㆒為㆓太子㆒。…二十四年夏六月、御膳羹汁凝以作㆑氷。天皇異之。卜㆓其所由㆒。卜者曰、有㆓内乱㆒。蓋親親相姧乎。時有㆑人曰。木梨軽太子姧㆓同母妹軽大娘皇女㆒。因以推問焉。辞既実也。太子是為㆓儲君㆒、不㆑得㆑罪、則流㆓軽大娘皇女於伊予㆒…（允恭紀）

史実はどうであれ、少なくとも記紀の記述から同母妹との関係のタブー性が読み取れる。それは社会の観念としては許されない罪であり、羹が凝ってしまう兆しが現れるほど忌まわしいことである。一方、古代日本の王室において、異母兄妹間の結婚は禁忌と見なされなかった。その事例の多さも先述した通りである。『古事記』では庶妹という語で異母兄妹婚であることを示している。「嫡」と「庶」はもともと古代中国の親族制度の用語である。「嫡」とは、『釈名』に「敵なり、與匹《あひたぐ》ひ、相敵《あひむか》ふなり（敵也與匹相敵也）」とあるように、まともに相対する配偶者を指す語である。男系の血筋を正しく伝えていくために、「嫡嫡相承」が原則で、その「嫡」[31]の選定は、能力主義ではなく、嫡妻の生んだ長男という生得的な条件によるものである。従って、嫡妻の決定は、嫡子の決定の前提で、これも「嫡」という語が「嫡妻」を指すと同時に「嫡子」を指しているゆえんである。一方、「庶」は「衆なり」（『爾雅』）と解釈されており、もともと多数を表す語で、必ずしも「嫡」と対立した概念ではない。しかし、嫡妻・嫡子制度において、「嫡」は単数に限定され、爾余の者は複数乃至多数いるのであった。これが恐らく「嫡―庶」という一対の概念を成立せしめた理由ではないかと思われる。嫡庶制度が家族・親族内部で尊卑の秩序関係を作り、さらに複雑な親族名称を生んだ。「嫡」と「庶」を冠した親族名称を挙げてみても、「嫡母」、「庶母」、「嫡子」、「庶子」、「嫡婦」、「庶婦」、「嫡弟」、「庶兄」、「庶弟」、「嫡孫」、「庶孫」など十指に余るほどある。これらの名称は、家族・親族関係を示しながら、尊卑秩序を示している点、普通の親族名称と異なる。これらの名称は、中国の文字、制度とともに古代日本に伝わり、系譜、律令、戸籍などに用いられた。従来律令、戸籍にある嫡子に関する研究が多くあり、関口裕子、義江明子、近年では成清弘和などによる優れた研究が多い[32]。これらの研究によって、父系制の中核をなす嫡子制度の導入の意義や具体相が次第に明らかになってきたが、族内近親婚という現象を、それを厳禁する中国の父系制の婚姻用語を選定するプロセスを、従来の研究において十分な注意が払われていなかった「庶妹」、「庶兄」といった名称の分析を通して考えてみたい。

①此天皇（敏達）娶二庶妹豊御食炊屋比売命一、生御子、静貝王、亦名、貝蛸王、次…此天皇（敏達）之御子等、並十七王之中、日子人太子、娶二庶妹田村王、亦名糠代比売命一、生御子…又、娶二庶妹玄王一、生御子、山代王、次…。（敏達記）

②此天皇（用明）、娶二稲目宿禰大臣之女、意富芸多志比売一、生御子、多米王柱一、又、娶二庶妹間人穴太部王一、生御子、上宮之厩戸豊聡耳命、次…（用明記）

『古事記』のみならず、『繍帳銘』の前半にある系譜を次に掲げておく。(33)（括弧内は筆者注）

斯歸斯麻宮《シキシマノミヤ》治天下天皇名阿米久爾意斯波留支比里爾波乃彌己等《アメクニオシハルキヒロニハノミコト》（欽明天皇）娶巷奇《ソガ》大臣名伊奈米足尼《イナメノスクネ》女名吉多斯《キタシ》比彌乃彌己等《ヒメノミコト》為大后生名多至波奈等己比乃彌己等《タチバナノトヨヒノミコト》（用明天皇）、妹名等己彌居加斯支移比彌乃彌己等《トヨミケカシキヤヒメノミコト》（推古天皇）。復娶大后弟名乎阿尼乃彌己等《ヲアネノミコト》為后、生名孔部間人公主《アナホベハシビト》（聖徳太子母）。斯歸斯麻《シキシマ》天皇之子名蕤奈久羅乃布等多麻斯《ヌナクラノフトタマシ》支乃彌己等《キノミコト》（敏達天皇）、娶庶妹名等己彌居加斯支移比彌乃彌己等《トヨミケカシキヤヒメノミコト》為大后坐乎沙多宮《オサタノミヤ》治天下生名尾治王《ヲハリノ》多至波奈等《タチバナノト》己比乃彌己等《ヨヒノミコト》娶庶妹名孔部間人公主《アナホベノハシビト》為大后坐濆邊宮《イケノベノミヤ》治天下生名等己刀彌々乃彌己等《トヨトミミノミコト》、娶尾治大王之女名多至波《タチバナノ》奈大女郎《オホイラツメ》為后…

この部分では、聖徳太子の祖父、伯父、父母の結婚及び太子自身の結婚が記されている。「アメクニオシハルキヒロニハノミコト」即ち太子の祖父欽明天皇が巷奇《そが》大臣の娘「キタシヒメ」と結婚して生まれたのは「タチバナノトヨヒノミコト」即ち後の用明と「トヒミケカシキヤヒメ」即ち後の推古である。欽明がさらに「キタシヒメ」の妹「オアネノミコト」と結婚して生まれたのは、「アナホベノハシヒトミコ」(34)即ち聖徳の母である。さらにここで「天皇之子」とのみ記された「ヌナクラノフトタマシキノミコト」即ち後の敏達の結婚が記されている。敏達と用明、推古兄妹とは異母兄弟である。そして敏達が異母妹の推古と結婚し、用明も同じく異母妹の穴太部間人王と結婚している。まず見逃せないのは、この銘文に見られる、天皇家の複雑な近親婚の文脈の中にある「庶妹」という名称の用法である。ここの「庶妹」は、もし「庶出の妹」の意であれば、無論「嫡出の兄」に対していう言葉である。とすれば、敏達紀の嫡庶関係は、

母　（嫡）イシヒメ⟷（庶）キタシヒメ

子　（嫡）敏達天皇⟷（庶）トヨミケカシキヒメノミコト

となる。しかし、この銘文では明白に欽明が「キタシヒメ」を娶って「大后」にしたとある。大后の所生の「トヨミケカシキヒメノミコト」が「庶妹」と記されては整合性に欠ける。明らかにここで用いられている「庶妹」はその母親の地位から由来したものではない。またその同腹兄弟の地位の関連性も見出されない。というのはもしトヨミケカシキヒメノミコトが庶出であれば、その同腹兄弟の用明天皇も同じく庶出のはずだが、用明記となると、「オアネヒメ」所生の孔太部間人王が「庶妹」となり、嫡庶関係は

母　（嫡）キタシヒメ⟷（庶）オアネヒメ

子　（嫡）用明天皇　⟷（庶）孔太部間人王

という嫡庶関係に変わる。天皇によって、嫡庶関係が移動しているのが明白に看取される。従って、ここで用いられた「庶妹」は先学が指摘したとおり、本来の嫡庶制度と異なり、単なる異母兄妹の続柄を表すものであろう。このような用法は後に成立する『法王帝説』(35)にも継承され、

伊波禮池邊雙槻宮《イハレノイケノベノナミツキノミヤ》治天下橘豊日《タチバナノトヨヒノ》天皇娶庶妹穴太部間人王《アナホベノハシビトノミコ》為大后生児厩戸豊聡耳《ウマヤトノトヨトミミ》聖徳法王次久米王次殖栗王次

茨田王

とあり、さらに『古事記』においても継承されている。しかも『古事記』になると、「庶妹」の用例が一層増え、主に中巻と下巻の帝紀に用いられているのが注目される。敏達記に、

此天皇（敏達）娶二庶妹豊御食炊屋比売命一、生御子、静貝王、亦名、貝蛸王、次…此天皇（敏達）之御子等、並十七王之中、日子人太子、娶二庶妹田村王、亦名糠代比売命一、生御子…又、娶二庶妹玄王一、生御子、山代王、次…。

とあり、用明記には、

此天皇（用明）、娶二稲目宿禰大臣之女、意富芸多志比売一、生御子、多米王一柱、又、娶二庶妹間人穴太部王一、生御子、上宮之厩戸豊聡耳命、次…（用明記）

とある。人名の表記が『繍帳銘』や『法王帝説』と違うものの、発音が同じで同一人物を指しており、同様な用法である。この「庶妹」は「嫡⟷庶」の秩序概念そのものを表わすものではないが、明らかに両語の持つ対立的意味を意識した用法である。つまりここの「庶妹」が用いられた大前提は、天皇＝正嫡、その異母兄弟姉妹＝「庶」という王権中心的な嫡庶観にあるのである。この意味で、異母妹を「庶妹」と記す用法の生まれた契機は、王室の系譜作成にあったと考える。これは、これら一連の史料に見る「庶妹」が例外なく皇室系譜の婚姻関係の部分に用いられているところから見ても明らかである。このことを最も明瞭な形で示しているのは、『古事記』の、推古天皇に関する記載である。先に見たように、敏達紀に「此天皇（敏達）、娶庶妹豊御食炊屋比売命」云々とあるが、推古の即位が語られるに及び、「妹、豊御食炊屋比売命、坐小治田宮、治天下」と「妹」に変わるのである。この「妹」から「庶

妹」への変化を単純に言葉の省略と見ることはできなかろう。「天皇＝正嫡」と嫡庶観からすれば、即位する天皇を「庶妹」と記すわけにはいかない。一方婚姻配偶者として記される他の帝紀の中で「妹」と記すこともできないのである。なぜなら、「妹」とのみ書くと、同母兄妹婚と誤解される可能性があるからである。

一方『日本書紀』では、「庶妹」という表記が徹底的に排除され、他の近親婚と同様に人名のみ示されている。敏達紀を見ると、

四年春正月丙辰朔甲子、立二息長真手王女広姫一為二皇后一。是生二一男二女一。

とあり、その後「立夫人」の記述が続き、

冬十一月、皇后広姫薨。五年春三月己卯朔戊子、有司請レ立二皇后一、詔立二豊御食炊屋姫尊一為二皇后一」

とある。ここでは「豊御食炊屋姫尊」と敏達天皇の結婚及びその立皇后の事実のみ伝えられ、二人の異母兄妹の続柄については明記されていない。用明紀も同じく

元年春正月壬子朔。立二穴穂部間人皇女一為二皇后一。是生二四男一。其一曰二厩戸皇子一。更名豊耳聡耳法大王。或云法主王。

と記している。また仁徳紀に、太子菟道稚郎子の死が語られている。この人物は大鷦鷯尊に王位を譲るために自殺をするが、死ぬ前に、仁徳に「乃進二同母妹八田皇女一曰、雖レ不レ足二納採一、僅充二掖庭之数一。乃且伏レ棺而薨」とある。仁徳天皇と菟道稚郎子兄妹も異母兄妹である。『日本書紀』は撰者が意識的に「庶妹」という語を使用しない方針である。この方針は、『日本書紀』全体の用語選定に関わる問題で、端正な表現に拘る編者からみれば、中国の文献にあまり用例を見ない「庶妹」は規範的ではないのであえて取らなかったのではないかと推測される。

（2）庶兄、庶弟について

系譜記載の婚姻記事に用いられているのが、「庶妹」のみならず、「庶兄」も用いられていた。ここでは「庶兄」の用例を検討してみる。『法王帝説』に「聖王庶兄多米王其父池邊天皇崩後娶聖王母穴太部間人王生児富女王也」とある。多米王は用明天皇と蘇我伊那米宿禰大臣女伊志支那郎女の間に生まれた皇子で、用明天皇と穴太部間人王の間に生れた聖徳太子とは異母兄弟である。この記述から、聖徳太子の異母兄弟田米王が父帝用明天皇の死去後、異母穴太部間人王と結婚し、富女王が生まれたことが分かる。このような婚姻記事に用いられた「庶兄」は『古事記』神武記にも見られる。

故、天皇（神武・筆者注）崩後。其庶兄当芸志美々命《タギシミミノミコト》娶二其適后伊須気余理比売一之時、将レ殺二其三弟一而謀之間、其御祖伊須気余理比売、患苦而、以レ歌レ令知二其御子等一歌曰…（神武記）

これは神武崩御後綏靖天皇即位前の記述である。当芸志美々命は神武天皇と阿比良比売との間に生まれた皇子で、三人の弟は神武天皇と伊須気余理比売との間に生まれた皇子達である。『古事記』の記述によれば、神武天皇の崩御後、その長子当芸志美々美命が異母である神武の后の伊須気余理比売を娶って、さらに彼女の生んだ三人の異母兄弟を殺そうとした。伊須気余理比売がそれを察知し、歌で自分の子供達に知らせた、という話である。『日本書紀』綏靖紀を見ると、

其庶兄手研耳命《タギシミミノミコト》行年已長、久歴二朝機一。故亦委レ事而親レ之。然其王立操厝懐。本乖二仁義一。遂以諒闇之際、威福自由。苞二蔵禍心一。図レ害二二弟一

となり、この人物の異母との結婚の話が削除され、しかも異母弟に害を与えようとする反乱者として描かれている。

『法王帝説』においては聖徳太子を正統と見なす立場から、その異母兄弟は「庶兄」と記されているが、必ずしも敵視されてはいない。『古事記』になると、結婚の記事に続き、兄弟に害を与えようとする悪者として描かれ、敵視されるようになる。恐らくこの異母兄弟達の間で王位を巡る争いがあったと推測されるが、神武天皇が崩御後、その長子が当芸志美々美命は異母伊須気余理比売を娶ることに、『法王帝説』の多米王と穴太部間人王の結婚との共通点が見られる。『古事記』の当芸志美々命に用いられた「庶兄」は、明らかに後に即位する綏靖天皇を意識した用語法であるが、その結婚相手の伊須気余理比売が「嫡后」と記されているのである。『古事記』における「嫡后」の用例は二例しかない。一例は大穴遅神が大国主神になった時に用いられるもので、その妻の須勢理毘売が「嫡妻」から「嫡后」へと呼称が変わった用例であり、「庶」に必ずしも対応した用法ではない。これについては後述する。神武紀に用いられたこの「嫡后」は、その所生の神沼河耳命（綏靖）の母親としての正統性を主張する意識だと説明することも可能であるが、『古事記』全体の帝紀に見られる后妃に関する呼称に、その特異さが目立つ。ここの「嫡后」も先述した「庶妹」と同様に婚姻禁忌の意識が働いているのではなかろうか。つまり、ここの「庶兄」の「庶」と「嫡后」の「嫡」も対立概念で以って血の繋がらない異母子を示しているのではないかと考える。無論、どちらを「庶」にするか「嫡」にするかは正統の基準の置き方によって違う。場合によっては、「庶母」対「嫡子」の関係もありうるのである。『古事記』孝元記に、

　此天皇、娶㆓丹波之大県主、名由碁理之女、竹野比売㆒、生御子、比古由牟須美命、一柱、此王名以音。又娶㆓庶母伊迦賀色許売命㆒、生御子、御真木入日子印恵命。印恵二字以音

とあり、『日本書紀』開化紀にも同様の記述が見られる。

六年春正月辛丑朔甲寅、立二伊香色謎命一為二皇后一（是庶母也）

開化が父帝孝元天皇の妃を娶ったとあるが、伊香色謎命が孝元紀では后ではなく妃と記しているので、ここの「庶母」とは伊香色謎命の身分を言っている可能性もなきにしもあらずだが、これまで見た「庶妹」の用例から見れば、この「庶」も「異母」の意に重きを置いていると思われる。天皇の婚姻記事としては、異母妹は「庶妹」であると同様に、生母でない母は「庶母」と記すのが原則のようである。『爾雅』によれば、「庶母」とは、「父之妾」である。このような父の妾との関係に関する記述は中国の古代の記載にも見られる。『春秋左傳』巻七傳十六年春に「衛宣公烝於夷姜生急子」とあり、その注に「夷姜宣公之庶母也上淫曰烝」とある。このような父の妾との関係は「上淫」、「烝淫」として記録されている。一方、『法王帝説』や記紀の記述の仕方から察するに、「庶母」との婚姻例は少ないが淫乱と見なされてはいない。古代日本において、異母妹との結婚のみならず、「庶母」との結婚も禁忌の対象ではなかったと考える。ただここで注目したいのが、『日本書紀』の後母婚に対する記述態度である。先に見たように、『古事記』に記された当芸志美々美命と「嫡后」伊須気余理比売の結婚を削除しているが、開化と「庶母」の結婚はそのまま記録している。この二つの後母婚に対する処理から、『日本書紀』の編者が避けようとしたのは後母婚そのものではなく、「嫡后」と「庶兄」の結婚であったことが分かる。

要するに、古代日本の婚姻関係の記載にみえる「庶妹」、「庶母」、「庶兄」は、帝紀、旧辞といった王室の系譜記載という特殊な文脈の中で、特殊な意図によって選定された名称であった。「嫡＝正統⟷非正統＝庶」という嫡庶制度の観念から「帝＝嫡⟷その異母兄弟＝庶」という王権中心の区別法が生みだされ、さらに中国語の「庶兄」、「庶弟」といった名称に包含されている「異腹」の意から、異母兄妹婚、後母婚の関係を示す用法が生み出されたのである。つまりこれらの「庶」を冠した名称は、ここではその相手の正嫡的立場を際立たせるために用いられ、さらに母系的に血の繋がらない異母（兄妹）という実質的で重要な機能を持つようになったのである。無論、中国語の「庶兄」、「庶弟」は婚姻関係の記載と無縁であり、「庶妹」の用法は管見の限り用いられていない。「嫡」と「庶」の対立関係によって、血の繋がらない異母（兄、妹）を示し、それによってタブーとされた同母子、同母兄妹の関係と区別しようとするこの用法は日本の慣習から生まれた特殊な用法である。この用法は無論嫡庶の本来の意味から遊離しており、その根底に古代日本人の婚姻禁忌観念が厳然と存在しているのである。この意味において、結婚配偶者としての「庶妹」の記載法は、もっとも深いところで古代日本人の婚姻禁忌観念と繋がっているように思われる。

（3）「嫡子」について

異母兄妹婚を表す以外に、『古事記』には配偶者を意味する「嫡妻」、「嫡后」といった語があり、『日本書紀』には継承者を意味する「嫡子」の用例がある。書紀の「嫡子」の用例は継体紀と欽明紀にそれぞれ一例が見え、何れも欽明天皇を指しており、極めて特異な用法である。

①甲子、立㆓皇后手白香皇女㆒修㆓教于内㆒。遂生㆓一男㆒。是為㆓天国排開広庭尊㆒。是嫡子而幼年。於㆓二兄治後㆒、有㆓其天下㆒。（継体紀）

②天国排開広庭天皇、男大跡天皇嫡子也。母曰㆓手白香皇后㆒。天皇愛之、常置㆓左右㆒。（欽明紀）

例①は継体紀にある立皇后の記述の中に用いられたものである。書紀における立后とその所生に関する記載は、すべてイ「〜年〜、立〜為皇后」という立后の記載に続き、ロ「（皇）后生〜皇子（皇女）、〜天皇〜」という形式によって統一されている。例①も皇后手白香皇女の所生の紹介する箇所であるが、「嫡子」云々の記述は書紀全体の記述からみても特異である。例②は欽明紀即位の紹介に用いられたもので、明らかにその異母兄弟である安閑と宣化と区別しようとする用法である。安閑紀に、

勾大兄広国押武金日天皇、男大跡天皇長子也。母曰二目子媛一。

とあり、さらにその同母弟の宣化紀に

武小広国押盾天皇、男大跡天皇第二子也。勾大兄広国押武金日天皇之同母弟也。

と「長子」、「第二子」と出生順に記している。「長子」という語は、書紀において多くの場合は臣下の長子を指すのに用いられ、皇族の兄弟間に用いたのは清寧紀の磐城皇子と安閑のみであることがすでに成清氏によって指摘されている。[36] 磐城皇子の場合は、

二十三年八月、大泊瀬天皇崩。吉備稚姫陰謂二幼子星川皇子一曰、欲レ登二天下之位一、先取二大蔵之官一。長子磐城皇子聞下母夫人教二其幼子一之語上曰、皇太子雖二是我弟一、安可レ欺乎。不レ可レ為也。（清寧紀）

とあるように、清寧よりも年長の異母兄で、諸子の中で最年長であるから「長子」と記される。天皇の異母兄弟であるから、「庶兄」と記されてもおかしくないが、この皇子は母と幼弟による反乱に反対していた人物であることも見逃せない。いわば「庶兄」と書けない異母兄弟である。後述するように、王権をめぐる問題の文脈に用いられる「庶兄」、「庶弟」は王権を脅かす異母兄弟を指している。このことからも分かるように、編者は用語選定にかなり明確な意図を持っている。では、安閑の場合はどうであろう。これまで見たように記紀の「庶」は天皇に「嫡」の基準を置いたため、その異母兄弟は必要に応じて「庶」で記すが、王権の座に即位した安閑、宣化には無論「庶兄」と記され

るべきではない。従って、欽明の正統性を強調するのには、欽明を「嫡子」と記してその正嫡の地位を強調するしかない。先述した「庶妹」がその結婚相手の帝の正統を際だたせる意味の「庶」と同様に、欽明紀の「嫡子」も「嫡」によって、その異母兄である安閑、宣化との異母関係を示す方法である。そもそも書記において、欽明に至るまでの王位継承を見るに、兄弟間の継承は、履中―反正―允恭の場合、安康―雄略の場合、賢宗―仁賢の場合である。履中、反正、允恭の三人とも磐之媛の所生で、同母兄弟で、また安康・雄略も、顕宗・任賢も同母兄弟である。とすれば、安閑、宣化、欽明の時になって始めて異母兄弟の連続即位となるのである。そして同母兄弟間の王位継承の場合は、次のように示される。

瑞歯別天皇、去来穂別天皇同母弟也。去来穂別天皇二年、立為二皇太子一。（反正紀）

雄朝津間稚子宿禰天皇、瑞歯別天皇同母弟也。（允恭紀）

大泊瀬幼武天皇、雄朝津間稚子宿禰天皇第五子也（雄略紀）

億計天皇、諱大脚、更名大為。自餘諸天皇不レ言二諱字一。而至二此天皇一、独自書者、拠二旧本一耳。字嶋郎。弘計天皇同母兄也。（仁賢紀）

右の記述に、雄略紀以外は殆ど「～天皇の同母兄弟」と明示してある。宣化紀にも

武小広国押盾天皇、男大跡天皇第二子也。勾大兄広国押武金日天皇之同母弟也。

と安閑との続柄が記されている。従って、異母兄弟である安閑・宣化の後に即位した欽明の場合は、前の帝との続柄については記すわけにはない。同じ異母兄弟の即位の敏達―用明―崇神の場合を見ても、次のようになる。

橘豊日天皇、天国排開広庭天皇第四子也。母曰二堅塩媛一。（用明紀）

泊瀬部天皇、天国排開広庭天皇第十二子也。母曰二小姉君一。（崇峻紀）

兄弟間の続柄を示さない方針である。では何故欽明紀だけ「嫡子」と強調し、それによって異母兄弟の庶出的立場を示さなければならないのか。このことを考えるときに、もう一つの記載が注目される。宣化紀に

三月壬寅朔、有司請レ立二皇后一。己酉、詔曰。立二前正妃億計天皇女橘仲皇女一為二皇后一。是生二一男二女一。長曰二石姫皇女一、次曰二小石姫皇女一…前庶妃大河内稚子媛生二一男一。

とある。大河内稚子媛が「庶妃」と記されたのは「正妃」億計天皇女橘仲皇女に対応して書かれたことを既に指摘されているが(37)、橘仲皇女の所生の石姫皇女は欽明天皇の皇后だということを考えると、慧眼である。古代日本政治史の上で、継体・欽明朝には内乱が起こったという見解が林屋辰三郎によって指摘されている。果たして内乱期であるかどうか定かではないが、継体・欽明紀にある「嫡子」の用法から推察するに、安閑、宣化、欽明の時代に、後に欽明側の皇統の正統性を主張せざるをえない事情が存在していた可能性が大きい。その皇統の正統性はまたその流れを汲む天武朝にとっても重要なことである。つまり、欽明紀の「嫡子」と宣化紀の「正妃」は、天武系からみれば直系の祖先に当たる敏達天皇が継体の「嫡子」である欽明と正嫡の皇后腹の石姫の間に生まれた、最も正統な皇統であることを示すためのものである。しかも父系のみならず母系も正嫡腹である、という正統の主張から、古代日本人の系譜観念が覗えよう。先述したように「繍帳銘」では欽明の「大后」とされるのが太子の祖母―用明、推古の母親であるキタシヒメとされており、敏達の母親の石姫については触れられていないのに対し、『日本書記』の敏達紀に「渟中倉太珠敷天皇、天国排開広庭天皇第二子也。母曰石姫皇后。石姫皇后、武小広国押盾天皇皇女也」と石姫が皇后と記されている。この二つの系譜記載はそれぞれ正統性の置き所が異なっている。しかし、父系、母系の正統性が自己のところに収斂して、自己の正統性を主張する点では同じである。ここでは、地位をめぐって誰が承けるべきかという

継承の問題ではなく、遡って血筋はどっちが正統であったかという系譜観である。

おわりに

この章は、父系社会では見られない族内近親婚の慣行とその双系的性格を明らかにし、さらに族内婚を忌避する父系制の論理に遭遇した時の記述法について考察することを主要な目的としたものである。記紀をはじめとする上代の文献に記される古代日本の王室の族内近親婚の実態とその記述法について、次のように纏めることができる。

①王位の継承は父—子間で継承されるのが基本型であるが、世代深度の短く、王権が兄弟の間で交代される過程において、近親婚が重要な役割を果たしていた。

②王権継承における皇女の意味は重要で、皇女または皇族を母に持った者が王位を継承するのが基本形である。これは王権の正統性の伝達は父方のみではなく、母方からも受け継ぐ、という双方的な系譜観念と照応したもので、近親婚が頻繁に行われる理由である。

③王室の近親婚には、異世代婚や異母兄妹婚に関する禁忌は不在で、王室の男女が結婚を重ねて血を純粋にしていく観念は明確に看取される。皇女は皇族の範囲でしか結婚しないという内婚的伝統は、律令の条文に創設されるほど根深いものである。皇女は父系社会のように、親族集団から離れるのではなく、血統の尊貴性を伝達する役割を担っているのである。つまり、血の尊貴性は父母双系によって担保される、という双系的王統観が存在していた。

④記紀及びそれに先行した帝紀、旧辞にある「嫡」、「庶」の用法は、「嫡子」、「庶妹」、「庶兄」、「庶母」といった

嫡庶系名称が古代日本の王室の異母兄妹婚を表すことに転用されたものである。

とくに④の異母兄妹婚を「庶妹」と用いる用法は一見奇異なものであるが、その背後には二つの異なる婚姻体系を持つ文化の交渉があった。もともと父系制において嫡と庶を区別するのに用いられる嫡庶系名称は、日本の系譜記載においては、王室近親婚の正統性、皇統の双方的正統性を主張するために用いられていた。これまで述べてきたように、「繍帳銘」、「法王帝説」など七世紀前半から中頃に成立した系譜記載においては、「嫡」よりも「庶」が先に導入され、皇室の婚姻関係における「異腹」という意味に用いられていた。このような用法の生まれた契機は、皇室乃至氏族の系譜の作成時に、中国の史書に規範を見ない異母兄妹婚乃至異母婚を記す必要があったことから生じたものであろう。このような「庶」の用語法の前提は無論天皇を正嫡の継承者と見なす、という認識にある。正嫡である天皇に対して、その異母妹は「庶」でなければならない。要するに、この「庶妹」は、天皇の正嫡的立場を表わすと同時にその結婚はタブーではないことを示すのに最も適切だと認識され選定された名称である。この用法が八世紀前半に成立した『古事記』の帝紀においても継承されたが、『日本書紀』になると、文字面の拘りから「庶妹」の使用が避けられて、異母兄妹、異母婚の事実のみ伝える方針が採られていた。一方、記紀において、「嫡」を冠した「嫡～」の名称も見え、両書の用字法が異なり、『古事記』には、正統な配偶者を意味する「嫡妻」、「嫡后」が用いられ、『日本書紀』には、正統な継承者を意味する「嫡子」が用いられた。ただ、『古事記』の場合、「嫡妻」と「嫡后」といった名称を導入しながら、その区別の意識が複数の妻の地位を区別するところになく、帝の配偶者と爾余の皇室成員の配偶者を区別するところにある。律令などの導入によって尊卑の秩序を表す嫡庶の観念もイデオロギーとして導入されたが、未だ実質的な用法に至っていないと思われる。そしてこれらの名称を物語的部分にのみ用い、帝紀系譜部分に用いないところから、『古事記』の、原史料の帝紀、旧辞の抜本的な書き換えに対する慎重な態度が窺える。一方、『日本書紀』になると、帝紀の系譜記載は「立后」、「立太子」という事前決定的な記載によって統一されるようになり、さらに天武朝に繋がる直系の祖先欽明天皇の帝紀になると、事前決定的、生得的条件による「嫡子」の用例を見るようになる。『日本書紀』の場合は、『古事記』より対外的な意識が強く、なるべく規範的な用語で記載しようとする態度が見られるが、「嫡子」の用法はこれまで見てきたように、宣化紀の「庶妃」と対応して用いられたもので、そこで強調されているのは天武天皇の直系の祖先に当たる欽明—敏達の皇統の正統性であって、しかも、父系と母系両の正嫡性によって保証されている皇統の血筋正しさであった。

注

（1）中国の父系社会では、同じ「姓」は同族と考えられているため、同姓の結婚は禁止され、忌み嫌われている。

（2）民法第七三四条。従って、法的に近親婚と言う時に、親子、兄弟姉妹、オジメイ、オバオイなど三親等以内の親族の結婚を言う。なお、「近親婚」と「族内婚」とは指す範囲が異なるが、古代日本の近親婚は、父母双方の近親を問わず行われたもので、族外婚規制の伴わない近親婚である。

（3）E・R・サーヴィスは『未開の社会の組織』（松園万亀訳、弘文堂、一九七九年）の中で「安定した首長制社会では、とくに高位のランクにおいて、内婚がおこりやすい（一四三頁）」としている。

（4）『新唐書』の新羅伝によると、「其建官、以親属為上。其族名第一骨、第二骨以自別。兄弟女、姑、姨、従姉妹、皆聘為妻。王族為第一骨、妻亦其族、生子皆為第一骨。不娶第二骨女、雖娶、常為妾媵」とある。このような身分内婚、階層内婚は当時行われた骨品制と密接な関係にあるとされている。武田幸男は、「新羅骨品制の再検討」（『東洋文化研究所紀要』六十七、一九七五年三月）の中で、「骨品制によって階層的に編成される社会的な基礎集団は、同族である。この同族は近親婚を排除しないような同族内婚によって再生産されるが、骨品制が族制的身分体系としてあらわれざるをえない基礎は、その基礎的諸集団がもつ以上のような階層内婚によるものである」としている。

（5）族内婚と双系社会の関係について、G・P・マードック研究が参考となる。マードックは『社会構造』（内藤莞爾訳、新泉社、一九八六年、但し、原著は一九四九年）の中で、親族集団が完全に非外婚の場合には、通常、これを双系出自のように扱わなくてはならない。内婚的結合が、期待される親族者の空間的、社会的配列を妨げているからである（七三頁）、と指摘している。

（6）井上光貞・関晃・土田直鎮・青木和夫校注『律令』（岩波書店、一九九四年）補注名例律、四八八頁。

（7）筆者が見たのは、東京大学南葵文庫蔵の『乱婚伝』の写本である。

（8）本居宣長全集第二巻。

（9）高群逸枝の『招婿婚の研究』（講談社、一九五三年）第一章「研究の輪廓」に、比較的に纏まった紹介があるので、参照されたい。

（10）筆者が見たのは、『津田左右吉全集』（岩波書店、一九六六年）別巻第一に収録されたものである。

（11）洞富雄は一九五九年に『新版日本母権制社会の成立』を早大生協出版部より刊行している。そのほかの古代日本の近親婚についての研究として、西野悠紀子「律令体制下の氏族と近親婚」（『日本女性史』一、東京大学出版会、一九八二年）、伊東すみ子「奈良朝時台の婚姻についての一考察（二）」（『国家学会雑誌』七三―一）、宮本救「古代村落社会における階層分化の一考察―美濃国戸籍記の分析を通して―」（『史学雑誌』六一―八）、吉村武彦「日本古代における婚姻・集団・禁忌―外婚制に関わるノート」（『奈良平安時代史論集』上巻、土田直鎮先生還暦記念会編、吉川弘文館、一九八四年）などが挙げられる。吉村武彦は皇室または貴族の中に行われた近親婚を「政治的近親婚」とし、「婚姻よる新たな人間関係の形成が、集団間の政治的関係の創出のために行われているとしながら、歌垣の習俗は、異集団間における婚姻だ」とし、族外婚の存在を推定した。ただし、吉村は「七世紀以前の婚姻は外婚制しかないというような結論を主張するつもりはない」、「族外婚制の否定的見解に対して、異集団間における婚姻形態を強調し、族外婚の存在を推察したにすぎない」と断っている。

（12）洞注（11）前掲書二三六頁。

（13）布村前掲書三〇八～三一一頁、三三三～三三六頁。
（14）鷲見前掲書二七頁、六三頁～七八頁。
（15）『古事記』では石比売と小石比売の二人になっている。
（16）Ⅰ、Ⅱ表に挙げられる族内婚、近親婚例は記紀の両方から抽出されたものである。ただ、王室婚に関する記紀の記述は統一されておらず、記録年代も記では推古朝まで、紀では持統朝までである。記の漢字表現は素朴で、紀のそれは漢文による文飾が多い。混乱を避けるために、人名は原則として紀で統一するが、紀にない人名またはない記録は記を採用し（記）と表記することとする。各類型について、次のような符号で示す。

同世代婚：Aイトコ婚（A1母方平行婚、A2父方平行婚、A3母方交叉婚、A4父方交叉婚）

Bソロレート婚（B1ソロレート、B2レビレート）

C異母兄妹婚

異世代婚：D父母の姉妹との結婚（D1母の姉妹との結婚、D2父の姉妹との結婚。従母婚）

E兄弟姉妹の娘との結婚（E1姉妹の娘との結婚、E2兄弟の娘との結婚。叔姪婚）

F後母婚。生母でない母との結婚は「後母婚」という術語を用いる。

Gその他（妻の姉妹の娘との結婚など）

（17）ソロレート婚の中に、姉妹が父方叔父と結婚する叔姪婚が含まれており、同世代婚ではないが、便宜上表Ⅰに入れた。
（18）A3の③の聖徳の父母である用明と間人皇女と、菟道貝蛸皇女の父母である推古と敏達の四人とも欽明天皇のミコである。用明と推古は同母兄妹なので、A3としたが、見方によっては、A4ないしA1、A2と見ることもできる。
（19）紀では綺戸辺と苅幡戸辺になっているが、二人は姉妹とされていない。
（20）安康紀には、雄略が反正天皇の皇女らに求婚したが、皇女らに拒否されたとある。失敗に終わった話であるが、近親婚の選好志向を知るためには考察範囲にいれる。
（21）狭穂姫の父について、紀では語られていないが、開化記によれば、日子坐王は春日建国勝戸売之女沙本之大闇見戸売と結婚し、沙本毘古王、袁邪本王、沙本毘売命を生んだ、とある。

(22) 敏達記には日子人太子（彦人大兄皇子）と田村王、玄王との結婚が記されており、敏達紀には彦人大兄皇子と小墾田皇女との結婚、舒明紀には糠手姫皇女（田村王）との結婚が記され、系譜上の混乱がみられる。図5では記紀両方に見える人物のみを表わした。

(23) 紀では、仲姫と高城入姫となっており、記では高木之入日売・中比売・弟比売の三人になっている。

(24) 『日本書紀』では磐隈皇女と茨城皇子の関係を「奸」としているが、これは二人の関係が婚姻タブーを意味しない。磐隈皇女は斎宮であり、斎宮を犯すという意味で「奸」で記されているのであろう。

(25) 『古事記』では、小兄比売は岐多志比売の姨となっている。

(26) 水野祐『日本古代王朝史論序説』（小宮山書店、一九五四年）、井上光貞『日本国家の起源』（岩波書店、一九六〇年）、直木孝次郎「継体朝の動乱と神武伝説」（『日本古代国家の構造』青木書店、一九五八年）。

(27) 成清弘和『日本古代の王位継承と親族』（岩田書院、一九九九年）一五〇頁。

(28) 河内祥輔「奈良朝政治史における天皇制の論理」（『日本古代政治史論考』思文閣出版、一九九一年、初出一九八四年）。

(29) 古代中国の文献において「庶妹」の最も早い例は唐杜佑の『通典』である。『通典』以前の文献に存在する可能性もないわけではないが、規範な用語ではないのが確かである。なお、日本語の「庶妹」の読みは『古事記傳』によれば、「ままいも」で、『新撰字鏡』にも「叮、万々妹」とある。

(30) 関口裕子「律令国家における嫡庶子制について」（『日本史研究』一〇五、一九六九年五月）。なお、成清弘和も「欽明紀の「嫡子」について」（横田健一編『日本書紀研究』一〇、塙書房、一九七七年、後『日本古代の王位継承と親族』岩田書院、一九九九年所収）においても同様な見解を示している。

(31) 嫡子も西洋の a legitimate child（訳語「嫡出子」）と違い、一人の継承者に限定され、爾余の息子達と区別される。

(32) 関口注（30）前掲論文、成清注（30）前掲論文、義江明子「日本令の嫡子について—戸令応分条の分析を通じて—」（『史学雑誌』一九八九年八月）などの論考を参照されたい。

（33）本文は、家永三郎編『上宮聖徳法王帝説の研究』（三省堂、一九五一年）による。

（34）聖徳の父の異母兄弟であるため、ここではその母に触れられていない。敏達天皇の母親について『古事記』では、「天皇、娶檜坰天皇之御子、石比売命、生御子、八田王。次、沼名倉太玉敷命、次笠縫王」とあり、『日本書紀』では「元年春正月庚戌朔甲子。有司請立皇后。詔曰、立正妃武小広国押盾天皇女石姫為皇后」と皇后とされている。「天寿国曼荼羅繍帳銘」の記述と『古事記』、『日本書紀』の記述の相違は編者の立場の違いによるものであろう。

（35）『法王帝説』のこの系譜記載は、家永注（33）前掲書によると、皇極三年（六四四）を距ること遠からざる頃の記録だということである。

（36）成清注（27）前掲書六〇頁。

（37）成清注（27）前掲書六五頁。

第二章　親等、服紀と親族名称

はじめに

第一章の考察により、王位継承をめぐる系譜意識は、父母双方から受け継ぎ子女双方から伝えていくという双系的なものであり、このような双系性は族外婚の不在と照応したものであったことが判明した。古代日本社会の双系性は親族名称にも反映される。親族名称（kinship terminology）とは、話者がある親族との関係を第三者に示す時に用いる名詞のことである。日本語の親族名称は直系・エスキモー型であり、その特徴は、父、母、姉妹、兄弟、娘、息子などの一次親は用語的に区別するが、父母の兄弟姉妹及びその所生の子供などの傍系に対する区別はしないことである。父の兄弟姉妹と母の兄弟姉妹を同じく「オジ・オバ」と呼び、父の兄弟姉妹の子供と母の兄弟姉妹の子供も同じく「イトコ」と呼ぶ。G・P・マードックは、直系・エスキモー型は双系社会に結びつきやすいと指摘している(1)。もっとも、親族名称の類型から婚姻形態・親族構造を推測する、というモルガン以来の親族名称類型論はある社会の親族構造を考える手がかりにはなるが、その社会の親族構造を歴史的に考察するのには限界がある。親族名称を決定する要因に、社会内部の婚姻形態、親族構造があるが、外部社会との交渉も要因と考えられる。特に古代日本のような、書記言語においては中国の親族名称が用いられる社会を考える際、外部社会との交渉は欠かすことのできない視点である。中国の親族名称はローウィとキルヒホフの親族名称四分法でいえば典型的な傍系分枝型であり(2)、直系、傍系を厳密に区別するものである。またマードックのイトコ呼称分類法[3]でいえば、平行イトコ、交叉イトコをすべて区別するスーダン型に近い[4]。即ち、日本の名称法は直系・エスキモー型であるのに対し、中国の名称法は傍系分枝型・スーダン型に近い。直系・エスキモー型は双系社会と結びつきやすい類型であるのに対し、傍系分枝・スーダン型は父系社会と結びつく[5]。本来異なる性格を有する二系統は、中国文化、特に律令制度の導入を契機に接点を持つようになったが、古代日本の文献上における漢型親族名称の用法そのものは簡単である。例えば、父方・母方祖父母は、漢字表記では「祖父母」と「外祖父母」とに書き分けられ、和訓では同じく「於保知・於保波」と呼ばれる。同じことで、父方・母方のオジ、オバは、「伯叔」・「姑」・「舅」・「姨（従母）」と書き分けられるが、和訓では等しく「乎遅・乎婆」で呼ばれるのである[6]。このような、書記上は区別し、音声上は区別しない、いわば二元的用法は今日にも見られる言語現象で、なんら奇異ではない。しかし問題は言語現象に止まらない。親族名称は単なる呼び掛けの言葉[7]ではなく、体系をなしたものであり、その体系は社会的諸原理、とりわけ親族構造によって規定されるものである。筆者が注目しているのも、古代日本と中国の両社会の、書記言語上の近似性と親族名称・親族構造の異質性である。古代日本の律令期における漢型の親族名称の体系の摂取の状況を知る手がかりの一つとして、八世紀前半に制定された養老令儀制令五等親条[8]、喪葬令服紀条が挙げられる。両条とも中国の五服制に倣って制定されたものである[9]。五服については後に詳述するが、五等親条と服紀条の最大の特徴は、漢型の親族名称をある秩序を持って配列していることにある。その配列法は様々な角度から解読可能であるが、本章では、漢型の父系的親族名称体系性と親族観がいかなるプロセスを経て双系社会の日本に受容され、整合され、機能していったのかを解明したい。煩瑣を避けるため、中国の親族名称を「漢型」、日本固有の親族名称を「和型」とし省略して記述する。

一　五服制と五等親条・服紀条

漢型の親族構造は何も五服制に限って示されたものではない。最も早く漢型親族名称を体系的に記述した『爾雅・釈親』[10]においては、親族が宗族、母党、妻党、婚姻の四つのカテゴリーに分けて説明されている。その首位に置かれた「宗族」とはいうまでもなく父系の出自集団である。宗族内の親族に関する記述を見ると、①己を起点に高祖父母まで遡上する直系尊属、②父と己の傍系親（従祖祖父母・伯・叔・兄弟・姉妹・姑）③父と己の傍系親（従祖父・族父・族兄弟・親同姓・従父兄弟）、④己の子孫（子・孫・曽孫・玄孫・来孫・昆孫・仍孫・雲孫）、⑤本族の女性（王姑・曽祖王姑・高祖王姑・従祖姑・族祖姑）、⑥婚入した傍系親の配偶者（従祖王母・族祖王母・世母・叔母・従祖母・族祖母・族曽王母）、⑦父妾、の順になる。完全ではないが、この記述法にすでに馮漢驥が指摘した二つの原理、すなわち一つは直系・傍系の区別、もう一つは世代の成層化の原理が見いだされる[11]。前者は①と④のように己を起点に垂直に遡上するか降下するかである。後者は、②、③のように、水平に父系傍系親で近親から遠親へと広がる。⑤では本族の女性を祖父の姉妹から高祖の姉妹、父の従父姉妹、父の従祖姉妹と一括して並べており、⑥では婚入した尊属を従祖祖母から族祖母まで長幼順で並べ、さらにもっとも遠い族曽祖父母が加わる。⑦には、宗族の非正式成員であるが関係性から言えば己の上の世代に当たる父妾が配される。本族女性と婚入した傍系親配偶者の女性が後半に一括されたのは、後述するように、女性は結婚によって他族へ婚出し、また他族から婚入してくるからである。宗族の後に「母党」、「妻党」、「婚姻」が並べられているが、父系宗族を中心に、尊卑、親疎、内外の基準によって等級化される親族体系乃至親族観はこの時期にほぼ形成されたと考えられる。五服制はこのような親族構造、親族観を体現し、可視化したものである。クロード・レヴィ＝ストロースの言葉を借りれば、中国古代の服制は、親族形態の質的区別を服喪期間という量的区別に変換した、ということである。[12]服制は早くから儒家によって理論化され、『儀礼』や『礼記』[13]などの儒教の経典において、五つの服等に関する詳細な解釈が施されている。いわゆる五服とは、死者と生者との親疎関係によって斬衰《ざんさい》　斉衰《しさい》　大功《たいこう》　小功《しょうこう》　緦麻《しま》の五種の服に大別され、さらに服の期間によって細分される、その服喪のことを言う。このように儒家によって理論化・体系化された五服制はやがて律令の親等基準として用いられるようになり、[14]さらに日本律令の親等制にも取り入れられたが、無論そのまま受け入れられたのではなく、様々な改変が加えられた。最も容易に目につく一つの改変は、すでに諸家に指摘されたように、服喪基準即ち親等基準の唐律令に対して、日本の養老令では儀制令に五等親条、喪葬令に服紀条を設けて対応していることである。両条は唐令よりも唐礼から継受したという認識が一般的であったが、近年になり唐朝後期には喪葬令に五服関連条項が附録として付けられた本が存在したのではないかという見解が提示され、唐礼の継受も唐令の附載の形によって行われたと考えられるようになった。[15]五服制と日本令の五等親条、服紀条の関係については早くから牧野巽、中田薫の研究があり、近年では明石一紀や成清弘和らによってさらに進められてきた。[16]服紀条にこそ日本固有の親族法がみられ、日本古来の親族制度が反映されているとする牧野・中田の見解を受けて、明石一紀は大宝律令において服紀条が重要視されていたが、養老律令に至り重点が五等親条に置きかえられるようになった、とした。示唆に富んだ諸氏の議論ではあるが、日本の固有法とは何か、文献上の明証がない限り、中田薫自身も認めているように、推測の域を出ない。実際両条はそれぞれ五服を継承した部分と改変した部分を持ち合わせており、それぞれの役割を賦与されていると考えられる。五服制は父系制下の親族構造を体現した制度である。この父系制特有の等級的体系が日本律令においていかに継承され、かつ改変されたかを考えることが先決であろう。従って、本章が注目するところは、両条における漢型親族名称の配列のしかたにあり、そこから日本的な変容を明らかにし、さらに両社会の親族関係の相違、古代日本の外来文化の摂取のありかたを明らかにすることである。ただ令文の親族名称の分析によって明らかにされる両条の特質は、あくまで律令制定者の制定時の意図にすぎず、等親制度、服紀制度そのものの実施状況とは必ずしも一致しないことを断っておく。当時実際に行われていた等親、服喪についてはまた個別の史料にあたって考える必要があろう。議論に入る前に、大唐開元礼[17]にある五服の内容を表Ⅰに、養老令五等親条、服紀条の内容を表Ⅱにあげる。

表Ⅰに大唐開元礼の五服制度の内容を示した。七三二年に成立した大唐開元礼は、『爾雅』、『儀礼』、『礼記』などの字書・礼書と時代の隔たりがあり、記述には変化が見られるもの[18]の、父系中心に親族を五等級に分けて配列する区分法も全体の骨格も変わっていない。表の中の「正」「義」「加」「降」はそれぞれ、「正服」―自然の血縁関係にもとづく服、「義服」―後天的社会的理由によって生じた服、「加服」―社会的理由で本来の服より等級を上げた服、「降服」―社会的理由で、本来の服の等級を下げた服のことを指している。加服は殆ど「後《あとつぎ》」の関係によるもので、例えば嫡子の早世により嫡孫が祖の「後」となる場合、本来祖に対する斉衰不杖期の服も斬衰三年に上げられる。それに対し、降服は結婚や出継などの理由で、本来の服等が下げられる場合である。正服以外の「加・義・降」の各服には父系を中心とする親族集団の論理が容易に見いだされる。

表Ⅰで示された中国の五服制の特徴として、次のように指摘できる。

①父系宗族内部の成層化：男性のエゴを中心に、上は高祖から下は玄孫までの九世代という直系親と、兄弟、従父兄弟、従祖兄弟、族兄弟という傍系親の遠近親疎によって等級化する。

表Ⅰ〈大唐開元礼〉（未成年の殤への服喪は入れないとする）

斬《ざん》衰《さい》	三年	【正】子為父　女子子在室為父　女子子嫁反在父之室為父　【加】嫡孫為祖　父為長子　【義】為人後者為所後父　妻為夫　妾為君　国官為国君
斉《し》衰《さい》	三年	【正】子為母　【加】為祖後者祖卒為祖母　【義】母為長子（継母如母　慈母如母）　継母為長子　妾為君之長子
	杖周	【降】父卒母嫁及出妻之子為母皆報　【正】為祖後者祖在為祖母　【義】父卒継母嫁従為之服報　夫為妻
	不杖期	【正】為祖父母　為伯叔父　為衆子　為兄弟　為兄弟之子　為嫡孫　為姑姉妹女子子在室及適人無主者姑姉妹報　女子子為祖父母　妾為其子　【加】女子子適人者為兄弟之為父後者　【降】妾為其父母　為人後者為其父母報　女子子適人者為其父母　【義】為伯叔母　為継父同居者　妾為嫡妻　妾為君之庶子　婦為舅姑　為夫之兄弟之子　舅姑為嫡婦
	五月	【正】為曾祖父母　女子子在室者及嫁者為曾祖父母
	三月	【正】為高祖父母　女子子在室者及嫁者為高祖父母　【義】為継父不同居
大功	九月	【正】為従父兄弟　為庶孫　【降】為女子子適人者　為姑姉妹適人者報　出母為女子子適人者　為兄弟之女適人者報　為人後者為其兄弟　為人後者為其姑姉妹在室者報　【義】為夫之祖父母　為夫之伯叔父母報　為夫之兄弟女適人者報　夫為人後者其妻為本生舅姑　為衆子婦
小功	五月	【正】為従祖祖父報　為従祖父報　為従祖姑姉妹在室者報　為従祖兄弟報　為従祖祖姑在室者報　為外祖父母　為舅及従母丈夫婦人報　【降】為従父姉妹適人者報　為孫女適人者　為人後者為其姑姉妹適人者報　【義】為従祖祖母報　為従祖母報　為夫之姑姉妹在室及適人者報　為娣姒婦報　為同母異父兄弟姉妹報　為嫡母之父母兄弟従母　為庶母慈己者　為嫡孫婦　母出為継母之父母兄弟従母　嫂叔報
緦麻	三月	【正】為族兄弟　為族曾祖父報　為族祖父報　為族父報　為外孫　為曾孫玄孫　為従母兄弟姉妹　為姑之子　為舅之子　為族曾祖姑在室者報　為族祖姑在室者報　為族姑在室者報　【降】女子子適人者為従祖父報　為従祖姑姉妹適人者報　庶子為父後者為其母　為従祖祖姑適人者報　為人後者為外祖父母　為兄弟之孫女適人者報　【義】為族曾祖母報　為族祖母報　為族母報　為庶孫之婦　女子子適人者為従祖伯叔母　為庶母　為乳母　為婿　為妻之父母　為夫之曾祖高祖父母　為夫之従祖祖父母報　為夫之従祖父母報　為夫之外祖父母報　為夫之従祖兄弟之子　為夫之従父兄弟之妻　為夫之従父姉妹在室及適人者　為夫之舅及従母報

②父族と母族の服等差‥これは双系社会と最も鮮明に異なる点である。この区別の起点は父母の服喪期間に始まる。父母は同じ三年の服喪期間であるが、喪服の様式によって斬衰、斉衰と区別される。(19)この区別はさらに父族、母族に拡大していくが、服喪を享ける親族の人数、服喪期間の長短によって等級差がつけられる。父系親は大半を占め、服喪期間も長い。それに対し、母系親は母の一次親の父母兄弟にとどまっており、服喪期間も四等級の小功にようやく母方父母兄弟が入り、五等級の緦麻に母方従兄弟姉妹が入るくらいである。

③夫族と妻族の服等差‥妻の、夫族に対する服が重く、多いのに対し、夫の、妻族に対する服はわずかに妻の父母のみになっている。

④嫡子と衆子の服等差‥嫡子は父系の正統を受け継ぐ者として重んじられ、衆子から区別される。

⑤女性の出嫁による服等差‥女子は、未婚者または不婚者と既婚者とが区別され、前者は「在室」、後者は「適人」と区別され、両者の間に等級差が設けられる。結婚によって他族に行くから、本来の服喪を一等下げられる。

そこには宗族中心の「内」と「外」の観念が存在している。

この五服制は律令とともに日本律令に導入されたが、様々な修正が加えられた。養老令の儀制令五等親条と喪葬令服紀条をそれぞれ表Ⅱの上段と下段に示した。

まず、五服の五等級は、五等親条も服紀条も継承しており、前者では五つの親等、後者では一年、五ヶ月、三ヶ月、一ヶ月、七日間の五つの服等となっている。五等親条では、父母、祖父母、曽祖父母、高祖父母、妻妾父母をそれぞれ五つの親等の筆頭に置き、大略五服制に応じて斬衰三年・斉衰三年を一等親に、斉衰杖期と不杖期を二等親に、斉衰五ヶ月、大功を三等親に、斉衰三ヶ月、小功を四等親に、緦麻を五等親に再編成している。服紀条では、五服では

表Ⅱ　〈養老令儀制令五等親条〉　〈養老令喪葬令服紀条〉

〈養老令儀制令五等親条〉		〈養老令喪葬令服紀条〉	
一等	父母　養父母　夫　子	一年	君　父母　夫　本主
二等	祖父母　嫡母　継母　伯叔父姑　兄弟　姉妹　夫之父母　妻　妾　姪　孫　子婦	五月	祖父母　養父母
三等	曽祖父母　伯叔婦　夫姪　従父兄弟姉妹　異父兄弟姉妹　夫之祖父母　夫之伯叔姑　姪婦　継父同居　夫前妻妾子	三月	曾祖父母　外祖父母　伯叔姑　妻　兄弟姉妹　夫之父母　嫡子
四等	高祖父母　従祖祖父姑　従祖伯叔父姑　夫兄弟姉妹　兄弟妻妾　再従兄弟姉妹　外祖父母　舅姨　兄弟孫　従父兄弟子　外甥　曽孫　孫婦　妻妾前夫子	一月	高祖父母　舅姨　嫡母　継母　継父同居　異父兄弟姉妹　衆子　嫡孫
五等	妻妾父母　姑子　舅子　姨子　玄孫　外孫　女聟	七日	衆孫　従父兄弟姉妹　兄弟子

三年服の父母を一年、一年服の祖父母を五ヶ月、五ヶ月の曾祖父母を三ヶ月、三ヶ月の高祖父母を一ヶ月にして一定の対応を見せている。また、程度の差はあるものの、両条とも五服制の父系中心と男尊女卑主義を継承している。五等親条では、夫と妻に等級差が設けられており（夫一等—妻・妾二等、子一等—子婦二等、伯叔父二等—伯叔婦三等、姪二等—姪婦三等、孫二等—孫婦四等、兄弟二等—兄弟妻妾四等）、夫族（夫の父母、姪、祖父母、伯叔姑、兄弟姉妹）がそれぞれ二等親から四等親になっている。服紀条では五等親条ほど夫族が入っていないものの、夫妻間では二服等の差があり（夫一年—妻三ヶ月）、夫の父母には三ヶ月の服がある。また服紀条では嫡子と衆子、嫡孫と衆孫の間に一つの服等の差が設けられ、五服の嫡系重視主義を継承している。一方、両条においては様々な改変が加えられた。これまで中国の五

服制と養老令の両条の異同について最も多く言及されてきたのも両者の親族の規模である。[20]確かに両条は五服に比べて縮小されている。しかし、それは決して単純な親族名称の削除ではない。五服では服喪期間と喪服様式の組み合わせによって様々な親族の服等を決めており、同じ服等でも「正」、「義」、「加」、「降」の名目が設けられ親族の関係性を表しているが、日本令には服喪期間のみ継承され、喪服様式に関する規定はない。このような喪服様式や服の名目の排除は、一般的には五服の煩雑な内容を簡略化したためと説明されているが、早計であろう。五服は服喪期間と喪服様式の組み合わせによって、父系中心の理念を具現しており、「正」、「義」、「加」、「降」などの名目も血縁の有無、長幼など多くの理念を反映させた様式である。従ってその削除は父系の宗族中心の価値観による区別がいくつか削除されたとみるべきであろう。のみならず、両条において、親等や服等の上昇・降下、親族名称の限定語の削除など多くの修正法が用いられた。

二　父系継承

五服の一等服の斬衰三年の正服に「子為父」、加服に「嫡孫為祖」、「父為長子」、さらに義服に「為人後者為所後父」がある。長幼の秩序からみれば子・孫は卑幼であるにも関わらず、父親が長子、祖が嫡孫のために最も重い斬衰に服するのは何故か。大唐開元礼五服の傍注によれば、「重其当先祖之正体、又将代己為廟主故」ということである。つまり、父系の正統を受け継いで、またこれから子孫に伝える嫡系だから重んじられて一等服に置かれているというのである。ここの嫡子、嫡孫（嫡子が早世した場合にその代替としての継承者）、為人後者（子孫のいない父系親族の後継となる者）は、「承重者」、「承後者」と目され、祭祀権を持ち、廟主となる。彼らに対する父母の服は衆子より一等重く、また彼らの配偶者に対する舅姑の服も衆子婦、衆孫婦より一等重い。このような父系継承理念を最もよく表わしているのは、「為人後者」の場合である。男性に後継ぎとなるべき子孫がいない場合、同宗の中から昭穆の合った者を選び、「嗣子」、即ち己の継承者とするが、その嗣子にとって継承するところの父親が第一義となるために斬衰三年の喪に服し、逆に自分の生父、生母、兄弟姉妹に対する服は一等下がるのである。そこに、個人の血縁や長幼を超越した父系の「系」の論理が容易に看取されよう。[21]

このような父系継承への強調は日本の五等親条と服紀条において、それぞれ改変が加えられている。五等親条では「嫡子・嫡孫」は「子・孫」と一般化された。また「為人後者為所後父」の「父」も「養父母」に変えられた。いうまでもなく「為人後者」としての嗣子は、一般的意味での「養子」とは異なり、「所後父」も一般の「養父母」とは異なる。[22]しかも当該条では「養父母」は「父母」と同等に一等親に並べられている。一方、服紀条では、嫡子と衆子、嫡孫と衆孫、生父母と養父母の間に服等の差が設けられているが、唐の五服制では最も重い斬衰服に置かれた嫡子は三等服（三ヶ月）の末席に列せられ、「承重者」の存在感は薄い。嫡子が一等服（斬衰）から三等服に降下された理由は、長幼の序列に基づくものであろうが、先述した、尊卑・長幼の理論を超えたところの父系の「系」の観念はここでは継承されていない。五等親条と服紀条のそれぞれの改変法は両条の性格を端的に示したものである。後述するが、五等親条は律令全体の親等基準なので、五服で示した親族範囲に対応できる「範囲」を示さなければならない。そのため親族の関係性に重点がおかれている。この役割は五服に対する摂取法にも現れる。「嫡子」や「嫡孫」の「嫡」という限定語を取ることによって、意味の一般化を図ったり、また「所後父」の「後」を「養父母」の「養」に変えることによって、継嗣関係を一般的養育関係に読み替えたりする。いうまでもなく、「嫡」、「後」は父系の「系」を保持する重要な概念である。特定関係を一般化する、これは五等親条が平等主義であると言われるゆえんでもある。[23]それに対し、服紀条は親族間の秩序の樹立を目標に設けられたものである。五等親条が五服の「規模」を継承したのに対し、服紀条は五服の「秩序」を継承している。服紀条において、嫡子と衆子、嫡孫と衆孫は服の等差によって区別されており、父母と養父母、祖父母と外祖父母の間にも一等差が設けられている。既に述べたように、五等親条は五服の斬衰三年の「為人後者為所後父」の「所後父」を「養父母」に変えることによって、継嗣関係を養育関係に一般化している。一方服紀条は「養父母」の服の等級を二等服の五ヶ月にさげている。これについて義解は「其の養子為本生一年」としており、本生父母と養父母を区別している。生育と養育を区別する基準はいうまでもなく血縁意識によるものであろう。しかし、先述したように、中国の五服において、嗣子が継承するところの父のために斬衰三年を服し、実の父母のための服は逆に降ろされ、一年となるのである。父系の継承に最大価値を置く五服制の基準と違って、服紀条に見える生父母と養父母の区別は実際に個人からみた血縁の濃淡によるものである。両者は似て非なるものである。

三　父系親範囲

五服制によって示されている膨大な親族集団に対して、養老令の五等親条においても服紀条においても大幅な削除が行われている。五等親条と服紀条はそれぞれ異なる役割を担っているにも関わらず、父系傍系親の削除においては同じ方針を採っている。両条の削除内容を具体的に分類すると、①父系傍系親、②父系傍系親の配偶者、③夫の親族、④父妾の「庶母」、「慈母」及び母の再婚相手「異父不同居」の四つに分けられる。②、③、④は次節で述べる。まず

①の父系傍系親の削除についてみると、五等親条では五服で言う緦麻親即ち五服の中で最も軽い服の傍系親（曾祖父の兄弟姉妹及びその子孫―族曾姑、族曾祖父母、族祖姑、族祖父母、族姑、族父母、族兄弟姉妹即ち三従兄弟姉妹、卑幼の再従兄弟子、従兄弟孫、兄弟曾孫）が削除され、服紀条ではさらに小功親、五服の中で二番目に軽い服の親族（祖父の兄弟姉妹及びその子孫、従祖祖父母、従祖祖姑、従祖父、従祖姑、再従兄弟姉妹及従兄弟子、兄弟孫）が削除されている。五等親条では傍系親が一際小さく縮小されたものの、直系親に関しては、五服制と同様に己を含めて上下九世代としているのに対し、服紀条では傍系親のみならず、直系親の曾孫玄孫も削除している。

【五服】高祖―曾祖―祖―父―己―子―孫―曾孫―玄孫
【五等】高祖―曾祖―祖―父―己―子―孫―曾孫―玄孫
【服紀】高祖―曾祖―祖―父―己―子―孫

その結果、服紀条の親族範囲がより小さく、世代深度がより短く、近親に凝縮されたといえよう。このような、父系親族集団の外枠から削っていく方法は確かに従来言われているように親族範囲の縮小に繋がるものである。[24]五服制度に示された中国の父系親族集団の体系そのものが受け入れられておらず、抽象的な宗族理念よりも現実の生活の中で関係性の高い親族のみを親族として認識する古代日本の親族観を垣間見ることができる。婚姻習俗、親族構造の相違によって、古代中国と古代日本とでは、親族認識の範囲が大きく異なっており、その認識の違いはまた中国の親族名称を導入する時に一つのフィルターとして働いていたと考えられる。また別の視点から考えてみると、日本令において削除された父系傍系親の名称は唐律令においてもあまり多く用いられていない。唐律を見ても、これらの親族名称が用いられている条文は、名例律十悪条の不睦の部分、名例律八議条の議親の部分、戸婚律同姓為婚、戸婚律為祖免妻嫁娶条、雑律姧従祖祖母姑条などである。皇帝の親族関係の議親を除いて、主に親族間の相闘、相婚に関するもので、特に婚姻、性関係の禁止の範囲として用いられていることが注目される。唐律の十悪条の不睦の部分は養老律においては削除されており、親族間の婚姻あるいは性関係を禁止する条文も、同姓不婚の慣習のない古代日本に受け入れられたとは考えにくい。従って、これらの父系傍系親族名称は日本律令において実質的意味を持たず、削除されても律令全般の導入に障害を齎すことはない。もう一つ念頭においておくべきことは、両社会の異なる祭祀観である。父系親族集団の宗族にとって最も重要な行事は、祖先祭祀である。日常生活の上では同一生計体でない父系傍系親も、祖先祭祀を一緒に行うことによって、一族の連帯感を強めるのである。一方、古代日本にはこのような父系親組織が存在せず、父系一族による集団的祖先祭祀も見られない。養老令の両条に見られる父系傍系親の削除は、単に親族集団を縮小させることのみならず、それに関連する族内婚規制や父系集団の祭祀などの内容を排除したことになる。

四　女性の帰属

養老令の五等親条と服紀条で、唐の五服制が最も大きく変えられた点は、女性に関する親族名称の削除である。具体的に、父系傍系親の配偶者の削除、姉妹の名称――「在室」と「適人」の区別の削除が挙げられる。以下その改変法について見てみる。

(イ)　父系傍系親の配偶者の削除

五等親条と服紀条において、父系親の削除のみならず、父系親の配偶者の削除も行われている。五等親条においては、伯叔、兄弟、子、姪、孫の配偶者以外は削除され、服紀条になると、傍系のみならず、直系の卑幼の配偶者も徹底的に削除された。この削除はまた、夫族に対する妻の服喪の削除と表裏をなしている。五等親条において、夫族への服が著しく減らされ、服紀条では、「夫之父母」のみとなっている。中国社会では、女性は結婚によって父族から夫族に移入する。夫族に入った女性は、夫と一体化され、夫の親族との間に服喪関係が生じるが、その多くは相互に同等の服喪義務を存する反報関係である。尊長の場合は夫と同様に夫族の卑幼から服を享け、卑幼の場合も「子婦、孫婦、姪婦」として尊長からの服を享ける。このような女性と夫族の服喪関係は、娶嫁婚下に行われた女性の夫族への帰属を示すものであるが、日本令において削除されたのは、結婚によって夫族へ移動・移入する慣習の不在であったからではないか。

（ロ）　姉妹の名称――「在室」と「適人」

ここまで述べた父系傍系親の配偶者に対する服喪、妻の夫族への服喪の排除と関連する問題として、女性の名称の問題がある。五服制において、女性は未婚と既婚とに区別される。未婚者は「女子（子）在室」と言い、既婚者は「女子（子）適人」と言う。未婚在室の女性の服の等級は基本的に「衆子」、「衆孫」と同様であるが、結婚して本族から離れた女性の服は在室の女性より一等下がる。いわゆる降服である。これは先述の結婚によって生じる女性の帰属の変化を意識した区別である。女性が結婚によって夫の族に入り、父族にとっては離れた者になるため、服制では一等降ろされたのである。このように女子の帰属を意識した区別は未婚既婚にとどまらず、「出母」、「嫁母」に対する服からも窺える。「出母」とは父親に離婚させられた母親を指し、「嫁母」とは父親の死後に他人に嫁した母親を指す。両母とも結婚によって父族から離れた者と目され、その変動がその所生の子の服にも影響する。母親が「出母」、「嫁母」になる場合、所生子の服は母親に対する斉衰三年から一等下がって斉衰杖一年になる。何故なら、子にとっての「母」はあくまでも今現在の父の妻で、その座にいる「母」に対して斉衰三年の喪に服するからである。また嫡子の場合は父の継承者であるため、実母が「出母」、「嫁母」になった場合は無服になる。

一方養老令の両条においては、中国の五服制のように未婚と既婚の区別がなされておらず、男子と女子の区別もなされていない。女子は男子と同様に「子」と称されており、姉妹、オバの場合もただ「姉妹」、「姑」となり、結婚による区別はない。これは先述した父系傍系親の配偶者への服や妻の夫族への服の削除と対応しており、両条ともに徹底して排除した部分である。このような女性の婚出または婚入による親等・服等差の削除は、無論、両社会の婚姻居住規制の相違に起因する。古代中国の娶嫁婚では、結婚によって女性が夫の家に入るので、夫方居住婚が行われていた。それに対し、律令編纂時の日本社会では、訪婚が広汎に行われ、訪婚の後に夫婦が同居するかどうか研究者の間でも意見が分かれているところであるが、このような訪婚を起点とする婚姻慣習下の女性の婚姻生活の最大の特徴は、夫の家に住まないことであった。従って、女性の「婚出」または「婚入」といった区別も無意味である。この削除によって、父系社会では重要視された女性の帰属の移動に関する意識が完全に払拭されたのである。

五　多妻婚的名称使用法

(イ)「妻」と「妾」

妻妾制とは、正式の配偶者妻とそうでない妾を同時に持つことが許容される制度である。古代中国で行われていた妻妾制では、妻は一人に制限されるが、妾を持つことが許容されていた。複数女性対単数の男性という点では、古代日本の多妻制に相似している。しかし、中国古代の妻妾制の特徴は妻と妾の地位を厳密に区別するところにあり、正確には「一夫一妻多妾制」というべきものである。五服制において妾は極めて低い地位に位置づけられている。呼称上、妾が夫を「夫」と呼べず「君」と呼び、夫の嫡妻を「女君」と呼ぶ。このような呼称法からも妾の従属的な立場が窺える。妾は「君」及び「君の長子」のために斬衰三年、「女君」及び「君の庶子」のために、斉衰不杖期一年を服するが、妾への反報はないか、あっても服等が低い。妾は自分の産んだ子供或いは養育した子供からは斉衰三年の服を享けるが、そのほかの君の子供からは「庶母」として緦麻三ヶ月の服しか享《う》けられない。妾は夫にとって非正式配偶者、夫族にとって非正式成員であるため、妾の親族は、妻のように「妻党」として夫族と親族関係を結ぶことはない。妾の地位を端的に示すのは、その所生が嫡子になった場合である。もし妻に男子がおらず、妾子が嫡子になった場合には、生母に対する服がさらに三ヶ月の緦麻に短縮される。何故ならば、宗の正統を承ける者として、宗にとって非正式の成員の生母のために服を重くすることはできないからである。

　このような五服制の妻妾区別は、五等親条においては悉く排除され、妻も妾も平等に二等親に並べられている。妻妾自身のみならず、「夫前妻妾子」、「妻妾父母」も平等にされ、また自分の妻妾のみならず、さらに「兄弟妻妾」も同じく平等に並べられている。五等親条における妻妾平等についてはこれまで多くの研究者に注目されてきたところで、その理由も概ね古代日本社会では妻と妾がはっきり区別されていなかったためだと説明されており、筆者もそれに賛同する。[25]しかし、目を服紀条に向けると、そこでは妻妾が区別されており、それについての諸注も「夫為妻服三月。次妻無服也」、「為妾無服」とある。即ち養老令において、妻妾区別と妻妾平等の条文が並存しているのである。

これは何故か、未だ納得のいく説明を見ない。やはり妻妾区別即ち家父長制、妻妾平等即ち古代日本の慣習という思考パターンから離れて、別の角度から考える必要があると思われる。

養老令における妻妾区別の条文と妻妾平等の条文を見ると、妻妾区別は主に結婚、離婚、財産相続、服紀に関するもので、妻妾平等の条文は主に戸の独立、等親に関するものである㉖。前者は一個人の私的な事柄に関する規定が多く、後者は律令国家が掌握せねばならぬ公的な事柄に関する規定であることがまず言えよう。五等親条は律令の親等基準であり、律令全体のありかたとかかわっている。明石一紀によると、養老令において五等親等の適用事例は、連帯責任・共同利益・相互扶助の公的・行政的義務や権利に結びついているという㉗。このような公的、行政的機能を持つ条文であるだけに、その親等を決定する基準は実際生活する上に発生する親疎の度合い、つまり「関係度」に置かれたのではないか。この条文において、「関係度」が優先されていることは、他の親族の配置法からも裏付けられる。養父母が一等、「嫡母」、「継母」が二等に置かれているのも、後述するように、「嫡母」も「継母」も日本語で言う「ママハハ」であり、生活を共にしないため、関係度が養母より低いからである。もっとも、女性が夫の家に入らず、妻と妾がはっきり分けられなかった当時の実態から考えれば、等親の上で妻妾を区別することが、行政的義務や権利を執行するのに困難をもたらす可能性も考えられる。一方、応分条、服紀条などの条文では妻妾の区別がなされている。両条とも家族内部、親族内部の人間関係に関する規定であるが、服紀条では妻のみが三等服の三ヶ月で、妾についての規定がないので無服と思われるが、制度的にしかも事前に妻か妾かを決める慣習のない、夫婦関係も半ば不安定で、別族意識の強かった当時では、このような表現上の妻妾区別は、ある種の選択の自由を提供したのではないかというのは筆者の考えすぎであろうか。つまり、妻として服するか、妾として服さないか、また妻として相続分を受け取るのか、妾として受け取るのかは個人を取り巻く諸要因によって決める自由を与えたということである。さらに言えば実質的な意味を有しない七出条や先由条の妻妾区別を見ても、結婚、離婚の自由度の高い人間関係に、ある種の選択の余地を与えて、かえって好都合と言ってもよかろう。

（ロ）「嫡母」と「継母」

妻妾の処遇を考える際に、関連の問題として同じく二等親に並べられた「嫡母」、「継母」についても触れなければならない。そもそも中国の親族用語として、「嫡母」とは妾の子供から見た父の妻のことで、「継母」とは前妻の子供から見た父の継妻のことである。両者とも父親の嫡妻である。従って、五服制において「子為母」の斉衰三年の服を享ける。妻が一人であるのと同様に、子供にとって「母」もあくまでも父の現在の妻である。これは「嫡母党」および「継母党」への服喪から見れば明瞭である。妾の子或いは妾に養育された他の妾の子は、生母あるいは慈母の喪に服するが、その親族に対しては服さない。一方妾の子は嫡母に対して無論斉衰三年の喪に服し、そして嫡母が生存している限り、嫡母の父母兄弟に対しても服する。即ち、妾の子にとって、「母」はあくまでも嫡母で、「母党」も嫡母の父母兄弟である。嫡妻の子でも母親が離婚させられた場合、生母に対する服はあっても、生母の父母兄弟姉妹に対する服はなく、継母の党のために服するのである。このように一見煩瑣に見える諸母に対する規定を吟味してみると、一妻制の原理に基づいて細心に設定されていることが分かる。一方で、養老令五等親条においては、父の嫡妻であるはずの「嫡母」「継母」が養親の「養父母」よりも低い二等親に置かれ、服紀条においては、さらに五等親条の二等親から四等服に置かれている。先述した「嫡母」、「継母」の本義からみればいかにも不思議な処理法である。一体これらの漢字名称は当時どのように理解されていたのであろうか。『令集解』引用の古記の注釈によれば、「嫡母」の訓は「麻々母《ままはゝ》」であり、また『和名類聚抄』の「継母」項を見ても「萬々波々《ままはゝ》」となっている。即ち、中国式の親族名称は必ずしも中国式の親族関係を意味しない。ここで用いられた「嫡母」、「継母」は日本語の親族名称の「ままはは」と読めば謎も氷解する。先述したように、女性は結婚しても夫の家に入ることはない。このことは女性達が夫の家の秩序の中に組み込まれないことを意味する。当時の女性達は別別の生活単位を持ち、母子が最少の生活単位であったと考えられる。(30) 五等親条に見られる妻妾平等はこのような婚姻形態に根差したものと言えよう。そして子供達にとって、生母以外の父のほかの妻は「ままはは」なのである。即ち「ままはは」は本来嫡庶の関係なしに、生母以外の父の婚姻配偶者を指す言葉である。(31) 古代日本では、生母は母、養育してくれるならば養母で、いずれも一緒に生活する「母」である。しかし、「ままはは」が血縁関係がないだけではなく、別個の生活体にいる「母」であることを考えれば、生母、養母より一等下げて二等に置くのも頷ける。つまり、一等親の「母」、「養母」と二等親の「嫡母」、「継母」の区別基準は、血縁観念と実際の生活の親疎度によってなされたものと考えられる。「ままはは」は自分を生んでいない母、異母である点では中国の親族名称「嫡母」、「継母」と共通点を持っている。同じ異母を表すにも「嫡」を使うか、「庶」、「継」を使うかは、書き手の基準の置き方によって異なる。第一章ですでに見たように、『古事記』や『日本書紀』において、天皇の異母には「庶母」、天皇の異母兄弟には「庶兄」、「庶妹」といった名称が用いられているのである。(32) 天皇の異母は「庶母」、その異母兄弟姉妹は「庶兄」、「庶妹」と表記しているのは、天皇を正統の嫡系とする見方によるものであるが、律令条文の五等親条や服紀条では「庶母」・「慈母」が削除されることはその必要がないからである。日本令において、「妻」、「妾」、「嫡母」、「継母」などといった、本来一妻多妾制の用語は原義と関係なく多妻婚に適用されている。異なる婚姻制度、親族体系を背景に生まれた漢型の親族名称は、古代日本において、和訓の意味がその基底にありながら、漢字の視覚的効果を利用してさまざまな工夫が凝らされた点が興味深い。それも恐らく律令用語として採用された理由であると思われる。

六　五等親条と服紀条の役割

養老令の五等親条と服紀条における漢型親族名称の応用法について見てきたが、同じ五服制を継受しながら養老令の両条はそれぞれ異なる役割を持っていることが分かった。かつて明石一紀は両条の性格、役割について、五等親条は横の連帯関係を示しているのに対して、服紀条は縦の親族秩序を示しており、五等親条が公的、行政的な機能を持っているのに対し、服紀条は私的、個人的な関係を規定する条文であるとした[33]。重要な指摘であるが、なお検討すべき点が残されている。公的に五等親条、私的に服紀条という二元化した方法で漢型の五服制を摂取しなければならない理由はどこにあるのか。ここでもう一度律令継受の歴史的文脈の中で、両条が設けられたことの意義について考えてみたい。五等親条の「五等親」が皇帝五等親から借りた表現であることはすでに指摘されている[34]。五服の持つ服制のイメージを払拭するための改変と思われるが、この改変によって純粋な親等基準であることを示すことができた。名は変えられたが、内容は中田薫が指摘したように唐律の五服の親等基準に対応したものである[35]。一例を挙げると、唐律職制律役使所監臨条の注に「親属、謂本服緦麻以上親、及大功以上親共為婚姻之家」とあるのが養老律当該条の注になると「親属、謂五等以上、及三等以上婚姻之家」と書き換えられている。養老律における五等親は、主に家庭内の殺、盗、姦、告、闘に関する規定に用いられている。唐律令との対応関係を考えれば当然の結果であろう。唐律の名例律の「十悪」の中で、「悪逆」、「不孝」、「不睦」、「不義」、「内乱」など半分の内容は家族、親族間の問題に占められており、律令制度において家族・親族間の秩序がいかに重要視されているかが見て取れる。親等基準は、親族間の詈、殴、闘、告、盗、売、殺などの行為が当事者達の親族関係の親疎、上下、尊卑によって量刑時に用いられるのである。一方、令では、現存する養老令を見ると、親等が用いられたのは、戸令五か条（戸逃走条、給侍条、聴養条、奴姦主条、化外奴婢条）、選叙令一か条（同司主典条）、宮衛令一か条（宿衛近侍条）、儀制令一か条（太陽欠条）、獄令三か条（流移人条、鞫獄官司条、至配所条）の諸条である。唐律と養老律の親等の対応関係から推察するに、これも恐らく唐令の内容と対応した用法であろう。つまり、五等親条は唐律令の親等関係の条文と著しい対応性を有するものなのである。言い換えれば、五等親条は律令国家が官制の整備、人民掌握のために用いる公的親等基準で、その重要な役割は唐律令の諸条文にある五服の親族名称に対応すべく、日本の親族名称の体系を示すことにある。このことを念頭におくと、従来指摘されてきた五等親条の諸特徴も理解しやすくなる。例えば、父方親族の親等が母方より多く、高く設定されることや夫族への服が設けられることは、唐律令との対応関係から考えれば頷ける。この対応性が必要であるからこそ、唐の五服制により多く牽制され、その親族名称の削除も制限されただろうと容易に理解される。これも当該条に服紀条より多くの父族親、夫族親が保留された理由であろう。この点について、従来は唐制に忠実であったと評されていたが[36]、五服から「五等親」に名が変えられたのはそれなりの理由があった。先述したように、この条文において、妻妾、嫡庶子、男女子、男女孫が平等に並べられている。父系傍系親、夫族傍系親に関しても半分削除されている。さらに傍系親の配偶者が削除されている。最も看過できないのは、父族・夫族の親族名称が採用されながら、己の親族関係になると、平等主義、日常主義に一変することである。己の妻妾、己の父の妻妾―ここでは嫡母、継母と称されるが、兄弟の妻妾へと広がる。子の世代も夫前妻妾子、妻妾の前夫子のように五服制にはない項目を立て入れている。この部分は最も改変の多いところであるが、律令制定者にとって最も念入りに取捨選択を行った箇所であろう。即ち、馴染みのない膨大な父系親の一部を削除し、その代わりに己を中心に上下三世代―父の世代、子の世代およびそれぞれの多妻婚による人間関係、さらに養父母など養育関係を入れて「横広がりの親族関係」の親族関係を構築したのは五等親条である。この横広がりの関係は日常的生活の関係性であり、秩序ではない。

一方、服紀条は五等親条ほど唐令条文との対応が求められていない。服紀条は、養老令においても仮寧令や喪葬令の関係条文以外、令全体に与える影響は少ない。親等基準の役割が五等親条に分離されたからこそ、服紀条が「私的、個人的な関係」になりえたのではないか。これも何故日本律令において、両条が設定されたかの本当の理由であろう。服紀条において「外祖父母」が四等親から三等服に上昇しており、父系傍系親の「伯叔父姑」は二等親から三等服に降下したのに対して、母系傍系親の「舅」と「姨」が四等服にとどまっている。この服等の上昇と降下の操作の結果、服紀条において、女系（母、妻、娘）と男系（父、夫、子）間の差が一等級に縮小され、五服制や五等親条に比して、女系の相対的な上昇が認められる。この条文の最も大きな特徴は父系親に対する思い切った削除である。五等親条の三等親以下の親族が高祖父母、外祖父母、舅姨以外はほとんど削除されている。かつて中田薫が、養老令の服紀条に見える、己系、父系、祖系の三系を通じて、その始祖に対して世代ごとに服が下がる計算法は日本固有の親族計算法であると指摘したことがある[37]。中国には「父子一体」の思想があり、父祖とその子孫は基本的に同じ服の等級である。それに対し、世代ごとに服が下がるという日本の計算法は個人を基準に構築された長幼関係である。ただこの条文が律令の一部分である以上、あくまでも五服制を手本にしていることを忘れてはならない。服紀条のもう一つの特徴は、等級区別による秩序意識にある。主従、血縁、長幼、嫡庶、妻妾が悉く区別されているのである。この条文の一等服の筆頭に付け加えられたのは君と本主で、五服の「国官為国君」を継承している。また五等親条で本生父母と同格に一等親に並べられた「養父母」が一等親から二等服に、「嫡母、継母」が二等親から四等服に、「継父同居」が三等親から四等服に、「異父兄弟姉妹」が三等親から四等服に、そして夫族に対する妻の服として唯一に残った「夫之父母」も二等親から三等服に下げられている。そこに血縁の有無による区別の意識がはっきり読み取れる。次に顕著に区別されたのは長幼である。エゴを基点に、上の世代はそのままの服等とし、エゴと同様またはそれ以下の世代は服等をさげる。まず直系の高祖父母、曾祖父母を服喪の対象としながら直系の卑幼である曾孫と玄孫を服から除いた。そして「嫡子」は一等服から三等服に、兄弟子は二等服から五等服にさげた。エゴの同世代の兄弟姉妹は二等親から三等服、従父兄弟姉妹は三等親から五等服に下がっているのに対し、尊長の祖父母は二等服、曾祖父母は三等服のままである。親族範囲は縮小し、その内実もだいぶ変わったものの、その人間関係の中で長幼尊卑の序列化が図られている。また嫡子（三等服）と衆子（四等服）の間にも、嫡孫（四等服）と衆孫（五等服）の間にも一等級の差が設けられ、それに対応させるかのように、妻と妾も服の有無によって区別されている。ただこのような等級区別による秩序観は直ちに父系的論理と結び付けるのは早計で、五服制の秩序観の読み替えと理解すべきである。

漢型の親族体系を具現した五服制を一元的に受け入れることは、古代日本社会にとって困難であったと考えられる。これは両条において父系傍系及びその配偶者が排除されることによって親族範囲が狭く限定された点や、女性の夫家への帰属を表す服喪が削除された点からみても明瞭である。膨大で複雑な父系論理によって構成される五服制を導入するために案出された方法は、親等と服等を二つに分けることであった。この二元的対応法によって五服制に内包された父系親族の体系が数個の論理に分解され、自由に取捨選択できるようになるのである。

おわりに

養老令儀制令五等親条と喪葬令の服紀条を中心に、父系社会の産物である五服制との交渉について考察した。これまで見てきたように、両条はそれぞれ五服制のある部分を継承しながら、それぞれの方法で改変を加えていた。われわれは両条の改変法から、二つの流れを見いだすことができる。一つは漢型（父系）の双系化という方向の運動であり、もう一つは、直系・エスキモー型（双系）の父系化という方向の運動である。即ち、律令国家の建設を目標とする為政者は意欲的に漢型親族体系を取り入れる意欲が看取されると同時に、自民族の伝統の親族観による排除乃至修正も看取される。両条とも五服の五等級制を継承し、父方・夫方の親等・服等を母方・妻方より高く設定し、さらに夫の親族に対する妻の服喪を設定している。この意味では、服紀条こそ日本固有の親族法が反映されたものとする牧野・中田の観点には修正が必要であろう。両条は漢型親族体系に対応するために二元的に設けられたもので、それぞれ異なった役割が賦与されていた。五等親条の主要な役割は、唐律令の導入に支障のないよう、五服の親族体系に対応しうる親等基準を提供することで、服紀条の主要な役割は、家庭・親族間の新たな礼的秩序の構築である。服喪というものは家族・親族間で行われることであるだけに、慣習法に強く影響され、膨大な漢型の親族範囲と親族観に対する排除もより強い。これは服紀の範囲が極力狭く限定されたところから見ても了解されよう。しかし服紀条では父方親と母方親の間に一等級の差が設けられるほかに、主従、血縁、嫡庶、長幼といった秩序意識が色濃く見られる。これらの秩序意識は、日本固有の親族意識も含まれながら、主に五服制から吸収し改変した諸要素と理解されるべきであろう。要するに、五服制の行政的機能を継承した五等親条は、律令全体及び戸籍など行政上の親等基準として用いられ、礼法を継承した服紀条は民の教化として、主に家族・親族間の新秩序を示す役割をしている。両条は有機的に五服制に対応し、漢型の父系宗族の親族体系を部分的に摂取し、双系的に読み替えていったものである。

注

（1） G・P・マードック『社会構造』（内藤莞爾訳、新泉社、一九八六年、原著は一九四九年）二六七頁。

（2） R・H・ローウィは「親族呼称の覚え書き」（A Note on Relationship Terminologies（American Anthropologist.n.s.,XXX, 1928）の中で、親族名称を次の四つに分類している（二六六頁）。

① 世代型：オジまたオバは両親と同じ呼称で呼ばれる。

② 分枝融合型：父と父方オジは併称され、母は母方オバと併称されるが、母方オジと父方オバは別の呼称で呼ばれる。

③ 分枝傍系型：父方また母方のオジ、オバは両親とは呼称上区別され、また相互にも区別される。

④ 直系型：父方と母方のオジ、オバは同じ呼称で呼ばれるが、両親とは呼称上区別される。

この分類法で言えば、中国は分枝傍系型、日本は「直系型」に当たる。

（3） マードックは注（1）前掲書の中で、ローウィの分類をもとに、さらにイトコの名称の違いによって、六分法を提唱した。

① エスキモー型　姉妹、平行イトコ＝交叉イトコ

② ハワイ型　姉妹＝平行イトコ＝交叉イトコ

③ スーダン型　姉妹、平行イトコ、交叉イトコ

④ イロコイ型　姉妹＝平行イトコ、交叉イトコ

⑤ オマハ型　姉妹、平行イトコ、父方交叉イトコ＝姉妹の娘、母方交叉イトコ＝母の姉妹の娘

⑥ クロー型　姉妹、平行イトコ、父方交叉イトコ＝父の姉妹、母方交叉イトコ＝兄弟の娘

（4）古代中国の親族名称は完全にスーダン型と同じではないので、「それに近い」という表現を用いた。古代中国の名称法では、平行イトコの中においても、父の兄弟の男女子は「従父兄弟姉妹」、母の姉妹の男女子は「従母兄弟姉妹」と区別され、交叉イトコの母の兄弟の子供と父の姉妹の子供に関しても同様で、前者は「内兄弟姉妹」、後者は「外兄弟姉妹」と区別される（『爾雅・釈親』）。現代中国語では、父方傍系親は「堂」を冠して呼ばれ、父方オバの子供、母方オバ、オジの子供は「表（＝外部）」を冠して呼ばれる。女系を経由すると「外」という概念が介入する点から見ても、中国の親族呼称は典型的な父系社会で発達してきたものである。

（5）マードック注（1）前掲書。

（6）親族名称の比較的早い時期の和訓は、大宝令喪葬令服紀条の注釈『古記』である。『令集解』所引の『古記』によれば、父方祖父母は「於保知・於保波」、母方祖父母は「母方於保遅・於保波」、父方オジの叔伯は「兄乎遅・弟乎遅」、父方オバの姑は「乎婆」、母方オジの「舅」とオバ「姨」は「母方乎遅乎婆」となっている。「母方」をつけて区別するようにしているのが中国の親族名称の区別に対応するためのものと見られ、発音は同じであることは表音部分から窺える。

（7）マクレナン（John F. Mclennan）は、親族名称が社会的権利・義務に関わらない単なる挨拶の体系だと主張している。

（8）養老律令の前に制定された大宝律令はすでに散逸し、その内容は九世紀後半に編纂された『令集解』所引の『古記』によってわずか一部しか窺えない。それに対し、養老令は『令集解』所引本文によって律の一部、令のほぼ全部を見ることができるので、ここでは主に養老令を考察対象とする。

（9）牧野巽「日中親等制の比較」（『民族』三―六、一九二八年、後『中国家族研究』（『牧野巽著作集』第一巻、御茶の水書房、一九七九年に再録）、中田薫「日本古代親族考」（『国家学会雑誌』四三―一、一九二九年、後『法制史論集』第三巻、岩波書店、一九四三年、所収）。

（10）『爾雅』は周公が作ったという言い伝えがあったが、周代から漸次的に編集されてきたものが前漢の叔孫通によって大成された、と見て大過なかろう。

（11）馮漢驥著・徐志誠訳『中国親属称謂指南』（上海文芸出版社、一九八九年、原著は一九三七年。Han Yi Feng "The Chinese

Kinship System". Harvard Journal of Asiatic Studies, vol.2, 1937）一五頁。
(12) クロード・レヴィ＝ストロース『親族の基本構造』（福井和美訳、青弓社、二〇〇〇年、原著は一九六七年）五五六頁。
(13)『礼記』は周から漢にかけて編集されたもので、前漢戴徳・戴聖によって大成されたもので、『儀礼』は春秋から戦国時代にかけて編集され、前漢の高堂生によって伝えられたものである。三つの経典の成立時期については、さまざまな説があるが、紀元前二〇〇前後の前漢では礼書として纏められ、注釈されたのは間違いない。
(14) 牧野注（9）前掲論文の中で、五服制度が親等制として使用されたのは唐以降としており、中田注（9）前掲論文の中で、同様な見解を述べている。しかし、牧野自身も気付いているように、梁の皇侃の論語疏に「今の王法は、即ち期親以上は相い隠をなすを得、その罪を問わず」とみえ、五服の用語「期親」がすでに法律用語として用いられている。また『宋書』に「制同籍期親補兵。道挙従弟代公、道生等並為大功親之例。非応在補之例。法以代公等母存為期親。則子宜随母補兵」とあり、『魏書』にも「案律『売子有一歳刑、売五服内親属、在尊長者死。期親及妾與子婦流』」とある。すでに魏晋南北朝から五服制用語が法律用語として用いられたとみるべきであろう。
(15) 仁井田陞著、池田温編『唐令拾遺補』（東京大学出版会、一九七九年）。
(16) 牧野注（9）前掲論文、中田注（9）前掲論文、明石一紀『日本古代の親族構造』第二部「古代親族法」（吉川弘文館、一九九〇）、成清弘和『日本古代の家族・親族』第三章「親等制（五服制）と親族名称」（岩田書院、二〇〇一年）。
(17) 大唐開元礼は四庫全書珍本『大唐開元礼』台湾商務印書館に拠る。また池田温解題の『大唐開元礼』（東京大学東洋文化研究所所蔵本、汲古書院、二〇〇四年）を参照した。
(18) 主な変化として、封建的階級制の用語がなくなり、全階層通用の喪服制になったことが挙げられる。
(19)「斬衰」は最も重い服喪で、極度の哀悼を表すために、着る喪服も粗麻で縁の縫わず、それに粗麻の帯、帽子、草履になっており、「斉衰」はそれに次ぐ重い服喪で、喪服の縁を縫うもので、生地は斬衰よりいいものを用いる。着るものにとどまらず、一連の作法も異なる。
(20) 中田注（9）前掲論文、成清注（16）前掲書。

(21) 昭穆とは、中国の宗廟での霊位の席次を言う。太祖を中央にして、向かって右に太祖の子及び四世、六世が並び、左に太祖の孫及び五世、七世が並ぶ。転じて父子長幼の秩序を言う。養子は同宗で子の世代に属する者でなければならない。

(22) 「養父母」という親族名称は唐律には見当たらない。「養われているところの父母」を意味する「所養父母」があるが、そこから取った名称か。なお大宝令の服紀条に「養父母」の語が存在しなかったことはすでに滝川政次郎が『律令の研究』(刀江書院、一九三一年)の中で指摘している。養老律令制定時に採用された用語か。

(23) 牧野注(9)前掲論文。

(24) 中田注(9)前掲論文、成清注(16)前掲書。

(25) 中田注(9)前掲書、吉田孝『律令国家と古代の社会』(岩波書店、一九八三年)、関口裕子『日本古代婚姻史の研究』(塙書房、一九九三年)、明石、成清注(16)前掲書、胡潔『平安貴族の婚姻慣習と源氏物語』(風間書房、二〇〇一年)。

(26) 養老令本文において、妻妾が区別されている条文として、戸令七出条、先由条、殴妻祖父母条、応分条及び服紀条などがあり、妻妾が区別されないものに、戸令為戸条及び五等親条がある。

(27) 明石注(16)前掲書。

(28) 「慈母」とは子の持たない妾が夫君の命により、母親の失った他の妾の子を養育する者を指す語である。五服制において、妾である生母に関する服の規定はないが、「慈母如母」から推測すると、妾も生母として斉衰三年の服を享けると思われる。

(29) 五服の斉衰杖周の降服に「父卒母嫁及出妻之子為母皆報」の傍注に「父卒為父後者為嫁母出母無服。母猶服之不為出母之党服則為継母之党服」とあり、また緦麻服に「為嫡母之父母兄弟従母」の傍注に「謂妾之子為嫡母之父母及兄弟姉妹。嫡母卒則不服」とあり、また「母出為継母之党父母兄弟従母」の傍注に「母卒則為其母之党服不為継母之党服」とある。

(30) 吉田注(25)前掲書。

(31) 異母を「嫡」「庶」で表す点については、第一編第一章を参照されたい。

(32) 『古事記』中巻開化記に「此天皇・・・・又、娶庶母伊迦賀色許売命」とあり、『日本書紀』巻四開化紀に「六年春正月辛丑朔甲寅、立伊香謎命為皇后是庶母也」とある。なお記紀には天皇の異母兄弟姉妹を「庶兄」「庶妹」と記す用例が多い。

(33) 明石注(16)前掲書。
(34) 中田薫は五等親という名は唐皇帝五等親から借りたものだとする(『法制史論集』第三巻、岩波書店、一九四三年、四三三頁)。『新唐書』百官志・宗正寺条に「卿一人、従三品。少卿二人、従四品上。丞二人、従六品上。掌天子族親属籍、以別昭穆。領陵臺、崇玄二署。凡親有五等、先定於司封:一曰皇帝周親、皇后父母、視三品。二曰皇帝大功親、小功尊属、太皇太后、皇太后、皇后周親、視四品。三曰皇帝小功親、緦麻尊属、太皇太后、皇太后、皇后大功親、視五品。四曰皇帝緦麻親、袒免尊属、太皇太后、皇太后、皇后小功親。五曰皇帝袒免親、太皇太后小功卑属、皇太后、皇后緦麻親、視六品。」とあるように、皇親の待遇を決める条文で、内容的には日本の五等親条とは無関係である。
(35) 中田は注(9)前掲論文の中で、養老律において、唐律の親等用語は悉く五等親の用語に書き換えられていることを指摘している。
(36) 牧野注(9)前掲論文の中で、五等親条では、妻妾同列、嫡庶同列、子孫尊重の三大特徴を持つ一方で妻と夫家の親族との関係に関しては唐制に忠実であるとしている。
(37) 中田注(9)論文。

第三章　婚姻語彙における和型と漢型の交渉

はじめに

日本古代の婚姻に関しては、未だに解明されていないことが多い。その解明が困難な一因に、文字表記の問題がある。周知のとおり、日本上代の文献はすべて漢字で書かれたものである。これらの文献に当時の婚姻習俗に関する記述が多く含まれている。漢字が日本に伝えられ、中国語の読みに従って読まれることもあったと思われるが、日本語に翻訳して読む、いわゆる訓読が当初から行われていたのであろう。訓読を繰り返しているうちに漢字と日本語との間に一定の意味上の関係が固定し、ここに字訓の発達を見るわけであるが、視覚的に同型の漢字でも、日本語と中国語には意味のズレがあることを忘れてはならない。とりわけ婚姻語彙においてそのズレが顕著である。何故なら、古代中国と日本の両社会の婚姻形態には大きな相違があり、中国の婚姻語彙では日本の婚姻の諸事象を十全に表せないからである。上代の漢字文献、特に記紀の漢字用法に関する研究は、これまで日本語学研究の領域で多くの成果が積み重ねられてきたが、婚姻語彙に関する言及はおおむね断片的である。[1]一方、民俗学では柳田国男・大間知篤三の『婚姻習俗語彙』[2]が刊行され、日本各地の婚姻習俗を理解する上で貴重な一冊となったが、そこに収められた語彙は各地の婚姻事例の採集から得たもので、基本的に嫁入婚関連のものが中心であり、古代の訪婚、婿取婚の語彙についてはあまり言及されていない。日本の古代の婚姻語彙に関して、比較的に纏まった記述が見られたのは、高群逸枝、西村亨、栗原弘の諸氏の研究においてである。(3)高群は古代日本の婚姻形態の変遷を史的に捉えた上で、婚姻語彙の変化について言及している。高群によれば、「つまどひ」の語は奈良時代、その後は専ら「よばひ」、「かよひ」、「すみ」等の語が用いられ、平安期中期になると「むことり」が用いられるようになる。(4)古代日本の各時期の婚姻語彙の特徴に関する高群の指摘は必ずしも間違っていないが、あくまでも概観的な記述で、後に栗原弘に指摘されるように、各時期の各作品の使用法に即して綿密に考察したものではない。一方、栗原弘は婚姻語彙に関する研究史を総合的に検討した上で、万葉時代の代表語は、「かよひ」であって、高群の言う「つまどひ」ではない、とした。(5)また視点は異なるが、西村亨は、平安時代を中心に「恋詞」(6)を一二一語選んで、当時の男女の交際の各段階に応じて逐次挙げながら解説している。諸氏の研究において、示唆に富んだ言及が多くなされているが、関心の所在は日本語の語彙にあり、他の言語と比較することによって相対的に古代日本の婚姻語彙の特徴を究明しようとするものではない。従って、これらの研究において、漢字表記の問題や、中国語の原義との相違や影響関係については付随的な記述に止まっている。しかし、古代日本の文化的特徴を正確に理解するために、文字表記としての漢語と和訓のズレやそれぞれの語彙に対する正確な把握は重要で、特に恋愛、婚姻の表現に関しては一層の注意を要するものである。日本古代の婚姻語彙はきわめて複雑で、その複雑さをもたらした原因の一つに、古代日本の固有の婚姻形態を表す和語系語彙と中国の文献に由来した漢語系語彙(7)の二系統の混用が挙げられる。この二系統は、全く異質な婚姻形態に根ざしたもので、原理的に背反するものである。これまでこの二系統の相違に関する研究は等閑視されていたため、恋愛・婚姻における相違も同一の漢語表現によって看過され、当時の日本は中国と同じ父系社会で、娶嫁婚で、家父長制的家族であったという錯覚を覚える者も少なくない。実際当時の正史、律令条文、戸籍記載などを根拠に当時の社会は家父長制であると主張している研究者も少なくない。しかし、上代の文献に見られる婚姻語彙には日本語で本来用いられている和語系のものと中国の書籍から借用した漢語系のものがあり、漢語系の語彙の多くはすでに中国語の原義から離れている。従って、原義との距離を測ることは、筆者にとっては、両社会の婚姻慣行の相違を測る手段の一つになるわけである。両系統のそれぞれの特徴を指摘し、さらに両者の交渉—ここでは主に漢語系語彙の借用を指すが—を通じて、外からやってきた異質な内容を持つ語彙をどう選定し用いたかのプロセスを解明することは、古代日本の婚姻慣行と外来制度の関係を考える本書にとって、重要なテーマであり、目標でもある。本章では記紀や万葉集など上代の文献に用いられる恋愛・婚姻語彙を取り上げて、漢字漢語との相関関係を通じてその特徴を明らかにしたい。各テキストにはそれぞれの表記方針があり、一概に論じてしまうという誹りを免れないが、その点も配慮しながら、いわゆる漢字専用の時代の婚姻語彙の表現法について考えてみたい。

　漢字は形・音・義の三つの側面を持っており、各側面の受容も一様ではない。ここでは漢字の音、義及び中国語との関係性をもとに、四つに分けてみた。①字音表記語[8]。漢字の意ではなく、音を借りて日本語を記したものである。いわゆる万葉仮名である。最も多く用いられているのが『古事記』、『万葉集』、風土記においてである。主なものとして、美斗能麻具波比《みとのまぐはひ》、久美度迩《くみどに》（興す）、摩加牟《まかむ》、都麻麻岐《つままぎ》、斗比《とひ》、志多杼比《したどひ》、登布《とふ》、都麻杼比《つまどひ》、用婆比《よばひ》、加用婆《かよは》勢《せ》（『古事記』）、宇多我岐《うたがき》（『日本書紀』）、「宇太我岐」加我毗《かがひ》、与波比《よばひ》（『風土記』）、加賀布《かがふ》、都麻度比、賀我比、我欲比《かよひ》、加欲波牟《かよはむ》、夜延《よばひ》（『万葉集』）などの語が挙げられる。中国語としては無論意味をなさない漢字の連なりである。②合成語。漢字の字単位の意味を合成した語である。例えば、目合、御合、歌垣、歌場、娶誂、妻問、嬬問、嬬言、孋言などで、語としては中国語に存在しないが、一定の意味を字面から読み取れるものである。①と同様に、『古事記』

と『万葉集』に多く見られる用字法である。③転用語。中国語にある語である点では①、②と異なるが、中国語では婚姻と無縁の語である。通、往来、相聞、誂などがこの類である。①、②、③の三種類の語彙は漢字の音もしくは訓を利用し、中国語にない日本的概念を表したものである。④既成語。漢型の婚姻語彙の借用である。「婚」、「娶」、「嫁」、「聘（娉）」、「求婚」、「娉財」、「成婚」、「結婚」、「婚礼」、「媒」、「迎」などがこの類である。④の用字法の解読は最も困難である。

大体このように四つに挙げられるが、これらの婚姻語彙すべてを論じることはできない。本章では、その中でも上代の婚姻習俗と密接な関係にある「うたがき」を切り口にし、続いて『万葉集』の一部立名として用いられた「相聞」の語、上代の結婚を考える時に、必ず言及される「よばひ」、「つまどひ」、「かよひ」などを取り上げ、習俗と漢字表記の間に生じた様々な問題を考察する。さらに④の漢型既成語の借用の問題を考察し、漢型と和型の婚姻語彙の相違とそれぞれの特徴を明らかにする。

一　「うたがき（かがひ）」

「うたがき（かがひ）」とは、「成年に達した男女が山上或いは部落の聖地に集まって、飲食・歌舞の後に性的解放を行う習俗(9)」である。古代日本にこの習俗が存在していたことは日本上代の文献の記述から容易に見いだすことができる。この習俗について、従来民俗学において主にその儀礼的側面が議論されてきたが、うたがきは男女結合の行事の側面があり、歌掛けは婚約的意義のある行事(10)である以上、婚前交渉の習俗の一部分として理解されるべきである。この習俗は古代日本のみならず、中国の雲南省、貴洲省、広西省など西南部に住むミヤウ族、ヤオ族、トン族、イ族、チワン族など多くの民族にも見られるものである。かつて大林太良は中国南部からインドシナ北部にかけて見られる「不落家」の習俗[11]と歌垣の分布が重なっており、古代日本の訪婚はその分布圏に連続するものだと指摘した。[12]「不落家」と古代日本の訪婚は夫婦別居という点では類似しているものの同じものとは言えない。また現在でもうたがき（中国では「歌会」・「歌圩」・「行歌坐夜」・「跳月」など多様な言い方が用いられる）が見られる諸民族の社会では、必ずしも訪婚が行われていると限らないので、両者の関連性については今後の研究を待ちたい。確実に言えることは、うたがきも訪婚も男女の婚前交渉の規制の緩やかな社会に見られる習俗である。うたがきはまた「かがひ」とも言い、日本上代の漢字文献には、「歌垣」（『古事記』、『続日本紀』）、「歌場」（『日本書紀』）、「嬥歌」（『風土記』、『万葉集』）の三つの表記がみえる。「歌垣」は中国語としての用例は管見の限りでは見当たらず、日本語の「うた」と「かき」の合成語であろう。「垣」は中国の古字書類では、「垣、援也、人所依阻以為援衛也。」（『釈名』）、「垣墻、墉」（『爾雅』、『新撰字鏡』所引の『玉篇』）とあり、建築物、庭、敷地などを取り囲む囲いを意味する。『新撰字鏡』（天治本）の「垣」項には「平墻也」、「墻」の項には「障也、加支《かき》也」とあり、『和名類聚抄』の「垣墻」の項には「和名賀岐《かき》」とある。両辞書とも中国の辞書の解釈を引用しながら日本語の読みをつけている。「かき」は「かくる」「かこむ」などの系列に属する語で、[13]「人」との関連性を示唆する用例は『古事記』や『万葉集』に見られる。例えば崇神記に、倭日子命《やまとひこのみこと》について、割注に「此王之時、始而於レ陵立二人垣一」とある。いわゆる「殉死」の一種で、陵墓の周囲に人を生き埋めにして並べることであるが、[14]「人垣」は人が垣のように並ぶという意味からくるものであろう。『万葉集』に「垣ほなす」という枕詞がある。

垣ほなす人言聞きてわが背子が情たゆたひ逢はぬこのころ（七一三）

垣ほなす人の横言繁みかも逢わぬ日数多く月の経ぬらむ（一七九三）

…垣ほなす　人の誂ふ時　血沼壮士　菟原壮士の　盧屋焼く　すすし競ひ　相結婚ひ…（一八〇九）

垣ほなす人は言へども高麗錦紐解き開けし君にあらなくに（二四〇五）

「垣ほなす」は、人言または人の多さの比喩となっている。[15] 従って、「うたがき」も恐らく歌と遊びに集まってくる人々の多さを形容する語であろう。「歌垣《うたがき》」という漢字表記の初見は『古事記』である。清寧記に、大魚《おふを》という乙女をめぐって袁祁命《をけのみこと》（後の顕宗天皇・筆者注、以下同）と志毘臣《しびのおみ》の間で妻争いの歌が交される場面がある。

故、（袁祁命）将レ治二天下一之間、平群臣之祖、名志毘臣、立二于歌垣一、取二其袁祁命将レ婚之美人手一。其娘子者、菟田首等之女、名大魚也。爾、袁祁命、亦、立二歌垣一。於是、志毘臣歌曰、

大宮《おほみや》の　彼《をと》つ端手《はたで》　隅傾《すみかたぶ》けり

如此歌而、乞二其歌末一之時、袁祁命歌曰、

大匠《おほたくみ》　劣《をちな》みこそ　隅傾《すみかたぶ》けれ

爾、志毘臣、亦、歌曰、

大君《おほきみ》の　心を緩《ゆら》み　臣《おみ》の子の　八重《やへ》の柴垣《しばかき》　入《い》り立《た》たずあり

於是、王子、亦、歌曰、

潮瀬《しおせ》の　波折《なを》りを見れば　遊び来《く》る　鮪《しび》が端手《はたで》に　妻立てり見ゆ

爾、志毘臣、愈怒歌曰、

大君の　御子《みこ》の柴垣《しばかき》　八節結《やふじま》り　結《しま》り廻《もとほ》し　切れむ柴垣　焼けむ柴垣

爾、王子、亦、歌曰、

大魚《おふを》よし　鮪突《しびつ》く海人《あま》よ　其《し》があれば　心恋《うらこほ》しけむ　鮪突《しびつ》く鮪

如此歌而、闘明各退[16]。

右の記述から歌垣の幾つかの要素が抽出できる。まず歌垣の行われる場所である。『古事記』には明記されていないが、『日本書紀』武烈紀によれば「海柘榴市《つばきち》」である。人々が大勢集まる市は歌垣の行われる格好の場所である。次に歌垣で交わされる歌の内容である。志毘臣が袁祁命の住む大宮やその周りに廻らす柴垣の脆さを嘲笑するのに対し、袁祁命は志毘臣を海人や魚に喩えて揶揄する。大勢の聴衆の前で挑みあう掛け合いが歌垣の基本形である。登場人物こそ異なるが、『日本書紀』武烈紀にも似た記述がみえ、うたがきの漢字表記は「歌場」となっており、さらに「此云二宇多我岐《うたがき》一」という和訓がつけられている。「歌場」という語も漢籍から用例を見出すことは困難であるが、比較的分かりやすい。漢語表現の規範性を尊重する『日本書紀』の編者がわざわざ字音表記で注をつけることから、参照できる漢籍には適切な語彙がなく、意訳と発音をつけるしか手段がなかったことが窺える。しかし、それ以降の文献には「歌場」の表記が見られないことから、書紀編者が苦心して選んだ表記法は根付かなかったとみられる。それに対し、「歌垣」という語は、八世紀末に成立した『続日本紀』にも用いられ、定着を見せている。天平六年（七三四）二月条に、「聖武天皇は朱雀門に御して、歌垣を覧す」とあり、男女二百四十余人、五品以上の「風流者」も交わって歌舞する場面が描かれている。

正四位下長田《ながた》王、従四位下栗栖《くるす》王・門部《かどべ》王、従五位下野中《のなか》王等為レ頭。以二本末一唱和、為二難波曲《なにはぶり》・倭部曲《やまとべぶり》・浅茅原曲《あさぢはらぶり》・広瀬曲《ひろせぶり》・八裳刺曲《やつもさすぶり》之音一。令二都中士女縦観一。極レ歓而罷。賜下奉二歌垣一男女等禄上有レ差。

さらに宝亀元年（七七〇）三月条には詳しい歌垣の様子が記され、それによると、葛井《ふぢゐ》、船《ふね》、津《つ》、文《ふみ》、武生《たけふ》、蔵《くら》の六氏から男女二百卅人が参加したとある。

男女相並、行レ行徐進。歌曰、

少女《をとめ》らに　男立《をとこた》ち添《そ》ひ　踏《ふ》み平《な》らす　西《にし》の都《みやこ》は　万世《よろづよ》の宮《みや》

其歌垣歌曰、

淵《ふち》も瀬《せ》も　清《きよ》く爽《さや》けし　博多川《はかたがは》　千歳《ちとせ》を待《ま》ちて　澄《す》める川《かは》かも

毎二歌曲折一、挙レ袂為レ節。其余四首並是古詩。不二復煩載一。時詔二五位已上、内舎人及女孺一、亦列二其歌垣中一。歌数闋訖、河内大夫従四位上藤原朝臣雄田麻呂已下奏二和儛一。賜二六氏歌垣人商布二千段、綿五十屯一。

右の二つの記録内容を総合すると、宮廷で催された歌垣は、朝廷主導で、上層の貴族、宮廷人らが率先して参加し、特定の氏の男女による歌舞が行われるというもので、都の人々が大勢見物に集まり、行事が終わった後に参加者が禄を賜る、といったことや、男女が相並んで列をなし、前へ進みながら、古曲を「本末を以て唱和」し、曲の節に併せて袂を挙げるしぐさをする、といったことが分かる。民間に見られる男女の歌の掛け合いのうたがき（かがひ）とかなり趣を異にするものであるが、大勢の人々が集まり男女が相並んで歌うということから「歌垣」として記録されたのであろう。宮廷化した一行事である。

一方、『風土記』や『万葉集』には民間のうたがきが記録されている。『常陸風土記』香島郡条に

（軽野）以南、童子女松原。古有二年少僮子一俗云二加味乃乎止古加味乃乎止売一男称二那賀寒田之郎子《なかのさむたのいらつこ》一、女号二海上安是之嬢子《うなかみのあぜのいらつめ》一。並形容端正、光二華郷里一、相二聞名声一、同二存望念一、自愛心滅、経レ月累レ日、嬥歌之会俗云二宇太我岐一又云二加我毗一也。邂逅相遇、于レ時、郎

子歌曰、

いやぜるの　安是《あぜ》の小松《こまつ》に　木綿垂《ゆふし》でて　吾《わ》を振《ふ》り見《み》ゆも　安是小島はも

嬢子報歌曰、

潮《うしを》には　立《た》たむと言へど　汝夫《なせ》の子が　八十島隠《やそしまがく》り　吾《わ》を見さ走《ばし》り

便欲二相語一、恐二人知一之、避レ自二遊場一、蔭二松下一、携レ手促レ膝、陳レ懐吐レ憤（中略）天暁日明、爰僮子等、不レ知レ所レ為、遂愧二人見一、化二成松樹一

童子女松原の由来を語る文脈の中に出てくる「嬥歌之会」にも注記があり、「宇太我岐《うたがき》」、「加我毗《かがひ》」の二通りの発音が記されている。寒田之郎子と安是之嬢子は「相二聞名声一同二存望念一」の仲であり、比較的に近い村落に住む男女であろう。うたがきで邂逅し、歌によるやりとりを行った後、人に隠れて松林に入った、という二人の交際の情景は、中国西南部の「歌墟」と酷似している。清朝の学者趙翼の『簷曝雑記《えんばくざつき》』の「辺郡風俗」に、粤西（今の広西省地区）、滇黔（今の雲南省、貴州省地区）の風俗習慣について紹介している。

粤西土民及滇、黔苗、倮之風俗、大概皆淳朴、惟男女之事不甚有別。毎春月趁墟唱歌、男女各坐一辺、其歌皆男女相悦之詞。（中略）若両相悦、則歌畢輒携手就酒棚、並坐而飲、彼此各贈物以定情、訂期相会、甚有酒後即潜入山洞中相昵者。(17)

春に行われるこの「歌墟」においても男女が歌を交わす。互いに気に入った男女は手を携え酒棚に行き、酒を飲みながら贈り物を交換する。中では酒を飲んだ後即山洞に入り親しむ者もいる、とある。寒田之子と安是之嬢子の交わした歌も「相悦之詞」であるが、相手を言い負かす競争的なものであり、うたがきで交わされた歌掛けの特徴をよく示

している。郎子から「安是の乙女が私に向かって手を振っているのが見える」と歌いかけ、それに応じて嬢子は、「あなたこそ私を見て走ってくる」と切り返す。先述した記紀の妻争いの歌掛けに見たような険悪さはなく、相手が自分に惚れていると戯れあう内容であるが、歌で挑みあう点では共通している。また『万葉集』巻九に高橋虫麿の長歌がみえる。

鷲《わし》の住む　筑波《つくば》の山の　裳羽服津《もはきつ》の　その津の上に　率《あども》ひて　未通女壮士《をとめをとこ》の　行き集《つど》ひ　かがふ嬥歌《かがひ》に　人妻《ひとづま》に
吾《あ》も交《まじ》はらむ　あが妻に　他《ひと》も言問《ことど》へ　この山を　領《うしは》く神の　昔より　禁《いさ》めぬ行事《わざ》ぞ　今日のみは　めぐしもな
見そ　言《こと》も咎《とが》むな　嬥謌者東俗語曰賀我比　（一七五九）

筑波山のうたがきも「嬥歌《かがひ》」という表記となっており、同じく字音表記の注記が付けられ東国の俗語と説明されている。筑波山の「嬥歌」に集ってきた男女の中には、未婚者もいれば、既婚者もいる。先にみた『簷曝雑記』の「辺郡風俗」にも酷似した一段がある。

当墟場唱歌時、諸婦女雑坐。凡遊客素不相識者、皆可與之嘲弄、甚而相偎抱亦所不禁。並有夫婦同在墟場、夫見妻為人所調笑、不嗔而反喜者、謂妻美能使人悦也、否則或帰而相詬焉。

この地域のうたがき（歌墟）にも既婚女性の参加が見られる。夫婦が一緒に参加することもあり、妻が人と戯れ合っても夫が怒るどころか、かえって喜ぶ、とある。このような民間のうたがきは、日本の風土記や『万葉集』では「嬥歌」と記していることに注目したい。「嬥歌」の出典について、井上通泰は中国六朝時代の『文選』にある左思の「魏都賦」に「或明発而嬥歌、或浮泳而卒歳」を挙げており(18)、小島憲之はさらに李賢注「巴土人歌也、何晏曰、巴子謳歌、相牽連、連手而跳歌也」を挙げている(19)。巴は中国西南部の一地方を指し、巴土人はその地域に原住民を指す言葉なので、「嬥歌」は辺地の一民俗であったことは注から明瞭に読み取れる。風土記や『万葉集』の編者は記紀の用いた「歌垣」、「歌場」を避けて、わざわざ『文選』にある「嬥歌」を用いた理由は、恐らくその地方性、民間性に注目したからであろう。「歌垣」または「歌場」の漢字表記が王権に関わる物語や行事に用いられている一方で、地方の、民間の行事には、「嬥歌」の漢字表記が最適だと認識され選ばれたと考えられる。「魏都賦」の嬥歌に関しては、手を連ねて踊る歌舞のようで、うたがき（かがひ）と同種のものかどうかは定かでないが、編者の漢字の取捨選択から、中央・公的に対する地方、民間という区別の意識が看取されよう。要するに、「歌垣」、「歌場」は中央、公的な文脈に用いられ、「嬥歌」は地方、民間の習俗を記述するのに用いられる。その使い分けは、王権・中央に対する地方・民間という構図が示されている。

二　「相聞」・「往来」

「相聞」や「往来」は中国語においては婚姻とは無縁の一般語彙である。「隣国相望、鶏犬之声相聞。民至老死、不相往来」[20]にある「相聞」は、相手の村や家の家畜の鳴き声が互いに聞こえるほど距離が近いことを言う。また、「自今以後、手書相聞、勿用傍人解構之言」[21]にある「相聞」は、手紙、消息を交わす意である。従って「相聞」にはおよそ二つの意味が挙げられる。一つは、（互いに声などが聞こえるほど）至近距離にあることで、もう一つは互いに消息を交わす、通信することである。二つとも恋・結婚とは無関係である。一方、『万葉集』においては「相聞」は、「雑歌」、「挽歌」とともに『万葉集』の三大部類の一つで、恋歌の部立名になっている。[22]男女間で交わされる恋歌なら、当時の人々に愛読されていた『文選』に「贈答」という部があり、恋歌を総べるのによさそうである。しかし、「贈答」の使用が避けられ、わざわざ恋歌と無縁の「相聞」が選ばれたのは何故だろうか。その理由は、恐らくすでに五味智英や伊藤博が指摘しているように、『文選』の贈答は殆ど男性同士の間で交わされたもので、男女間で交わされた恋歌を表すには不適切だからであろう[23]。言い換えれば、男性同士のやりとり、というイメージを払拭するために、「贈答」の語が避けられ、男女を問わない、日常的な文通や消息のやりとりを表すために「相聞」が選ばれたのである。「相聞」であれば、『文選』の一部類というイメージもないので、新たな意味を賦与し、新たなイメージを作り出すのに容易だと考えられたのであろう。『万葉集』の「相聞」の出典について、これまで挙げられた出典説にはおよそ次の三つがある。

①『文選』四十二に曹植が呉季重に送った書簡中の語「適對嘉賓、口授不悉。往來數相聞」からくるもの（『万葉集古義』鹿持雅澄、国書刊行会、一八九八年）

②『文選』李善注に「聞は問なり」とある。「相聞」は「相問」の異本の表現である。（山田孝雄『万葉集考叢』宝文館、一九五五年）

③晋陸雲「行矣愛徳、往来相聞」の文からくるものである。（伊藤博『万葉集相聞の世界』塙書房、一九五九年）

もっとも、山田も伊藤も出典を一つに限る必要はないということを強調しており、筆者も編者が幾つかの中国語の用例からなんらかの共通点を見出して選んだのではないかと考える。右に挙げた三つの出典の共通点といえば、離れた者同士が消息を交わし、相手の状況を伺い、情報を交換するということである。伊藤博によると、六朝時代から「往来」と「相聞」の二語が複合語として慣用されており、万葉の「相聞往来」は恐らくその慣用に影響されたものであるということである。「相聞」のみならず、「往来」の語にも注目したのは慧眼であるが、筆者は「相聞往来」の持つ

「交通性」と「応酬性」に注目したい。何故なら、訪婚は男女が別別に住む居住形態なので、婚姻関係を維持するのに、男女間の消息の往来や男性の空間移動が不可欠だからである。『万葉集』の目録には、「相聞往来」という語が多く見られる。巻十一、十二の目録に「古今の相聞往来の歌の類」の上と下になっており、巻十四の目録には、遠江国、駿河国、伊豆国、相模国、武蔵国、上総国、下総国、常陸国、信濃国、上野国、下野国、陸奥国の十二カ国の「相聞往来」が収録され、さらに「未ㇾ勘国相聞往来歌百十二首」も収録されている。明らかに「相聞往来」は歌の一つの類型と見なされているのである。では、どのような歌が「相聞往来」であるのだろうか。巻十四の相聞の冒頭にある遠江国の相聞往来歌を挙げる。

あらたまの伎倍《きへ》の林に汝《な》を立てて行きかつましじ眠《い》を先立《さきだ》たね（三三五三）

伎倍人《きへひと》の斑衾《まだらぶすま》に綿さはだ入りなましもの妹が小床《をどこ》に（三三五四）

二首とも男の歌である。三三五三番は、「伎倍の林におまえを立たせて（待たせて）いながら、今夜は行けそうもない。先に寝てください」の意で、三三五四番は、「入りたかったのに、妹の床へ」の意である。女性のところへいけない時に、待っている女性の気持ちを配慮して詠んだものと理解されよう。女性の歌を見ると、相模国の相聞往来歌に、次の二首がみえる。

わが背子を大和へ遣りてまつしだす足柄山の杉の木の間か（三三六三）

足柄の箱根の山に粟蒔きて実とはなれるを逢はなくもあやし（三三六四）

三三六三番は、夫を大和へ送りだした後、再び訪ねてくるのを待ち続けなければならない女性の心情を詠んだものである。三三六四は、箱根の山に粟が蒔いて実ったように、私の恋は成就したのに、今日もあなたが来ない（逢えない）

のはおかしいという意で、相手の来訪を催促する歌である。これらの「相聞往来」の歌は訪婚の婚姻生活にいる男女の、非常に具体的で、実用的な相互連絡である。今でいうと手紙に当たるものである。無論、相聞歌がすべてこのように実用性を持っているものだと言うつもりはない。特定の相手に発せられたものでもなく、純粋に恋の喜びまたは悩みを詠む歌も多い。しかしその膨大な相聞歌に、当時の男女の恋愛、結婚を取り巻く環境の特徴を見いだすのはそう難しくない。『万葉集』では「使《つかひ》」も多く詠まれており、男性本人の通いか、使《つかひ》が行き来するかの「往来」が頻繁に行われていた。この日常性、実用性と空間的往来の意味を響かせた「相聞往来」が複合語として受容された可能性が高い。「往来」は実際人間の空間移動を意味する言葉で、ここでは訪婚による男性（またはその使）の空間移動を意識した言葉である。「相聞往来」の用例を一つ挙げると、

大伴宿祢家持贈二坂上家大嬢一謌二首〔離絶数年、復会相聞往来〕
忘れ草《ぐさ》わが下紐に着《つ》けたれど醜《しこ》の醜草言《しこくさこと》にしありけり（七二七）

これは大伴家持が坂上大嬢に送った歌二首の中の一首で、「あなたを恋する恋の苦しみを忘れようと思って忘れ草を下紐に着けたけれども、何の役にも立たない馬鹿草め、言葉ばかりだった。あなたを忘れることはできなかった」、と詠んでいる。題詞の割注にある「離絶」は、離婚の意ではなく、日本語の「サカル」と「タユ」の複合語であろう。「サカル」は、とおざかる、離れるという意で、「タユ」は、途絶えるという意である。後続の「復会」の「会」は日本語の「あふ」で、対面が原義であるが、婚姻用語としては男女の逢瀬を意味する。割注から、数年途絶えていた男が再び女性の許へ通い始め、関係を再開した、という状況が読み取れる。ここの「相聞往来」は、二人の間で行われる消息のやり取りを意味すると同時に、男性の、女性の許へ通う行動そのものをも指している。「往来」が消息と男

性本人の訪婚の往復を意味することは、律令に関する注釈によっても裏付けられる。養老令戸令結婚条にある「凡結婚已定，無レ故三月不レ成、及逃亡一月不レ還。若没二落外蕃一。一年不レ還。及犯二罪徒罪以上一。女家欲レ離者。聴之」という文言の中にある「無レ故三月不レ成」について、諸注では、「男夫無二障故一不レ来也」（古記）と説明しており、婚約解消の条件として、「若夫婦在二同里一、而不二相往来一者。則比二無レ故三月不成一レ離也」（義解）、「在二同里一不二相通一者、比二已成逃亡之法一合レ離」（跡記）と説明している。ここで言う「往来」が実際男性の通いだということは明らかである。堅苦しい律令条文を少しかみ砕いて説明しようとする諸注で、「来」、「往来」、「通」といった空間移動を表す言葉を多用していることが、この際、見逃せない。訪婚社会の持つ特有の空間感覚、交通性、流動性を考え合わせると、恋歌を総べる部立に「相聞往来」を選定した撰者の意図もおのずから了解されよう。

三 「よばひ」・「娉」・「結婚」

「よばふ」は、「呼ぶ」を語源とする語で、(24)「よばひ」はその名詞形である。字音文字には「用婆比」（『古事記』）、「夜延」（『万葉集』）、「與波不」（『日本霊異記』）などがある。『古事記』に八千矛神の求婚歌がみえる。

八千矛《やちほこ》の　神の命《みこと》は　八島国《やしまくに》　妻枕《ま》きかねて（都麻麻岐迦泥弖《つままきかねて》）　遠遠《とほとほ》し　高志《こし》の国に　賢《さか》し女《め》を　有りと聞かし
て　麗《くは》し女《め》を　有りと聞こして　さよばひに（佐用婆比邇《さよばひに》）　あり立たし　よばひに（用婆比邇《よばひに》）　ありかよはせ
（阿理加用婆勢《ありかよはせ》）…

八千矛神が国中に妻を求めかねていたが、遠い越（高志）の国に聡明で美しい女性がいると聞いて、求婚にきた、という内容の歌であるが、求婚行為は「よばひ」という語で示されている。歌の中にある「あり立たし」とは、その戸の前にずっと立ち続けることで、「ありかよはせ」は女性のところへ通い続けることを言う。これは求婚するための具体的な行動である。時代は下るが、平安時代の『竹取物語』に登場するかぐやひめの求婚者たちは、「日暮《く》るるほど、例《れい》の集まりぬ。あるいは笛《ふえ》を吹き、あるいは歌《うた》をうたひ、あるいは声歌《しょうが》をし、あるひは嘯《うそ》ぶき、扇《あふぎ》を鳴らしなどする」とある。相手を呼ぶ、というのが「よばひ」の原義であろう。声や音楽で求愛をすることは相手を呼ぶことに繋がるので、相手が応じてくれるまで呼び続けるのが「よばふ」という動詞の意味である。これもなぜこれまで多くの研究者が「よばひ」を「求婚」の語と認定するかの理由であろう。『万葉集』に次の歌がある。

誰そこのわが屋戸に来喚《きよ》ぶたらちねの母に嘖《ころ》はえ物思ふわれを（二五二七）

男性が女性の家の前で声また音を出して女性を呼ぶ行為が「よぶ」であるが、語源的には「よばひ」と繋がっている。男性が歌またはなんらかの方法で女性に意中を伝えることから「求婚」の意に解釈されたのであろうが、求婚と言っても、結婚と一線を画するようなものではない。というのは、「よばひ」は結婚後の、男性の訪問（＝通い）の行動にも用いられるからである。

隠口《こもりく》の　泊瀬《はつせ》小国に　よばひ為《せ》す（夜延為《よばひせす》）　わが天皇《すめろき》よ　奥床《おくとこ》に　母は寝たり　外床《とこ》に　父は寝たり　起き立たば　母知りぬべし　出で行かば　父知りぬべし　ぬばたまの　夜は明け行きぬ　幾許も　思ふ如ならぬ　隠妻かも（三三一二）

泊瀬の国に私を訪ねてきたすめろきよ、奥のとこに母が寝ており、外側の床に父が寝ています。私が起き立ったらば、母が気づくでしょう。出て行ったらば、父が気づくでしょう、という意の歌である。ここの「よばひせす」は求婚行為ではなく、男性が実際女性の許へ通ってきたと理解すべきである。中国西南部に住む摩梭人社会にも類似した歌がある。

（男）妹よ。私は来た。今宵来ると約束したからだ。早く戸を開けてくれ。

（女）兄よ。今は来ないで。小鳥はまだ木の上の巣に戻っていない、月はまだ出ていない。

（男）妹よ、私は来た。外には蚊が多く、刺されてたまらない。

（女）兄よ。今は来ないで。囲炉裏の火はまだ消えていない、お婆様はまだ寝ていない。

（男）妹よ、私は来た。毛皮の服が短くて、寒くてたまらない。

（女）兄よ、今は来ないで。入りたければ、戸はさしていない。音を出さないで。

（男）妹よ、私は来た。野良犬が怖い。噛み付かれて痛くてたまらない。

（女）兄よ、今は来ないで。松明の火を消したが、火はまだ完全に消えていない。

（男）妹よ、早く戸を開けてくれ。家の梁の上に子夜に鳴く雄鶏が今にも鳴きそうだ

（女）兄よ。入りなさい。こっそり入って、音を出さないで。(25)

女性の家の前で交わされる歌である。夜は訪れ、朝は離れるという訪婚社会においては、男女の逢瀬は秘密裏に行うことが重んじられており、通ってくる男性はなんらかの方法で自分の到着を妻に知らせて、妻の家族に悟られないようにの入ることが求められている。摩梭人社会においても男女間の自由な交渉が行われ、本人同士は気があえば訪婚可能である。従って、「よばひ」を「求婚」の意に限定するのには無理がある。むしろ、当時の結婚形態から考えて、求愛、男女関係を結ぶ、男性による通いという流れの中でこの語の位相を見極めるべきである。つまり、「よばひ」という語は、女性になんらかの方法で意中を打ち明けたり、また自分の到着を知らせたりする意の語である。求婚で

あるか、訪婚であるかは、男女二人の関係の段階によって決まる。この意味では、「過去に性関係があるなしにかかわらず、男性が女性の許へセックスを求めていく行為」とする栗原弘の定義[26]は妥当であろう。

「よばひ」に宛てられる漢字表記を見ると、『古事記』では「用婆比《よばひ》」、『万葉集』の題詞では「娉」、「結婚」、『日本書紀』では「聘」が用いられている。『古事記』の字音表記については先述したので、ここでは中国語においても婚姻語彙として用いらる「結婚」と「聘（娉）」について考えてみる。『万葉集』では、次の三首の原文に「結婚」という漢字表記が用いられている。

①他国に結婚に行きて大刀が緒もいまだ解かねばさ夜そ明けにける（二九〇六）

②隠口の　泊瀬の国に　さ（左）結婚に　わが来れば　たな曇り　雪は降り来　さ曇り　雨は降り来　野つ鳥　雉はとよみ　家つ鳥　鶏も鳴く　さ夜は明け　この夜は明けぬ　入りてかつ寝む　この戸開かせ（三三一〇）

③葦屋の　菟原処女の　八年児の　片生の時ゆ　小放髪に　髪たくまでに　並び居る　家にも見えず　虚木綿の　隠りてをれば　見てしかと　悒憤む時の　垣ほなす　人の誂ふ時　血沼壮士　菟原壮士の　廬屋焼く　すすし競ひ　相結婚ひ　しける時は　焼太刀の　手柄押しねり　白檀弓　靫取り負ひて　水に入り　火にも入らむと　立ち向ひ　競ひし時に…（一八〇九）

三例とも読人知らずの伝説歌である。これらの歌にある「結婚」は和型の「よばひ（よばふ）」とほぼ対応している。すでに指摘されているように、三三一〇番の男歌の返歌である三三一一番（前出）の女歌には、「夜延」の語が用いられ、男歌にある「結婚」と対応していること、「左結婚」という表記から考えても、『古事記』（前出）の八千矛神の歌に出てくる「さよばひ」と同じだろうと考えられる。[27]内容的にみて①と②は求婚か訪婚の意で、③は求婚の歌である。特に③は菟原処女をめぐる伝説歌で、その中の「相結婚」とは男女関係の締結を言うのではなく、複数の男性が求婚を競い合うことを指している。興味深いことに、同じ「よばひ（よばふ）」の行為でも、『万葉集』では、実名のある人物の求婚ないし訪婚を表す時には「娉」が用いられる。ここにもある種の使い分けを見いだせる。

内大臣藤原卿、娉二鏡王女一時、鏡王女贈二内大臣一歌一首
④玉くしげ覆ふを安み開けていなば君が名はあれど我が名し惜しも（九三）

久米禅師、娉二石川郎女一時歌五首
⑤み薦《こ》も刈る信濃の真弓我が引かば貴人さびていなと言はむかも（九六）

大伴宿禰娉二巨勢女郎一時歌一首
⑥玉葛実成らぬ木にはちはやぶる神そつくとふならぬ木ごとに（一〇一）

大伴宿禰駿河麿、娉二同坂上家之二嬢一歌一首
⑦春霞春日の里の植ゑ小水葱苗なりと言ひし枝はさしにけむ（四〇七）

⑧千鳥鳴く佐保の川門の瀬を広み打橋渡す汝が来と思へば（五二八）
右、郎女者、佐保大納言卿之女也。初嫁二一品穂積皇子一、被レ寵無レ儔、而皇子薨之後時、藤原麿大夫娉二之郎女一焉。郎女、家二於坂上里一。仍族氏号曰二坂上郎女一也。

右の五首に用いられている「娉」には、二つの特徴がある。一つは、先述したように実名が書かれた人物の行為であること、もう一つは歌の中にはなく、すべての題詞また左注に用いられていることである。④の題詞にみえる「内大臣藤原卿」は藤原鎌足のことで、「娉鏡王女」について注では「鏡王女を娉《よば》ふ」と訓んでいる。歌の内容からみれば

男女関係が結ばれた後の応酬であることが明らかなので、男女関係の初期段階とみてよかろう。⑤、⑥、⑦は男性の求婚歌で、⑧は男性が通っていることが明らかである。即ち、ここで用いられている「娉」は、「よばひ（よばふ）」と重なるもので、求婚から男女関係が成立し、さらにその後通っている状態まで指している。実名の人物の求婚乃至結婚を「娉」で示すことから、編者が「聘（娉）」という語に、ある種の意味を持たせようとしていることが分かる。

上代のほかの漢字文献の「聘（娉）」の用例は『日本書紀』に集中している。

⑨当二是時一。大泊瀬皇子、欲レ聘二瑞歯別天皇之女等一。（安康紀）

⑩天皇為二大泊瀬皇子一、欲レ聘二大草香皇子妹幡梭皇女一。則遣二坂本臣祖根使主一、請二於大草香皇子一（安康紀）

⑪於レ是太子思三欲聘二物部麁鹿火大連女影媛一、遣二媒人一、向二影媛宅一期レ会。（武列紀）

⑫（継体の）母曰二振媛一。振媛、活目天皇七世孫也。天皇父聞三振媛顔容姝妙甚有二孅色一。自二近江国高嶋郡三尾之別業一遣レ使聘二於三国坂中井一、中、此云レ那。納以為レ妃。（継体紀）

⑬九月、勾大兄皇子親聘二春日皇女一。於レ是月夜清談、不レ覚二天暁一。斐然之藻、忽形二於言一。（継体紀）

⑭加羅王娶二新羅王女一、遂有二児息一。新羅初送レ女時、并遣三百人一、爲二女従一。受而散二置諸県一、令レ著二新羅衣冠一。阿利斯等嗔二其変レ服、遣レ使徴還。新羅大羞、飜欲レ還レ女曰、前承二汝聘一、吾便許婚。今既若レ斯。請還二王女一。（継体紀）

『日本書記』の七例のうち、⑭は加羅と新羅の聯姻を言う用法なので除き、ほかはすべて天皇、皇太子の求婚行為に用いられている。⑨は大伯瀬皇子（後の雄略天皇）が瑞歯別天皇皇女等に対する求婚の話、⑩は安康天皇が大伯瀬皇子の為に大草香皇子の妹幡梭皇女に求婚したこと、⑪も武烈天皇がまだ太子の時の話で、媒人を遣わして物部麁鹿火大連女影媛に求婚した話で、三例とも求婚の意に用いられる。⑬は勾大兄皇子の「親聘」は明らかに春日皇女の許への訪問を意味するものである。従って、『日本書紀』における「聘」の用法にも求婚と訪問の二つの意味があると言ってよかろう。ただ、求婚例には仲立を遣わす書き方や例が多く（⑩⑪⑫）、正しい求婚と印象づけようとする編者の意図が明瞭に看取される。従って、『日本書紀』における「聘」は漢型の原義とは異なるが、ある種の重々しさを伝えているのが確かである。『万葉集』で実名の人物の求婚、訪問行為に「娉」を用いたのは、この『日本書紀』の用法の影響であろうか。そのほかに、風土記にも三例が見える。

⑮篠原村篠資濃也有二娘子一、名曰二乙等比売一、容貌端正、孤為二国色一、紗手比古、便娉成レ婚、離別之日、乙等比売、登二望此峯一、擧レ帔揺招、因以為レ名。（風土記逸文肥前国）

⑯俗諺云、筑波峯之会、不レ得二娉財一、児女不レ為矣（常陸国）

⑰昔者、桧隈盧入野宮御宇武小広国押楯天皇之世、遣二大伴狭手彦連一、鎮二任那之国一、兼救二百済之国一、奉レ命到来、至二於此村一。即娉二篠原村篠謂志弩弟日姫子一成レ婚日下部君等祖也。容貌美麗、特絶二人間一。（肥前国）

⑮の「便娉成婚」、⑰「即娉～成婚」は、その場での結婚とは即断できないが、男性が女性に求婚して結婚した、ということしか伝えていない。⑯に用いられる「娉財」は先述した筑波嶺の「うたがき」の場で互いに気に入った男女が交わす贈り物を指すことである。

このように、同じ上代の文献と言っても、『日本書紀』、風土記、『万葉集』はそれぞれ異なった性格を持つ作品であり、漢字の用法にもそれぞれの特徴が見られる。『日本書紀』では天皇の正式な求婚手続きであるという意味が強調されるのに対し、風土記では各地の風俗、伝説、『万葉集』では、求婚の具体的な行為よりもこのような関係にある男女の贈答の流れの中で用いられている。しかし、このような性格を異にする三作品に「聘（娉）」の使用上の共通点を見いだすことができる。それは求婚ないし求婚成立後の男女関係を指すという点である。即ち、「聘（娉）」は、①仲立ちを立てて求婚すること、②男性本人が女性の許へ行って求婚すること、③歌垣の場で求婚すること（その際男女間に贈り物の交換がある）④男性が女性の許へ通うこと、などといった多様で多層な意味に用いられているのである。

一方で、中国語において、「聘」の本義は、相手を訪問したり、相手の意向を伺ったり、相手を招いたりすることであり、[28]婚姻語彙としては、求婚から成婚の一連の儀式を指す言葉として用いられる。『儀礼』の「士婚禮」によると、正式の婚姻は、納采《のうさい》（媒酌人が結婚の意志を女性の家に伝え、その承諾を得ること）、問名《もんめい》（男性の家が書を備え、使者を遣わして女性の生母の姓名を問うこと）、納吉《のうきつ》（男性側が祖先を祭る廟で占いをし、吉の結果を得れば、使いの者が女性の家に知らせ、結婚を決めること）、納徴《のうちょう》（男性の家から女性の家へ結納の贈物を贈り、婚約が実質的に成立すること）、請期《せいき》（男性の家の者が女の家へ行って結婚の期日を乞うこと）、親迎《しんげい》（花婿が自ら花嫁の家に行って花嫁を実家に迎えること）など一連の儀式によって完成する。このような儀式婚は、「聘則為妻、奔則為妾」（礼記）とあるように、妻と妾を区別する機能を持っている。そして、一連の婚儀の特徴的な事柄として、①両家の家父長の合意が重要であること、②男性側による「納徴」が見られること、③女性が結婚の時に男性の家へ移動することなどが挙げられる。日本上代の漢字文献の使用法と比較すると、『日本書記』にみえる、仲立を立てて女性に求婚することは、中国の婚礼「娉」の用法に一定の連続性を示しており、編纂者ないし当時の上層のエリートの間には、正しい結婚には仲介が必要だという認識があったことが看取される。和型の「よばひ」と対応している漢型の「聘」「結婚」の用法を総合的に見ると、女性を求める点では、「よばひ」と「聘（娉）」は共通しており、また相手と男女関係を結ぶ点では「結婚」の意に通じている。「よばひ」の語に求婚と結婚の両方の意味が含まれており、婚前婚後の境界線が曖昧であったことは、漢型の婚姻語彙の選定に反映されている。和型の漢型と最も異なる点は、儀式の不在、男女の直接婚前交渉が行われること、男性が女性の許へ行くことなどが挙げられよう。言い換えれば、漢型の「聘」は儀式的で、家族間の合意、結婚成立が明確であるのに対し、和型は具体的で、個人による直接交渉の性格が顕著で、婚前婚後の区別も明瞭でない。それゆえ、漢型の文脈では「聘」と「結婚」は前後関係をなしているが、和型の「よばひ」には、両者の区別がみえなくなるのである。

四　「妻問」・「嬬問」・「孋言」

「つまどふ」およびその名詞形の「つまどひ」は、日本上代の婚姻語彙の中でも重要で、高群逸枝が上代の婚姻形態を「妻問婚」と命名したほどである。この語の字音表記には「都麻杼比《つまどひ》」（『古事記』）、「都麻度比《つまどひ》」（『万葉集』）があり、合成語としては「妻問」、「嬬問」「孋言」（『万葉集』）などがある。後者は日本語の発音に基づいて漢字の字単位の意味を合成して作り出された和製漢語で、中国語にない概念である。これまで、「つまどひ」と「よばひ」の相違に関する議論が多くなされてきたが、ごく大雑把に纏めて言うと、「よばひ」と「つまどひ」がほぼ同意であるとの見解と、「よばひ」は求婚で、「つまどひ」は結婚であるとする見解とに分かれる。(29)筆者は、両語そのものは、必ずしも求婚、結婚と分けられるものではなく、共通的な部分を持ちながら、それぞれ異なった語感を持つものと考える。「よばひ」は「呼ぶ」という発声行為に重点が置かれているが、相手は限定しない。それに対し、「つまどひ」は、「つま」を冠した言葉なので、限定的である。「つま」は「汝こそは　男にいませば　うち廻る　島の崎々　掻き廻る

磯の崎落ちず　若草の　都麻《つま》持たせらめ　我はもよ　女にしあれば　汝を除て　夫は無し　汝を除て　都麻《つま》は無し」（『古事記』大国主神）とあるように、男性の異性相手と女性の異性相手の両方を指す言葉であり、男女一対の関係を意識した言葉である。八千矛神が高志国之沼河比売に求婚に行った時には、「よばひ」、「かよひ」などの語は用いられるが、「つまどひ」は用いていない。「つま」は一般的に言えば、男女関係が結ばれた間柄を指す言葉だと思われるが、場合によっては、まだそういう関係に入っていなくても、一対であると強調するために用いられる。先にみた、『古事記』清寧記の妻争いの場面では、袁祁命がまだ結婚していない大魚を「つま」と呼んで女性に対する占有権は我が方にありと強調する場面を想起すれば了解されよう。要するに、婚姻語彙としての「つまどひ」は、「つま」と認識する女性の意向を尋ねる、というのがもっとも素直な説明である。「つまどひ」の「つま」に漢字「妻」、「嬬」、「孋」が宛てられたのは、「訪《と》ふ」相手が女性だからであろう。古代日本の訪婚では、男性による訪問が行われていた。所謂「妻訪婚」である。『説文解字』では、「妻」は「婦与己齊者也」とあり、「嬬」は「弱、一曰、下妻也」とある。日本の『新撰字鏡』においても「嬬」を「妾名、劣、弱」と説文の解釈を踏襲している。しかし実際、『万葉集』の「嬬」用例を見ると、妾の意の用法は見当たらず、単なる「つま」の意にすぎない。『礼記　曲礼』には「天子之妃曰后、諸侯曰夫人、大夫曰孺人」とあり、大夫の妻は「孺人」である。『万葉集』で「大夫」が「ますらを」を意味することを考え合わせれば、『万葉集』の「嬬」の字は「孺人」の「孺」を「嬬」にして用いた蓋然性が高い。女へんに変えたのは女性を意識したためであろう。ただ、少数であるが「嬬」が男性を指す用例もある。

　草枕旅の宿に誰がつま（嬬）か国忘れたる家待たまくに（四二六）

これは柿本人麿が香具山で屍《かばね》を見て、作った挽歌である。旅先のこの香具山に横たわって国を忘れているのは誰の夫であろう。家族が待っているであろうに、という意の歌であるが、「嬬」は男性を指している。恐らく「つまどひ」の語に宛てられた漢字につられて、単独で使う時にも「つま」は「嬬」を宛てたことから生じた、漢字と和訓の意味上のズレであろう。一方、「孋」は「麗」に通じ、美しいという語義を持つ語であるが、その出典について、木村正辞は『後漢書』曹皇后紀「祁祁皇孋」の李賢注「孋亦儷也」を挙げている。[30] 小島憲之によれば、「孋」(うるわし)の文字と「儷」(偶・匹)の訓詁によって「ツマ」に宛てられたものである。[31]『万葉集』の用字法には、女へんをつける傾向が見られ、「聘」は「娉」に、「孺」は「嬬」に、「儷」は「孋」に変えられたのはその好例である。

さらに、「妻・嬬・孋」の後に附く漢字の「言・問」について考えてみたい。「問」は『説文解字』、『玉篇』や『広韻』では、「訊也」として「問」と「訊」を互訓しており、『爾雅』では「聘、問也」として、「聘」と互訓しているところから、「問」の基本的意味は、相手に聞く、相手の状況を尋ねるという二つである。日本の『類聚名義抄』では「トフ　オクル　トフラフ」とみえる。一方、「言」は、『玉篇』では「言辞也、問也我也」とあり、「問」と「言」を互訓している。「よばひ」は「よぶ」を語源としているので、発声に重点が置かれていると先述したが、「とふ」は相手の意向を伺う意に重点が置かれる語である。異性に求愛し、その意向を伺う、というのが恐らく最も原初的な意味であろう。歌垣などで自分と一対をなす女性に贈るものなので「つまどひのもの」、「つまどひのたから」となるのである。男性が女性のもとを訪れるという意味はむしろ派生的なものである。「つまどひ」の用例は『万葉集』に頻出する。その用法は主に以下三つが挙げられる。

イ　動物が異性を呼ぶ呼び声

①…あしひきの　山鳥こそば　峯向ひに　嬬問すといへ　現世の　人なるわれや　何すとか　一日一夜も　離り

居て　嘆き恋ふらむ…（一六二九・大伴家持）

②奥山に住むとふ鹿の初夜さらず妻問ふ萩の散らまく惜しも（二〇九八）

③秋萩の咲きたる野辺はさ男鹿そ露を分けつつ嬬問しける（二一五三）

ロ　処女塚伝説

④古に　在りけむ人の　倭文幡の　帯解きかへて　伏屋立て　妻問しけむ　葛飾の　真間の手児名が　奥つ城を　ことは聞けど…（四三一・山部赤人）

⑤古の　ますら壮士の　相競ひ　妻問しけむ　葦屋の　菟原処女の　奥津城を　わが立ち見れば…（一八〇一・田辺福麻呂）

⑥古の小竹田壮士の妻問ひし菟原処女の奥津城ぞこれ（一八〇二・田辺福麻呂）

⑦古に　ありけるわざの　奇ばしき　事と言ひ継ぐ　血沼壮士　菟原壮士の　うつせみの　名を争ふと　たまきはる　命も捨てて　相共に妻問しける　少女らが　聞けば悲しさ…（四二一一・大伴家持）

ハ　七夕、竹取の翁などの伝説

⑧天の河い向ひ立ちて恋ふらむに言だに告げむ孋言ふまでは（二〇一一）

⑨高麗錦紐解き交し天人の妻問ふ夕ぞわれも偲はむ（二〇九〇）

⑩安の河こ向ひ立ちて年の恋日長き子らが都麻度比《つまとひ》の夜そ（四一二七・大伴家持）

⑪昔老翁ありき。号を竹取の翁と曰ひき。…日曝の　麻紵を　信巾裳なす　愛しきに　取りしき　屋に経る　稲置丁女が　妻問ふと　われに遣せし　をちかたの　二綾下沓　…（三七九一）

イ群は山鳥、鹿などの動物の異性を呼ぶ声を詠んだものである。作者未詳の歌が多いことから、古くから詠まれる一類型と推測される。雌雄一対の鳥獣が異性をもとめる鳴き声を「つまどひ」と比喩的詠んでいる歌である。ロ群の処女塚伝説は古くから日本人に愛されてきた伝説の一つである。『万葉集』にはいくつかの類話が見られ、④真間の手児名、⑤と⑥の菟原処女がその伝説のヒロイン達であり、複数の男性に求められて娘が自ら命を絶った悲話である。④に挙げられた真間の手児名の場合は、土屋文明が指摘したように、求婚ではなく、結婚している状態を指すという。(32) たしかに「帯解きかへて　伏屋立て　妻問しけむ」という内容から考えると、男性が通っている状態とみるべきであろう。⑤、⑥は菟原処女の話で、二人の男に求められるという文脈の中で用いられている「妻問」である。「つま」という言葉が限定的に相手となる女性を指すことを考えると、関口裕子、栗原弘らが指摘したように、二人の男性がすでに通っていると理解してもおかしくないが、『古事記』の妻争いの歌掛けからも、自分の「つま」と強調して競うこともあると思われる。処女塚伝説歌の多くは万葉第四期の作者の詠作で、過去に対する回想として詠まれるのが特徴的である。伝説であるという点ではハ群と同じである。ハ群は七夕、竹取の翁などの伝説の歌である。⑧～⑩の三首において、天の河を渡って妻を訪ねることを「妻問」と詠まれており、「つま」の許へ行く意に用いられる用例である。⑪の竹取の翁の歌の中に出てくる「妻問」は、少々難解であるが、稲置丁女が竹取に渡した「二綾下沓」は、通ってくる竹取に対する贈り物と理解できよう。それも若い時の回想として詠まれている。『万葉集』編纂時において、「つまどひ」という語はどうやら動物の鳴き声や、乙女塚や七夕のような伝説及び竹取の翁の歌のような往昔の回想にしか用いられないようである。実在した人物の求婚また訪問行為を表すには基本的に用いられない。(33) 実名の人物の求婚や訪問は先述のように、漢字の「娉」が宛てられている。即ち、「妻問」、「嬬問」「孋言」のような合成語と漢型既成語は意図的に使い分けられていたと考えられる。

五　空間移動を表す和型と漢型

婚姻の締結に伴う空間移動の方向は社会によって異なる。中国伝統社会では、女性が結婚によって男性の生活圏に入る、即ち女性の移動を前提としているのに対し、日本古代の結婚は、求婚から結婚の成立にいたる諸段階において、男性が女性のもとへ移動するのが殆どである。このような方向性は神話、伝説また歌の表現類型にも反映されている。

『古事記』には次のような記述が見える。

①其八十神、各有下欲レ婚二稲羽之八上比売一之心、共行二稲羽一時、於二大穴牟遅神一負レ袋、為二従者一率往。（神代・大国主神）

②随二詔命一而、参二到須佐之男命之御所一者、其女須勢理毘売出見、為二目合一而、相婚。（同右）

③此八千矛神、将レ婚二高志国之沼河比売一幸行之時、到二其沼河比売之家一、歌曰、…（同右）

④天若日子、降二到其国一、即娶二大国主神之女、下照比売一、亦、慮レ獲二其国一、至二于八年一、不二復奏一。（神代・天若日子）

⑤玉依毘売、其容姿端正。於是、有二壮夫一、其形姿・威儀、於レ時無レ比、夜半之時、儵忽到来、故、相感、共婚供住之間、未レ経二幾時一、其美人、妊身。爾、父母、怪二其妊見之事一、問二其女一…答曰、有二麗美壮夫一、不レ知二其姓・名一。毎レ夕到来、供住之間、自然懐妊。（崇神記・三輪山伝説）

⑥（倭建命が）到二尾張国一、入二坐尾張国造之祖、美夜受比売之家一、乃雖レ思将レ婚、亦、思二還上之時、将レ婚、

期定而、…還二来尾張国一、入二坐先日所レ期美夜受比売之許一。（景行記・倭建命の東征）

⑦天皇、越二幸近淡海国一之時、…到二坐木幡村一之時、麗美嬢子、遇二其道衢一。爾、天皇、問二其嬢子一曰、汝者、誰子。答白、丸邇之比布礼能意富美之女、名、宮主矢河枝比売。天皇、即詔二其嬢子一、吾、明日還幸之時、入二坐汝家一。（応神記・宮主矢河枝比売）

⑧天皇、婚二丸迩之佐都紀臣之女、袁杼比売一、幸二行于春日一之時、媛女、逢レ道。即見二幸行一而、逃二隠岡辺一。

（雄略記・金鉏の岡）

①は大穴牟遅神（後の大国主神）とその兄弟らが稲羽之八上比売に、③は八千矛神（大国主神）が沼河比売に求婚に出かけることを語る箇所である。②は、大穴牟遅神が兄弟らの迫害を逃れようと、大屋毘古神の指示で、須佐之男命のいる根之堅州国に行って、そこで須佐之男命の娘の須勢理毘売と結婚する。④は、高天原から派遣されて地上に降りた天若日子が大国主神の娘下照比売と結婚する。⑤有名な三輪山伝説で、神の子意富多々泥古が夜な夜な玉依毘売の許へ通っているうちに、玉依毘売が妊娠し、その妊娠を怪しんで、親が聞くと、正体不明の麗しい男が通っていると答える。⑥は、倭建命東征の物語で、平定を果たして尾張国の美夜受比売の家に来て結婚の約束を遂げる。⑦と⑧は、天皇の巡幸と土地の女との結婚で、天皇制のもとに成り立つ秩序を語る箇所であるが、応神天皇と宮主矢河枝比売の結婚の成立も、雄略天皇と袁杼比売の結婚の不成立の違いはあるものの天皇が巡幸を前提にしている点では同じである。ここで注目したいのが、（男神または帝）の行動は、「共行」、「率往」、「参到」、「降到」、「到来」、「到」、「越幸」、「幸行」などといった空間移動を示唆する動詞で語られることである。このような神話、伝説で語られる男性の空間移動と結婚はやはり古代の訪婚を彷彿とさせるものである。この意味で、日本上代の文献に見られる天孫降臨、神々

の求婚旅行、貴人来訪などといった話はすべて男性が女性を訪問する話型になっていることは決して偶然ではない。これは漢型の空間移動とあたかも対照をなすような、鮮明な違いを示している。漢型の「嫁」、「娶」といった語彙では、いうまでもなく、女性が男性の家に行くという明確な方向移動が示されている。「嫁」は「如適之嫁徂逝往」（『爾雅』）「謂之嫁猶女出爲嫁」（爾雅注）とあるように、女性が生家を出て、男性の家に入ることを言うものである。また「娶」というのは、「取婦也」（『説文解字』）、「取彼之女、為我之婦」（『説文解字』段玉裁注）とあるように、女性を嫁《よめ》に取ることである。このような漢型の語彙は記紀、風土記、『万葉集』の中にもみえるが、用法には語彙が本来持っている、空間移動の意味が捨象されている。『古事記』では、「嫁」と「娶」の使い分けの基準は、前者は女性側が行為の主体（主語）となる場合で、後者は男性側が行為の主体（主語）となる場合である。具体的に「嫁」の用法を見ると、

⑨故、其菟白大穴牟遅神、此八十神者、必不得八上比売。雖負袋、汝命獲之。於是八上比売、答二八十神一言、吾者不聞二汝等之言一。将嫁二大穴牟遅神一。故爾、八十神、忿怒欲レ殺二大穴牟遅神一、（神代・大国主神）

⑩阿邪美都比売命者、嫁二稲瀬毘古王一。（垂仁記）

⑪天皇、問二其童女一、汝者、誰子。答白、己名、謂二引田部赤猪子一。爾、令レ詔者、汝、不レ嫁レ夫。今将レ喚而、還二坐於宮一。（雄略記）

⑨は先述した、八上比売が八十神者の求婚に対する返答の中に用いられている「嫁」であるが、結婚拒絶の意思を伝える箇所である。⑩は垂仁天皇の皇女阿邪美都比売命の結婚について割り注でその結婚相手を紹介した箇所で、⑪は引田部赤猪子の話で、天皇がまだ童女赤猪子に、ほかの人と結婚するなと命じている内容が「不レ嫁レ夫」となっている。三例とも女性が主語となっているため「嫁」が用いられたと思われるが、女性が男性のところへ移動すること

は⑪を除いて読み取れない。⑪も天皇との結婚を待っているうちに年を取った引田部赤猪子が、「令レ持二百取之机代物一」して参上したことである。「百取机代之物」は古代日本の婚姻では、女性側が来訪した男性を歓待するために出すものであり、この場合は変則的なやりかたである。一方、『古事記』における「娶」は、殆ど王家の系譜を語る部分に用いられている。「〜天皇娶〜女（妹）〜生子」という類型表現の中に用いられ、所謂「娶生」の用法である。(34)「娶」の原義の持つ男性主体の意味は有するものの、女性が男性の家に入るという娶嫁婚の前提は捨象されている。このような漢型の原義にある娶嫁婚的空間移動の含意が捨象されている最も典型的な例を風土記から拾ってみたい。

⑫朝山郷。郡家東南五里五十六歩。神魂命御子。真玉著玉之邑日女命坐之。爾時、所レ造二天下一大神、大穴持命、娶給而、毎レ朝通坐、故云二朝山一（風土記・出雲国）

⑬爾時　所造天下大神命　娶而通坐時　彼社之前　有磐石　其上甚滑之　即詔　滑磐石哉（風土記・播磨国）

⑭少宅里…川原若狭祖父　娶二少宅秦公之女一　即号二其家少宅一　後若狭之孫智麻呂　任為二里長一　由レ此　庚寅年　為二少宅里一。（風土記・播磨国）

⑫は大穴持命が真玉著玉之邑日女命を娶ることが語られる文脈で、⑬は男性が主語となる文脈の中で「娶」が用いられながら、男性が通っていることが記されている。⑭は男性が少宅秦公の娘を「娶」とあるが、男性の妻の家「少宅」にちなんで呼ばれていることから、妻の家に通っているか住んでいるとみられる。『万葉集』になると、例えば巻第十六に「由縁ある雑歌」があり、三七八六、三七八七の題詞は次のようである。

昔者有二娘子一。字曰二桜児一也。于レ時有二二壮士一。共誂二此娘一。而捐レ生挌競、貪レ死相敵。於レ是娘子歔欷曰、従レ古来レ今、未レ聞未レ見、一女之身、往二適二門一矣。方今壮士之意。有レ難二和平一。不レ如二妾死、相害永息一。

尓乃尋二入林中一、懸レ樹経死。

これは乙女塚の伝説の類話に属するもので、複数の男の求婚により、女性が選択に苦しんで自害するという話である。ここの表現は特に儒教的に潤色されたものであるが、女性が自害する理由として挙げたのが、「聞かず、見ず、一の女の身にして、二つの門に往適《ゆ》く」ということである。「往適」というのは無論、女性が男性の家へ行くことを指す言葉である。万葉のこの題詞からは女性が結婚によって、男性の家―「門」―に適《ゆ》くという空間移動は無論読み取れないが、読み方によっては、娶嫁婚的に解釈される。ここでは記紀の用法と同様に、女性の、男性の家へ行くことという空間移動が捨象されて、単なる結婚を意味する用法になっている。

おわりに

右、婚姻語彙における日本語の語彙（和型）と中国語の語彙（漢型）の交渉について、多くの上代文献に見える「うたがき（かがひ）」、『万葉集』の一部立名として用いられた「相聞」、さらに上代の結婚を考える時に、必ず言及される「よばひ」、「つまどひ」、「かよひ」などの語の意味と漢字表記、さらに漢型既成の婚姻語彙の借用法について考察してきた。「うたがき（かがひ）」は古代日本のみならず、中国西南部の諸民族にも見られ、訪婚や自由な婚前交渉が行われる社会の習俗として理解される。日本上代の漢字文献に「歌垣」、「歌場」、「嬥歌」の三つの漢字表記があるが、その使い分けには一定の意味が付与されていた。「歌場」は書紀以外見当たらないが、「歌垣」は『古事記』のみならず、後の正史である『続日本紀』にも採用されている。一方、民間の「うたがき」は、中国の地方風俗を意味する「嬥歌」の語が選ばれ、風土記、『万葉集』に採用されている。「歌垣」は「歌」と「垣」の合成語で、中国語にはない言葉である。一方、「嬥歌」は漢籍にある言葉であるが、「土人の歌舞」を指す言葉である。同じ「うたがき」も王権、宮廷にかかわる事柄なら「歌垣」、民間で行われるものなら「嬥歌」という使い分けがなされたことから、王権と民間という秩序観念が窺える。と同時に漢字使用面では合成語を使用せざるをえないことも明らかになった。「相聞」は中国語では至近距離にいることと、空間的に離れた者同士の交信を表す語である。『万葉集』の恋歌を総べる部立名に選定された理由の一つに訪婚という空間移動を伴う婚姻形態がある。男女が別別に住む訪婚社会では、男女間の消息の往来や男性の空間移動が不可欠である。訪婚は豊かな恋歌文化を育んでいたが、このような婚姻形態下の男女の情感を表すために、交通性、交流性を含意する「相聞」が選ばれたと考えられる。「よばひ」は「よぶ」を語源とする言葉で、声を出して相手を呼ぶことが原義である。婚姻語彙の「よばひ」は歌や音楽を用いて相手に求愛をすることである。一方、「つまどひ」は、「つま」と認識している女性に求愛をする意味の言葉であるが、訪婚社会では、女性のもとへ訪問することによって実現されるので、「つまどひ」は次第に妻を訪問する意味になったと考えられる。「つまどひ」の漢字表記の「妻問」、「嬬問」、「孋言」は漢字の一字の意味を合成した言葉であるところから見ても、これも漢型に相当する表現がなかったと考えられる。この論文の冒頭に述べたように、表音文字（万葉仮名）、合成漢語、さらに漢型一般語彙からの転用語の三種類の語彙は中国語の発音もしくは部分的意味を利用しながら、中国語にない日本的概念を表したものである。そこにはある種の特徴を見出すことができる。「よばひ」、「とひ」などの和型、「相聞」、「妻問」、「嬬問」、「孋言」などの漢字表記には口頭によるコミュニケーション、男女の直接交渉を示唆する言葉が多いこと、さらに、「通」、「往来」、「往還」などの空間移動を表すものが多いことが特徴として指摘することができる。

和型の持つこのような特徴を鮮明にするために、漢型の婚姻語彙との比較を試みた。もともと中国の婚姻用語であった「聘」、「婚」、「嫁」「娶」といった語彙の使用について、日中両方の文献に出てくる用例を比較しながら検証した。漢型婚姻語彙の背景に娶嫁婚の慣習が存在するのに対し、和型婚姻用語の背景には妻訪婚の慣習が存在する。これは単に結婚の形が異なるだけではなく、婚前交渉の有無、結婚の決定のプロセス、家族の関わり方、婚姻後の男女の空間移動など多くの点で異なることを意味する。婚前交渉による豊かな恋愛語彙を持つ古代日本社会に対し、婚前交渉が禁止されていた中国古代社会の恋愛語彙は貧弱であった。この相違は漢語の利用法にも反映されている。男女間で自由に求愛、求婚を表す「よばひ」、「とひ」に相当する言葉は中国語になく、儀式婚用語の「聘」が借用されるが、漢型と和型の婚姻語彙の内実の相違が目立つ。漢型の「聘」の用法から、婚姻の決定権が男女両家の家父長乃至男女の両族にあることが観察されるのに対し、和型の「よばひ」、「とひ」の用法から、男女本人の意思決定の重要性が窺える。漢型の用法から、婚姻により女性が男性の家に入るという空間移動が行われ、一回的であることが分かる。和型の用法から、結婚することにより、男性が女のもとへ通うという空間移動が行われ、往復型である。漢型と和型の婚姻語彙の比較により、両社会の婚姻形態およびそれに関連する諸要素の相違が明らかになった。このような相違は、古代日本が、外来文化である中国の漢語表現を利用する際にも反映される。古代日本の上代文献にみられる漢型婚姻語彙の使用法の特徴は、語彙の持つ普遍的な意味のみ取って、その語彙にまつわる社会的な諸要素を抜き取り、さらに日本の社会的諸要素を注入して用いることである。「相聞」や「通」のような一般語彙の交通・交流の意味を取り、訪婚社会の文化現象である恋歌や男性の行き来を表現し、「聘」、「婚」の持つ求婚、結婚の意味を取り、本人同士の意思で自由にする求愛や結婚を表現する。これらの用法には、娶嫁婚において婚姻関係を締結するときに発生する種種の儀式の手続きや、男家の主導的立場、男女両家の意思決定、さらに結婚による女性の生活本拠地の移動などの事象が捨象されている。

注

（1）婚姻語彙の劃定はなかなか難しい。特に日本古代社会の婚姻形態は、婚前交渉が自由に行われていたため、恋愛と結婚の境界線が曖昧で、恋愛関係か結婚関係か判然としない場合が多い。このような緩やかな婚姻形態に応じて、本章で言う「婚姻語彙」も、実際結婚している夫婦を中心に、その前後の男女関係も含めて指すこととする。求婚（求愛）から成婚、さらに婚後の生活に関する一連の用語を「婚姻語彙」と称する。「相聞」や「嬥歌」などの語は、厳密に言えば婚姻語彙ではないが、婚前交渉の慣行と密接に関連しているため、考察範囲に入れた。なお求愛時に最も多く用いられる「こふ」（恋、念、思）など心情を表す言葉は除外した。

（2）柳田国男・大間知篤三『婚姻習俗語彙』（国書刊行会、一九三七年）。

（3）高群逸枝『招婿婚の研究』（講談社、一九五三年）、西村亨『新考王朝恋詞の研究』（おうふう、一九九四年）、栗原弘『万葉時代婚姻の研究』（刀水書房、二〇一二年）。

（4）高群注（3）前掲書二三三頁。

（5）栗原注（3）前掲書二四一頁。なお、栗原弘は『平安時代の離婚の研究：古代から中世へ』（弘文堂、一九九九年）の中で平安時代の離婚表現にも注目して考察している。

（6）西村注（3）前掲書。西村が用いた「恋詞」は、著書の内容からみて、必ずしも恋愛と婚姻を区別していないので、恋愛、婚姻に関する語彙と理解される。

（7）ここで言う「和語系語彙」とは、日本古代社会に自生的に形成され、用いられた語彙である。また、「漢語系語彙」とは、漢字によって表された中国の婚姻語彙である。論文の中では、「漢型」と「和型」と略称する。

（8）字音表記語の活用形は原文そのままである。

（9）内田るり子「照葉樹林文化圏における歌垣と歌掛け」（『文学』一九八四年十二月）。
（10）土橋寛『古代歌謡と儀礼の研究』（岩波書店、一九六五年）三九四頁、四九六頁。
（11）「不落家」とは、「不落夫家」ともいい、新郎の家で挙式後、新婦は直ちに夫方居住を開始するのではなく、実家に戻り、一定の期間そこで生活する慣習を言う。別居の期間中、妻は祝祭日や冠婚葬祭時に夫の家を訪れ、数日間だけ夫の家に留まる。また別居期間中、夫婦双方が比較的自由な性生活を送る場合もある。別居期間は大体三年から四年で、一般に第一子誕生後に夫方居住へと移行する。中国南部及び西南部に住む漢族、ミヤウ族、チワン族、ムーラオ族、ブイ族、イ族などの諸族に見られる習俗である。
（12）大林太良「古代の婚姻」（『古代の日本2　風俗と生活』角川書店、一九七一年）二〇六～二〇七頁。
（13）白川静『字訓』（平凡社、一九八七年）「かき」の項。
（14）新編日本古典文学全集『古事記』一八二頁頭注五。
（15）「垣ほなす」の解釈について、従来、垣は物を隔てる物なので、垣根の如く、人の間を隔てる意とする説（『代匠記』、『万葉集全釈』、『万葉集注釈』）があるが、隔てるという意味よりも、一八〇九番歌では求婚者の多さの形容である。やはり人が垣根のように並ぶ、つまり多くの人または人の言うことの形容として理解したほうが妥当であろう。
（16）歌に関しては、新編日本古典文学全集『古事記』の訓み下し文を採用するが、筆者が問題にしている漢字表記の箇所は、原文通りの表記とした。
（17）本文は、歴代史料筆記叢刊『餈曝雜記・竹葉亭雜記』（中華書局、一九八二年）に拠る。
（18）井上通泰『万葉集新考　巻九』『井上通泰上代関係著作集　3』（秀英書房、一九八六年、但し、初版は大正年間のものである）。
（19）小島憲之『上代日本文学と中国文学　中』（塙書房、一九六四年）一一〇九頁。
（20）『老子道徳経』、『芸文類聚』巻十一帝王部には「荘子曰」として引用されている。唐太宗勅撰の『群書治要』では徳経の小国寡民に「雞狗之聲相聞、民至老死不相往來」とあり、『荘子』にも「雞犬之音相聞、人至老死而不相往來」とある。

(21)『後漢書』の隗囂《かいごう》伝。
(22)山田孝雄は、相聞歌には男女間のみならず、親子兄弟友人の間で交わされるものも含まれていたことから、相聞は「往復存問の歌」とした(『万葉集考叢』宝文館、一九五五年)。それに対し、伊藤博は、親族朋友間の歌があっても、これらの歌には男女間の恋歌を擬して詠まれるという一貫とした特色があることから、相聞を「男女性愛の歌を主とする個人間の私情を吐露した歌」とした(『万葉集相聞の世界』塙書房、一九五九年、二一九頁)。さらに鈴木日出男は相聞歌を「実際には男女間で詠み交わされる恋の歌」と定義している(『古代和歌史論』東京大学出版会、一九九〇年、一八六頁)。
(23)五味智英「万葉集の分類と中国文学」(『国語と国文学』一五―四)、伊藤博『万葉集相聞の世界』(塙書房、一九五九年)第五章
(24)折口信夫「最古日本の女性生活の根柢」一九二四年。但し、筆者が見たのは中央公論社より一九六五年に刊行した『折口信夫全集』第二巻収められたものである。
(25)『中国歌謡集成　雲南巻』(下)、新華書店、一一九四～一一九五頁。歌の日本語訳は筆者が試訳したものである。
(26)栗原注(3)前掲書二一一頁。
(27)栗原注(3)前掲書二〇四頁。
(28)例えば、同じ『礼記』の「曲礼・下」の中に「諸侯使大夫問於諸侯曰聘」という文が見えるが、それは「訪問する、問う」と言った意味であろう。また、同書の「月令」の中に「天子布徳行恵…勉諸侯、聘名士、礼賢者」や、『列女傳』の中に「老莱賢士也、王欲聘以璧帛」という文に見える「聘」は礼幣を重くして賢人を朝廷に招くという意味である。
(29)「よばひ」と「つまどひ」に関する議論は、栗原注(3)前掲書に詳細な紹介があり、参照されたい。
(30)木村正辞『万葉集文字辨証』(早稲田大学出版部、一九〇四年)上巻五三頁～五六頁。
(31)小島注(19)前掲書八一〇頁。
(32)土屋文明『万葉集私注』(筑摩書房、一九四九～一九五六年)三―二七五頁。
(33)『万葉集』において、実名の人物に用いられたのが僅少で、管見の限り、湯原王の歌に対する某娘子の返歌「わが背子が形見

の衣嬬問にわが身は離けじ言問はずとも」の一首のみである。

(34)「娶生」の類型表現について、義江明子の『日本古代系譜様式論』(吉川弘文館、二〇〇〇年)第三章を参照されたい。

第二編　婚姻居住と親族関係

第一章　婚姻居住と律令制

はじめに

日本古代の居住規制に関する研究は、これまで歴史学、法制史学、民俗学、社会人類学など多くの分野でなされてきた。その量は膨大で、ここで簡単に要約することも至難のわざであるが、形態、時期、場所を基準に分けると一応次の三つになるのではないかと考える。

（イ）別居（訪婚）なのか、同居婚なのか。

（ロ）別居ならば一時的なものか、それとも生涯続くものか。同居ならば婚姻開始時から行われるのか、それとも訪婚を経た後で実現されるものなのか。

（ハ）同居ならばその居住地は夫方に設けられるものなのか、それとも妻方に設けられるものなのか

三つの議論は複雑に絡んでおり、分けて考えることはできないが、（イ）の議論の最も代表的なものに、二十世紀初頃に起こった三浦周行と新見吉治の論争がある。三浦周行は、奈良時代の戸籍にある夫婦の同籍は必ずしも実際の同居を意味しないとし、その理由として、当時の社会では妻問婚による夫婦別居が大きな比率を占めていたことを挙げている。それに対して、新見吉治は反論した。新見によれば、妻問婚は過去の慣行で、律令制以降では夫婦同居が一般化し、同籍は無論同居であり、戸籍に別籍と記された者も必ずしも別居を意味しない、という(1)。両氏は同じく戸籍

史料を対象としながら、真っ向から対立するような結論に至ったのである。三浦説で当時の慣行法が重要視されているのに対し、新見説では令制の施行力が強調されている。日本古代の居住形態の問題に最初から外来の制度の要素が絡んでいる点に留意したい。「籍（戸籍記載）」は必ずしも「居（実際の居住）を反映していないと見ている点では両氏は奇しくも一致している。書かれた文書と実際の状況の距離を認めつつも、律令制度と居住慣行の「力関係」に対する解釈が異なるのである。戸籍記載に懐疑的であった両氏に対し、石母田正は、戸籍と計帳を区別し、計帳は当時の家族実態を反映していると主張する。石母田は神亀三年（七二六）、天平五年（七三三）、天平十二年（七四〇）の計帳を対象に、夫婦同籍と別籍の記録から、戸主のみが同居する「差別的同居」の行われている地域と、殆ど夫婦同居している地域および両者の中間形態の三類型を析出し、地域によって生じた差が日本の古代家族の歴史的発展段階そのものを示している、とした(2)。石母田の研究は上代の籍帳研究の原点をなすという点で重要な意味を持っているが、ある一定の書式に基づいて漢字で書かれた籍帳の価値を過信し、戸籍制度と慣行法のズレに対する配慮に欠けている点が惜まれる。石母田の籍帳分析はその後の歴史学においても継承され、別居、同居、一時的訪婚を経た同居といった様々な見解が出され、未だに定説をみない(3)。筆者は、籍帳の史料的価値を否定するつもりはないが、しかし、その制度の外来性にもっと注意を払うべきであると考える。正倉院に所蔵されている大宝二年と養老五年（『寧楽遺文』（上）所収）の戸籍を見ると、地域や時期によって書き方の細部には違いがあるものの、いずれも夫妻同籍を原則としている。大宝二年（七〇二）の戸籍では、戸主とその兄弟、甥などの男性グループと、戸主母、妻、娘の女性グループが前後に別かれて記されており、一方、養老五年（七二一）の戸籍では戸主とその妻妾、子女のグループと従姉妹、姪などの親族のグループが分けられている。いずれも夫方中心の記載方式である。現存する中国の戸籍は僅少であるが、その数少ない戸籍の書式を見ても、時代によって細部のところに違いがあるが、夫方居住を前提とした夫婦同籍という点はすべての戸籍に共通している。戸籍制そのものが律令制の一部として中国から継受されたものであり、公民の数を把握し、徴税や課役また班田のための基本台帳として極めて重要だと認識されたからこそ、本格志向で中国式に則って記載されたのではないだろうか。このような記載であるため、額面どおりに受けとれば、古代日本の家族は「古代大家族」(4)で、親族組織は「古代首長制」(5)であったといった結論が導き出されても不思議ではない。要するに、古代日本の漢字文献としての籍帳の持つ外来的性格を忘れては議論が危険な陥穽に陥ってしまうということである。無論、実名法による戸籍・計帳の記載は完全なる架空とは考えられず、なんらかの編成法によって仕上げられたものと考えられる。この編成法に関する研究が近年進んでおり(6)、その成果が期待されるが、現段階では籍帳から婚姻居住を見出そうとしても困難だ、といわざるをえない。(ロ)に関する最も代表的な議論は高群逸枝と江守五夫の間の論争である。序論にも述べたが、高群によれば、万葉時代は夫婦別居の妻問婚（生涯に亘る訪婚）が一般的であり、平安時代中期からは原則的に妻方同居のたてまえとなり、しだいに妻方沙汰の単婚世代に進んで（以上婿取り）、室町期から夫方同居制（嫁取り）が定式化する(7)。対して、江守五夫は訪婚を一時的なものとしている。江守によれば、世界史的に、妻方居住から夫方居住の中間に位置する形態として、「妻方居住＝夫方居住」があり、その同列のものに「一時的妻訪婚」がある。「一時的妻訪婚」は日本の上代に見られるもので、結婚当初の一時期のみ夫が妻のもとに通い続けるが、そのあと夫婦ともに夫方居住婚に移る、という「特殊な婚姻形態」である(8)。籍帳研究においても伊東すみ子によって一時的訪婚説が出されている。伊東は籍帳から同籍夫婦と片親子関係にある父母の年齢の分布表を作成し、同籍夫婦の年齢は三十六歳から四十五歳が多いのに対して、婚姻開始年齢を間接的に示す長子出生年齢は、男は二十一歳、女は十六歳から二十五歳が多く、その間約十五年の開きがある一方、片親子関係にある父母の年齢は、男は二十六歳から三十歳、女は三十一歳から四十五歳が多いことから、十年間ぐらい訪婚を経て同居に移行するのが、当時のもっとも有力な傾向にある、という見解を発表した[9]。同じ一時的訪婚説を主張していながら、江守と伊東が依拠する資料は異なる。江守は基本的に民俗学の研究成果に依拠しており、柳田国男の婿入婚の説を継承している。序論にも述べたように、現在に見られる民俗は古い時代の遺制であっても、原型ではない。従って、江守説の最大の問題は根拠不足の点にある。伊東説は綿密な分析による結論であるが、同籍イコール同居という点についてはなお慎重に検討する必要がある。現在でも訪婚が見られる中国雲南省の摩梭人社会では、若い時は訪問する相手を頻繁に変えるが、ある年齢に達したら相手が一人になり、夫婦関係が安定するようになると報告されている[10]。戸籍上の同籍が同居ではなく、安定した夫婦関係を表している可能性も否定できない。戸籍の編成に関する研究が近年進められており[11]、特に唐制との比較研究によって、日本古代の籍帳の持つ特徴が次第に明らかになってきた。日本では課丁数均等化がなされ、郡内を均等な単位に編成された点[12]、戸口の戸への帰属が恒常的でない点[13]に関する指摘は、いずれも古代日本の基層社会の流動性と、戸籍制度の人為的性格を示唆するものである。戸籍編成に関する研究の成果が今後も期待されるが、本書ではこの分野で得られた最新の研究成果に目を配りつつ、一旦古代家族・親族論から切り離して考えることとする。（八）に関しては、これまで夫方居住説、妻方居住説、訪婚―夫方居住説、訪婚―妻方居住論―独立居住説など多くの見解が発表されてきた。近年では、双系説が有力となり、独立居住婚が当時の居住の主流であるとする見解が多く見られるようになった。これまでの議論を見ても分かるように、居住に関する議論には常に律令制の問題が関わっている。律令制と居住上の慣習とがいかなる関係にあるのかは本章の関心事でもあり、解明したいところである。日本古代の居住の歴史の流れに関する筆者の見解を先に述べておくと、漸次的に、訪婚主流期、妻方居住婚主流期、独立居住婚主流期の三つの歴史段階が存在し、万葉時代は、前期では訪婚主流期で、万葉後期から平安前期を過渡期に漸次的に妻方居住が増え、平安中期になると妻方居住婚が主流となり、平安後期から平安末期の院政期にかけて独立居住婚が主流となる、ということになる。本章では、一日籍帳に関する議論から離れ、『万葉集』や平安時代の記録を手がかりに、訪婚、妻方居住婚、独立居住婚の実態を考察し、三者の内的関連を探る。上代の史料と言えば、記紀、風土記、律令条文、籍帳などの漢字文献と万葉仮名による『万葉集』である。漢字文献については、これまで重ねて述べてきたように、個々に史料批判を行う必要がある。万葉仮名による『万葉集』の歌は最も有効な参照物となろう。和歌は日本固有の表現方式であり、当時の人々にとって生活の具であったという意味においては、万葉集の歌こそ古代日本民族の生活様式の一面を見せてくれる貴重な資料である。万葉の歌語や歌の類型から具体的な居住事例を引き出すのは無論困難であるが、社会全体の傾向を読み取ることが可能であり、古代日本の婚姻形態を観察するには有力な傍証となる。これも居住形態を考察しようとする本章で最初に『万葉集』を取り扱う理由である。

一　『万葉集』にみる家族と訪婚

訪婚は、夫婦が別々に住み、夫か妻のどちらかが相手の許へ通うことによって夫婦関係が維持される婚姻形態である。日本では一般に「通い婚」と呼ばれる。古代日本社会にみられる訪婚は、男が女性のもとへ通う形であるため、「妻訪婚」ともいう。訪婚は古代日本の社会のみならず、中国南部、インドシナ北部にも分布しており、中国の摩梭人社会(14)では今でも見られる習俗である。訪婚は通常男女の婚前の自由交渉の慣行と密接に結びついており、どこまでが「恋愛」で、どこからが「結婚」か境界線ははっきりしないのが特徴である。筆者も無理に両者を区別することはないと考えるが、男性が持続的に女性のもとへ通って夫婦生活を営むことを訪婚とみなし、このような婚姻生活にまつわる歌を訪婚歌と呼ぶ。一般に訪婚社会では日常的に多くの歌が詠まれているが、文字記録の手段がないため、保存がなかなか困難であると言われている中で、『万葉集』のように訪婚歌が大量にしかも良好な状態で保存されている書物はほかに例を見ない。無論『万葉集』の歌がすべて訪婚歌というわけではない。内容的に記紀歌謡の時代から律令国家最盛期の八世紀中ごろまでおよそ四百年の時代の幅を持つ作品であるだけに、『万葉集』には新旧様々な要素が入り混じっている。特に漢字表記の題詞部分に娶嫁婚的、儒教的婚姻表現と観念が随所に見られ、慎重に分析する必要がある。例えば、山上憶良の作に「貧窮問答歌」というものがあり、奈良時代の居住研究でしばしば夫方居住婚の例として引き合いにだされる。

父母は　飢ゑ寒ゆらむ　妻子どもは　吟び泣くらむ…父母は　枕の方に　妻子どもは　足の方に　囲み居て　憂へ吟ひ…（八九二）

この歌に、「父母」と「妻子」が同じ空間にいることから従来「二世代父系同居」の根拠とされてきた。[15]しかし、対句的に用いられているのが山上憶良の歌の特徴であったことを忘れてはならぬ。

或有人、知レ敬二父母一、忘二於侍養一、不レ顧二妻子一、輕二於脱屣一。…

①父母を　見れば尊し　妻子見れば　めぐし愛し　世の中は　かくぞ道理…（八〇〇）

大伴君熊凝者、肥後国益城郡人也。（中略）為天不レ幸、在レ路獲レ疾、即於二安芸国佐伯郡高庭駅家一身故也。

臨終之時、長嘆息曰、傳聞、假合之身易レ滅、泡沫之命難レ駐。…哀哉我父、痛哉我母。不レ患二一身向レ死之途一、唯悲二二親在レ生之苦一。

②…国に在らば　父とり見まし　家に在らば　母とり見まし…（八八六）

③周孔の垂訓、前に三綱君臣父子夫婦をいふ。五教を張りて、邦国を済ふ。父は義に、母は慈に、兄は友に、弟は順に、子は孝なることをいふ。（沈痾《ちんあ》自哀《じあい》の文）

①は「令レ反二惑情一歌」（惑《まと》へる情《こころ》を反《かへ》さしむる歌）と題して、父母妻子を捨てて隠居することを戒める歌である。題詞部分の漢文では、「父母」「妻子」が対句になっている。②は大伴熊凝という若い従人の死を悼む歌で、熊凝が臨終の時に詠んだ歌という体裁になっている。原文では「哀哉我父、痛哉我母、不レ患二一身向レ死之途一、唯悲二二親在レ生之苦一」とあり、「我父—我母」「一身—二親」というふうに対句の技巧が施されている。③は沈痾自哀の文と題したもので、「君臣父子夫婦」、「父…母…兄…弟…子…」と羅列されて儒教的な君臣観、家族観が濃厚に看取される。山上憶良の歌の題詞の漢文は対句表現が多く、歌も影響されて対句的である。このような山上憶良の作品の修辞法を無視して貧窮問答歌を実態として解読するのは危険であろう。『万葉集』全体における「父母」「父—母」の用例を調べても、山上憶良を筆頭に、大伴家持、田辺福麿、石上乙麿、防人歌が多く、律令官僚または律令的に編成された集団に用いられた傾向が明確に看取される。内容も挽歌と防人歌が大半を占めている。特に渡唐経験もあり、外来文化の伝道者としての山上憶良の歌に多く用いられていることに注意を払う必要があろう。無論、山上憶良という個人が新風の家族生活を営んでいたという可能性も排除できない。しかし、社会一般の風習として論じる場合、山上憶良の「貧窮問答歌」は父子二世帯の同居家族の存在の証左にはならない。『万葉集』において、父が詠まれた場合、その殆どは母と併称されている。

④一世には二遍見えぬ父母を置きてや長く吾が別れなむ（八九一・山上憶良）
⑤父君にわれは愛子ぞ母刀自にわれは愛子ぞ（一〇二二）
⑥父母が　成しのまにまに　箸向ふ　弟の命は　朝露の　消やすき命・・（一八〇四）
⑦父母が頭かき撫で幸くあれていひし言葉ぜ忘れかねつる（四三四六）

④は先述した山上憶良の歌である。⑤は石上乙麿が土佐国に流された時に詠んだ離別歌、⑥は田邊福麿による弟のための挽歌、⑦は防人丈部稲麿の歌で、これも離別歌である。つまり、死別、離別歌に父母が対句的に詠まれることが多い、ということである。

⑧父母も花にもがもや草枕旅は行くとも捧ごて行かむ（四三二五）
⑨父母が殿の後方の百代草百代いでませわが来るまで（四三二六）
⑩大君の命畏み磯に触り海原渡る父母を置きて（四三二八）

題詞によればこれらの歌は天平勝宝七年（七五五）二月に、筑紫に派遣された防人の人達の歌である。地方へ赴任する官僚達や律令国家に動員された防人集団による歌で、内容も望郷歌、挽歌、離別歌など空間的に離れた状況を詠んだ歌であることは見逃せない。一方、『万葉集』には母のみが詠まれている歌が多く、内容の幅もより広い。特に恋歌に登場する母が娘の愛情の管理者という一面を持つのが特徴的である。

⑪玉垂の小簾の隙に入り通ひ来ねたらちねの母が問はさば風と申さむ（二三六四）
⑫百石の船漕ぐ浦の八占さし母は問ふとも其の名は告らじ（二四〇七）
⑬たらちねの母に申さな君もわれも逢ふとは無しに年ぞ経ぬべき（二五五七）

⑭桜麻の苧原の下草露しあれば明してい行け母は知るとも（二六八七）

⑮あしひきの山沢恵具を採みに行かむ日だにも逢はせ母は責むとも（二七六〇）

『古事記』には父の妨害が描かれているが、社会基層ではやはり母が主役である。男性が密かに通う初期段階で最も恐れられているのは女性の母である。母が真っ先に二人のことに気づくのも、母と子が常に一緒に生活していたからであろう。これらの歌から娘の結婚において母の承諾が重要であったことも窺える。また、男女—恋愛中または結婚関係にある者同士は、互いに「セ」と「イモ」と呼び合うが、「セ」の家に関する歌が皆無であるのに対し、「イモ」の家（「妹が家」、「妹の家」、「家の妹」、「家なる妹」）の歌は夥しい。妻の家は夫の常住の場所ではないが、結婚生活が営まれる場所で、生活の中心となっていたからであろう。

⑯遠くありて雲居に見ゆる妹が家に早く至らむ歩め黒駒（一二七一・柿本人麿）

⑰泊瀬川夕渡り来て吾妹子が家の門にし近づきにけり（一七七五・柿本人麿）

二首とも柿本人麿の歌である。⑯は「行路」という題詞があるように、相手の女性の家へ行く途中で、なかなか目的地に着かない焦燥を詠んだ歌、⑰は夕方瀬を渡って漸く女性の家の前にたどり着いた時の歓喜の情を詠んだ歌である。訪婚は男性の空間移動が伴うもので、徒歩やなんらかの交通手段が必要である。⑯に見える黒駒は『万葉集』には多く詠まれる交通手段である。[16]「雲居に見ゆる」というのも実際に距離的に遠い場合もあるが、心情による感覚的なものでもあろう。

⑱ま遠くの雲居に見ゆる妹が家にいつか到らむ歩め吾が駒（三四四一・柿本人麿）

⑲吾妹子は早も来ぬかと待つらむを沖にや住まむ家つかずして（三六四五）

⑳吾妹子を行きて早見む淡路島雲居に見えぬ家つくらしも（三七二〇）

⑱も人麿の歌で、⑯の流伝歌であろう。⑲、⑳も⑱と同じ発想の歌で、⑲は家で待っている妻のことを案じながら早く着きたいと詠んだもので、⑳は通う目的地の淡路島は雲の彼方のように遠く見えたが、いよいよ近づくという歓喜の心情を詠んだものである。妹の家を離れる時にも「雲居」という語が詠まれる。

㉑青駒の足掻を早み雲居にそ妹があたりを過ぎて来にける（一三六）

㉒赤駒の足掻速けば雲居にも隠り行かむぞ袖枕け吾妹（二五一〇）

㉑の「雲居」は女性の家を出た後の歌で、離れがたいが駒の足が速く、どんどん妹から離れていく感覚を詠んだものである。これは女性の家へ向かう途中に、駒の足を鈍く感じる心情と対照的である。㉒も似た発想で、ここ（女性の家）を出たら駒の足が速く私が遠く行ってしまうだろうから、今二人が逢っている時は私の袖を枕にして、と詠んでいる。このような空間的感覚は別居——男女の家が離れている——という慣習の中で形成された類型表現である。妹の家は常に男性の訪問の目的地であり、離れた時の偲ばれる場所であった。そこに妹の家に住むような気配は未だ感じられない。男性が終始妹の家へ通っていたことを示唆する比較的確実な例が挽歌である。

㉓天飛ぶや　軽の路は　吾妹子が　里にしあれば　ねもころに　見まく欲しけど　止まず行かば　人目を多み　数多く行かば　人知りぬべみ　狭根葛　後も逢はむと　大船の　思ひ憑みて…靡きし妹は　黄葉の　過ぎて去にきと　玉梓の　使の言へば…（二〇七・柿本人麿）

㉔家に来てわが屋を見れば玉床《たまどこ》の外《ほか》に向きけり妹が木枕《こまくら》（二一六・柿本人麿）

㉕家に行きて如何にか吾がせむ枕づく妻屋さぶしく思ほゆべしも（七九五・山上憶良）

㉓と㉔は、「柿本朝臣人麿、妻死りし後、泣血哀慟して作る歌」という一群の挽歌である。「止まずいかば　人しりぬべき」とは、頻繁に行くと人に知られてしまうので、という意味である。女性が亡くなった時に、使いが知らせに行くのも訪婚で夫婦が離れていたからである。㉕は山上憶良による挽歌で、大伴旅人の妻が亡くなったことを詠んだものである。家に行ったところで何としよう、枕を並べてある妻屋も、きっと物寂しく思われることだろうと詠んでいる。大伴旅人の妻は任国で亡くなったが、ここではやはり訪婚の類型的表現とみるべきであろう。

二　律令制と夫婦同居

『万葉集』の訪婚歌と著しく対照的なのが律令条文である。日本律令は唐律令を母法としており、唐律令の同居家族の基本型は父系三代の合同家族である。唐律令の同居主義に牽制されて、大宝・養老両律令も同居を建前としているが、いくつかの改変と再解釈がなされている。例えば、唐律賊盗律の「縁坐非同居」の「非同居」について、『唐律疏議』(以下「疏議と省略する」)では、「謀叛・大逆の人の親伯叔、兄弟已に分ち訖るを謂ひ、田宅・資財は没する限りに在らず」としており、「雖同居、準律非縁坐」の「同居」については、「期以上の親及び子、孫に非ざるを謂ふ」としている。また名例律共犯罪造意為首条に「若家人共犯、止坐尊長」の「家人」について、疏議では「祖父、伯叔、子孫、弟姪共に犯すを謂ふ」と解釈している。このように、唐律令において、問題となる「同居」や「家人」は専ら男系親族を指していることが明らかである。また「同居」と「同籍」の関係については、唐律賊盗律「造畜蠱毒」条の「同居家口」について、疏議では、「同居家口は、籍の同異を限らず」、「今居を同じくして共に活くる」としており、唐律賊盗律の殺一家三人条の疏議は「一家」について、「同籍及び期親を一家と為す。親疎を限らず。期親は別籍すと雖も亦是れなり」としている。つまり、男系親族を主体となす期親[17]は同居、同籍の間柄で、一家をなす範囲なのである。一方、日本の養老律の殺一家非死罪三人条[18]には「同籍及び二等親。外祖父母為一家」とある。『養老令』儀制令の五等親条によれば、二等親は、「祖父母、嫡母、継母、伯叔姑、兄弟、姉妹、夫の父母、妻、妾、姪、孫、子の婦」などである。ここでの両方の注の相違は、①「二等親」と「期親」の範囲の相違、②外祖父母が追加されたという二点である。唐律令において、一家の範囲は常に父系一族を想定している。このような一家の範囲は、また実際の生活の単位の「戸」と重なる。しかし、このような父系優先の「家」と「戸」の意識は、日本古代社会には受け入れにくいものがあった。戸令戸主条の「家長」について、『令集解』所収の注釈書『跡記』では次のような問答が交わされている。

問、兄弟同籍而兄亡。弟在。未レ知、兄子與レ弟以レ誰為二戸主一。答。得下家人以二兄子一合中戸主上

「戸主」は国家が公民を掌握する上で欠かせない行政単位「戸」の責任者である。兄弟同籍の場合は、父親の死去によって、叔姪同籍の状況が想定される。この時の戸政上の責任者は誰なのかという質問である。答は輩分主義ではなく、父子継承だとしている。嫡子が戸主になる理由として、諸注釈では「雖レ有二伯叔一、是為二傍親一、故以二嫡子一為二戸主一」（義解）とはっきり伯叔を「傍親」としている。父子兄弟による同居がないから、伯叔は「傍親」とされたのであろう。時代が下るが、平安時代の公卿日記においては、「傍親」は母方の親族を指すようになる。『小右記』には「傍親」の語が多く見られるが、そのほとんどは後見を務める母方の近親を指す言葉になっている[19]。このように、律令条文の諸注の再解釈から、日本古代社会には父系社会のような父系合同家族が不在であったことが窺える。父子兄弟の合同家族を前提とした唐律令の内容が日本律令に入ってくるが、一部分は形式的に継承され―戸籍記載はその

典型例である――、一部分は諸注によって再解釈されたが、実際、基層社会には父系合同家族は存在しなかったと見るほうが妥当であろう。

　律令導入のもつトップダウンの性格から考えれば、同居も律令的強権の発動できる範囲内から少しずつ一般社会へと広がっていったものと考えられる。居住形態にいち早く変化が見られたのは最上層の天皇の結婚時の入内式である。その入内式は女性の移動が伴うものである点、これまでの伝統的結婚と異なるものであり、舶来的であると同時に王権的である。長屋王邸にみられる夫婦同居も[20]外国の風俗習慣を一種のモダンとして取り入れたもので、王権に近い長屋王だからこそできたことであろう。このような居住形態は王権に近い上層貴族または王権に接近しようとする者が内裏に模して作り出した居住空間である。『宇津保物語』にある源正頼邸、『源氏物語』の六条院は平安文学においてよく議論される問題であるが、準太上天皇という擬制王権の地位を主人公に与えた作者が、主人公源氏に擬制内裏の居住空間を与えてもおかしくない。しかし、たとえ擬制内裏的な空間でさえも父子二代の同居は見られない。律令国家の諸政策によって推進され、実現された同居は夫婦同居であって、夫方居住ではない。言い換えれば、夫婦同居こそ当該期に実現可能な新居住形態である。養老律の名例律犯流応配条では、犯流応配の場合は「妻妾從之、父祖子孫欲隨者聴之」[21]となっており、移郷人もそれに準ずるとなっている。これはもともと唐律の名例律犯流応配条を継受したものであり、容易に実行されないことは、実際に夫の流罪の際に妻がついて行かない例から分かるが、このような流刑者、移郷者の夫婦同伴の記録が『続日本紀』に幾つか見える。

①七月…庚戌（四日）…安宿王及妻子配㆓流佐渡㆒。（続紀・天平寳字元年七月四日）

②詔、（氷上川継）減㆓死一等㆒配㆓伊豆國三嶋㆒。其妻藤原法壹、亦相隨焉（続紀・延暦元年閏正月十四日）

③三月…戊申（二十六日）従四位下三方王正五位下山上朝臣船主正五位上弓削女王等三人、坐㆔同謀魅厭㆓魅乗輿㆒。詔、減㆓死一等㆒。三方弓削並配㆓日向國㆒弓削三方之妻也。船主配隠岐國。（続紀・延暦元年三月二六日）

④「所知天下自軽天皇御世以来至于四継仕奉之人河内国石川郡山代郷従六位上山代忌寸真作　戊辰十一月廿五日□□□（逝去）又妻京人同国郡郷移蚊屋忌寸秋庭　壬戌六月十四日□□□（逝）（山代忌寸真作墓誌銘）[22]

①は孝謙天皇の時代に起きた奈良麻呂と四王（塩焼、安宿、黄文、道祖）の謀反に関する記録である。黄文と道祖は拷問時に亡くなったため、この謀反に対する処罰は塩焼王と安宿王に下された。塩焼王は父親の功労により免罪され、安宿王のみが佐渡へ流されたが、その妻子も佐度に流された。②は桓武天皇の時代に起こった塩焼王の子である氷上川継の謀反である。氷上川継は死罪になったが、諒闇の期間中のため、その死罪は一等減じられ、伊豆國三嶋に流されることになった。その際も妻、藤原法壹が随行した。③は同じく延暦元年の出来事で、三方王、山上船主、弓削女王の三人が共謀して天皇を呪詛するという事件が起こった。三方王・弓削女王夫婦は日向國、山上船主は隠岐國に流された。例④は夫婦が合葬された例である。夫婦とも本貫地は河内国石川郡山代郷であり、二人の合葬地が奈良県宇智郡であることから、恐らく夫婦は一緒に本貫地から移ったのであろう。このような流刑や移住による夫婦同行が、本拠地から移動するということで実現されたこと、しかも律令の制度によって実現されたことに留意しておきたい。もっとも注目したいのは律令国家の郡県制によって実現される夫婦同伴の例である。

⑤神亀三年（七二六）女出雲臣松葉売、年肆拾参歳、丁女、随夫筑紫国。女出雲臣国守売、年貳拾貳歳、丁女、随夫築紫国。女出雲臣家守売、年貳拾歳、少女、随夫築紫国。（山背国愛宕郡出雲郷雲上里計帳）

⑥神亀三年（七二六）出雲臣麻呂売、年伍拾貳歳、…割附大野郷戸主服部連阿閇戸、随夫（山背国愛宕郡出雲郷雲下里

計帳）

⑦天平五年（七三三）戸主禰麻呂、年陸拾捌歳、耆老、越前国、妻秦小宅豊売、年陸拾漆歳、耆女、随夫。（山背国愛宕郡計帳）

計帳にある「随夫」の記録は必ずしもすべてが夫婦同伴の下向を示すものではないが、右の諸例は明らかに夫に従って他の地域へ移ったとある。郡県制は、中央から官人を地方へ派遣することによって維持される制度であるが、官人が地方へ移動することに妻妾随行という策をとれば、夫婦は地方で同居することになる。律令制の推進による夫婦同居の一側面を窺える。『万葉集』にも、夫の任国に行くことを詠んだ歌が見える。

⑧大君の　遠の朝廷《みかど》と　しらぬひ　筑紫の国に　泣く子なす　慕ひ来まして　息だにも　いまだ休めず　年月もいまだあらねば　心ゆも　思はぬ間に　うち靡き　臥《こや》しぬれ　言はむ術　為《せ》む術知らに　石木《いわき》をも　問ひ放《さ》け知らず　家ならば　形はあらむを　うらめしき妹の命《みこと》の　我《あれ》をばも　如何にせよとか　鳰鳥《にほどり》の　二人並び居　語らひし　心背きて　家ざかりいます。（七九四）

⑨悔しかも　かく知らませば　あをによし　国内ことごと　見せましものを（七九七）

家婦が京に在す尊母に贈らむが為に、誂へらえて作る歌一首

⑩霍公鳥　来鳴く五月に　咲きにほふ　花橘の　香ぐはしき　親の御言朝暮に　聞かぬ日まねく　天離る　夷にし居れば　あしひきの　山のたをりに　立つ雲を　外のみ見つつ　嘆くそら　安けなくに　思ふそら　苦しきものを　奈呉の海人の　潜き取るとふ　真珠の　見が欲し御面　直向ひ　見む時までは　松柏の　栄えいまさね　尊き吾が君御面はみおもわと謂ふ（四一六九）

⑧は山上憶良の「日本挽歌」である。従来歌に詠まれた女性が大伴旅人の妻であるか憶良の妻であるかについて議論があったが、やはり憶良が代詠の形で詠んだものと理解するほうが妥当であろう。女性が夫の任国の筑紫についてきたのにまもなく病になり亡くなったことが歌の内容から読み取れる。⑨も⑧の関連歌で、（女性の死は）無念なことだ、こういうことと知っていたなら、国中すべてを見せておくのだったのに、と詠んでいる。⑩は大伴家持の歌で、その題詞によると、妻が地方にあり、京にいる妻の母親に贈る歌とあるから、大伴家持も同じく妻を携えて任国に下ったことが分かる。郡県制によって、中央から地方へ派遣された官人が妻を連れていく、もしくはその後女性が夫の任国へ追っていく形であったと思われるが、任国での生活は同じ空間での同居生活であっただろう。連れていくのは妻のみならず、場合によっては子供や兄弟姉妹、父母の場合もあっただろう。となると、任国でさながら夫方居住婚のような居住形態になることも考えられる。ただ、『万葉集』は性格上、居住に関する記述が少なく、詳しく観察できないのが憾まれる。それに対し、平安時代の仏教説話集『日本霊異記』や、物語や記録になると、記述がより詳しくなる。

⑪大和の国添《そふ》の上《かみ》の郡《こほり》山村の里に、一の長母有り。姓名未だ詳ならず。彼《そ》の母に女《むすめ》有り。嫁ぎて二《ふたり》の子を生む。聟の官、県《あがた》の主宰《みこともち》に遣され、因りて妻子《めこ》を率て、任《ま》けられし国に至りて、歳余を経たり。但妻の母、土に留りて家を守る。（日本霊異記・中巻・第二〇話）

⑫諸楽の京に一の大僧有り。名未だ詳かならず。僧常に方広経典を誦し、俗に即キテ銭を貸し、妻子を蓄養ふ。一の女子嫁ぎて、別に夫の家に住む。帝姫阿倍の天皇のみ代の時に、聟、奥の国の掾《じょう》に任けらる。則ち舅の僧に銭二十貫を貸りて、装束を為り、任けられし国に向かふ。歳余を歴て、謝いる銭一倍にして、僅に本の銭を償ひ、

未だ利の銭を償はず。未だ利の銭を償はず。弥年月を逕て、猶徴り乞ぽ。聟、窃に懐に嫌みて、是の念を作し、便を求めて舅を殺さむとす。舅知ら不して猶平心にして乞ふ。聟、舅に語りて曰はく「奥に共せ将とす」といふ。舅聞きて往き、船に乗りて奥に度る。聟、船人と、心を同じくして悪を謀り、僧の四枝を縛り、海の中に擲げ陥れテ、往きて妻に語りて曰はく「汝が父の僧、汝の面を憐むと欲ひ、率て共に度り来る。忽に荒き浪に値ひ、駅船海に沈み、大徳溺れ流れて、救ひ取らむに便無し。終に漂ひ沈みて亡り、但我僅に活くるのみ」といふ。其の女聞きて、大きに哀しび哭きて（日本霊異記・下巻・第四話）

⑬朝忠《あさただ》の中将、人の妻にてありける人に、しのびてあひわたりけるを、女もおもひかはしてすみけるほどに、かの男、人の国の守になりて下りければ、これもかれも、いとあはれと思ひけり。さてよみてやりける、
たぐへやる　わがたましひを　いかにして　はかなき空に　もてはなるらむ
となむ、下りける日、いひやりける。（大和物語・第六段）

⑭むかし、男有けり。宮仕へいそがしく、心もまめならざりけるほどの家刀自、まめに思はむといふ人につきて、人の国へいにけり。（伊勢物語・第六〇段）

⑮むかし、年ごろ訪れざりける女、心かしこくやあらざりけむ、はかなき人の言につきて、人の国なりける人につかはれて、もと見し人の前に出で来て、もの食はせなどしけり。（伊勢物語・第六二段）

⑯丁卯、微雨降、陸奥守道貞朝臣妾子下向〉自装束并女騎装束・鞍等、以安隆朝臣送遣、有和哥、安隆返来、賜被物。（御堂関白記・寛弘元年閏月九月十六日条）

⑰癸卯、忠範妾式部下向、調車欲賜間来、仍至于大津賜宰相中将車。（御堂関白記・寛弘二年八月二十七条）

⑱陸奥守済家罷申、賜女装束・下襲・表袴等・馬、其妾乗鞍一具、又女騎米粁馬・二人鞍・笠・行縢・装束二具等給之（御堂関白記・寛弘六年八月二十三条）

⑲四月…辛丑、昨都督両妻車論、前典侍大怒留、人々相勧、臨晩景僅乗車向山埼云々…（小右記・寛弘二年四月廿四日）

⑪も⑫も『日本霊異記』に見える用例で、⑪は婿が任国へ行くこととなり、娘と子供は一緒についていったが、母は故郷に残った、という話である。子供も生まれたところを見ると、婿が妻の家に住み着くうちに、任国に派遣され、姑を残し、妻子とともに任国に下ったものと考えられる。無論、すでに娘夫婦が独立居住婚に入っていた可能性もなくはないが、母は一人なので一緒に住んでいる可能性のほうが高かろう。⑫の娘夫婦は別のところに住んでいるとあるので、独立居住婚であり任国へ下った時も一緒であった、と理解してよかろう。『土佐日記』の記述によれば、作者が任国の土佐国から帰京した時は妻と一緒にいたが、一緒に下向した娘はすでに亡くなっていた。⑬は『大和物語』に見える藤原朝忠がひそかに通っている人妻が夫について任国に下ったときの話、⑭は『伊勢物語』にみえる「家刀自」の人妻が宮仕えで自分のことを顧みない夫を見限って、誠実そうな人について任国に下った話、⑮も『伊勢物語』の例で、宮仕えの忙しい夫に失望した妻が、ほかの男性と再婚し地方へ下ったところで元夫と再会する話である。⑬、⑭、⑮の三例は、人妻でありながら、ほかの男性との交際がある点が共通しており、⑭、⑮は愛情を見せてくれなかった夫から離れた女性が、一人がわが身を恥じて尼になり、もう一人が逃げ出して行方不明、という結末になっている。女性の軽率な任国下りを戒める、一種の教訓譚として語られているのである。これらの話から当時の任国下りの際に妻または懇ろになっている女性を見つけて一緒に行くこと、夫婦関係として十分安定していないケー

スもあることが分かる。平安初期から中期にかけて成立したこれらの物語は女性達の任国下りの失敗譚として記されているが、中期以降では、女性同士でわれこそ夫に同伴すべき妻であると争いになることもあった。⑯から⑱は『御堂関白記』の記録で、道長が自分の勢力下の人物の任国のことを記している。⑯陸奥守橘道貞の妻子が下向する時の記録、⑰は橘忠範妾式部、⑱は陸奥守藤原済家の赴任であるが、自分の配下にある人物の妻は「妾」と記すのは道長の独特の待遇表現であるが[23]、十一世紀後半になると、下向に際し餞も行われ、一緒に下向する女性も参会していたこと、また夫が先に任国へ行き、その後女性が行く場合もあったことがこれらの記録で分かる。ただ、連れていくのは一人の女性で、当時は多妻婚が行われていたので、場合によっては、妻同士の争いに発展する。⑲は『小右記』の記録で、寛弘二年高遠が下向する際に二人の妻の間に争いが発生した。連れていくのは恐らく最も身近に感じる女性であろうが、任期制という時限つきの随行なので、育児や親から離れられないなど様々な理由によって下向できず、夫がほかの女性と一緒に行く可能性もあったと思われる。『更級日記』の記述によれば、作者は父親菅原孝標が上総国へ赴任した時に随行したが、一緒に下向したのは作者の母ではなく、継母であった。そこでは継母と継子の同居生活が始まるが、菅原孝標と作者の母とは離婚していない。一緒に下向した継母も

継母なりし人は、宮仕へせしが下りしなれば、思しにあらぬことどもなどありて、世中うらめしげにて、外にわたるとて、いつゝばかりなる乳児どもなどして、「あはれなりつる心のほどなむ、忘れむ世あるまじき」などいひて、梅の木の、つま近くて、いと大きなるを、「これが花の咲かむおりは来むよ」といひをきてわたりぬる…継母なりし人、下りし国の名を宮にもいはるゝに、異人通はして後も、猶その名をいはるときゝて、親の今はあいなきよし、いひにやらむとあるに、朝倉やいまは雲井に聞く物を猶木のまろが名のりをやする。

とあるように、帰京してから菅原孝標と別れた。任期制による夫婦同居は任期終了後夫婦がまた別別に生活する可能性を示唆する例である。しかし、婚姻居住の観点からみれば、この随行制度の意義が大きい。律令国家の官人制度によって時限つきではあるが夫を中心として構成した近親者の家族グループが一緒に住むことになるので、夫側提供の独立居住婚の下地が作られたと考えられる。同時に断っておかなければならないのが、この制度は畢竟下向する律令官人に適用される制度で、社会全体の居住形式の変動に与える影響は限定的である。本格的な夫婦同居の普及はより屈折した形で表れ、進展していったと考えられる。

三　訪婚と妻方居住婚の連続性

『万葉集』の大量の訪婚歌と律令国家によって制度的に推進された夫婦同居の実態を見た上で、平安時代に顕著に現れた妻方居住婚について考えてみたい。高群逸枝はかつて、訪婚から妻方居住への移行を婚姻語彙の変化で説明しようとした。高群は「妻問」（男が女家に通う、氏族時期）と「婿取」（男が女家に住みつく、氏族崩壊期）を婚姻史上の二期を表す用語とした。高群によれば、妻問の語は、記紀、風土記、万葉の時代に、婿取の語は平安中期以降に用いられるが、その間の時代は専ら「よばひ」や、「かよひ」、「すみ」等の語が用いられた、という。[24]それに対する批判が栗原弘からなされている。栗原は、万葉時代の代表語は「かよひ」であって、高群逸枝の言う「つまどひ」ではない、とする。[25]筆者も訪婚の行為そのものを表す「通ふ」という語こそ万葉時代の訪婚と深く関わっているのではないかと考える。「かよひ（ふ）」表記には、「可欲波牟」（表音）、「通」、「徃来」（表意）などがある。先述した「妻問」、「嬬問」、「孋言」は和製漢語で、「通」、「徃来」既製漢語である。中国語では婚姻用語としては用いられないが、行き来するという一般的な意味が訪婚の通いを表すのに用いたものであろう。考えるに、つまどひの「とひ」に宛られる「問」、「言」や「かよひ」に宛られる「通」「往来」などの漢語はいずれも交流性、流動性を含意する言葉である。隔絶性の高い娶嫁婚にはない男女関係であることが、これらの借用語や和製漢語から見ても分かる。「来る」「行く」などの語が具体的な一回性の言葉であるのに対し、「通ふ」は「往復」を表す言葉である。この語はまた訪婚から妻方居住婚の連続性を示すものである。

①かくのみし恋ひば死ぬべみたらちねの母にも告げつ止《や》まず通はせ（二五七〇）

②春さらばををりにををりうぐひすの鳴く我が山斎《しま》そ止《や》まず通はせ（一〇一二）

③多由比潟《たゆひがた》潮満ちわたる何處《いづ》ゆかも愛《かな》しき背《せ》ろが吾がり通はむ（三五四九）

④大野路《おほのぢ》は繁道森道繁くとも君し通はば道は広けむ（三八八一）

①は、こんなにも恋い焦がれるときっと死んでしまうでしょうから、母にもあなたのことをうちあけました。いつでも通っておいでください、と男に絶えることなく通ってくることを求める。②は、宴会での男性による歌であるが、「古歌」「古情」を旨とするこの集会で詠まれたこの歌は、女性の立場に擬して詠んだものである。「止まず通わせ」とは、男の継続的訪問を希求する女の気持ちを表すもので、類型的な表現である。③は、多由比潟に潮が満ちている。恋しいあの人はどこを通って私のところへくるかしら、と相手の道中のことを案じながら待っている女の心情を詠んだものである。④は、大野路の道は草木が茂って歩きにくい道でも、あなたが通ってくるならば、道はきっと広くなるでしょうという意味である。このような男の通いの道中の事情を案じる歌は万葉集の中には多く存在しており、訪婚社会ならではの感覚である。

⑤春日野の山辺の道を恐《おそり》なく通ひし君が見えぬころかも（五一八・石川郎女）
⑥常止《つねや》まず通ひし君が使来ず今は逢はじとたゆたひぬらし（五四二・高田女王）
⑦人の親の少女児《をとめご》据《す》ゑて茂《も》る山辺から朝な朝な通ひし君が来ねばかなしも（二三六〇柿本人麿）
⑧山守《やまもり》の里辺に通ふ山道そ繁くなりける忘れけらしも（一二六一）

かつて頻繁に通ってきた相手もこの頃姿を見せてくれない。その時、女性は歌で相手の気持を確かめる。「恐《おそり》なく通ひし君」、「常止《つねや》まず通ひし君」、「朝な朝な通ひし君」とまずかつて男性が頻繁に通っていたことを挙げておきながら、通ってこない今と対比させ、男の変心を咎めたり、あるいは自分の不安を詠んだりする。

⑨水底《みなそこ》に生ふる玉藻の生ひ出でずよしこのころは斯くて通はむ（二七七八）
⑩…新夜《あらたよ》のさきく通はむ事計《ことはかり》夢に見せこそ劒刀《つるぎたち》斎《いは》ひ祭《まつ》れる神にし坐《ま》せば…（三二二七）
⑪足の音せず行かむ駒もが葛飾の真間の継ぎ橋止まず通はむ（三三八七）

⑨は、水底に生える玉藻が水の上には伸びないように表面には出ず、人目につかないで、ままよ、当分はこのまま忍んで通うことにしようという意味である。⑩は長歌で、毎晩毎晩新たに元気で通うための計らいを神よどうか夢でお示しくださいと通いの無事を祈るものである。⑪は、足音せずに行く駒がほしい。葛飾の真間の継橋をいつも女のもとに通いたい、という。男歌には人目を気にしながらも「かよはむ」と詠むものが多い。いつまでも愛する女性の許へ通おうという男性の誓いの気持が見てとれる。要するに、万葉集の時代では、絶えず通うことこそが男女関係の理想形であって、一緒に住もうという発想は見られない。しかし、平安時代の和歌集や歌物語になると、詞書における「かよひ」が「すみ」など同居傾向を示唆する言葉に相対化され、婚姻関係の一段階を表す語に変化する点は見逃せ

ない。

寛平御時きさいの宮の哥合のうた　きのとものり

くれなゐの色にはいでじかくれぬのしたにかよひてこひはしぬとも（古今和歌集・六六一）

題しらず　みつね

冬の池にすむにほどりのつれもなくそこにかよふと人にしらすな（同右・六六二）

ある人、この歌はむかし大和の国なりける人の女に、ある人住みわたりけり。この女親もなくなりて、家も悪くなり行くあひだに、この男河内の国に人をあひしりてかよひつゝ、かれやうにのみなりゆきけり。（古今和歌集・九九四詞書）

「住み＋わたる」は夫婦関係が長期間にわたっていることを示唆するものである。当歌の場合は、「かよひ」と「すみ」の両方が用いられ、もとの妻のことを「住みわたりけり」といい、新しい妻のことを「かよひつつ」と表現していることにも注目できよう。

修理の君に右馬の頭すみける時、「かたのふたがりければ、方違にまかるとてなむえ参りこぬ」といへりければ、これならぬことをもおほくたがふればうらみむ方もなきぞわびしきかくて右馬の頭行かずなりにけるころ、よみてをこせたりける、

いかでなを網代の氷魚《ひを》にこととはむ何によりてか我をとはぬと

といへりければ、かへし、

網代よりほかには氷魚《ひを》のよるものか知らずはうぢの人にとへかし
又同じ女にかよひける時、つとめてよむだりける、
あけぬとていそぎもぞする逢坂の霧たちぬとも人にきかすな
男はじめころよむだりける、
いかにして我は消えなむ白露のかへりて後のものはおもはじ
かへし、
かきほなる君が朝顔みてしがな返て後はものや思ふと
おなじ女にけぢかく物などいひて、かへりてのちによみてやりける、
心をし君にとゞめて来にしかば物思ふことは我にやあるらん
かへし、
たましひはをかしき事もなかりけりよろづの物はからにぞありける（大和・八十九段）

「すみ」は比較的安定した夫婦関係と先述したが、未だ容易に離れうることが右の例からも察せられよう。八十九段話は、一旦「すみ」の状態に入った夫婦が離れた後に回想として語られたものであるが、段階的に、「けぢかく物などいひて」、「（男女の契りを結んだ）はじめころ」、「かよひける時」、「すみける時」、「ゆかずなりにけるころ」のように一つの流れをなしており、語り手も一つの流れとして語ろうとする意識が明瞭に読み取れる。そして、「かよひ」は、この一続きの流れの中の一時期、複数の女性の中の一待遇として示されている。『大和物語』とほぼ同じ頃に成立した勅撰和歌集『後撰和歌集』には男女の贈答歌が多く収められ、しかもその詠歌事情を説明する詞書が記されて

いる。その詞書の「かよひ」に関する記述は、「かよひすみ侍りける」、「つねにまうできかよひける所」「しのびにかよふ所」「時々まかりかよひける」、「ここかしこにかよひすむ所」、「年ひさしくかよはし侍りける」と実に多様多彩である。「かよひ」と「すみ」の境界線が不分明であることも特徴である。

かよひ住み侍りける人の家の前なる柳を思やり　　みつね
いもが家のはひいりに立てる青柳に今や鳴くらむ鶯の声（後撰和歌集・四一）
男の、ここかしこに通ひ住む所が多くて、常にしもとはざりければ、女も又色このみなる名立ちけるを、うらみ侍ける返事に　　源たのむがむすめ
つらしともいかが怨む郭公わがやど近く鳴く声はせで（後撰和歌集・五四七）

四一番歌は躬恒集では屏風歌の画中の人物の立場にたって詠んだ歌となっているが、歌に用いられている「かよひすみ」は、「かよひ」と「すみ」の連続性を示唆している。興味深いのは、五四七番歌に見られるような、複数の女性のもとへの「かよひすみ」である。同居は段階的に通いから住みへと移行するが、複数の女性と婚姻関係を持つ場合、通う頻度によって差が必然的に出てくるが、いずれも「かよひ」に通底していることがこの例から見てとれる。第一編第三章にすでに述べたように、『万葉集』に見られる「かよひ」は訪婚の行為そのものを表すのに対し、平安時代の和歌になると、「かよひ」は一種の状態である。これらの用語の変化を直ちに婚姻形態の変化と断定することはできないが、平安時代の作品で男性の通いそのものに関心が寄せられ、それを男女関係の結合の度合のメルクマールとして認識するようになっている。要するに、万葉集時代では、「かよひ」は訪婚の行為として詠まれ、通う道、通う男性の辛労およそそれに比例する誠意、その通いを待つ女性の心情などが詠まれるが、「かよひ」を一つの状態とし

て相対化して詠むものが平安時代の和歌集や歌物語に初めて現れる。次第に訪婚を経て夫婦同居――これもすべての夫婦に行われるものではなく、選択的同居というべきものであるが――に移行する過程を表したものである。そして、「かよひ」に後続する「すみ」は、「年経て」など長期間を意味する語と一緒に用いられることと同時に、「行かずなりにける」、「離れ」など夫婦離別を示唆する表現と一緒に用いられていることから、完全に同居にまで至っているわけではないが、男性が長期間に亘り、恒常的に妻の許へ通う夫婦生活の中で、食・居を共にする度合が高くなったことを意味する言葉だと確認できよう。言わば夫婦同居の初期段階である。注目すべきは、「すみ」は、通っている男性が女性の許への定着を指すもので、決してその逆ではない。訪婚と妻方居住の連続性は結婚の婚儀からも裏付けられる。記紀には、訪れた「客人《まらうと》」を歓待する記述が見える。妻による「百取机代之物《ももとりのつくえしろのもの》」である。大山津見神が迩迩芸能命に二人の娘石長比売と木花之佐久夜毘売を奉った時に「百取机代之物」を持たせたとあり、火遠理命が海神の女豊玉毘売と結婚した時も海神が「百取机代之物」を備えて結婚させたとある。これは女性の家が来た男性を歓迎する意を表す儀式であるが、変則的な例も見られる。雄略天皇は御幸の途中で会った女性、赤猪子に後宮に迎えると口約束したまますっかり忘れていたが、その後、赤猪子が「百取机代之物」をもって参上した例もある。平安時代の婿取婚に見られる婚儀は明らかに「百取机代之物」の儀と連続性を持つものである。婿取りの婚儀も妻の家を中心に行われた。文使、婿行列、火合、沓取、衾覆、後朝使、露顕などの内容は、男性を歓待する「百取机代之物」から、男性を家の共食、共住の一員にするという内容までに発展したのである。また婿取の露顕《ところあらはし》の宴の時に、婿と対面するのは妻の親、兄弟のみならず、姉妹の夫にまで及ぶのも見逃せないものであろう。『落窪物語』に、道頼と四君との縁談が持ち上がり、中納言家に報復しようとする道頼が、自分の代りに面白の駒を四君のもとへ通わせた。その三日夜の露顕の宴で、四君の婿は道頼ではなく、面白の駒であったことが判明した時に、「この兵部少輔に見なしては、えねんぜず、ほゝと笑ふ中にも、蔵人の少将ははなばなと物笑する人にて、笑ひ給ふ事限りなし」とあるが、蔵人の少将は三君の夫である。姉妹の夫も家族対面の場に参加するというのは、これから同じ家に通って、同じ竈の食事を取る共食関係にあるからである。婿は妻方の家族と同居できるが、妻の夫の家族との同居例は見られない。共食、同居の観点からみれば、婿は妻の家での生活面において重要な一員となる。通ってくる男性を歓待する共食儀式とその男性を婿に取るという儀式には明らかに連続性が見られる。高群逸枝は平安時代の居住の特徴について

平安の家は、常に父母、娘夫婦、外孫からなる母系親の同居体であって、父母、息子夫婦、孫からなるような父系親の同居体は絶対にない。(26)

と指摘した。この指摘の重要性は、同居同火できるメンバーとできないメンバーがはっきり区別されていることである。父系二世帯の同居や同食を忌避することは居住上の禁忌と見なすことができる。問題は、これらの特徴が夫婦同居にどう働くのか、ということである。高群逸枝はこれを母系社会の根拠として論を展開したが、筆者はこれを訪婚と妻方居住との連続性として注目したい。この居住上のカマド禁忌は、平安期のみならず、奈良時代から室町時代に夫方居住婚が確立されるまでの期間に一貫して見られるものである。訪婚社会では男性が女性のもとへ通う。移動するのは男性なので、女性は男性の家族と接する機会がない。それに対して、男性が妻の許へ通い、そのうち子供も生まれる。子供が母側で育つのが原則であったが、恐らく男性は日常的な共同生活の中で頻繁に通って、妻の家族との接触が多く、共食関係も自然に生まれると考えられる。従って、男性と妻の親や娘の子供との接触は日常的に発生し許容されたのであろう。平安時代に発生した婿取婚は決してこの時代の例外ではなく、訪婚社会の習俗の上に発展し

たもので、通ってくる男性を妻の家が定着させようとする形態なのである。婿取婚が妻方居住婚を前提としているのはいうまでもないが、これを母系婚とみるかどうかは別の問題である。高群逸枝の母系説に対して、すでに父権、父系思想の浸透した社会に母権・妻方居住の一般化は考えられないと批判した洞富雄の見解(27)は必ずしも正しいとは云えないが、平安時代の妻方居住婚は母系社会の産物ではないからこそ制度上に顕在化した父系制と併存できたと筆者は考える。妻方居住婚において先述のような男性の妻の親や娘の子供との接触の多さといった母方・妻方偏向は明らかで疑う余地もないことであるが、妻方居住を促進する諸要因の中に、母系的論理と逆の運動が認められる。つまりこの時代になると、男性の、父としての役割が強く求められたのである。律令制では蔭位制によって、父―子間の間接的な継承を「承家」という観念が確立する一方で、生活面において、娘に対する父の庇護も重要度がましてきた。則ち、子に対する父の役割は男子に対してのみならず、双方的に女子に対しても求められたのである。蔭位制は父による男子への「蔭＝庇護」というならば、婿取りは娘への「蔭＝庇護」といえよう。婿取りは女性の親が主体になるが、親が前面に出て婿を取る行為は何を意味するのであろうか。私見では「後見の約束」と考える。通ってくる男性にはまだ経済力がない。妻側の親は後見することによって自家に定着させる。いわゆる「本家の労り(28)」というのが妻側の後見の表れである。しかし、このような後見は決して一方通行のものではなく、妻側の親が年老いた時に、今度は男性が父親になって子女の後見をしてもらうためである。平安の貴族社会では、官界での政治的連携や利害など諸要因によって婿をとることも考えられるので、父親の後見の有無が重要な意味を持つ。従って、婿取・妻方居住婚は、結婚の儀式から、その後の生活、子供の養育、同居同食による人間関係など諸現象からみても、妻方中心的であるが、男性が父親として、夫として、さらに舅として後見することによって維持されることを見逃すわけにはいかない。かつて中川善之助が、平安時代の婚姻につて、甚だしく招婿婚的であり、また母系的でありながら、家の原理は父権的になって来ている」と指摘したが[29]、ある意味では、この婚姻形態の双系的性格を看破したと言える。律令制の導入によって、同居の家族観のみならず、嫡庶制や妻妾制によってもたらされた父系的論理が様々な回路を通って、夫婦の同居を促す力となるが、訪婚社会に培われてきた居住上の禁忌は容易に突き破ることができない。妻方居住がもっとも自然で有効な生活様式として選択されたものと考えられる。この婚姻居住は現象的には母方・妻方中心であるが、父権の増大を背景としているのである。外来の父系的論理に対する古代日本社会の双系的反応、と理解すべきであろう。当時の婿は後代の婿養子のように妻の家の男系を維持させる為に妻の家に入ったのではなく、妻方居住をしても、自族の成員権を失うことなく、妻の家の成員権を取ることもない。そして、妻方居住婚をしている男性は完全に妻の家に釘づけにされることなく、妻の家に住んでいても他の女性の許へ通うことができるのである。もう一つは当時の個人所有のあり方である。このような個人所有制は、父系にも母系にも大家族の一般化を不可能にし、独立居住にむいていることがすでに指摘されている[30]。となると、訪婚後に実現される妻方居住は一体いかなる位相を持つのか、という問題が前面にでてくる。これは高群逸枝の母系説の再検討にも繋がるが、先述したように、高群説の主要な問題は、訪婚後の妻方居住婚を母系社会への進展と見なすところで、妻方居住を生涯に亘るものとするところにある。確かに婿取・妻方居住は母方・妻方中心の婚姻形態であるが、娘夫婦を後見するという意味での婿取であり、将来的にその見返りとして、娘や娘の所生を夫として、父親として後見することを期待するのである。つまり、息子には蔭位制による父―子の継承が行われるが、娘に対しては、その婚姻生活を安定させるために婿を取るのである。婿を寄生的存在とみなす高群逸枝はこの点においては、事の本質を見誤っている。婿取・妻方居住は、夫婦同居の助走のような役割をするものである。つまり平安時代の妻方居住は結婚の前半――ここで言う前半は時期を一定しないが、目安として大抵子供が生まれる前を言う――は妻方による後見が行われ、新たな夫婦同居の家族をサポートする形を取るのが一般である。子供が生まれ、娘夫婦に一定の力が付いたら、今度男性が妻子の後見をするようになり、妻の家から独立居住婚に入るのが一般的である。妻方居住は夫婦別居から夫婦同居へと移行する過程において、別居と同居の境界線を明白な形ではなく、漸次的に自然な形で移行させる役割を果たしているのである。さらに夫側提供の独立居住婚も夫方居住へ移行する上において同じような過渡的性格を持つものと理解される。

要するに、日本の上代は訪婚が主流であり、奈良後期から平安時代にかけて、夫婦同居が普及してくるが、同居する家庭とそこまで至らず訪婚のままの家庭とが併存した。同居までのプロセスを見ると、最も自然で実現されやすい方法は、「かよひ」をする男性を女性のもとへ安定させることであった。言い換えれば、訪婚と妻方居住の連続性が当時もっとも自然な移行形態であったということである。

四　妻方居住婚と独立居住婚の連続性

妻方居住婚と独立居住婚の連続性について考える前に、「夫方居住」と「夫側居住地提供の独立居住婚」との混同について考えておく必要がある。定義からいえば、「夫方居住」とは、男性の親の家に住むか、親の近くに住むことである。「夫側居住提供の独立居住婚」とは、夫によって邸宅が提供され、夫婦がどちら側の親からも離れた新居に居住することである。両者の違いは、単に居住地の遠近ではなく、父系親と日常的に生活をともにするかどうかである。そもそも人類学で言う夫方居住婚は父処婚とも言われるように男系親を中心とした婚姻居住形態で、女性の婚出を前提に、父系親の集住を結果とするものである。従って、たとえ男性の親の家に入らなくても、その社会の親族構造も居住形態も父系中心になっているはずである。古代日本の婚姻居住の研究史を概観すると、そこには二つの「夫方居住」観がある。一つは娶嫁婚・父系単系論者によって唱えられた「夫方居住」である。先述したように、歴史研究の領域では古くから籍帳の実態説と擬制説が対立していたものの、同居に関しては夫方居住だという共通認識があった。その共通認識根拠は戸籍の記載にあるが、戸籍に記載された、父子・兄弟の父系合同家族から「夫方居住婚（父処婚）が析出されるのはむしろ当然である。戸籍研究のみならず、先述したように江守五夫の出した「一時的妻訪婚―夫方居住」の説においても基本的に同じ認識のもとに立っている。対して、近年社会人類学の手法を取り入れつつ、古代日本の居住形態を考察する双系説の論者らが言う「夫方居住」は必ずしも同じ意味ではない。父系単系論者の言う「夫方居住」と双系論者の言うそれとに意味上の混同が起きている。父系家族論で言う「夫方居住」というのは、戸籍記載に示されたように父子合同の同居家族を指すのであろうが、双系論者の「夫方居住」となると、その定義は実に様々で、模索しているのが現状である。

訪婚―夫方・妻方・独立居住への三形態（大林太良・吉田孝・栗原弘[31]）

（理念）妻訪―夫方居住、（実際）妻訪―独立、妻方（明石一紀[32]）

訪婚―妻方―独立が主、妻方―夫方が従（関口裕子[33]）

各説は微妙な差を持ちながら、夫方居住婚の存在を認めている点では共通しており、訪婚―夫方居住婚が通説的理解となっている観さえある。しかし、各説の記述を見ると、大林太良の研究では、妻訪―夫方居住婚が行われるベトナム北部のタイ語族のトー（土）族では親夫婦と未婚の子供、既婚の息子夫婦とその未婚の子供がそれぞれ別個の家屋に住み、これら家屋のあつまりが一集落を形成していると言っているところからみれば、大林の言う夫方居住婚は「男性の親の家の近くに住む形態」を指すとみてよかろう。[34]明石一紀も、中部タイのシャム族に見られる、妻訪の後、夫の実家の近くに新居を設けることを「夫方居住婚」とし、また「父子別居の独立的な夫方居住婚」と呼んでいる。[35]明石が当時の集落を「父系的偏向を見せつつも双方的な親族関係にある数家族が集住したもの」として父系的偏向を強調しているのに対して、関口裕子は主流の形態は通いを経た妻方居住婚とし、最終的には娘夫婦が親夫婦から独立するとした。夫方居住婚については「中央や地方の富裕な層」という限定を入れてその存在を認めたが、関口の言う「夫方居住」も実は父母と同居しないことを前提としているのである。[36]一方で、吉田孝の場合は、夫方居住婚を「夫方の住処に屋を持つ」と定義し、[37]「婚姻にともなう居住規制がはっきりした形では存在してなかった」とどちらもはっきりした居住規制がないと主張することによって社会の双系性を強調している。吉田は現象的には夫方居住婚の存在を認めながら、後世の嫁入婚とは全く異なり、新夫婦世帯は、新しい独立した新処（独立）居住婚としての性格を持つものとしており、このような独立居住婚は、父母と息子夫婦、兄弟夫婦の別居の慣習に由来するものと指摘している。一方、栗原弘は「夫方居住婚」を、夫方の父母と同居するものとしないものと二種類に区別し、さらに独立居住婚についても婚舎を夫方提供と妻方提供の二種類に分けた。それなら、夫方の父母と同居しない夫方居住婚と夫側婚舎提供の独立居住婚の区別の基準を明白にしなければならないが、この点には触れていない。

このように、同じ「夫方居住婚」という用語を用いながら、異なる内実を指して議論を展開しているのが現状である。概して言えば双系論者の言っている「夫方居住婚」は夫の親の家の近くに建てたものに住んでいる、ということである。しかし、高群逸枝が指摘したように、日本古代の婚姻居住において、女性は婚出しない、同居の場合も男性の生家に入らない、成年の父子兄弟は同居しないというのは原則である。それに対して娘夫婦及び外孫とは同居できる。独立居住婚の場合も男性の親と同居することはなく、逆に妻側居住地提供の独立居住婚の場合は勿論、夫側居住地提供の独立居住婚の場合も女性の親とそこで同居する例がある。つまり、夫側提供の独立居住婚は、妻側の親族と同居する妻方居住と連続性を持ち、一方で夫側の親族との同居は拒絶するのである。このような連続と断絶の不均衡こそ、この夫側提供の独立居住婚の本質を語るものである。双系論者による夫方居住説において、多様な居住形態が並存していたにも関わらず、このような娘夫婦と外孫との同居可能と息子夫婦との同居回避の原理を無視しては、自己矛盾に陥る恐れがあろう。古代日本の文献を虚心に読むなら、夫家を中心とした夫方居住婚を検出するのは困難だといわざるをえない。もう一つ記しておきたいのは、社会の規範的居住規制と個別例との区別の問題である。いかなる社会においても、基本居住形態以外の居住例があり、ましてや上代の漢字文献には夫方居住婚的な表現法があり、さらに先述した任国下向時の随行制度を考えると、表現による夫方居住や、任国での夫方居住婚に近い（夫の親と息子夫婦が近くにすんでいる）事例が出てくるのがむしろ自然である。しかし、これらの例を以って夫方居住婚が一つの居住形態として古代日本社会に存在していたと証明するかどうかについては慎重に検討する必要がある。具体的にこれまで出された夫方居住婚の証拠として出された代表例を挙げて検証してみよう[38]。

①『隋書』倭人伝「婚嫁不取同姓、男女相悦即為婚、婦入夫家必先跨火、乃与夫相見」

②『日本書紀』雄略九年七月壬辰朔条「田辺史伯孫が娘に子供が生まれたので、「往賀婿家」とある。

③『日本書紀』蝦夷・入鹿親子「大臣家曰上宮門、入鹿家曰谷宮門」

④『続日本紀』和銅七年一一月戊子条「信紗氏直果安妻也事舅姑以孝聞夫亡之後積年守志自提孩穉并妾子惣八人撫

養無別事舅姑自竭婦礼爲郷里之所欲也」

⑤『続日本紀』延暦三年閏九日乙卯条「天皇幸田村第、授第三男従五位」

⑥『万葉集』八九二番歌貧窮問答歌「父母は枕の片に　妻子どもは足の方に」

⑦『万葉集』三三一二番歌「奥床に母は寝たり外床に父は寝たり」

⑧『万葉集』七九四番歌大伴旅人の妻、夫に任国へ随行し、任国で亡くなったこと

⑨『日本霊異記』上三〇話豊前国宮子郡少領「夫が妻を擯ひて家より出し遣る」

⑩『日本霊異記』中巻二七話尾張国中嶋郡大領「夫が妻を「もとの家に送りて亦睠みず」」宿禰久玖の怪力妻、夫の父母が息子に妻を実家に送り返させる

⑪『日本霊異記』中巻二〇　国司となった夫に付き添い任国へ下る

⑫『日本霊異記』下巻第四　「一人の女子嫁ぎて夫の家に住む」

例①は中国側の史料で、同姓不婚、花嫁が火を跨ぐような習俗は、日本側の史料には見られないことから記述そのものに問題があるかまたはごく一部の地域または特殊な集団で行われていた例外的婚制とすべきである。②に見える伯孫は伝説上の人物で[39]、果たして史実であるかどうか疑問視されていることはともかく、「往賀婿家」とあるので、夫婦は妻の親から独立して居住していることが分かる。関口裕子が指摘したように[40]、これを夫方居住婚と即断することはできない。独立居住婚の可能性も十分あるからである。③に関して、栗原は蝦夷・入鹿親子の居住は父子隣接居住として、夫方居住としているが、たしかに、『上宮聖徳法王帝説』にも似たような記述が見える。

池邊天王、其太子聖徳王、甚愛二念之一令レ住二宮南上大殿一、故号二上宮王一也

用明（池邊）天皇が聖徳太子を大層愛し、自分の住む宮の南上の邸宅に住まわせたという例がある。平安時代の物語『宇津保物語』にも藤原兼雅が息子の仲忠のために自邸の近くに邸宅を用意したとある。このように父子間が親密であった場合に息子を近くに住まわせるということは十分考えられる。しかし、このような事例を夫方居住婚とみなすことができるかどうかは疑問である。栗原自身も認めているように父子の別居を前提としたものであり、一種の独立居住婚と見なすべきであろう。婚姻関係、居住関係が複雑になっている平安貴族の場合、男女が双方の親の家を離れて居を構える場合には、それが男性の親の近くであるか、女性の親の近くであるか、実際見分けられないのも実情である。④の『続日本紀』の例は節婦表彰の記事である。このような節婦表彰の表現のモデルは中国の文献に大量に存在する。

鄭袤妻曹氏、魯國薛人也。袤先娶孫氏、早亡、娉之爲繼室。事舅姑甚孝。（晋書・列女）

有貞婦萬晞者、少孀居無子、事舅姑尤孝、父母欲奪而嫁之、誓死不許、憲之賜以束帛、表其節義。（梁書・顧憲之傳）

蘭陵公主字阿五、高祖第五女也…事舅姑甚謹、遇有疾病、必親奉湯藥。（隋書・列女）

楊三安妻李氏、雍州涇陽人也。事舅姑以孝聞。（旧唐書・列女）

律令国家が定期的に節婦を宣揚し表彰しているこの節婦表彰は古代日本の律令国家も導入しているので、同じ表現法である。ただ実在の人名を使っているので、これは全くの杜撰というものではないが、「嫁」という漢語表現は女性が夫の家に入ることを意味しないと同様に、ここで用いている「事舅姑」も嫁と舅姑の同居を意味しない、表現上の擬制の可能性が高い。⑤の『続日本紀』に見える「天皇幸田村第、授第三男従五位」と同類の例が平安に入ってからもかなりあるが、これは父子同居の証拠にはならない。なぜなら、天皇の御幸が某高官の邸宅を訪問する場合、その高官のみならず、その息子達も参会するので、その際の叙位であろう。⑥『万葉集』の貧窮問答歌「父母は枕の片に妻子どもは足の方に」はすでに指摘されたように、憶良の用いた対句表現である。⑦の三三一二番歌は女性による歌で、夜恋人が来ても出られないことを詠んだもので、夜の屋内に母と父が寝ているから同居だとする見方は成立しにくい。⑧の大伴旅人（一説では山上憶良）の妻が任国で亡くなったことや⑨の『日本霊異記』の怪力妻と夫の父母の登場については、先述したようにこれは律令官人制の一環としての制度がもたらした、夫を中心とする同居家族の形成であるが、本当の意味で言う夫方居住婚ではない。ただし、⑨の場合は、父母がかなり近いところにいることが考えられるので、近くにまたは一緒に住んでいる可能性は高い。しかし、このような居住例をフォーマルな類型として見なすことはできない。このように、夫方居住説の最も大きな問題は、娶嫁婚的先入観と発展段階説の直線的な理解である。訪婚から夫方居住婚へ移行する過程に必ず表れるはずの女性の移動に関する記述は、任国へ随行すること以外見られない。このことがもっとも雄弁に夫方居住婚の不在を物語っていると思われる。訪婚は男性の通い＝移動が必要とする婚姻形態で、夫婦同居が要請される時代では男性がしだいに移動先の妻の家に定着し、そこで同居することが自然な成り行きではないかと思われる。男性の力が増大するにつれて、男性の父親としての、夫としての義務が要請されることがその背景にあったことはすでに述べた通りである。形式上母方・妻方偏向であるのは、訪婚による妻方との親和性、子供が母方に育つ母方中心の性格、成年の父子兄弟の別居といった当時の居住上の慣習が作用したものと見られる。これらの慣習に沿った形で、夫婦同居を促したのは妻方居住婚と言えよう。

居住の段階性と流動性―おわりにかえて

本章は、一時的妻訪婚説に対する疑問から、『万葉集』の歌の類型の検討を行った。万葉の歌の類型から推し量れば、移動型の訪婚を示唆する歌は夥しい。男性の通いを迎える女性の歌において、最も多く登場してくるのは母であって父ではない。「妹が家」は、常に男性の訪問の目的地であり、離れた時に偲ばれる場所であった。しかし、『万葉集』には一緒に住もうと詠んだ歌は未だ見られない。万葉時代の「かよひ」は、訪婚の行為として詠まれ、通う時の道や天候などの事情が非常に具体的に詠まれている。一方、男性の訪問を待つ女性の心情を詠んだ「待つ」歌も同様に夥しく存在し、夫の家を追い出されるような怨恨歌は見られない。要するに、万葉の歌は、『万葉集』が選集される前後の日本の基層社会において訪婚が広汎に行われていたことを強く示唆するものなのである。これは、「かよひ」が男女の前期状態として相対化されて詠まれるようになった平安時代の和歌と比較すると明らかである。ただ、訪婚においても所謂段階性が存在しており、通う相手を頻繁に変える青年期を経て一定の年齢になり、子供が生まれるなどの諸要因によって、通う相手も安定してくる。このような訪婚社会の前後期や、平安期に見る別居―同居の前後期とは、居住変動の歴史の中における二段階とみられる。

一方、上層の官僚や貴族層では、律令制度の推進によって、夫婦同居の観念が強くなったことも見逃せない。律令国家の郡県制によって、夫婦同伴の下向が実現され、任期中に夫婦が同居することは、古代居住史における意義は大きい。しかし、これは畢竟下向する律令官人にのみ適用されるもので、社会全体の居住形式の変動に与える影響は限定的である。万葉の後期から平安の前期を過渡期に、訪婚から妻方居住婚に移行していくが、訪婚から夫方居住ではなく、妻方居住へ向かわせた歴史的要因として、律令制度によって夫婦同居が強力に推進されながら、基層社会に存在していたカマド禁忌の観念が根強く存在していたことが挙げられる。平安時代に見られる同居婚は、前半期の通い婚を経た後で実現されたもので、それもすべての夫婦に行われるものではなく、選択的同居というべきものである。訪婚から妻方居住への移行をもっとも強く示唆するものとして、平安時代に盛行した婿取婚がある。婿取婚の最大の特徴は、妻側が主体になって、婿を歓迎し受け入れる即ち取ることにあるが、この歓迎の儀式は記紀から見える、訪れた「客人《まらうと》」を歓待する「百取机代之物」に淵源を持つものである。平安時代の婿取りの婚儀も妻の家を中心に行われ、時代が下るにつれて、次第に複雑となり、文使、婿行列、火合、沓取、衾覆、後朝使、露顕などの内容となっていた。男性を歓待する「百取机代之物」から、婿取婚の婚儀まで細部の内容は変わっているものの、通ってくる男性を歓待する共食儀式からその男性を婿に取るという儀式には明らかに連続性がある。

最後に、本章の問題と密接に関連することとして、当時の居住における段階性と流動性について触れておきたい。一対の夫婦の婚姻生活を見る時に、若い時の訪婚は男性の「かよひ」という移動的行為によって実現され、また妻方居住婚に入ったと言っても、貴族官人が役所から妻のところに通ってくることであり、また他の女性のところへ通うこともあるので、流動的要素が多く含まれている。このように多様で流動的な居住形態は、当時の建築様式とも照応している。平安時代以前の居住様式は史料僅少のため、未だ明らかにされていない問題が多いが、平安時代の寝殿造の著しい特徴は、後の書院造やさらに後代の建築に比べて、その開放性と可変性にある。「すべてが仮である」(41)と評されるように、寝殿造の居住空間内部はふすまや屏風、壁代、御簾、格子などの障屏物によって仕切られているが、これらの障屏物の多くが取り外すことができ、生活道具を見ても、持ち運びやすい。このような建築様式は当時の人々の居住の流動性に対応したものと理解される。寝殿造は、平面的に寝殿と幾つかの対からなっており、各建物は渡殿によって繋がっているが、複合的に使用することも単独で使用することも可能である。言葉の面から考えても、平安時代の文献に見られる「室礼《しつらい》」そのものも移動に伴って生じてくるものである。このような居住の流動性に関してもう一つ注意すべき点は、当時の居住規制に、居住の場所による固定的な地位、秩序の構築が困難なことである。平安文学研究では、かつて貴族の複数の妻達の居住に関して、正妻は寝殿に住み、その他の妻は対に住むといった見解があったが(42)、寝殿に住むか、対に住むかはその敷地内の構成員の実際の状況によるものであり、時には寝殿、時には対にいるということもありうる。この意味では、一九九三年に発表された京楽真帆子の「平安京における居住と家族—寄住・妻方居住・都市」(43)は示唆的な研究で、京楽の指摘した平安京の居住上に見られる移動的要素は、居住形態の一特色として捉え直すことが可能である。無論、この流動には法則性が存在し、この点については今後の課題としたい。

注

（1）三浦周行「古代戸籍の研究」（『法制史の研究』岩波書店、一九一九年）。但し「古代戸籍の研究」は一九〇五年に成稿したものである。新見吉治「中古初期に於ける族法」（『史学雑誌』二〇—二、三、四、一九〇九年）。

（2）石母田正「奈良時代農民の婚姻形態に関する一考察—夫婦同居並に別居制の一資料」（『歴史学研究』九—九・十一、一九三九年十月・十二月）。

（3）歴史学における居住研究について、関口裕子の『日本古代婚姻史の研究』下（塙書房、一九九三年）のⅡ第一章「婚姻居住規制の研究史」を参照されたい。

（4）藤間生大『日本古代国家』（伊藤書店、一九四六年）。藤間は当時の戸籍、計帳から当時の家族は家父長的家内奴隷制家族＝古代家族だとしている。
（5）石母田正は「東洋社会研究における歴史的方法について」（『現代歴史学の課題』岩波書店、一九七一年）の中で、当時の親族組織を「首長制」としている。
（6）南部舁『日本古代戸籍の研究』（吉川弘文館、一九九二年）、杉本一樹「編戸制再検討のための覚書」（『奈良平安時代史論集』上、吉川弘文館、一九八四年、後『日本古代文書の研究』（吉川弘文館、二〇〇一年）所収）、新川登亀男・早川万年編『美濃国戸籍の総合的研究』（東京堂出版、二〇〇三年）。
（7）高群逸枝『日本婚姻史』（至文堂、一九六三年）三七頁。
（8）江守五夫「本邦の《一時的訪婚》慣行の発生に関する社会構造的考察〈序説〉」（『社会科学研究』八―二、一九五七年一月、八―五・六、一九五七年三月、『母権と父権：婚姻にみる女性の地位』（弘文堂、一九七三年）一七二頁、同『日本の婚姻：その歴史と民俗』（弘文堂、一九八六年）。
（9）伊東すみ子「奈良朝時代の婚姻についての一考察」（『国家学会雑誌』七二―五、一九五八年五月、七三―一、一九五九年五月）。
（10）拉木・嘎吐薩『夢幻泸沽湖』（雲南美術出版社、一九九六年）七七頁。
（11）安良城盛昭「班田農民の存在形態と古代籍帳の分析方法」（『歴史学研究』三四五、一九六九年二月）、吉田孝「公地公民について」（坂本太郎博士古稀記念会編『続日本古代史論集中巻』吉川弘文館、一九七二年）、浦田（義江）明子「編戸制の意義―軍事力編成との関わりにおいて―」（『史学雑誌』八一の二、一九七二年二月）、杉本注（6）前掲論文、南部注（6）前掲書、新川・早川編注（6）前掲書。
（12）鎌田元一「計帳制度試論」（『律令公民制の研究』塙書房、二〇〇一年）。初発表は一九七二年。
（13）杉本一樹「『計帳歴名』の京進について」（『日本古代文書の研究』吉川弘文館、二〇〇一年）。但し、初発表一九八五年。
（14）摩梭人は中国の雲南省の最北部、四川省の南部の辺境に暮している少数民族である。

(15) 江守五夫は『日本の婚姻　その歴史と民俗』（弘文堂、一九八六年）の中で、山上憶良の「貧窮問答歌」を妻子ある男性と父母との同居の例としてあげており、また伊東も注（9）前掲論文の中で「貧窮問答歌」を同居の根拠にしている。

(16) 真下厚「通いの歌と馬―万葉歌発想類型の成立―」（『伝承文学研究』二〇号、一九八四年八月）、居駒永幸「ぬばたまの黒馬の来る夜は―万葉恋歌における妻訪いの歌の発想―」（『明治大学教養論集』二二三号、一九八九年三月）。

(17) 唐の大唐開元礼（唐律令の親等は開元礼の五服による）の五服によれば、期親には正服（血縁関係による服）加服（結婚によって家を出た女性の実家の親族に対する服）、義服（婚姻関係によって生じた服）の三種類があり、正服では「祖父母、伯叔父、衆子、兄弟、兄弟之子、嫡孫、姑姉妹在室者及び適人無主者、義服には伯叔母、継父同居、（妾にとっての）嫡妻、君之庶子、舅姑、夫之兄弟之子、嫡婦」となる。父親を亡くして母が結婚するという変則的な状況に出てくる「継父同居」を除いて、唐礼の「期親」とは、殆ど男系宗族の内部および結婚によって入ってきた配偶者である。

(18) 養老律は現在一部分（律目録、名例律前半、衛禁律後半、職制律、賊盗律、闘訟律の一部）が残り、その残ったものは、本文ならび本注、さらに疏を加えたところの律疏の形態となっている。

(19) 例えば、永観二年（九八四）十月十日に円融天皇の母方叔父である藤原義懐が三位に叙された。この叙位について、『小右記』では、「依御傍親所叙云々」と記している。円融の母方叔父義懐は「傍親」だから叙位されたということである。

(20) 長屋王邸の伝領形態や居住状況について諸説あるが、長屋王と妻吉備内親王が邸内で同居していたという点ではほぼ一致している。

(21) 唐律の名例律犯流応配条に「諸犯流應配者三流倶役一年、妻妾從之、父祖子孫欲隨者聽之」とある。

(22) 『日本古代の墓誌』（同朋舎、一九七九年）二〇九頁。

(23) 筆者の『平安貴族の婚姻慣習と源氏物語』（風間書房、二〇〇一年）第二章を参照されたい。

(24) 高群注（7）前掲書二八頁、七一頁、二三二頁。

(25) 栗原弘『万葉時代婚姻の研究』（刀水書房、二〇一二）。

(26) 高群逸枝『招婿婚の研究』（講談社、一九五三年）一四頁。

(27) 洞富雄『日本母権制社会の成立』(淡路書房、一九五七年) 一九六頁。
(28) 『宇津保物語』「藤原の君」の巻にみえる登場人物源正頼の言葉。
(29) 中川善之助『婚姻史概説』(『婚姻』家族制度全集第一巻史論編、河出書房、一九三八年)。
(30) 吉田孝『律令国家と古代の社会』(岩波書店、一九八三年)。
(31) 大林太良「古代の婚姻」(『古代の日本』二巻、角川書店、一九七一年)、吉田孝「律令時代の氏族、家族、集落」(吉田注(30) 前掲書Ⅲ)。但し、吉田孝の場合は、夫方居住の根拠を西村汎子の『今昔物語』の分析に依拠している。栗原注(25) 前掲書。
(32) 明石一紀『日本古代の親族構造』(吉川弘文館、一九九〇年) 二三頁。
(33) 関口裕子『日本婚姻史の研究』(塙書房、一九九三年)。
(34) 大林注(31) 前掲書。
(35) 明石注(32) 前掲著二〇頁。同じような見解が戸籍記載を分析した伊東が注(9) 前掲論文の中で、万葉時代は「訪婚―夫方居住」を主張し、夫婦同居の場合は夫の両親の近隣に住むとしている。
(36) 関口注(33) 前掲書三六五頁、三七八〜三八六頁。
(37) 吉田注(30) 前掲書一四〇頁。
(38) 記紀の神話の中には確かに地上の居住を反映されると思うが、想像や虚構が多分に含まれることを考え、ここでは省略する。
(39) 佐伯有清『新撰姓氏録の研究　研究編』(吉川弘文館、一九六三年) 三七二頁。
(40) 関口注(33) 前掲書下、三七四頁。
(41) 平井聖『日本住宅の歴史』(日本放送出版協会、一九七四年)。
(42) 工藤重矩『平安朝の結婚制度と文学』(風間書房、一九九四年)。
(43) 『史林』第七六巻第二号、一九九三年三月。なお、考古学や建築史研究の研究として注目すべきは、考古学の視点による研究として、都出比呂志「原始土器と女性―弥生時代の性別分業と婚姻居住規定」『日本女性史』1東京大学出版会、一九八二年、藤田勝也「平安鎌倉期の都市住宅に関する史的研究」一九九三年科研費奨励研究A、「日本古代の都市における住宅空間に関する史的研究」一九九四年科研費奨励研究A、「日本古代における都市住宅の空間的特質に関する史的研究」一九九五年科研費奨励研究A、「日本古代における中下級貴族の住空間に関する史的研究」一九九六年〜一九九八年科研費C、「日本古代・中世の貴族住宅における芸能空間に関する史的研究」一九九九年〜二〇〇二年科研費C、溝口正人の「平安宮清涼殿に関する研究」一九九六年科研費奨励研究、「平安時代貴族住宅の建築規模復原に関する基礎研究」一九九九年〜二〇〇一年、「院政期貴族住宅における居住形態と建築構成に関する研究」二〇〇七年〜二〇〇九年科研費C、西山良平「平安貴族の都市的な居住と住宅の総合分析」二〇〇六年〜二〇〇八年科研費Cなどが挙げられる。

第二章　平安時代の婿取婚について

はじめに

これまで日本古代の婚姻居住研究の大半は平安時代に関するものであった。それには理由がある。すべて漢字で記された上代の文献に比べ、平安時代の文献ははるかに豊かだからである。その豊かさをもたらした最大の要因は仮名表記の一般化である。自民族の表現手段の獲得によって、自社会の恋愛・婚姻を実情に即した言葉で表せるようになった時代である。仮名で書かれた歌集や物語作品のみならず、漢文で綴られた公卿日記を見ても、六国史のような公的記録と異なり、公私両方の記述が見られるため、当時の家族や婚姻の状況を知る上で貴重な資料となっている。この意味では、平安時代の文献は婚姻形態を研究する上で稀なる有利な条件を提供していると言える。かつて高群逸枝は平安時代の婚姻形態を「招婿婚」と命名し、「妻問婚で通ってきた男を、妻方の生活体にくみいれようとするところからおこるもので、男の妻方への住みの固定化」と説明した(1)。高群の招婿婚観については後に詳述するが、「招婿」という語は、女性の家に男系を継承する男性がいない為に、婿を招いてそれに家を継承させることを指す場合にも用いられるので、混乱を避けるため筆者は当時用いられた「むことり」を用いて、「婿取婚」とする。婿取婚とは、女性の親が男性を婿に取る婚姻形態である。その特徴は、女性の親が前面に出て、婿の自家への定着を促すことにある。平安時代には訪婚（通い）が見られる一方で、同居婚も見られる。即ち、共時的に見れば別居する夫婦と同居する夫婦が存在し、通時的に見れば、男性による訪婚の後に夫婦同居が実現される。従って、婿取婚は、訪婚から同居婚へ移行する過渡期に現れた婚姻形態と言える。高群は主に平安時代の公卿日記や文学作品を主資料に、そこから大量の婚姻用例を収集・分析し、古代日本の婚姻居住の変遷を体系的に記述しようとした。高群によれば、平安中期からは純婿取婚期で、妻方居住婚が行われ、院政期を中間点にそれ以降は夫方居住婚へ移行する、という。それに対し、双系説論者の多くは、訪婚・妻方・夫方・独立の併存を唱えている。夫方居住に関する議論については、第一章に述べたので、本章では詳細を省くが、「同居が夫の親族集団に入る形で行われることは争いないが、それが夫の親の家であるか、夫の個人の家であるかは問題だ」(2)、「夫方の住処に屋を持つ」(3)、「夫の属する地域等への移動」(4)、「嫁入婚以外の夫方居住婚」(5)といった様々な「夫方居住」の説明があることから、諸氏の理解が必ずしも一定していないことが窺える。しかし、父系二世代さらに三世代の同居はないとする点では大方意見が一致している。言い換えれば、結婚する夫婦がそれぞれの親世帯から分離され、小家族をなすことである。それならば「独立居住」という既存の用語を用いるべきであろう。敢えて「夫方居住」と呼ぶ理由は、恐らく夫の両親と一緒に住んでいなくても、夫側の親族集団の隣接居住を想定したからであろう。しかし、古代日本社会には、このような父系親集団や父系親集住は存在しなかった。無論、後述するように夫側による居住提供は、後に現れる嫁入婚へ移行する過程において重要な意味を持っているが、古代日本社会の親族構造の特質を見極めるためにも、用語上の区別が必要であろう。多くの用語と概念が飛び交う中で、母娘の女系二世代の同居があり、父子二世代の同居は存在しない、という高群逸枝の指摘は、もっとも明瞭に当時の居住の特徴を言い表している。娘夫婦及び外孫と同居可能であるのに対し、息子夫婦および孫との同居はなく、女性は夫の親と同居しない。男性は妻の親と同居可能で、夫婦が同居する場合は独立居住を本質とする。夫側居住地提供の独立居住婚の場合も男性は親と同居することはなく、逆に妻の親とそこで同居する例がある。高群逸枝の指摘の重要性は、平安時代の居住における母方・妻方偏向の特徴を指摘したことにある。多様な居住形態が並存していたにも関わらず、このような同居可能と同居回避の原理が存在していることを無視しては、論が空転して問題解決の糸口が見えなくなりかねない。高群逸枝の研究はその公刊以来、様々な角度からその問題点が指摘、批判されてきたが、その学問的遺産を継承しようとする努力は概していえば足りない。しかし、高群の研究は今でもなお重要な意義を持つ。婚姻居住に関して、高群の二つの指摘は、今日の居住研究の上で欠かせない視点を提供しているのである。一つは当時の同居体の特徴に関する指摘である。高群によれば、平安の家は、常に父母、娘夫婦、外孫からなる母系親の同居体であって、父母、息子夫婦、孫からなるような父系親の同居体は絶対にないということである。(6)則ち父系二世代の同居の不在である。もう一つは、夫婦同居の起点に関するものである。高群は夫婦の同居は妻の家に住み着かせるという方法によって実現され、夫婦同居の家庭は、妻家側を母胎としてしか巣立ちえない、としている。(7)この二つの指摘は表裏をなしており、訪婚の後に来るべき居住形態を考える上で重要な視点である。同居婚の起点は妻家で、同居体は娘家族を内包できるという指摘は、もっと傾聴すべきものである。確かに親族関係の視点から古代日本の文献の記述を眺めると、男性と女性側の親族との交渉が描かれることの多さに気づくのである。『古事記』に出てくる須佐能男命に色々な試練を与えられた大穴牟遅神、大山津見神が二人を奉る迩迩芸能命、火遠理命と海神など、挙げればきりがない。婿という親族名称も『日本書紀』にすでに見える(8)一方、男性の親と女性との接触の場面は皆無といかなくても極めてわずかである。(9)古代日本の文献を虚心に読むなら、当時の居住規制が明らかに妻方・母方との親和性を持っているのに対し、父子同居に対しては否定的である。このような親和性は平安時代の母方・妻方偏向を考える上で大変重要な視角である。高群逸枝の説の欠陥は、この母系的親和性を強調しすぎて、その先に来るべき変化を完全に捉えることができなかった点にあるが、その学説によって示された有益な指摘は継承すべきである。また当時の居住について、「現象的には夫方居住・妻方居住であっても、その実質は新処居住（neo-local）としての性格を持っていた」[10]という吉田孝の指摘も示唆に富むものである。夫方居住という用語の問題は先述したのでさておき、吉田が平安時代の居住のもう一つの特徴、小家族に帰着する点を指摘しているのは重要である。本章では、諸氏の研究を踏まえながら、平安時代の婿取婚における婿に焦点を当てて、婿取婚の特徴とその背後に広がる人間関係、居住の問題を考察する。資料としてはなるべく当時の公卿日記をもとにして見ていく方針であるが、その欠けた部分は『栄花物語』などの歴史物語で補うこととする。

一　婿取りの決定―藤原長家の場合

「婿取り」の語と「北の方」の語はほぼ同時に十世紀の中頃の物語作品に現れてくる。「北の方」は同居の妻を指す語で[11]、婿取りは夫婦同居と深い関連性を示唆する語である。平安貴族の結婚について、本人同士で決めるのか、親が決めるのかの点に関して多くの議論がある。その時代の資料に見られる結婚の記録が実にさまざまな形をなしており、親が決める結婚だからといって、単純に家父長制家族に直結させることのできない例が多く存在している。ここでまず藤原長家という平安時代の公卿の結婚を通じてその結婚の決定権の問題について考えたい。

①藤原長家と行成女《ゆきなりのむすめ》の結婚

藤原長家（一〇〇五～一〇六四）は藤原道長の六男である。この人物には三回の結婚歴があり、前の二回は妻の早世に遭った。高松殿源明子腹であるが、源倫子の養子になっていたことが『公卿補任』や『栄花物語』の記述によって知られる。『公卿補任』治安二年（一〇二二）の記録に非参議従三位に上った長家の尻付に「道長公六男。母同頼宗（但継母倫子為養子）」とあり、『栄花物語』巻十四「あさみどり」にも「（長家が）御かたちなどうつくしう、年頃殿の上の御子にし奉らせ給」とある。大層美しい少年で、婿にしたい者が多かったと『栄花物語』は伝える。その中でも侍従中納言藤原行成（九七二～一〇二七）が長家を強く望んでいた。藤原行成は有能な官僚として一条天皇の信任篤く、執政の道長にも重んぜられていた人物である。

侍従の中納言の御むかひ腹の姫君十二ばかりなるを、またなう思ひかしづき給、生まれ給けるより心殊におぼしわきてありけるを、この中将の君を「さてもあらせ奉らばや」とおぼしなりて、さべき方より便りして、殿の御けしき給はらせ給へば、「雛遊のやうにて、おかしからん」など宣はせて、にくからぬ御けしきを傳へき、給て、俄に急ぎたち給。（栄花物語・あさみどり）

行成が人づてに道長の意向を伺ったところ、「ままごとのような結婚も風情あろう」という道長の返事をもらったので、急いで婿取りの準備にとりかかったという。女性の父親からの求婚である。この結婚についての記述は、藤原道長の『御堂関白記』や藤原行成の『権記』には見られないが、源経頼の『左経記』寛仁二年（一〇一八）三月十三日条に、「今夜侍従中納言殿中将君歟［取］因縁入司、聊調盃飯、装束馬二疋、鞍等送之」と記されているところをみれば、寛仁二年三月十三日に順調に結婚したようである。結婚は女性側が主体となって準備すること、女性側が男性を「取る」と認識されていたことを『左経記』の短い一文からも見ることができる。その年長家は十五歳、行成女は十二歳で、ともに頑是無い年頃である。この結婚では当人達がまだ幼い為、男君の後朝歌も女君の返歌も親の代作で交わされ、「まだこれも稚くおはすれば、男君はやがて侍にうたゝ寝に臥し給、女君は、やがて手習し給まゝに、筆とりながら寝入りなどし給などして、内にも外にも人ぞ抱きて、御丁の内に入れ奉りける」（栄花物語・あさみどり）とあるところからみても分かるように、まだ自分で結婚相手を探し、決定する能力を持っていない子供である。しかし、『栄花物語』では十五歳の長家のことを「たゞ今いみじき人の御婿のほどにおはすれば」と語っているところから、当時このぐらいの年齢男子が婿として適齢とされていたことが分かる。とすれば、平安時代の貴族の初婚は大抵親同士の合意によって成立するものと推測することができる。長家と行成女の結婚生活は短かった。治安元年（一〇二一）三月十三日、前から病気をしていた行成女が病死した。二人の間に子供はいない。『栄花物語』が若い二人の死別を伝えている。結婚した頃はまだ幼かった長家もその頃は十七歳になり、妻の死を大層悲しんだ。しかし、行成女の一周忌も終わらないうちに、また長家を婿に取りたいという者が出てきた。当時の中宮大夫藤原斉信（九六〇～一〇三五）である。

②藤原長家と斉信女《ただのぶのむすめ》の結婚

『小右記』治安元年（一〇二一）十月二十四条には、「来月九日中宮大夫斉信如（女）着裳、行婚礼右近中将長家云々、而彼中将一切□□、去年四月妻亡、一周忌間可無他志而不知彼指意。偏所経営云々。入道禅室呼中将宣事由、涕涙無言、仍禅室曰、至今不可示左右、可任彼心者、是権大納言行成一昨日所密談也舊日縁也。即問中使答云、周忌間可不有他心者」とある。欠文があって、全部の意味は読み取れないが、斉信が娘の着裳の際に長家を婿に取ろうとしていることが明らかである。長家にその意志がないにも関わらず、斉信が婿に取ろうとしたところからみると、道長の承諾を得ていたのであろうが、それに対して、長家は断ろうとした。妻を失った悲しみからまだ立ち直れないというのが一因であろうが、舅行成の気持もかなり作用しただろう。実資は傍観者の立場から、この長家の拒絶は「舊日縁」即ち行成の阻止によるものだと見ている。道長は一度は息子を説得しようとしたが、その「涕涙無言」を見て当人の気持ちに任せようと言う。後述するように、婿というのはいったん取られて、妻の家に住み着いたら、色々な面で妻の家の後見を受ける。妻家を身内だと思うのが当時の価値観であり、長家もその価値観に従って行動していた。道長という人物の特殊な立場もあって、恐らく一般の貴族より息子達の結婚に干渉していたと思われるが、それでも説得に止まったものと見なければならない。この結婚は結局遂行されたが、道長の意志は少なくとも直接の原因ではなかった。『小右記』治安元年十月二十四日条によると、「若有相連（違）、為長秋大恥、長秋中宮□企云々」とあり、この結婚は中宮が取り持ったもので、もしその結婚を拒絶すれば、中宮が恥をかくことになる、ということである。当時の中宮は藤原威子、長家の異母姉である。結局、長家は父親、姉の中宮の圧力に屈してこの婚姻を承諾したのであろうが、この結婚も長くは続かなかった。『小右記』万寿二年（一〇二五）八月廿九日条に、「大納言報云、中納言室家重煩赤班瘡」とあり、その年の十一月に母子とともに死去したのである。その年長家は二十一歳である。万寿三年、長家が斉信家を離れて、養母の倫子のところへ戻った[12]。この結婚も斉信と道長との合意が先になされていたのであろうが、長家本人の意思も尊重され、そのために道長が長家を説得もしたが、原則的には、長家本人の承諾がなければ結婚は成立しないとみなければならない。

③源懿子《いし》との結婚

長家の三番目の妻は近江守源高雅の娘懿子である。『撰集抄』には、長家の同腹兄である顕信の出家は舅となる源高雅の身分の低さが原因と伝えるが、道長の家司で受領階層である。その娘懿子は女院藤原彰子の典侍である。長家と懿子の結婚について、『栄花物語』に次のような記述がある。

后の御兄の権大納言も、上二所うせ給ひて後、「世にもあらじ」など思し宣はせけれど、女院の中将の君と聞ゆる人をいみじくおぼして、男君数多生れ給にけり（栄花物語・殿上の花見）

長家の権大納言の任官は万寿五年（一〇二八）二月十九日で、万寿四年（一〇二七）十二月に父親の道長が亡くなった。懿子は頼明の未亡人で、長家といつ結婚したのか、確かな記事はない。摂政の息子という特殊な立場で、平安の一般貴族の婚姻の代表とするには躊躇を感じるが、この時代の婿取婚の特徴見出すことができる。一つは、男性の父親の意向である。従来これは家父長制婚とするむきもあるが、道長の意向はすべて水面下で、婿を取る側が表舞台に出るというのは、たとえ摂政の息子であっても同じである。もう一つは婿を取る主体となるはずの妻側が実際の後見役と目されていることである。平安時代の後見については、次章で述べるが、婿を取ったら、その生活面の世話を請け負うべきという通念が存在していた。『源氏物語』の桐壺巻に桐壺帝が母無き源氏のことを考えて、左大臣の婿にしたのも好例である。

二　妻方居住の事例―藤原兼頼の場合

これまで見てきたように、訪婚の後に実現される夫婦同居は妻家を起点とする必然性があった。その点に関して、高群説は正しい。しかし、一言に「妻方居住」といっても、社会、時代によって、その性格や役割は様々である。平安時代の妻方居住の特徴としてまず挙げられるのは、訪婚との境界線が分明でないことである。「通いと住み付き（同居）とのあいだにも、明確な区切れの意識がみられない。通いの継続という事実の積み重ねが実質的同居につながって行く」(13)とする義江明子の指摘は平安時代の婚姻の特徴を言い表している。明確な区切りを避ける傾向は、訪婚と妻方居住婚の境界線にとどまらず、複数の女性の地位差にも現われている。境界線が分明しないというのは、一種のカモフラージュとでもいうような、居住上の変化を隠蔽してしまう働きをしていると考える。次に挙げられるのは、婿と妻家の関係に見られる、日常生活上の関連性と所有の独立性である。当時の経済所有形態は個人所有である。しかし、夫婦生活を営むために、日常的消費生活の上では関連性を持つことが容易に推測されるが、その関連性を成立させる契機は「後見」―相互扶助という行為―にあるのであった(14)。訪婚から妻方居住婚へ移行する具体相および婿と妻家の関係性を見るために、十一世紀中頃に成立した『小右記』を手がかりに考察してみる(15)。

藤原実資と婿藤原兼頼の生活については、吉田早苗、服藤早苗らの研究があり(16)、多くの指摘がなされている。『小右記』の記主藤原実資には、前後にして四人の妻がおり、千古は最後の妻の所生である(17)。千古母が小野宮に住んでいるかどうかについてははっきり判明できないが、二人の間に生まれた娘千古はずっと実資と一緒に小野宮に住んで、大事に育てられており、その母も小野宮に居住しているのだろうと考えられる。千古にはいくつかの縁談があったが、長元二年頃に藤原頼宗の息子兼頼と結婚した(18)。『小右記』の長元三年から四年にかけての記述を追ってみると、

（小一条院御息所難産）今夜中将相携不来、昨余従内退出之間相達中将、即詣御息（所）、其間不聞重悩内《申か》、中将早旦来…中将（触産）穢有消息…大夫差頼弘有消息、是中将事也。…（中）将衝黒来、蹔不着座。（長元三年四月二十

日条）

三位中将云、今夕密々参登天台欲聞不断念佛者…中将従山両度書云□□不能下山者、衝黒師重従坂本帰来云、明暁可下山之由有頼弘消息、仍罷帰（長元三年八月十四～十五日条）

春宮大夫女子《六歳》中将被《将》来、今日帰、瑠璃壷納丁子志与之、是小女之志也。（長元三年八月二十七日条）

これらの記事から、兼頼が昼間も幼い妹を連れて小野宮へ行くことがあり、また同腹姉妹の産穢に触れた際[19]や下山できない時には実資と千古に消息を送っていたことが分かる。さらに

入夜中将帰来云…中将傳嚴父（頼宗）消息云、今日知《欲カ》来、依有可申営参女院間、至来明夕可来者（長元三年九月五日）

入夜加階入人直廬来、中納言傳言中将守庚申（長元三年九月十日条）

依有消息、申時許中将為候関白御共詣堀川院…（中将）冒雨歸来云、雨脚不止、伺雨間可向彼宿所之由厳父所命者、仍白地歸来者、為中将修諷誦、今明物忌、仍所令修之。（長元三年九月十九日条）

中将等向嚴父居、又差人問遣堀川院、返事云、中将早可来、即馳向、少時還来云、関白今夜月出可被参、明日可被果願、嚴父閣者午時許先可向八幡宿所、可候彼供者、中将巳時許詣堀川院同道云々（長元三年九月二十日）

中将令□歸、而雨脚不止者、明日可歸云々。余云、明日帰忌日、明後日被歸宜歟（長元三年九月二十五日条）

今明物忌、只開北門、依中将物忌不開東門（長元四年二月九日条）

入夜中将歸来云、関白並卿相向白河、無事各々分散（長元四年三月五日条）

中将従内退出云、母氏重煩、入夜又詣堀川院、其後取案内、猶不減平、邪気所為云々。…以師重奉遣堀河院、歸

来云。中将云、（母?）夜半以前不覚、立願之後頗宜。中将来、無殊事歟、中将与小女同車見物云々（長元四年三月二三～二四日条）

春宮大夫被過、訪中将良久談話（長元四年七月二日）

これらの記事から、婿兼頼と舅実資との密接な関係が窺える。実資が内裏から退出する時に、婿に使いを出して一緒に帰宅することを促したり、また婿が生家に戻った際に使いを出してその動向を確認したりと婿兼頼の自家での居住を促すのである。舅婿間のみならず、兼頼の父親である藤原頼宗も息子の去来について実資と密に連絡を取り合っている。『小右記』の記述の表現に注目すると、長元三年九月から次第に兼頼の到来に「歸来」という言葉が用いられるようになり、兼頼の常住の生活場所が小野宮に移ったことを示唆するものとみてよかろう。特に、長元四年二月九日条の「今明物忌、只開北門、依中将物忌不開東門」というのは、吉田早苗にも指摘された通り、兼頼夫婦が小野宮の東地に住んでいるからであろう[20]。さらに長元四年七月二日条に兼頼の父親春宮大夫頼宗が小野宮にいる兼頼を尋ねてきたことに「訪中将」という表現を用いる。恐らくその前後に、妻の家を常住する場所としたのであろう。所謂「婿住み」である。この間、舅の実資による後見の具体的内容が日記の記述から明らかになる。兼頼の装束の提供や生活の後見は無論のこと、兼頼の随身に装束や節料を配ったり[21]、兼頼が出仕時に身につける平胡録の箭を調製した者に禄として絹を与えたりしている[22]。また兼頼の親族に対する配慮に関する記述も多く、兼頼の母親頼宗室の病気のために兼頼に修法を行わせ、家からその料を送らせたり[23]、兼頼の弟の俊家が賀茂祭使を務める時に、舞人十二人の下襲などを兼頼の名義で送らせたりする[24]。そのほかにも、東宮に兼頼の名義で池の蓮實を献じさせ[25]、また兼頼が献五節の時は「經営如下官經営[26]」と記しているように、実資が全般にわたって後見しているのである。このような婿に対する支援は主に婿の生活、婿の随身の装束や禄の提供、行事の経営、材料の送付などを通じて行われた。注意すべきは、長元四年七月廿一日の記事である。兼頼と千古が結婚してまもなく二年になろうとする頃である。

為資朝臣持来三位中将丹波封解文、下文云、大夫消息云、下官可自由、余答云、更不可請取、可在大夫進止、返授了、解文不載油如何

頼宗が兼頼の丹波国の封戸について実資にその処理を委ねようとして、その封解文を実資の許に送ったものである。その年、兼頼は十八歳で、中将で従三位であった。公卿としての封戸を得ているが、この例から当時の若年貴族の経済の管理の一側面が窺える。恐らく兼頼が元服し、叙位された時点からその給与の管理は父親である頼宗がしていたのであろう。そして息子の結婚が安定したと見極めた上で舅の実資に委ねようとしたのであろう。政所はそれぞれ独立しており、経済的に決して共財ではないが、財産の管理が父親あるいは舅によって行われることが大いにありうると思われる。このような管理も父親や舅としての後見である。

当時の妻方居住婚の第三の特徴として挙げられるのは、婿は妻側の身内であるという観念である。婿の妻家居住について当時の人々の認識を考える一つの手がかりは、記録類に見られる、「某人の家（宅）」という記述法である。ある男性の名前を冠して「〜家（宅）」と記されるのは、妻方居住の邸宅を指している場合がある。最も典型的なのは藤原道長で、『小右記』正暦二年（九九一）十一月三日条の逸文に、東三条院藤原詮子が土御門第に移ることをが見え、その中に、「女院（藤原詮子）自職曹司渡給大納言道長卿家上東門、本是左府家とある。[27]『権記』正暦三年（九九二）四月二十七日条に「行幸於東三条院御土御門也。大納言道長叙従二位。家主也。」とある。また東三条院詮子が土御門殿を御所とした際に、そこに婿住みしている道長は「家主」として賞を預かっている。『小右記』長和四年四月廿五日条に

昨日左相府狭敷見物、饗大納言道綱所設、家已近隣、即是頼光朝臣宅、彼婿公也

と、道綱の「家」即ち「頼光朝臣宅」と言っている。無論ここの「某人の家（宅）」という表現は必ずしも邸宅所有を表すものではないが、妻家に定着した男性はその家の一員である、という認識が当時の貴族社会では共有されていることが、これらの記録からも看取できる。しかし、同時に、これらの記事の行間に現われてくる、「消息」や「傳言」といった伝言を表す言葉から、婿は妻家に住んで舅の後見を受けながらも、妻家以外の空間での滞在もかなりあり、完全に妻家に入り込むのではなく、比較的緩やかな関連を持つ生活共同者である。この緩やかな関連性は、一旦妻がいなくなると男性が妻の家を出なければならないことからも看取される。

このように、婿の妻方居住の存在が確実に言える。それは江守五夫の言う「一時的妻訪婚」また労役婚[28]とは明らかに異質であることが明らかになった。と同時に、それは高群逸枝が想定した母系原理とも異なるものである。高群の妻方居住説の問題点は、関口裕子が指摘したように、訪婚後に来る妻方居住婚は、婿の妻族化―婿が妻の家に釘づけにされていると過度に強調した点であり[29]、妻方居住婚は起点であっても、必ずしも終点を意味しないからである。

三　独立居住の事例―藤原伊周、藤原頼宗、藤原公任、藤原教通の場合

婿が結婚してある時期は妻家へ通い、その後住み着く。しかし、これは必ずしも最終形とは限らない。その後場合によって、新たな居住地へ移動することがある。妻の親から独立するので、婚姻居住規制で言う独立居住である。平安時代の公卿日記からこのような独立居住の事例が多く見られる。藤原道長の兄弟である道隆の息子伊周は源重光女と結婚して恐らく重光邸（六条殿）へ通い、そこに住み着いたと思われるが[30]、後にこの夫婦は伊周の室町にある二条

殿で同居していたとみられる。二条邸に関する記述を拾ってみると、次のようなものがある。

①関白殿、二月二十一日に、法興院の積善寺という御堂にて、一切経供養せさせ給ふに、女院もおはしますべければ、二月一日のほどに、二条の宮に出でさせ給ふ。（枕草子・二六〇段）

②午時許火見南方・内府（伊周）住家之南家、関白家新造家（小右記・長徳元年一月九日）

③彼二条の北南と造り続けさせ給しかは、殿のおはしまいし折、かたへは焼けにしかば、今はひとつに皆住ませ給しを…（栄花物語・浦々の別）

④向権帥（伊周）家。中宮御在所也、謂二条北宮（小右記・長徳二年四月二十四日）

⑤今夜、東三条院東町、世号二条宮、焼亡（日本記略・長徳二年六月八日）

⑥（脩子内親王、敦康親王が）自内教坊、御帥室町第（権記・寛弘六年十月五日）

⑦『盗入故帥家事』廿七日、己丑、去夜群盗入故帥家室町、聟三位中将住他処、伺其隙歟（小右記・長和二年二月二七日）

①と②の記事によれば二条宮は関白道隆の邸宅で、息子伊周の邸宅とは南北に続いていたことが分かる。③は②の小右記で記した火事の後の状況を物語った箇所で、南北二町の建物の片方が焼失したため、皆一つの町に集めて居住している、とある。④は二条宮のことを「権帥家」、「中宮御在所也」と記しているところから、この邸宅は藤原伊周の邸宅であると同時に姉妹中宮定子の里邸である。定子が死去した後も、その所生である脩子内親王、敦康親王が二条宮を利用していたことが⑥で分かる。伊周の死後、その大姫君に道長の息子頼宗が通い、住みついたのが二条殿であったことが⑦で分かる。妻方居住婚でも毎日そこにいるのではないことは先述した藤原兼頼の例及びこの例から分かる。恐らくその姑重光女が伊周死後も二条殿に住んでいたと思われる。二条殿は伊周・重光女にとって独立居住地で

あるが、次の世代の婿取婚が行われると、また女性の親と娘・婿及びその子供による二世代、三世代の同居体になれるわけである。さらにその婿である頼宗のその後の居住状況を追ってみると、彼もまた伊周女と一緒に堀川殿、九条殿などの邸宅で同居していることが『小右記』によって知ることができる[31]。

藤原公任は藤原道兼に婿に取られて道兼の養女の昭平親王女と結婚した。公任と昭平親王女の結婚について、『栄花物語』には、「二条どのの東の対をいみじうしつらひて、恥なきほどの女房十人、童二人・下仕二人して、あるべき程にめやすくしたてておはしそめさせ給ふ…猶かかる有様つつましとて、四条の宮の西の対をいみじうしつらひて、迎へきこえ給ひつ。」とあることから、公任は最初は道兼の二条殿に通っていたが、まもなく妻昭平親王女と四条宮へ引っ越してそこで同居していた[32]。公任の四条宮もその姉妹遵子の里邸だから「宮」と称されている。兄弟が入内の姉妹の後見をするために同じ邸宅または隣接居住をすることは伊周と公任の例で分かる。

藤原道長のもう一人の息子教通は藤原公任に婿取られて四条宮に通っていたが、その後小二条殿で妻の公任女と同居していた[33]。そして公任女の死後、三条帝の皇女禔子とも二条殿で同居し、禔子の死後、教通はまた隆姫の妹嫥子と結婚して二条殿で同居していた。独立居住婚は訪婚、妻方居住婚の後に行われるが、それはまた次の訪婚、妻方居住の始点になるのである。

おわりに

平安時代の婿取婚の結婚決定・婚後の生活と人間関係と居住上の変化について、公卿日記及び歴史物語の記述を手がかりに、当時実在した貴族達の例を通して考察してきた。平安時代の婚姻にも訪婚が見られるが、生涯続く場合と、夫婦同居が後続する場合との二つがある。後者の場合は婚姻の開始時に行われ、期間の長短は個人個人の状況によって異なるが、妻の許へ定着する意味の夫婦同居が実現されるのである。従って、訪婚と妻方居住とは一続きのもので、男性が通っているうちに、居住の回数を増やし、そのうちに住み着くという漸次的な移行である。『小右記』にみる藤原兼頼の例は、この漸次的な移行の過程を如実に示している。何故訪婚の後に来る夫婦同居は妻方を起点としなければならないのか？二つの理由が考えられる。一つは高群逸枝が指摘した、父系同居への強い忌避意識（カマド禁忌）である。訪婚は、男性の移動によって実現するものであり、この形式は、男性が女性の家に入ることを容易にすることは自明なことである。婿取婚は労役婚ではない。世界史的に見ると、妻方―夫方、所謂労役婚のケースも存在しているが、労役婚（marriage by service：bride service）は、名の通り労働提供によって結婚を成立させるもので、本質的には娶嫁婚である。しかし、平安時代の婿の妻方居住婚は明らかに労働提供の労役婚とは異質のものである。婿取婚が労役婚と区別される最も重要な違いは、婚資＝花嫁代償の意識が皆無であることと、父系同居を忌避することである。労役婚が行われている社会では、訪婚の後に夫方同居が実現されるため、理論的にも、父子兄弟の同居を忌避しない。婿取婚の全過程を観察して言えることが、妻の家の主体性である。藤原長家や藤原兼頼の例のように、女性側が求婚し、結婚の準備をして婿を取るのである。娘を男性の許へ出すという意識が全く読みとれない。結婚後も婿を繋ぎとめるためにけんめいに婿傅きをするので、花嫁代償を求める労役婚とは異なる。古代日本社会には、明らかに「カマド禁忌」が存在しており、成人した父子兄弟の同居は避けられていた。この忌避意識は後代の隠居制にも看取されるほど強いものである。明らかに古代日本の「妻問」、「婿取」という一連婚姻現象は、柳田国男の言う妻方労役婚や江守五夫の言う訪婚労役婚とは異質のものである。要するに、父系二世代の同居への忌避意識は、訪婚後の夫方居住の実現を不可能にした最も決定的な要因であった。本編第一章で見た上代の妻家への親和性の方向は、律令婚姻制度の導入によってすぐ変わったのではなく、より屈折した形になったのである。それが婿取りという結婚の形式であった。

もう一つは当時の最も基礎的な単位は「母と（未婚の）子からなる」[34]小集団の非自立性にあったと考えられる。このような母子集団は非自立的なものであったからこそ、必然的に生家側の親族への依存度が大きくなるが、その上に父系・父権の思想が導入されるにつれて、子供と父親の繋がりは日増しに重要性を増し、父親と子との関係を強化するために夫をわが許へ定着させるという要望が妻側に生じ、婿を取るようになるのである。婿取りという婚姻形態は、結婚する男女の視点に立ってみれば、妻側主体的であり母系的にみえるが、一歩妻側の内部に入って観察すれば、母子小集団に男性が参入し、子に対する父親の役割―娘の結婚の後援者―が機能する、またはその機能が求められる仕組みである。子に対する父の役割―古代日本では父の「蔭」―という形で現れるが、婿取婚は、娘に対する父親の役割を機能させる方法であり、その過程でもあるのである。言い換えれば、婿取婚は、双系社会に形成されやすい母子の小集団に父親が参入する最適な方法として選択されたのである。しかし、もともと非自立的な母子集団が父親の附着により「母子＋夫」[35]となったとしても、その非自立性はすぐさま変わるものではない。夫婦が結婚した初期段階の生活が妻側に大きく依存している事例は、平安時代の文学作品、記録から多く看取される。本章で取り上げた藤原兼頼の例もその典型である。高群はかつて、平安時代の婿を「寄生的婿」と呼んだが[36]、その「寄生」的現象は、ほかでもなく結婚した夫婦家族の非自立性を表していると考える。このような妻側に対する依存は、生涯に亘るものではなく、夫婦の婚姻生活の前半期に限られるものであるが、夫婦同居が妻方居住婚を起点に実現されるという高群の指摘は正しい。要するに訪婚の後、妻方居住が父子同居を忌避する古代日本社会の夫婦同居へ移行する最も自然な形として選択されたのである。婿取婚はこのような歴史的要請に応じて生まれたものである。婿取・妻方居住婚は、結婚の儀式から、その後の生活、子供の養育、同居同食による人間関係など諸現象から見ても妻方中心的であるが、男性が父親として、夫として、舅として後見をすることによって維持されたという事実を見逃すわけにはいかない。子に対する父の役割の増大は言うまでもなく父権の増強に繋がることにもこの際留意しておくべきであろう。外来の父系的論理に対する古代日本社会の双系的反応と言うことができる。当時の婿は後代の婿養子のように妻の家の男系を維持させる為に妻の家に入ったのではなく、妻方居住をしても、自族の成員権を失うことなく、妻の家の成員権を取ることもない。そして、妻方居住婚をしている男性は完全に妻の家に釘づけにされるのではなく、妻の家に住んでも、他の女性の許へ通うことができるのである。つまり、婿取・妻方居住は、夫婦同居の助走のような役割をするものである。妻方は婿の別の女性の許への訪婚に関して拘束できないと同様に、婿が妻子を連れて独立居住に入ることも拘束できない。というよりもわが娘や外孫と独立居住婚に入るのを喜ぶのである。妻方居住婚が後見の交換という視点から捉え直すと、平安時代の妻方居住は結婚の前半――ここで言う前半は時期を一定にしないが、目安として大抵子供が生まれる前を言う――は妻方による後見が行われ、新たな夫婦同居の家族をサポートする形を取るのが一般である。子供が生まれ、娘夫婦に一定の力が付いたら、今度は男性が妻子の後見をするようになり、妻の家から独立居住婚に入るのが一般的である。これは藤原伊周、藤原頼宗、藤原公任、藤原教通らの例をみても分かる。生まれた子供は古代中国や後代日本の家父長制的家族のように同一の父のもとに集められることはなく、おのおのの母方で育つ。従って、当時の貴族の妻方居住婚は「男性が妻の生家にすみ、妻の家の後見を受けながら、完全に妻族化されない居住形態」

と定義することができる。もっともここで強調しておきたいのは、妻方居住の意義である。すなわち、夫婦別居から夫婦同居へと移行する過程において、妻方居住は、別居と同居の境界線を明白な形を避けながら、非自立の母子集団の中に父を吸引し、後援しながら独立させる役割を果たしていたのである。

注

（1）高群逸枝『日本婚姻史』（至文堂、一九六三年）九八頁。
（2）伊東すみ子「奈良朝時代の婚姻についての一考察」（『国家学会雑誌』七三巻—第一号、一九五九年五月）。
（3）吉田孝『律令国家と古代の社会』（岩波書店、一九八三年）一四〇頁。
（4）関口裕子『日本古代婚姻史の研究』上、（塙書房、一九九三年）二六頁。
（5）栗原弘『万葉集時代婚姻の研究』上、（刀水書房、二〇一二年）九頁。
（6）高群逸枝『招婿婚の研究』（講談社、一九五三年）一四頁。
（7）高群注（6）前掲書二九頁。
（8）『日本書紀』雄略天皇九年七月壬辰朔条に、「飛鳥戸郡人田辺史伯孫女者、古市郡人書首加龍之妻也。伯孫聞㆓女産児、往賀㆓聟家㆒、而月夜還」とある。
（9）管見では、『続日本紀』和銅七年一一月戊子条にみえる四比信紗の「事舅姑」の例と、『日本霊異記』中第二十七話の怪力女の話くらいである。霊異記の話では女の怪力ぶりを見て恐れた大領の父母が息子に実家に返せと勧めたことから、大領夫婦と親夫婦が同居しているとされているが、近くに住んでいることが推測される。
（10）吉田注（3）前掲書一四〇頁。
（11）胡潔「平安貴族の正妻制とその実態—正妻の呼称の「北の方」の成立と使用を通じて—」（お茶の水女子大学『国文』第八六号、平成九年一月）を参照されたい。

(12)『栄花物語』巻二七「ころものたま」。
(13) 義江明子『日本古代系譜様式論』(吉川弘文館、二〇〇〇年) 二〇三頁。
(14) 本編第四章を参照されたい。
(15)『小右記』の記述は、十世紀後半から十一世紀中頃までに亘っており、公事のみならず、私事についても多く触れているので、平安時代の家族、婚姻を考える上では大変重要な史料である。
(16) 吉田早苗「藤原実資の家族」(『日本歴史』第三〇三号、一九七五年十一月)、服藤早苗「平安貴族の婚姻と家・生活：右大臣実資千古と婿兼頼の場合」(『埼玉学園大学紀要』人間学部篇五、二三三―二四六、二〇〇五年十二月)。
(17) 吉田注 (16) 前掲論文によれば、実資は前後にして惟正女、婉子女王、良円母、千古母の四人の女性と結婚している。
(18) 小右記には長元二年九月以降から同三年の三月までの記事が欠けているので、千古と兼頼の結婚の状況を知ることはできないが、長元三年から兼頼に関する記事が増え、それも日常生活に関する記事が多いことから、二人の結婚は恐らく陰陽師の占った通り、長元二年 (一〇二九) 十一月廿六の吉日に結婚したのではないかと推測できる。
(19) 頼宗女、兼頼の姉妹で、「院の上」と呼ばれる女性のお産の為、そこに控えていた兼頼が産穢に触れたのであろう。
(20) 吉田注 (16) 前掲論文。
(21)『小右記』長元四年七月十二日条、長元四年九月二十四日条、長元五年十一月十五日条、長元五年十二月十七日条。
(22)『小右記』長元四年正月七日条。
(23) 長元四年八月四日条、八月十一日条。
(24) 長元五年四月二十一日条。
(25) 長元四年八月十一日条。
(26) 長元五年十一月廿一日条。
(27) 本文では「本是右府家」となっている。「右大臣」なら源重信、左大臣なら源雅信であるが、兄弟二人が、藤原朝忠の二人の娘と結婚したので、土御門第が重信の可能性もなくはない。ただ、重信は六条大臣と呼ばれているので、ここはやはり雅信を指すと見たほうが自然だと考え、「左府」と書き換えた。
(28) 江守五夫『日本の婚姻—その歴史と民俗』(弘文堂、一九八六年)。
(29) 関口注(4)前掲書下、三四九頁。
(30) 『詞花和歌集』雑上三〇八番歌の詞書に「筑紫より帰りまうで来て、もとすみ侍ける所のありしにもあらず荒れたりけるに、月のいとあかく侍りければ詠める、帥前内大臣」というのが見える。『栄花物語』巻五「浦々の別れ」によれば、伊周が帰京して到着したのは致仕大納言殿即ち源重光邸である。
(31) 『小右記』の小記目録第十五に万寿元年八月廿二日、「春宮大夫頼宗移徙堀川院事」と見え、万寿二年八月廿七日条に「春宮大夫頼宗室及産期而被悩邪気出自堀川院」とあり、長元四年三月廿三日条「中将(兼頼)従内退出云、母氏重煩、入夜又詣堀川院」などから頼宗夫婦が堀川院で同居していることが知ることができ、また長元四年七月廿六日条に「今日春宮大夫戌時九条新造家、中将申時許参詣、母氏同」の記事や同月廿八日条、三十日条に伊周女の病気で兼頼が何度も九条殿へいくと書いているところから見れば、九条殿でも頼宗夫婦が一緒にいたことが分かる。
(32) 『栄花物語』巻四「みはてぬゆめ」。
(33) 『栄花物語』巻二一「後くゐの大将」の巻に、教通室公任女が小二条に住んでいるとある。
(34) 吉田注(3)前掲書一三五頁。
(35) 明石一紀「日本古代家族研究序説」(『歴史評論』三四七号、一九七九年)。
(36) 高群注(6)前掲書二五二頁〜二五五頁。

第三章　平安時代の邸宅伝領

はじめに

邸宅伝領は居住形態と密接に関わっているにもかかわらず、両者をリンクさせた研究は僅少で、妻方居住婚説においては、氏族長以外は女系的に伝領されることが説かれており[1]、当時の邸宅は男系的に伝領されていたことが主張され、平行線をたどっているのが現状である[2]。しかし、本編第一章、第二章の考察により平安期には訪婚、妻方居住婚、独立居住婚が併存していたことが判明した以上、女系伝領説も男系伝領説も妥当性を欠くものと見なければならない。史料の少なさも邸宅伝領の研究に大きな障害をもたらした一因である。奈良時代の邸宅に関する記録は少なく、もとより当時の伝領形態を究明するのは困難であるが、平安時代に入り、古記録、証文などの史料が増えて解明の手がかりが得られるようになってからも、なお邸宅伝領の体系的な解明には多くの困難が伴う。平安時代の邸宅に関する研究は、主に建築史学と日本古代史学で行われてきた。前者では寝殿造と儀礼の関連性を中心に、後者では主に平安朝史、貴族生活の観点から言及[3]がしばしばなされてきたが、個別的な研究にとどまっている。

本章では、婚姻居住規制、さらに親族間相互扶助などの諸問題と関連づけながら当該期の邸宅伝領の特徴を明らかにしてみたい。史料の制約上ここでは比較的に史料豊富な平安摂関期に焦点を絞って、①邸宅の所有者と居住者、②妻家の邸宅と婿、③邸宅伝領における夫婦・親子の三つに分けて逐次考察する。史料として、主に『小右記』、『御堂関白記』、『権記』などの公卿日記及び平安時代の文学作品、とりわけ歴史物語の『栄花物語』を用いて分析し考察する。

一　邸宅の所有者と居住者

平安時代の居住、邸宅の所有を具体的に把握することは困難である。この困難を齎した一因として、記録類の居所に関する記述法が挙げられる。当時の記録には、天皇や入内した女性の邸宅間の移動に関する記録が多く、また頻発した内裏や貴族の邸宅の火事や方違えなどによる移動も多い。このような邸宅間の移動に関する記述には以下のような特徴がある。即ち、女性の名を冠した「（某女性）宅・家・第」のような記述が少ないのに対し、男性官僚名を冠した「（某男性）家・宅・第」のような記述が多いことである。従来このような「（某男性）家・宅・第」の記述は、即ち某男性が当該邸宅を所有していることと解されてきた。しかし、第一章、第二章で見てきたように、当時は男性が妻の家に住むことは広汎に行われており、妻の家が男性の名で呼ばれることもあることから[4]、「（某男性）家・宅・第」というような記述は「所有」を表すものではなく、「居住」を表している可能性も高いのではないだろうか。一例として挙げたいのが、『和泉式部集』の研究においてもしばしば問題とされる「道貞宅」と「雅致宅」である。和泉式部と道貞との結婚がいつ行われたかについては定かではないが、二人の間に生まれた小式部内侍は長徳四年（九九八）誕生と推定されているので、それ以前のある時期であろう。その後道貞がどこに住んでいたのか詳細は分からないが、大江雅致の宅に婿住していたことを示唆している記録が幾つかある。『小右記』長保元年（九九九）十月十二日条に太皇太后宮昌子からの手紙について記されている。

其御書云。両三年御悩不平。御占頻勘申可他処之由。心有所憚。口未出言。然而苦悩之間、不思人難。大進雅致

宅去宮不遠、若度彼宅如何者

太皇太后宮昌子が病気のためほかの邸宅へ移りたいが、できれば自分の居処からそう遠くない大江雅致の宅に移転したいという内容のものであった。それに対して実資は「須以彼宅為宮御領、相次改板門屋造四足門」と提案している。ここの「彼宅」とは大江雅致宅を指す。その後昌子内親王は雅致宅に移ったと見られるが、およそ一ヶ月半後の十二月一日に昌子太皇太后宮は崩御した。『小右記』同年十二月五日にその葬送の諸手配等が記されており、昌子の「遺令」を奏上させたとある箇所の割注に「権大進道貞朝臣可給臨時給事、給崩処実是道貞朝臣宅也。御存生間依有気色所令奏之」とある。昌子の滞在した邸宅は何故か「雅致宅」から「道貞宅」になっている。『日本紀略』同年十二月一日条にも「巳時太皇大后宮昌子内親王崩年五十五在位三十五年於権大進橘道貞三条宅崩給也」と道貞宅としている。これについて『権記』の同日条のほうがより詳細に書いているので、次のように掲げておく。

御存生之時仰云。御悩之間依陰陽家申、避本宮遷御権大進道貞宅、道貞雖為宮司、非舊仕之者。依病避宮之間、暫以移住。若有非常。極可不便。先例三宮暫住他家之時、臨時加賞家主、已有其数。若可然可令奏事由。其後不経幾日崩給。（権記・長保元年十二月一日条）

『権記』も『日本紀略』や『小右記』と同様に「道貞宅」としており、それについて森田兼吉は次の三つの可能性を挙げた。(5)

A雅致は娘式部の関係で道貞の家を借りて住んでいた。

B昌子が指定したのは雅致宅であったが、そこは手狭か何かで具合が悪く、道貞の家が立派で近くもあったので、雅致はそこを借り雅致宅として昌子に供した。大夫実資の同意も得ていたが、実資はそのことを日記には書かなかった。

C雅致の家には道貞夫婦が住んでいた。雅致は婿を引き立てるために道貞に家を譲り、そこを一時太皇太后宮とすることで道貞の叙位をも実現しようとした。

まず右の三つの解釈を考えてみる。A説によれば、舅大進の雅致が娘婿の権大進の道貞に家を借りて昌子内親王に提供したということになるので、不自然である。森田はB説を擁護しているが、少々牽強な解釈のように思える。何故ならば、『権記』では、昌子内親王の遷御先は最初から道貞宅となっており、文面だけみれば長保元年十月十二日昌子内親王の手紙の情報と一致しないからである。どの邸宅に移るかは、「臨時加賞家主」という利益も伴うので、公卿達が果たして邸宅名を間違えたりするだろうかという疑問が生じる。私見ではC説が最も説得力がある。(6)即ち、雅致と娘夫婦が同じ所に住んでいるため、昌子内親王は「雅致宅」と指名したのではないか。大進と権大進は舅と婿で、その宅に移ったほうが昌子内親王にとっては心強いに違いない。ここで昌子内親王が「雅致宅」とのみ言っているのは雅致のほうがより長く仕えていた人物で、より信頼が厚かったと見るべきであろう。(7)実資も長保元年十月十二日の返信の中にはっきりと「雅致宅」と記している。それでは、昌子内親王崩御の後、『日本紀略』をはじめ『権記』や『小右記』が口を揃えて「道貞宅」としているのは何故か。これについては、『権記』にある「先例三宮暫住他家之時、臨時加賞家主、已有其数。若可然可令奏事由」という箇所に注目したい。つまり、「道貞宅」とされた理由は道貞が「家主の賞」を受けて昇進するからである。実際、当時の史料を見ると、舅の邸宅に婿住みしている婿の名で「〜宅」と記されているものは少なくない。最も典型的なのは藤原道長である。『小右記』正暦二年（九九一）十一月三日条（逸文）に、東三条院藤原詮子が土御門第に移ったことが記されている。

女院（藤原詮子）自職曹司渡給大納言道長卿家（上東門、本是左府家也）(8)

土御門第は道長の妻倫子の実家である。しかし、ここでは「大納言道長卿家」と記述されている。道長の名を冠して呼ばれているにしても、この邸宅の本当の所有者は道長の妻の倫子である。同じ現象は道長の異母兄弟道綱の場合にも見られる。道長と倫子が結婚した後、雅信夫婦とほかの子女が近くの一条第に移り、そこでまた藤原道綱（九三六?―六六九?）を婿取った。道綱は雅信の一条第に起居していたが、妻の死去に伴い、雅信の一条第を出た。妻の早世によって婿が妻の家を出ることについては次節に述べるが、その後、道綱が源頼光女と結婚し頼光の一条第（一条大路南、堀河東）に婿として住んでいた。『小右記』長和四年四月廿五日条に、道綱について次のように記されている。

昨日左相府狭敷見物、饗大納言道綱所設、家已近隣、即是頼光朝臣宅、彼婿公也。

ここで、道綱の「家」は即ち「頼光朝臣宅」になっている点に注目したい。『権記』寛弘元年四月廿日条に「詣枇杷殿、候御共、於一条大納言殿北門見物」と道綱を「一条大納言殿」と呼んでいる。このように、記録類にある「宅名＋某官僚＋殿」や「某官僚＋家・宅・第」のような居所に関する表現はある人物の居住状況を表すもので、その人物が邸宅を所有していることと必ずしも直結しない。注目したいのは、邸宅に関する舅と婿の関係である。

権大進道貞朝臣可給臨時給事、崩《給》処実是道貞朝臣宅也。（小右記・長保元年十二月五日条割注）

女院（藤原詮子）自職曹司渡給大納言道長卿家（上東門、本是左府家也）（小右記・正暦二年十一月三日条割注）

昨日左相府狭敷見物、饗大納言道綱所設、家已近隣、即是頼光朝臣宅、彼婿公也（小右記・長和四年四月廿五日）

婿の家とされながらも「実是」、「本是」、「即是」といった説明がつけられている。婿の家とされる理由は、道貞のように、「家主の賞」と連動していた場合もあれば、藤原詮子が道長の関係で土御門邸へ行くことや父道長の見物のために道綱が饗を提供することなど人物の関係性による記述もある。従って、記録類に見るこの種の記述の関心は主に邸宅の所在にあり、邸宅の所有云々になかったことを念頭に置くべきであろう。居所表現と官人の政治生活との関わりについては今後の課題としたいが、「家（宅・第）＋人名＋殿」や「人名＋殿＋宅（家）」といった表現を単純に邸宅の相続に直結できないことは右の諸例から見ても明らかである。言い換えれば、ある邸宅に居住することとその邸宅の所有権とは別の問題である。邸宅の居住者と邸宅の所有者とを峻別することが重要である。

二　妻家の邸宅と婿

妻の早世に遭った男性（婿）が妻の家を離れる例は平安時代を通して多く見られる。これは邸宅を巡る居住と所有の問題を考える上で有力な手がかりとなる。妻の早世の話といえば、『大和物語』九十四段は比較的に早い段階の史料である。

故中務の宮の北の方、うせたまひてのち、ちひさき君たちをひき具して、三条右大臣殿に住みたまひけり。御忌みなどすぐしては、つひにひとりはすぐしたまふまじかりければ、かの北の方の御おとうと九の君を、やがてえたまはむと、おぼしけるを、なにかは、さもと、親はらからもおぼしたりけるに、いかがありけむ、左兵衛の督の君、侍従にものしたまひけるころ、その御文もて来となむ聞きたまひける。さて心づきなしとやおぼしけむ、もとの宮になむわたりたまひける。その時に御息所の御もとより

なき人の巣守にだにもなるべきをいまはとかへる今日の悲しさ

宮の御返し

巣守にと思ふ心はとどむれどかひあるべくもなしとこそきけ

となむありける。

中務の宮とは代明親王のことで、彼は藤原定方の婿であった。定方の三条第に住んでおり、定方女との間に子供もいた[9]。しかし、その妻の定方女が亡くなった。代明親王は妻の喪があけた後に妻の妹である九の君と結婚しようと考えていた。九の君との結婚が感情的な要素はともかく代明親王が妻の家に残るための方策であったことは、親王と妻のもう一人の姉妹で、宇多帝の御息所の藤原能子との歌のやりとりから知られる。妻の早世後も引き続き妻の家に残るには一定の理由が必要であったことを、この代明親王の例が明瞭に示している。しかしこの結婚は結局実現されなかった。親王が当時の太政大臣の三男、左兵衛督の藤原師尹が九の君に求婚していると聞いて、諦めて「もとの宮」に戻ったからである。このような妻の早世によって妻の家を出る例は多く見られるが、すでに本編第二章で取り上げた藤原長家はその好例である。この人物には前後三回の結婚歴があり、前の二回とも妻の早世に遭った。最初の妻は侍従中納言藤原行成の娘であった。この結婚は寛仁二年（一〇一八）、長家は十五歳、行成女は十二歳の年に行われたが、三年後の治安元年（一〇二一）三月十三日に行成女が病死した。短い結婚であったため、二人の間には子供

図1

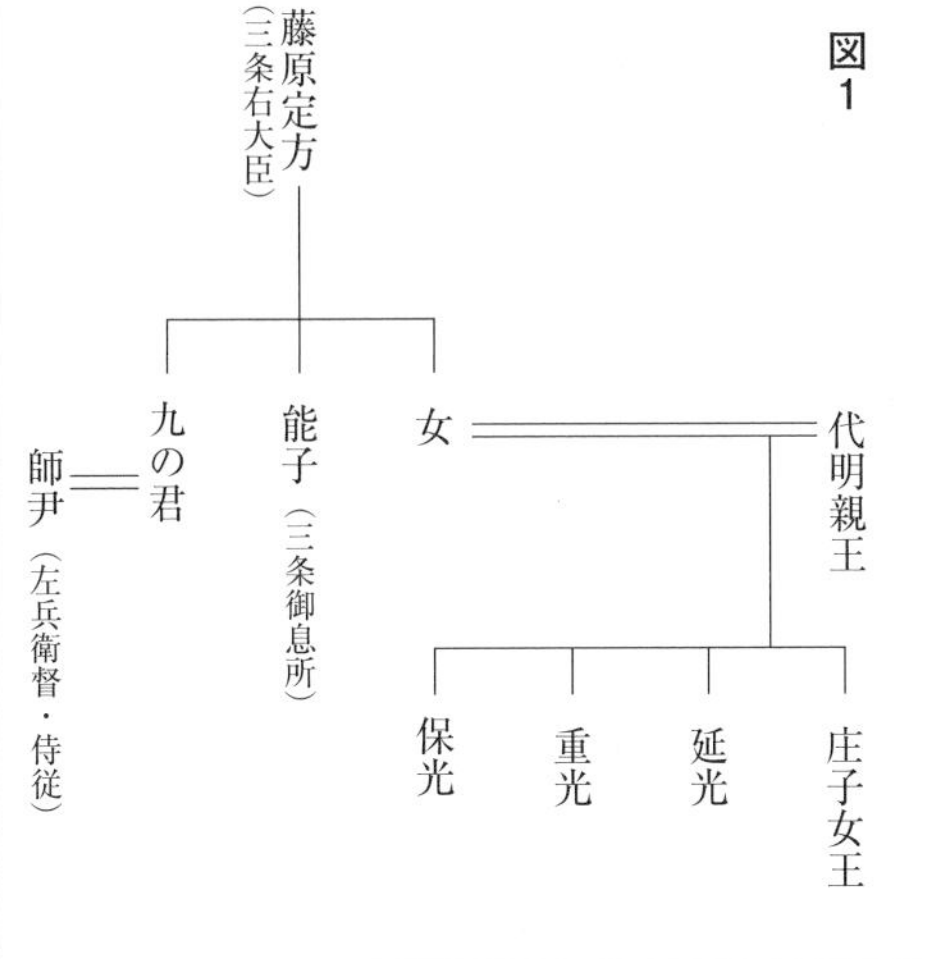

がいない。結婚した頃はまだ幼かった長家も十七歳になり、妻の死を大層悲しんでいたことが『栄花物語』によって伝えられている。その後の長家の居住状況は定かではないが、妻の家を出たと見てよかろう。行成女が死去した年の治安元年十月から十二月の間、長家は再婚した。今度は藤原斉信に婿に取られ妻方居住をしていたことから(10)、行成女死去後まもなく妻の家を出たと考えられる。二番目の妻である斉信女との結婚も長くなかった。万寿二年（一〇二五）に妊娠した斉信女は赤斑瘡を患い、母子ともに死去した(11)。その年長家は二十一歳であった。その後の長家の動向を『栄花物語』の記述から知ることができる。

中納言のものし給へば、その扱ひにて、同じ様なる心地して過し侍れば、中納言もさてのみあるべき事ならず、入道殿も「今まである事、見苦しき事なり」との給はすれば、この忌の程をだに、同じ心にあらんなどぞ侍りし。それさへ他所せられなば、まいていかに、何事につけても、物思ひ慰め侍らんと思ふが、悲しき事（栄花物語・ころものたま）

右の記述は、斉信が娘の亡くなったあと、自分と同じように娘に死なれて出家した公任を訪問し、娘の亡きあとの長家の事に触れた箇所である。斉信は娘が亡くなっても、せめて婿の長家の世話などをすることで、娘が生きていた時と同じ気持ちになれると、長家がいてくれることを望んでいながら、そうはいかないだろうと諦めているのである。婿の父親の道長も息子は妻が亡くなってからも妻家に残っているのが見苦しいと言っている。語り手の誇張や三人の政治的利害関係などの要素を差し引いても、ここに語られる斉信、道長、長家のそれぞれの心境から読み取れたのは、妻の死によって男性が妻の家を出なければならない、という社会通念である。『栄花物語』には長家の後日談も語られている。

殿の中納言（長家）は大納言になり給ぬ。国々の受領さまざまになり、集り喜び申。中宮の大夫（斉信）は民部卿になり給ぬ。まことや、侍従大納言殿は、この民部卿の御もとを一昨年たたせ給て、殿の上のおはします今の大貳惟憲が家にぞ住ませ給。よそよそなれど、猶この民部卿の御もとにぞ、猶かくて知り聞え給ふ。（栄花物語・つるのはやし）

長家は万寿三年に斉信の元を離れたが、なお斉信の世話を受けているようで行成の場合と同様に、婿に対する舅の世話はなおしばらく続いていたと思われる。しかし妻が死去すると、舅との感情的な繋がりがあっても妻の家を出るのが慣習であり、それに反した場合は、見苦しいと見られるのである。同じく本編第二章で取り上げた藤原兼頼も妻の早世に遭い、妻の家を出た人物である。兼頼十六才の時に右大臣藤原実資の女千古と結婚し、妻方居住婚を続けていたが、その後妻千古が死去したため妻の家を出た。千古がいつ死去したのか不明であるが、『公卿補任』[12]によると、兼頼が長元七年（一〇三四）に父親春宮大夫頼宗の譲りを受け従三位から正三位になり、「兼頼服解之後未復任。又彼宅之賞二月有憚。仍追以叙之」とあり、その時兼頼は服喪が解けたことから、その前の年に千古が死去した可能性がある。また『中右記』長承三年（一一三四）十一月二十一日条「夜小野宮九十九尼公入滅云々、是兼頼卿女、祐家卿妻也」と兼頼女の動向を伝えているが、千古と兼頼の間に生まれた娘で、長承三年から逆算して、恐らく長元七年（一〇三四）か八年（一〇三五）の間の誕生であろう。となると、千古は娘を出産した直後に亡くなった可能性が高いと思われる。千古の死後も実資と兼頼との間に繋がりが保たれていたことがいくつかの記録から窺える。『公卿補任』によれば、長元九年七月十に、兼頼が実資の皇太弟傅賞の譲りで従二位になったとある。また実資の養子資平の子供資房が記した『春記』に見える。長暦三年（一〇三九）十月二十一日の条に

今日初参右府、着冬直衣又謁宰相中将、晩暮帰住所、此相公先例帰住堀河院已了、而従近曽又帰住、右府衣食事、一向右府知給如聟也、人々傾奇云々、家財悉可被委付相公女児、其間事与彼幸女同意、可枉法之故所来往也云々、誰人成其防哉、右府御心已非古、皆変改云々

とあり、さらに同年の十月二十五日条「参右府、又謁相公、被坐東対如舊」とある。これらの記述から、兼頼が千古の死後いったん小野宮を出て、父のいる堀河院に帰ったが、その後また小野宮に戻り、昔と同じ東対に住んでいたことが分かる。資房が記した「人々傾奇云々」の言葉は、兼頼に対する周囲の人々の強い違和感を表したものである。先述した『大和物語』の代明親王の例と同様に、当時ではいったん妻が亡くなったら、たとえ子供がいても、婿はもう婿という立場を失ってしまい、妻の家を出なければならない。本来ならば千古が死去すれば兼頼がそこに居住する意味がないのである。しかも彼はすでに再婚した。再婚していながら、小野宮に戻り、婿のように舅の後見を受けて住んでいた。これは資房も「法を枉ぐべきの故来往する所也云々」と批判しているゆえんである。資房が言っている「法」は恐らく当時の慣習と観念を指すものであろう。即ち、当時の慣習として、妻が死去した場合、男性がいつまでも妻の家に居住することはないのである。このような通念が存在していたことは先述した兼頼の叔父に当る藤原長家の例を見ても明らかである。では何故兼頼が小野宮に住み、舅の後見を受け、さらに舅の位階譲与まで受けられたのか。私見では千古との間に生まれた娘の存在が重要ではないかと思われる。即ち、実資にとって、自分の死後、孫娘を後見できるのは兼頼のみである。代明親王の生きていた十世紀初頭から前半の時代では、子供が母方の世話でよかったのであるが、この時代になると、女子に対する父親の後見が不可欠になってきた。年取った実資も自分の死後の孫娘のことが心配で、その父親に後見を頼む意味で兼頼を厚遇したのではないか。『尊卑分脈』には、兼頼に「小

野宮中納言」という呼称が記されているが[13]、それは兼頼が小野宮を所有していることを意味しない。

る[14]。

最後に、『小右記』の作者藤原実資（九五七〜一〇四六）の二条第の例を見てみる。実資の最初の妻は源惟正女である[14]。源惟正（九二九〜九八〇）は文徳源氏、右大弁源相職の三男である。惟正女と実資の結婚は恐らく天元元年（九八三）か天元二年（九八四）頃に行われたとされている[15]。時に実資は十八歳、右少将になっていた。婿取られた後の実資の居住状況は史料があまりないので詳しくは分からないが、惟正の邸宅が二条にあることが『日本記略』寛和元年（九八五）九月十九日条に「今日、中宮移御故参議源惟正卿二条家」という記録から見て分かる。源惟正が天元三年（九八〇）にすでに死去しており、この時点で二条第に居住しているのが婿の実資とその妻子であったことが『小右記』の記述から知ることができる[16]。中宮遵子が惟正の二条第に遷御したのは恐らく従兄弟の実資とその妻、娘が住んでいる邸宅だからであろう。遵子が二条第へ移る前に、実資が二条第の修理などを行ったことが『小右記』に記されている。

参殿、次参院、大夫（藤原済時）被参宮、被定可遷御二条之雑事、深更罷出（寛和元年五月十三日条）
依召参殿、宮（藤原遵子）可遷御二条之間、可入之物等其数甚多、無料物之由、宮司等各有令申、詣大夫御許申案内、被申難成事。帰参殿、申大夫被申趣、参宮可申此由者、即参入令啓、罷出（同年六月六日条）

これらの記述から実資が二条第の責任者として、中宮遵子遷御時の準備をしていたことを知ることができる。遵子の二条第での滞在はかなり長く、『日本紀略』永延元年（九八七）二月七日条に「中宮自左中将実資朝臣二条家、還御四条宮」とあり、およそ一年半になる。同じ『日本記略』の記録でも、遵子が二条第に遷御した時は、「故惟正宅」と舅の名を冠して記したにもかかわらず、遵子が四条宮に還御した時には「左中将実資朝臣二条家」と婿の名を冠して記している。先に見た橘道貞と大江雅致の場合と同じである。これも恐らく遷御に伴う「家主の賞」と関係するのではないかと考えられる。『小右記』永延元年二月六日条に

参四条宮、令催行御在所御装束事等、明日依可遷御也、殿下（藤原頼忠）同渡給、殿下命云、家主前例已有慶賀、而令奏其由、定無応歟、為之如何者、余申云、更不可被奏、於不応為宮為身共可無益侍之由即令執申畢。

とあり、やはり「家主の賞」が話題になっている。杉崎重遠は実資が「家主の賞」の対象になっていることについて、「この二条の家が実資の所領であったことを意味するもの」としており[17]、また吉田早苗も源惟正が没すると実資が二条第を相続したとしているが[18]、先に見た橘道貞と大江雅致の例から分かるように、このような場合、その家に居住している婿も家の者としてさらに橘道貞や実資のように実際太皇大后宮昌子や中宮遵子の遷御に奉仕している者は「家主の賞」を受けられるのではないかと思われる。邸宅の所有がどうかはまた別問題である。婿が舅から邸宅を相続するというよりも、妻の邸宅の管理を委ねられるというほうが正確であろう。なぜなら、源惟正が死去した時に、その娘つまり実資の妻がまだ生存中なので、二条第の本当の所有者は当然実資の妻になる。従って、寛和元年の時点の二条第は実資の妻の所有が前提で、その妻の邸宅を夫として後見し、そこに居住しているということになる。ただ、遵子が二条第から四条宮に還御した永延元年の時点では惟正女はすでに死去しているので[19]、二条第は完全に実資の管理下に置かれていたと思われる。しかし、二条第の所有を考える際、子供の有無が重要な問題となる。これについては次節で述べる。

三　邸宅伝領における夫婦、親子

邸宅伝領を考える際、子供の有無が重要となる。先に見た藤原長家の例のように、妻が早世し、しかも子供がいない場合、婿は妻の家を出なければならないので、邸宅の相続権がないはずである。一方、藤原兼頼の例のように、妻の早世に遭ったものの女児が生まれており、その女児が小野宮を伝領することになっている。兼頼が「小野宮中納言」と呼ばれたのは小野宮を相続したからではなく、娘の後見として小野宮と関わっていたからである。言い換えれば、兼頼が引き続き妻の家に住むためには、妻との間の子供の存在が必要で、その子供に対する後見が条件となる。もし千古が生きていれば、実資は小野宮を千古・兼頼夫婦に譲り、自分が新しい邸宅を探して移る可能性もあれば、また兼頼が邸宅を用意し、千古が小野宮を伝領しつつ夫の用意する邸宅に入る可能性もある。兼頼が妻の後見として、小野宮の修繕や改築などに関わることができるのと同様に、娘の所有する邸宅を管理することもできると考える。実資の場合は、実資と惟正女の間に寛和元年の四月廿八日に女児が生まれている。本来ならば、この女児が二条第の本当の相続人で、父親の実資は二条第を管理していたのであろう。すなわち、二条第の所有権は実資になく、この女児にあった。ところがこの女児は生来病弱だったようで、『小右記』にはたびたびこの女児のための加持祈祷を行ったという記述が見られる。しかし、その甲斐なくこの女児は正暦元年（九九〇）の四月十一日に六歳で死去している。女児が死去した半年後の正暦元年十月十六日、実資が二条第を売って、その代金で小野宮の周囲の土地を買おうと思って占わせたことから、実資は二条第を完全に所有していたと考えられる。長家や兼頼と異なって、実資の場合は、舅の惟正がすでに死去し、その前に恐らく二条第の券が娘の惟正女に渡ったのであろう。惟正女も翌年の寛和二年に死去しているので、邸宅はいうまでもなくその所生の娘に伝領されることになるが、券は実資に渡ったと考えられる。二条第を相続すべき妻も娘も亡くなった今になったら、家の券は当然それを持ち管理している実資のものとなる。娘を介して邸宅を伝領する話は『落窪物語』にも見える。物語そのものは虚構であるが、邸宅所有と管理に関するこの時代の人々の考え方を観察する上では有効である。物語のヒロイン落窪の君は母から三条院を伝領した。彼女は母の死後継母のいる中納言邸に迎えられ、つらい日々を過ごしていたが、ある日いなくなった。てっきり娘がもう亡くなったと思い込んだ中納言は落窪君の所有の三条邸を改築して住もうとした。

中納言は老ひほけたまへるうへに、物思ひのみして、をさをさ出でまじらひたまふこともなし。つくづく入居たまへり。落窪の君の伝へたまへりける家、三条なるところにて、いとをかしかりける。落窪の君になむ取らせたりけるを、「今は世になくなりにたれば、我こそ領ぜめ」とのたまへば…（落窪物語・巻二）

中納言からみれば、娘の所有の邸宅だから、娘がいれば娘のもので、亡くなっていれば、父親の自分が伝領すべきものだという考えであった。そこで荘園から得た二年分の収入を投入して改築を行った。このことは落窪君・衛門督夫婦のいる衛門督邸に伝わった。

「（仕女衛門）三条殿はいとめでたく造り立てて、ひきゐて渡りたまふべかなり。故上の『ここ失はで住みたまへ。故大宮のいとをかしうて住みたまひし所なれば、いとあはれになむおぼゆる』とかへすがへす聞き置きたまひしものを、かく目に見す見す領じたまふよ。いかで領ぜさせはてじ」と言へば、男君、「券はありや」とのたまへば、「いとたしかにてさぶらふ」「さてはいとよく言ひつべかなり。渡らむ日をたしかに案内して来」とのたまへば、（落窪物語・巻二）

そこで衛門督は三条邸の券が確かに妻の手にあることを確認して復讐の計画を練った。中納言家が三条邸に渡る日に、衛門督が自分の家司や職事を三条邸に派遣して、「この殿は、殿（衛門督）のしろしめすべきところ」と宣言する。それに対して、中納言が衛門督の父親の右大臣に次のように訴える。

かの家には、わが手に券こそなけれども、わが子の家なり。我ならでは誰領ぜむ。その子、世にあると聞きはべらばこそ、それがするならむとも思はめ、いかなることにかあらむ。（同前）

娘の所有を認め、その娘がいなければ自分が所有すべきという論理である。それに対して、衛門督が次のように反論する。

かしこに侍る人の家に侍り。母方の祖父なりける宮の家なりける、つたはりてはべるを、かの中納言はほけて、妻にのみ従ひて、情けなく、ものしき心のみ侍りしかば、憎さに、『この家も取らせはべらじ』とてなむ。券いとたしかにはべり。券しらでつくりて、『我より外に領る人あらじ』と侍るこそをこがましけれ（同前）

妻の所有で、それも妻の母方からの伝領を説明し、しかも券はこちらにあると強調する。衛門督が妻の後見という形で三条殿に関わっているのはいうまでもない。この話から当時の邸宅伝領に関する社会通念および家の券の重要性を窺うことができるが、妻から娘へ伝領される邸宅も父親および夫の管理が必要である。その管理は基本的には後見であって、所有ではない。券は父親や夫が持っていても本質的には代理管理である。娘の場合は、実資のように、父親が券を掌握することが多いと思われるが、夫の場合は、妻の信頼によって券を預かる場合も多いのではないかと思われる。家券を巡る争いは『栄花物語』にも記されている。藤原顕光と娘の元子との間に、堀河邸の所有権をめぐって相論が起こった。

殿（顕光・筆者注・以下同）あさましく老いぼれ給ひて、この女御（元子）の御辺りの事をあやにくにおぼしのたまへば、この堀河の院の御事をば、今に論ぜさせ給ひける。これは焼けたりしかば、故一条院のこれひらして造らせたまへりし堀河の院なれば、女御は「我領ずべし」とおぼしたれど、大臣のけんをば故女御に奉らせ給てければ、院にぞ候ふなる。（栄花物語・もとのしづく）

この争いで注目すべき人物は顕光の二人の娘元子と延子であるが、実質的には、むしろ二人の婿――一条院と小一条院の妻の邸宅への関わり方である。元子が入内した際に、顕光が恐らく堀河第を元子の里第にしたのであろう。そのため火事に遭った後、元子の夫、顕光の婿である一条院が堀河院を再建した。これは原理的には夫の、妻および妻の家に対する後見である。肝心の邸宅の券がいまだ元子に渡っていなくても、父親が健在の時は、その父親が管理者として手元に持っているのも当然で、いずれ元子が伝領するという暗黙の了解が当事者の間にはあったのであろう。しかし、元子は一条院崩御後、源頼定と結婚した。そのことにより、顕光・元子の親子の関係は険悪となり、顕光が堀河邸を小一条院と結婚した延子に処分し、券を延子に渡してしまった。この相論が起った時点で延子がすでに死去しているので、家券が延子から夫敦明親王（小一条院）のところに渡ったのである。恐らく延子の生前、夫に渡したのであろう。このような妻から夫に邸宅の券を渡す行為は妻からの信頼によるもので、邸宅の所有の譲渡と見なすことはできないのであろう。女御（元子）が自分の所有と思うことや、延子の夫小一条院のもとに券があることなどは、以上のような経緯からと考えられる。夫としては妻の所生の子供がいるかぎり、それらに伝領させるのが務めであろう。

おわりに

平安時代の邸宅伝領のあり方について、摂関期の公卿日記や物語作品を手がかりに考察してきた。平安期の邸宅伝領は当該期の婿取婚という婚姻形態、訪婚―妻方居住―独立居住という居住形態に照応したものであったことが、実例を見ながら確認できた。これまで述べてきたように、平安期は夫婦別居と夫婦同居の婚姻居住形態が並存しながら、段階的には訪婚→妻方居住婚→独立居住婚に移行している過程にある。それに照応して、邸宅居住・伝領面においても段階的変化が見られる。訪婚・妻方居住婚においては娘夫婦に居住空間である邸宅を提供し、衣食住の世話をする前期段階と、婿である男性が妻所有の邸宅の管理または新たな邸宅を提供する後期とに分けられる。従って、平安時代の邸宅伝領を単純に伝領のみの関係で語ることができず、居住、管理、伝領などの諸要素を複合的に考える必要がある。本章の内容を次のように纏めることができる。

①邸宅は、単に居住空間ではなく、政治に密接に関わる政治的空間でもある。政治的な局面において、院や帝の遷御や御幸など公的用件や晴《はれ》の行事によってある邸宅が用いられた場合、その邸宅の代表者として「某男性名＋家・宅・第」と記述されるが、それをすべて邸宅所有者と解釈することはできない。妻の家に婿住みをしている男性は、社会的には某家に住んでいる者と認識され、「その男性名＋家、宅、第」で呼ばれることがあるが、それは男性の公的の立場に対する政治的な配慮によるもので、必ずしも邸宅の所有者という意味を表すものではない。

②しかし、婿の居住が単に寄生的な行為と解釈するのも間違いである。結婚によって妻の家に居住することによって、妻の家と相互扶助関係つまり後見の関係が生ずるが、その後見の内容の一つは邸宅の管理と維持である。この場合、

舅婿、夫婦の信頼度合いにより、家の券が渡されることもある。それは邸宅を相続するのではなく、家を相続する妻または娘の後見をするという形で管理しているのである。

③藤原顕光と娘の元子のトラブルから見ても分かるように、邸宅の処分は個人の意思にゆだねられている。このような個人の意思による処分は個人所有という財産所有形態と照応したものである。藤原実資のように妻のみならずその子も早世したという特殊な事情により妻の邸宅を所有し、処分した事例もあるが、基本的には、妻の邸宅はその子供が相続する。

④伝領上の傾向として、女子がいれば女子が優先されることが明瞭に看取される。これは婿取婚と照応するものと理解されるべきである。しかし高群逸枝が説いたように、女系にのみ伝領されるものでもない。上層貴族になると、邸宅を多く所有し、様々な用途で使い分けながら、子女に伝領させていたと考えられる。小野宮の例でいうと、実資が養父実頼から相続し、父から子へ渡った形だが、実資はまた娘千古に処分し[20]、父から娘へ伝えた。さらに千古の死去によって、小野宮は千古の娘に渡ったので[21]、母から女へと伝領された、ということになる。

この時代の邸宅伝領を考える上で欠かせない視点として、邸宅の提供、修繕、再建において父親、夫ないし兄弟の後見が挙げられる。後見の問題については、次の章で詳述するが、この時代の居住形態と邸宅伝領も、父系社会・夫方居住婚または母系社会・妻方居住の社会より遥かに複雑で、多様で、より柔軟な見方が必要であることを改めて強調しておきたい。

注

（1）この説の代表的研究に、高群逸枝『招婿婚の研究』（講談社、一九五三年）、同氏『日本婚姻例集』（高群逸枝編、栗原葉子、栗原弘校訂、高科書店、一九九一年）など一連の研究が挙げられる。また新田孝子の『大和物語の婚姻と第宅』（風間書房、一九九八年）も妻方居住説の立場からなされた研究であるが、主に文学研究の論考である。

（2）夫方居住説論者の邸宅伝領への言及は散見されるが、比較的に多く言及した論者として、角田文衛が挙げられる。角田の『平安人物志』上・下、法藏館、一九八四年）には邸宅に関する言及が多く、男系伝領としている。

（3）建築学史学による邸宅研究は主に寝殿造に関するもので、代表的な研究に、太田静六『寝殿造の研究』（吉川弘文館、一九八七年）や川本重雄『寝殿造の空間と儀式』（中央公論美術出版、二〇〇五年）が挙げられ、平安貴族史、平安文学の研究には、池浩三『源氏物語—その住まいの世界』（中央公論美術出版、一九八九年）、朧谷寿編『平安京の邸第』（望稜社、一九八七年）、同氏の『平安貴族と邸第』（吉川弘文館、二〇〇〇年）などが挙げられる。

（4）例えば、道長が妻倫子の家土御門堂に居住しており、「土御門」を冠して呼ばれていた。

（5）森田兼吉「橘道貞との結婚とその破綻」『和泉式部日記論攷』（笠間書院、一九八八年）一六九頁。

（6）増田繁夫『冥き途：評伝和泉式部』（世界思想社、一九八七年）。

（7）『小右記』長保元年九月二十二日、雅致が公務連絡のために実資を訪問したついでに、「又仰云、和泉守橘道貞可請権大進。即欲令奏其由者」とあるから、昌子内親王が「御書」を書いた時点に、道貞が権大進になって僅か二ヶ月足らずである。

（8）本文では「本是右府家」となっている。「右大臣」なら源重信、左大臣なら源雅信であるが、兄弟二人が、藤原朝忠の二人の娘と結婚したので、土御門第が重信の可能性もなくはない。ただ、重信は六条大臣と呼ばれているので、ここはやはり雅信を指すと見たほうが自然だと考え、「左府」と書き換えた。

（9）代明親王と定方女の間に、庄子女王、源重光、源保光、源延光などの子供がいる。

（10）『小右記』治安元年十月二十四条に「来月九日中宮大夫斉信如（女）着裳、行婚礼右近中将長家云々、而彼中将一切□□、去四月妻亡、一周忌間可無他忌（志）而不知彼指意。偏所経営云々。入道禅室呼中将宣事由、涕位（泣）無言、仍禅室曰、至今不

可示左右、可任彼心者、是権大納言行成一昨日所密談也（舊日縁也。即問中使、答云、周忌間可不有他心者）」とあり、斉信女との縁談があったことが分かる。『小右記』治安元年十月二十四日条に「若有相連（違）為長秋大恥耳、長秋中宮□企云々□」とあり、その後斉信女と結婚した模様である。『栄花物語』「もとのしづく」の巻には斉信が長家を婿取った話の続きに「この大納言殿に、火出できて焼けぬ。雨のどかに降りて気しめりたりけるに、三位どのも大納言どのも五節なれば、皆内裏におはしける折しも、あさましう残りなくてやみぬ。：御婿どりの後、この十余日にこそはなりぬれ。折しも口惜しういみじ。：一条桟敷どのにわたり給ぬ」とあり、「たまのうてな」の巻に、「中宮の大夫どの、大炊御門の焼けにし後、この桟敷殿に中納言殿住み給に、二月廿余日、俄なる火出できて焼けぬ。いみじうけしからぬわざ哉と、よそ人も扱ひきこゆべし。またほかへ渡り給ぬ」とある記述から、とあるところから、斉信およびその妻、娘夫婦が一緒に住み共に移動したことが分かる。

(11)　『小右記』万寿二年（一〇二五）八月廿九日条に、「訪大納言（中宮大夫）斉信・新中納言長家、大納言報云、中納言室家重煩赤斑瘡、僅平愈、不経幾日未及其期、産、臥赤瘡疾之以来、水漿不通・新中納言室亡」と伝えている。

(12)　千古の年齢について、吉田早苗が小右記長和二年八月十日条に、「招右京権大夫光栄［賀茂］重聞可移西對日並小兒着袴日時、十一月十六日吉日。」とあることに注目し、当時の着袴の年齢は大体三才から五才であるから、千古がこの時三才だったとすると、寛弘八年に誕生したと指摘している。それはおそらく正しいであろう。そうすると、長元二年兼頼と結婚する時は一八歳であることになる。

(13)　兼頼が権中納言になったのは、長久四年（一〇四三）であるが、死去した康平六年（一〇六三）まで権中納言のままであった。

(14)　桃裕行「忌日考」『古記録の研究上』（思文閣出版、一九八八年）。

(15)　吉田早苗「藤原実資の家族」（『日本歴史』三三〇号）一九七五年十一月。

(16)　寛弘五年八月十八日条「先年余住二条第之間」、万寿二年二月十四日条「旧年二条曹司」などがある。

(17)　杉崎重遠「藤原実資二条家考（1）」（『明星大学研究紀要―人文学部―』第八号　一九七二年十二月）。

(18)　吉田早苗「藤原実資の二条第について」（『日本建築学会昭和五十一年秋季大会学術講演梗概集』一九七七―一九七八年）。

(19)　惟正女がいつ死去したのか明確な記録がないため分からないが、『小右記』の寛和二年の記事が欠けており、寛和三年五月八日条に「相当故者周忌日」とあるから、その「故者」はもし惟正女なら、彼女はその前の寛和二年五月八日に死去したことになる。
(20)『小右記』寛仁三年十二月九日条。
(21)『名月記』元久二年七月二十九日条。

第四章　平安時代の「後見《うしろみ》」について

はじめに

「後見《うしろみ》」は、平安時代の文学作品に多く見られる言葉である。(1) この言葉は、中世頃から、「後見《こうけん》」と音読されるようになり、意味も変化した。(2) 本章では平安時代に用いられた「後見《うしろみ》」に限定して考察する。『源氏物語辞典』（北山谿谷・平凡社・一九五七年）では、「後見《うしろみ》」について次のように説明している。

背後に居て（即ち、付き添ひて）人を助け世話をなすこと、又その人。（後宮として帝に、臣下として君に対し奉り、親として子に、妻として夫に、夫として妻に、女房・乳母・召使として主家の子女に対して世話をなす場合など、広く用ひられたり。）

確かに、後《うしろ》は見えないところであり、不安を感じる弱所である。(3) 後《うしろ》で見守る、後《うしろ》から助けるというのが本来の意味であろうが、平安時代の用法は右の説明でほぼ言い尽くされている。即ち、「後見」は、公的には君主と臣下の間、私的には家族間或いは主従間に見られる一種の扶助関係である。平安時代の後見に関する言及は、早くから民俗学、(4) 歴史学、(5) 文学(6) の各分野に散見されるが、正面からそれが取り上げられるようになったのは、二十世紀の七、八十年代以降の研究においてである。一九八八年に公表された二つの論考―倉本一宏の「『栄花物語』における後見」について」と加藤洋介の「後見攷―源氏物語論のために―」(7)―は、後見に関する新たな研究の端緒となった。倉本の論考は、すでに山中裕によって指摘されていた、『栄花物語』の史観の問題に対する再考である。かつて山中裕は、『栄花物語』において後見の重要性が繰り返され、敦康親王が立太子できなかったことや敦明親王が東宮の座から降りたことの理由は、彼らには「はかばかしき御後見」がなかったことにあり、それが『栄花物語』史観であったと指摘した(8)。これを受けて、倉本は『源氏物語』の後見の用法から、東宮、皇子、后妃、帝の後見は必ずしもその血縁者ではないと指摘し、天皇の後見はその外戚であるとする『栄花物語』の史観の特異性を指摘した(9)。一方、加藤洋介の論考は、物語文学における後見の役割について論じたものである。加藤はまず平安時代の後見について、子に対する親、母方親族、同母兄弟、乳母、母に対する息子の後見を本来的なものとした上で、物語世界ではこういった本来的な後見の欠如と獲得が類型的に語られているが、『源氏物語』に至っては、他者の依託によって新たな後見関係が創り出され、それによって物語の状況が切り開かれてゆくことを指摘する(10)。両氏の論に刺激され、三角洋一、高木和子も次々と論を発表し、物語世界で描かれた人間関係、特に女性と後見の問題について自説を展開している(11)。

以上の諸論を概観しても分かるように、これまでの議論はどちらかといえば、文学作品の用例に依拠しながら、歴史文学の史観、物語の方法について展開されてきたものである。しかし、作品に描かれた後見の諸相から物語の世界で構築された人間関係や物語の方法を指摘することはできても、後見そのものの成立条件、法則性、時代的特徴などの全体的な見方は必ずしも明瞭にはならない。かつて井上光貞は平安時代の後見を「私的保護関係によって上下、左右に結ばれ」た人間関係とした(12)。歴史家ならではの慧眼である。井上のいう「私的保護関係」は恐らく律令制度による公的関係に対する私的関係の意味であろうが、実に後見の基本的性格——上下、左右に柔軟に伸張し結ばれること——を正確に言い表したものである。しかし、このような後見関係がいかなる原理によって複雑に絡んでいくのかについて、残念ながら井上は触れていない。もし、この「私的保護関係」の中核をなすものが先に紹介した加藤洋介の言う家族・親族関係であるならば[13]、後見と当時の家族形態、結婚形態との関連性を解明することが必要になってくる。本章はひとまず文学作品の具体的記述から離れ、その前段階の作業として、婚姻居住規制、家族形態を中心に、後見の基本的性格、基本構造を明らかにし、家族共同体の成立過程における歴史的意義について考えてみたい。なお、史料の制限により、本章の考察対象は摂関期の貴族層に絞ることにする。

一 後見の基本構造―婿取婚との関連性を中心に

平安時代の結婚といえば、婿取婚、つまり女性の親が男性を婿に取るという婚姻形態である[14]。この婚姻形態は、訪婚から同居婚へ移行する過渡期に現れた日本独特の形態である[15]。居住形態上では、旧型の夫婦別居と新型の夫婦同居の二つが並存しているが、両者は男性が結婚開始時から女性のもとへ移動（通う）する点、子供が母方で育つ点で共通している。子供の養育を母方が行う、ということを念頭において考えれば、なぜ平安時代の後見関係が母方に偏っていたのかは容易に理解できる。従って、本章ではまず子に対する親の後見、同母兄弟姉妹、母方親族の後見を「生得的血縁的後見」とする[16]。しかし、一口に「親」と言っても、母親の後見と父親の後見は同じではなく、その違いには注意を払う必要があろう。なぜなら、当時は別居の家庭が多数存在しており、夫婦同居の家庭も別居を経てから初めて同居を実現するものである。子供にしてみれば、通ってくる父親と別居することはあっても、母親とは一体不離の関係にあった。母と未婚の子とからなる小集団が社会の最小単位であった[17]ということを念頭に置いてみれば、父親と母親の後見を同じように見ることはできないであろう。これまでの研究では、この違いについてあまり注意が払われてこなかった。そこでまず子供に対する父親の後見についてもうすこし立ち入って考えてみることにする。

古代日本の婚姻風習の中で、通ってくる男性は本来「客人《まらうと》」であり、必ずしも身内とは考えられていない。このような観念が質的変化を遂げたのは、平安時代の婿取婚においてであった。婿取婚は、妻側がやってきた客人を承認し、歓待するという古来の慣習の中から生まれた「新種」で、妻方主導の外貌を取りながら、その内実は男性による後見―娘に対する父親の、または妻に対する夫の後見―を要請するものであった。(18) この要請の背景には律令制によって培われた男性の政治力、経済力の伸長と、女性の地位の不安定性があった。律令導入の狙いどころの一つは父系の確立である。それを実現するために、律令国家が中国の官人制度を換骨奪胎し、古代日本社会に適合した蔭位制を創りだしたが、(19) この制度は父祖―子孫の繋がりを強化するとともに、男女の差も広げる結果となった。律令官人の主体は男性だったからである。彼らは位階、官職によって一定の給与を支給され、経済的収入源が確保されていた。このような男性の政治・経済における優位性は、平安時代に至ると、家庭―社会の基層的単位―において発揮されるようになる。しかもそれが真っ先に、子供に対する「父親の後見」という形で顕在化される点は注目に値する。もし、蔭位制を公的な官人制の中で男性子孫に対する父祖の「蔭」即ち庇護と捉えることができるならば、婿取りは私的な生活面において、娘に対する親、特に父親の庇護として成立したものと理解することができる。(20) この時代では父親の後見は、男女子を問わず、現実的な問題として欠かせなくなってきていた。子供に対する父親の後見の多様性については後述するが、まずこの時代では父親の政治的、経済的後見が強く要請され、それが本来的に行われきた母側の後見と相互補完的に行われていながら、完全に同質のものではなかったことを指摘しておく。

婿取婚における父親の役割は、一言で言えば、娘の許へ通ってくる婿を自家に定着させることである。さらに言えば、将来自分の娘に対してその夫としての、自分の娘の生んだ外孫達に対してその父親としての後見を促すことである。所謂「婿傅き」や「本家のいたはり」[21]は言ってみれば婿を繋ぎ止める、或いは娘夫婦の独立を扶助する方策であった。一方、婿も妻側（実質的にはその父親）からの後見を受けることで、妻家の一員と目され、将来妻子を後見することが期待されるのである。即ち、結婚によって、男性と妻側（妻の肉親）との間に後見―相互扶助―の関係が成立するのである。本章ではこのような、結婚によって成立する夫婦間の後見、さらに夫と妻の肉親の間に成立する後見関係を「継起的姻戚的後見」とする。先述した「生得的血縁的後見」との関係は図1のようになる。

（▒はEGOを中心に形成された後見関係、▲は男性、●は女性）

図1

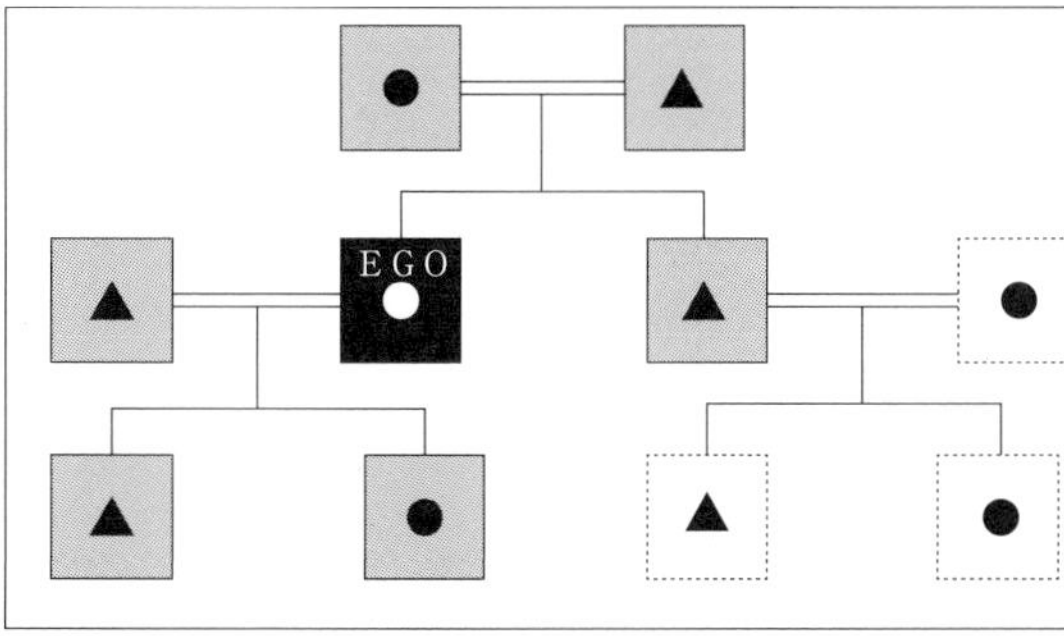

図1で注目すべき点は、女性の、後見関係における中継的働きである。図1の女性（EGO）を例にして言えば、彼女は父母にとっては娘であり、夫にとっては妻であり、子供にとっては母であり、兄弟にとっては姉妹である。EGOを中継点に、彼女の父母、兄弟姉妹が彼女の夫、子供との間に相互後見関係が成立する。逆に、EGOの兄弟を中継点に彼の妻や子供と父母、姉妹との間には後見関係が見られない。EGOの両親がもし孫―息子の子供―を世話する場合は一度養女、養子にするのが一般的である[22]。図1を見れば、女性（母、妻、姉妹）を通して男性が後見的ネットワークを構成していくことに容易に気づく。つまり、当時の後見関係において、男性は流動的で、母方・妻方親族と結合しやすい特徴を持ち、女性は固定的で、中

継的役割を持っている。このことは、平安時代の後見関係を考える上で最も基本的な視点ではないかと考えられる。

平安時代の後見を考えるときに、もう一つ考えておかなければならないのが貴族の階層性である。貴族階級では幼児の養育は大半乳母や女房達によって行われていた。特に乳母は養君と深い絆で結ばれ、その多くには母方の親族が選ばれていたことがすでに斎木泰孝によって指摘されている(23)。後見の見地からいえば、乳母・女房達は、母親・母方の後見の輔佐の役割を果たしている、と言えよう。乳母のみならず、貴族の男女子を幼主として世話をする仕者達も大勢いる。従って、そこにも養育専門の乳母から日常の世話をする女房、護身、扈従を勤める随人まで、多様な奉仕関係が存在していたと思われる。主従という関係性からこれらの者による後見を一括して「補佐的奉仕的後見(24)」とする。幼主の世話をする、尊者に奉仕する後見の一様式は、恐らくこのような幼児養育の実態から生まれたのではないかと思われる。このように、後見の主要内容には「生得的血縁的後見」、「継起的姻戚的後見」さらに「輔佐的奉仕的後見」の三つがあることが確認できる。

二　後見の段階性と多層性—一夫多妻婚との関連を中心に

ここまで述べてきたように後見関係は、律令のような明文化された規定ではなく、当時の婚姻・家族関係を中核に周辺の親族関係および主従関係を巻き込みながら形成された複雑な私的扶助関係である。後見関係は決して静止状態にあるものではなく、また決して一方通行的なものでもない。婿取婚における継起的姻戚的後見の実例を見ても、個別のケースは千差万別であるが、総合的にみればおよそ二つの段階に分けられる。婿に対する妻側の後見が主であった前半期—これも親の、娘に対する後見を通して実現されるものと理解されるべきであるが—と、妻子及び妻の肉親に対する婿の後見が主であった後半期である。このような後見の交代は、居住上の変化や婿の官位、経済力の上昇にもほぼ照応している。婿がまだ若く、官位も低く、経済力をさほど持っていない時期は妻側の後見を受けるが、ある程度官位が上がり、経済力が着くと、今度は妻子及び妻側の親族の後見をするのである。居住形態面でも、前半期は訪婚か妻方居住をし、後期は独立居住婚に入るケースが多い。もっとも居住上夫婦が独立居住に入り、空間的に妻の親から離れても、婿と妻の肉親との間に後見関係が存続する点に、留意しておくべきである。婿取婚の全段階を通して見た場合、明らかに娘・婿に対する父親（舅）の後見は先導的で、妻子・妻族に対する夫の後見は後続的である。

もっとも、多妻婚が行われていた当時、男性と妻達との結合度は一様ではなく、後見関係も結合度に照応して多層的であった。当時の男性は一人あるいは複数の妻の家に通うことができ、その通いが生涯続くか、途中で途切れるか、ある時期通ってから妻と同居するかは、種々の要素によって決まった。このような、通う期間の長短、通う頻度の多寡、さらに同居か別居かによる差異は、妻に対する夫の、子供に対する父親の後見に大きな影響を与えている。この差異は呼称面にも現れる。夫と同居する妻は「北の方」、その子供は「むかひ腹」と称される。それに対し、別居する妻はその居住の邸宅名で称され、その子供は「ほか腹」と称される。これまでの研究において、後見関係における親族関係―父方か母方か、性別―男性か女性か、年齢―未成年か老年か、官位―どのような位にあるかなどの諸問題にはある程度注意が払われてきたが[25]、同居と別居の差異が後見関係の強弱に影響することにも注意が必要であろう。居住上の遠近関係―それをそのまま人間の親疎関係をみなすことができなくても、一つの目安として有効ではないだろうか。無論、人によって、「むかひ腹」と「ほか腹」[26]に対する後見の度合いは様々であるが、概していえば、同居の妻とその所生の子女が一段有利な立場にある。

このような一夫多妻婚による父親の後見の温度差に加えて、養親子、継親子[27]といった擬制された親子関係も後見関係を一層複雑にしている。継母《ままはは》と継子《ままこ》は元来別別に生活する疎遠な間柄である。しかし、一定の条件下では両者の間に後見関係が成立する。具体的には、別居している妻の子供を父親が引き取ることや父母が再婚する場合などを挙げられよう。母親・母方親族の後見を失った幼年の子供が別居の父親に引き取られる話の典型に、『落窪物語』のヒロイン、落窪君がある。また父親と別居している母親が健在でも、父親がその娘を特別に後見しようと思い、或いは、母親が娘により多く父親の後見を受けさせたいと思った場合には、別居の娘が父親のもとへ移動することがある。『源氏物語』の明石姫君はその好例である。さらに先妻の子供や先夫の子供は父母の再婚そして同居によって一緒に生活することもある。『源氏物語』の紅梅大納言と真木柱の同居体は、このような再婚者同士家族の状況を示したものである。

三　後見の活動的性格―個人所有制との関連を中心に

「後見」の内容は日常生活の援助から政治的輔佐まで広範囲に亘っているが、中でも経済的な援助としての後見が大きな比率を占めている。経済的援助を考える際には、当時の所有形態に触れておく必要があろう。古代日本の所有制の特徴として、女性にも所有権があったこと、個人所有であることなどが挙げられる[28]。これは、共産制で女性の所有権が基本的に排除される古代中国の所有形態とは対照的である。両社会の、経済所有権に関する根本的相違は、唐令の応分条を導入した時になされた一連の改変からも窺える。一般的に、新しく入った外国法に対して財産相続法がまず拒否反応を示すものとされているが[29]、日本令の応分条はその好例である。財産分割をする時に、唐令では「兄弟均分」が行われるのに対し、日本令では得分の差はあるものの、財産は「嫡子、嫡母、庶子、妾、女」などの家族成員に分割されるのである。これまで唐令の均分主義と日本令の異分主義の相違については多くの研究者が論じてきたが、「均分」と「異分」の差異だけに目を奪われていたのでは、問題の本質を看過してしまう恐れがある。唐の「兄弟均分」は、家族共産制を前提とした、兄弟達それぞれの家族グループ—妻子、さらにその子供の妻子を含んだ同居共財集団—間の均分であって、個人間の均分ではない。日本令がこのような「兄弟均分」の平等主義を排除したのは、とりもなおさず父子兄弟という男系を核とした家族共産制の基盤を持たなかったからである。(30)家族共産制を前提とした唐令と、個人所有を前提とした日本令の家族のありかたの相違こそ、より本質的であり、平安時代の後見関係を考える時に欠かせない視点だと考える。個人所有制は先述した当時の婚姻居住形態にも適している。男子が生家に留まらず、妻の家へ通い、住み、さらに新しい邸宅を構えるという当時の居住形態は、父子兄弟の共産制の形成に適していない。一方、夫婦間においても（別居、同居を問わず）別産制が取られていたため、たとえ同居の夫婦間でも強靱な共産同居体は形成されない。このような男性の婚出、夫婦別産を容易にしたのが個人所有制である。個人所有制下では父子、夫婦間の同居共財体が構成されず、財産が世代ごと、個人ごとに分散していく。しかし、その反面、所有単位が「個」だからこそ、ほかの「個」と連携し、ネットワークを作りやすく、財産の移転、譲与、代替管理などが行われやすい。前述したように、後見は本来的に庇護、扶助といった意味の言葉であるが、経済上の後見はほかならぬ個人所有制下で行われるものである。これは家族共産制を前提とした扶養と比べると理解しやすい。財産の個人所有者が他の「個」を扶助する場合、扶養ではなく、後見である。扶養が義務付けられるものであるのに対し、後見はより柔軟に種々の状況に応じて、その強弱を調整することができる。また父親や夫による財産の代理管理も後見の範疇に入るが、個人所有制だからこそ、占有や支配ではなく、後見なのである。女性の財産が夫、親、兄弟の後見という形で代理管理されていたことは、すでに服藤早苗によって論じられているが[31]、これは日本だけの現象ではない。中根千枝によると、カシとガロ社会では、財産所有権は女性にあり、その管理・運営権は男性にあるという現象が存在している[32]。平安時代にみられる男性による代替管理が必要になった背景には、当時の荘園経営の形態がある。平安貴族の生活基盤は荘園の収入と官吏として朝廷から支給される収入である。当時の荘園は貴族自身が管理するというよりも、下層の領主によって管理されるのが一般である。即ち、荘園経営は、所有者である貴族と下層の管理層によって二重、三重にもなる人間関係の中で行われていたのである。このような荘園経営を管理するには男性官僚の持つ人脈関係や人員動員力が不可欠である。父権、夫権の増長という視点からみれば、父・夫による財産の管理は、庇護的支援であると同時に、経済権を男性の手に集中させる一つの方法でもある。

四　後見の公私両面性—摂関政治との関連性を中心に

平安文学において、後見が最も問題となったのは、皇族の男女の場合である。とりわけ、皇位継承の候補者ともなれば後見の有無は決定的な意味を持つ。『源氏物語』の主人公、源氏がその好例である。この人物は父帝に最も愛された皇子であるにもかかわらず、臣籍降下になったが、その理由は、ほかでもなく母方の後見がなかったことである。周知の通り、平安時代の摂関政治は、摂政や関白が天皇の後見として執政権を握る政治形態である。貞観八年（八六六年）に、幼少であった清和天皇の後見として、その外祖父の藤原良房が摂政に任ぜられたのがその始まりとされている。幼少の帝を母方祖父（外祖父）、或いは母方叔父が輔佐することは、原理的には先述した、貴族社会に見られる幼少の子供に対する母方親族の後見と同じである。つまり、摂関政治は当時の婚姻、家族、親族の論理に深く根ざしたものである。母方の親族が幼児、未成年の世話をするという本来的後見に端を発したこの政治形態は、また、通ってきた若い婿の世話をするという継起的姻戚的後見関係が加わることによって、著しく私的な性格のものとなった。このような私的後見関係が、律令国家という公的秩序の中に組み込まれている点は、一般社会のそれと異なっている。そこで一つの事実に気づく。それは、これまで見てきたように、王室以外の貴族一般社会において、妻方・母方中心の居住形態を取りながらも、その内部では男性が次第に家庭内の主導権を握るようになったのに対し、王権中枢部においては、母方・妻方中心の原理がますます顕在化していた、ということである。このギャップをいかに解釈すべきかが今後の課題となるが、少なくともその一因は、天皇家という特殊な立場にあるのではないかと考える。後見の基本構造は先述したように、母方・妻方に偏重している。また後見は、経験不足の若年に対する成年の庇護行為、尊者に対する従者の補佐行為である。最も尊い立場にいる天皇は、当然、一般貴族のような、父として、夫としてさらに婿として妻子や妻族の後見をしない。天皇は専ら後見を受ける立場にあるため、王権を巡る後見関係もおのずから母方・妻方のほうに傾いていたのではないだろうか。天皇のみならず、天皇の子女達も専ら後見を受ける側で後見する側ではないと認識されていたことが、当時の物語から読み取れる。ある意味では、良房は清和天皇の摂政になる必然性があった。摂関政治は、外戚の、後見を通じて政治の実権を掌握しようとする思惑と、天皇の、有力な公卿達と「ミウチ」関係を作り、後見を受けることで自分の皇統を存続させようとする思惑の双方による作用から生まれたものである。『源氏物語』の中で明石中宮が匂宮に有力な後見を設けよと勧めたのは、匂宮が帝位に着く可能性があったからである。その意味では、母方・妻方の後見は皇統の父系の樹立に寄与していた、といえよう。倉本によれば、平安時代の身内的な権力中枢は、天皇、父院（その崩御後は母后）帝の外戚からなっているということである。[33]このような、天皇を中心とした私的ミウチ関係が、双方的であったことに留意しておきたい。

では「朝廷《おおやけ》の御後見《おんうしろみ》」はいかなる性格のものであろうか。かつて今井久代はこの「朝廷の御後見」を「特定の身内的つながりによる天皇個人にむけるものではなく、国政総体に対して大局的な後見なのではなかろうか」[34]と指摘した。朝廷《おおやけ》は律令国家の政治主体を指すが、具体的には国家のトップとしての天皇を指す言葉であろう。朝廷の後見は、ほとんどの場合は帝の身内の後見に対して用いられている。つまり、王権を巡って、公私二つの後見の論理が存在し、身内の後見が狭い人間関係に限られ、実質的に王権の中枢部として機能するのに対し、朝廷の後見は公的で律令国家のトップである天皇に対する臣下の後見を指し、補佐的かつ奉仕的である、と言えよう。帝と外戚の関係も、皇子誕生の有無、入内女性の早死、後見する母方祖父、叔父の早死、さらに帝の父親である院が生存中である否か、院と帝の母方後見の関係が良好であるか否かなどの諸要因によって絶えず変化しており、必ずしも常時安定した後見関係が保たれているわけではない。朝廷の後見は、王権の私的後見関係が弱体化したり、或いは王権中枢部の諸関係が拮抗したりする時期に要請されたことが多いのではないかと考えられる。史実を一例挙げると、宇多天皇は醍醐天皇に譲位した際、政治を大納言藤原時平と権大納言の菅原道真の二人に委ねようとした。[35]周知の通り、宇多朝・醍醐朝は摂関家との血縁関係が薄い。[36]宇多天皇が即位した際に、あの有名な「阿衡の紛議」が起こった背景には天皇親政と摂関の政権掌握の拮抗があったに違いないが、視点を変えてみれば、両者間には互いに安心できる後見関係がまだなかったから、ともいえる。これは、基経が女子温子を入内させ外戚関係を結んだ後に、阿衡の紛議も一応決着がついたことからも分かる。一方、醍醐天皇が即位した寛平九年（八九七）に基経がすでに他界し、その長男である藤原時平が二十六歳で、大納言従三位に上っているが、醍醐天皇にとって時平も無論「よそ人」であり、もう一人の菅原道真も同じである。宇多天皇は道真について

右大将菅原朝臣、是鴻儒也。又深知政事。…物而言之、菅原朝臣非朕之忠臣、新君之功臣乎。人功不可忘。新君慎之…[37]

と強く推した。ここでは「朝廷の御後見」という言葉こそ用いられていないが、新帝の醍醐天皇に対する父院宇多天皇の遺誡によって「よそ人」の藤原時平、菅原道真が臣下として「朝廷の御後見」になった一例である。また『小右記』永祚元年（九八九）十二月五日条に円融院の言葉が記されている。

晩景参院、即候御前之次被仰云、汝殊奉為公家有致至忠、凌寒熱為御祈願参入。公卿無数有礼止毛公を思奉たる無を、向後必御後見仕礼。又行幸有ム次ニ可申其由者、余申云、極貴事也、但攝政若聞此事有所思欤。

退位した円融院が、実資の「公《おおやけ》」に奉仕する熱意を褒めて、天皇の御後見をせよと言う。その時の実資は三十六歳で、この年の三月二十三日に蔵人頭に再任され、正四位であった。実資は無論一条帝にとっては「よそ人」であり、まだ位も低いので、円融院の「御後見」は、単に蔵人頭としての奉公を指すのであろうが、父院から言われる「御後見」の例として注目したい。円融院と摂政藤原兼家の関係はどうだったのか実際のところ定かではないが、不和でないにせよ、あまり親密な関係ではなかったようである。永祚元年の政権構造は、倉本の分類によれば、親権を持つ円融院と母方の後見権を持つ外祖父兼家によって権力の中枢を構成していた時期であったという[38]。円融院の言葉は、一条帝を取り巻く外戚の力に拮抗する力を得るという意味で、さらに言えば父院としての政治力を発揮しようとして、蔵人頭実資に天皇の「御後見」を頼んだのではなかろうか。父院による「朝廷の御後見」の要請は、これまで物語の方法

として論じられてきたが、摂関政治史的見地からみれば、先帝や父院の「遺命」、「遺勅」は、天皇に私的なミウチの後見が欠如した時の補強策、或いは逆に天皇の外戚による権力独占に発動する父院の拮抗策として打ち出されたものと言える。

おわりに

これまで、平安時代の「後見」を婚姻居住規制、財産所有制、政治形態との関わりからみてきた。官人制度によって培われた男性の経済力、社会的人脈はこの時代になると、すでに基層部に浸透し、個々の家庭の中で発揮されるようになっていた。貴族一般社会において、女性が父親さらに夫の後見が必要となり次第に男性に依存する立場に立たされることと、男性は娘や妻を後見することによって次第に家庭内の主導権を獲得することとは、そもそも表裏一体の関係にある。このような後見は単なる相互扶助的な行為に止まらず、家庭における男性の管理権、主導権を強める一つの方法である。後に主流となる夫側提供の独立居住、さらに中世以降に見られる夫方居住婚へ移行する、不可欠な経路であったということを指摘できよう。一方、王権の中枢部で母方の祖父、叔父の後見、妻方の舅の後見が重要視されたのは、その後見の対象が天皇だからである。ここには幼少の男子を庇護する血縁的後見の論理と、若年の婿を支援する姻戚的後見の論理と、主君に対する臣下の補佐的後見の諸原理が混在していることが看取されよう。社会基層部の父権、夫権の進展と王権中枢部の母方・妻方への傾斜の現象の間にはギャップが存在しているように見えるが、後見を通じて主導権を取る点では共通している。また王権の中枢部に見られる私的なミウチ関係は、天皇を中心とした父院と母方、妻方から構成されており、双系的である。摂関政治において母方・妻方の後見によって政治が左右される一面が見られると同時に、朝廷《おおやけ》の後見の依頼や遺誡によって発動する父院の存在も看過されまい。このような父院の政治勢力が院政期になると顕在化する。

注

（1）この言葉は中国の文献にも、日本の奈良時代の文献にも見られない。

（2）「後見《こうけん》」は鎌倉時代以降の武家社会では、役職名として使用されるようになった。「後見《うしろみ》」と「後見《こうけん》」とは、勿論意味上の連続性はあるが、使用されている文脈が大きく変わったので、区別すべきである。なお、本稿では、「後見《こうけん》」と特別に表記するものを除いて、「うしろみ」を「後見」と表記する。

（3）平安時代には、「うしろ」を冠した言葉といえば、「後ろめたし」「後ろやすし」を想起されよう。「後ろめたし」の用例の多くは対象とされる者の保護者から発せれられるもので、保護なしでは不安だという意味であり、逆に「後ろやすし」は保護者からみて「安心」という意味の言葉である。

（4）民俗学者の折口信夫は「日本文学の発生」（『折口信夫全集第七巻　国文学篇1』中央公論社、一九四二年）の中で、「後見」を当時の一習俗として捉えた上で、「天照大神に高皇産霊尊が随うた如く、亦瓊々杵尊に天児屋命が随ふた如く、尊い神事を行ふ者には、威霊を操置する呪術者が随伴する」という古代信仰の一様式から生まれたものとしている。

（5）井上光貞『日本浄土教成立史の研究』（井上光貞著作集第七巻、岩波書店、一九八五年。但し、論文の初刊は一九五〇年）第二章第一節「天台浄土教と貴族社会」。

（6）渡邉竹二郎「後見のない姫君―女房文学の主題―」（一）、（二）（『長野県短期大学紀要』13、14、一九五八年、一九五九年）、山中裕『平安人物志』（東京大学出版会、一九七四年）などの論考がある。

（7）倉本一宏「『栄花物語』における「後見」について」（『栄花物語研究』第二集、高科書店、一九八八年五月）、加藤洋介「「後見」攷―源氏物語論のために―」（『名古屋大学国語国文学』一九八八年十二月）。

（8）山中注（6）前掲書。

（9）倉本注（7）前掲論文。倉本によれば、『源氏物語』の中の後見の用例の七割は一般の世話・養育・保護・援助といった意味に用いられており、皇子、東宮、キサキへの後見は、全体の用例の二割程度、公・世・帝への後見の用例は一割程度だという。
（10）加藤洋介はさらにもう一つの論文「冷泉―光源氏体制と「後見」」（『文学』一九八九年八月）の中で、光源氏の権勢は二つの遺言―桐壺帝の遺言と六条御息所の遺言によって獲得されるとし、光源氏が冷泉帝と秋好の「後見」をし、さらに秋好が帝母藤壺に代わって冷泉帝の「後見」をするというのが、冷泉―光源氏の体制を支える基本図式である、と指摘した。
（11）高木和子「「後見」にみる光源氏と女たちの関係構造」（『国語と国文学』七三―二、一九六八年二月）、三角洋一「光源氏と後見」（『国語と国文学』七六―四、一九九九年四月）。
（12）井上光貞「源氏物語の仏教」（『源氏物語講座下巻』紫乃故郷舎、一九四八年）。
（13）加藤注（7）前掲論文。なお、筆者も後見の使用例について追調査を行い、加藤の見解をほぼ承認してよいとの結論にいたった。
（14）「婿取婚」に関する筆者の考えは本編第二章を参照されたい。
（15）高群逸枝はこの時代の婚姻形態を「招婿婚」の一段階（『招婿婚の研究』講談社、一九五三年）としているが、「招婿」という語は、女性の家に男系を継承する男性がいない為に、婿を招いてそれに家を継承させることを指す場合にも用いられるので、混乱を避けるため、筆者は当時の言葉「婿取り」を用いて、「婿取婚」とする。
（16）但し、『源氏物語』の用例を見ても、親子、兄弟姉妹間の後見が問題とされる例は僅少である。普段の家族生活の中では、後見はことさら意識されないが、それを喪失したり、あるいは朝廷など公の場で輔佐する人が必要になったりするときに初めて問題にされるからであろう。
（17）吉田孝『律令国家と古代の社会』（岩波書店、一九八三年）一三四頁～一三五頁。吉田はインセスト・タブー、居住規制のあり方から、古代日本において、「母と子との結びつきのほうが、夫と妻との結びつきより強かったことを想定させ、母と（未婚）の子とからなる小集団が、社会のもっとも基礎的な単位であった」と指摘している。
（18）婿を取る側の思惑は、『源氏物語』の主人公の一人である夕霧の「女子うしろめたげなる世の末にて、帝だに婿求めたまふ世」(宿木巻)という発言からも窺えよう。

(19) 野村忠夫『律令官人制の研究増訂版』(吉川弘文館、一九六七年)。本書第三編第二章を参照されたい。

(20) 婿取りの主体は必ずしも父親のみではない。母親またその他女性の後見者も可能であるが、父親の後見が最も期待されていたことは、『源氏物語』の東屋巻に描かれた求婚者左近少将の例をみれば分かる。

(21) 『宇津保物語』の中に、源正頼は婿選びをしている際、「人の婿といふものは、わかき人などをば、本家のいたはりなどしてたつるをこそはおもしろきことにはすれ。いたはりどころもなくて、本家のはづかしくものせらるるなん、物しき」(「内侍のかみ」)と言う。「本家」として婿を「いたはる」、つまり婿を傅くことは妻の家の誉れであり、それが必要としない婿は興ざめだと言う。

(22) 例えば、『小右記』の作者藤原実資は祖父藤原実頼の養子となっており、また『栄花物語』によれば、藤原道隆のほか腹の息子藤原道頼は祖父藤原兼家が養子にして養育している。高橋秀樹は「平安貴族の養子と「家」」(『日本中世の家と親族』吉川弘文館、一九九六年)の中で、養親子の続柄について「父方が圧倒的に多く、妻方の親族の例もかなりあるのに対し、母方の親族の例はほとんど見られない」と指摘している。

(23) 斎木泰孝「女房と女君―後見ということ―」安田女子大学『国語国文論集』一九八七年六月。

(24) 加藤は注(7)前掲論文の中で、「乳母」を「本来的後見」としているが、主従関係をなしていることから、本稿では乳母さらに乳母子による後見と一般仕者のそれとの区別を念頭に置きながら、一応輔佐的後見とする。

(25) 三角は注(11)前掲論文の中で、後見について「被後見者が男性か女性か、皇族かただ人か、当面後見が必要とする理由は成人前の年少時のゆえか、成人前後の結婚問題にかかわるか、老後の暮らしむきや威勢の問題か、同じ後見でも中宮職や東宮坊の大夫・亮・大進のような職階、あるいは女房における上臈、小上臈、中臈、下臈のごとき官品の別がありはしなかったか」と、より分析的な考察を促している。倉本一宏も「摂関期の政権構造―天皇の摂関とのミウチ意識を中心として―」(『摂関政治と王権貴族』吉川弘文館、二〇〇〇年)の中で、天皇と摂関の血縁の濃淡、天皇の年齢と権力核に居合わせた面面の状況を諸段階に設定して考察している。より分析的、動的に捉えようとする視点である。本章は婚姻居住の多層性と流動性から捉えようとする点で、両氏と異なるが、相互補完的なものと考える。

(26) 平安時代の貴族にみられる「むかひ腹」と「ほか腹」の区別意識について、拙著『平安貴族の婚姻慣習と源氏物語』(風間書房、二〇〇一年)第二部第三章「多妻婚における正妻の実態—北の方を手がかりに」を参照されたい。

(27) ここでいう「養親」とは、子供の養育をした者を指し、「継親」は子供の養育への参与はないが、関係上、子供の父親或いは母親の配偶者のことを指す。

(28) 関口裕子『日本古代婚姻史の研究』上、(塙書房、一九九三年)一六頁〜二〇頁。

(29) 牧野巽「東亜米作民族の財産相続制の比較」(『社会学評論』一—一、一九五〇年七月)。

(30) 唐令と大宝令の応分条を比較した中田薫は「唐宋時代の家族共産制」(『法制史論集』第三巻、岩波書店、一九四三年)の中で、唐令が家族共産制における家産分割法であるのに対し、大宝令は財主の死亡による遺産相続法に変更した、と指摘している。

(31) 服藤早苗『平安朝の家と女性』(平凡社、一九九七年)。

(32) 中根千枝『家族の構造:社会人類学的分析』(東京大学出版会、一九七〇年)四一二頁。

(33) 倉本一宏「『源氏物語』に見える摂関政治像」『摂関政治と王朝貴族』(吉川弘文館、二〇〇〇年)二三四頁。

(34) 今井久代「朝廷の御後見—光源氏の誕生と桐壺帝の視座」(『古代中世文学論考(第一集)』新典社、一九九八年一〇月)。

(35) 『公卿補任』寛平九年(八九七)七日三日条に「天皇譲位皇太子同十三日即位七日三日先帝宣命云少主未長間万機之政大納言藤原朝臣権大納言菅原朝臣宣行」とある。

(36) 弥永貞三「阿衡の紛議」(角田文衛編『日本と世界の歴史6』学習研究社、一九七〇年)。

(37) 宇多天皇の「寛平御遺誡」(山岸徳平校注『日本思想大系8　古代政治社会思想』岩波書店、一九七九年)。

(38) 倉本注(25)前掲書。

第三編　職と父系的継承

第一章　嫡庶子制について

はじめに

「嫡」と「庶」は、元来古代中国の親族制度の用語である。「嫡」は、「敵也、與匹相敵也」（『釈名』）と説明されているように、対等に立ち向かえる相手のことを意味する。具体的には、婚姻関係にある正式の配偶者―嫡妻を指すと同時に、父系の正統を受け継ぐ嫡子をも指す。一方、「庶」は、「衆也」（『爾雅』）と言い換えられるように、もともと多数を意味する語である。恐らく「嫡」は単数に限定され、爾余の者は複数乃至多数にいても許容されるということから、「庶」が「嫡」の対概念として用いられるようになったのではないかと考えられる。即ち、嫡庶制とは、一人の嫡妻が爾余の妾達（＝庶）から区別されるという妻妾制と、一人の嫡子が爾余の子達（＝庶）から区別されるという嫡庶子制の両方を指す用語である。(1) 嫡子の選定は、能力主義ではなく、嫡妻が生んだ長男という生得的な条件によることから、「嫡長制」(2)とも呼ばれる。このような嫡妻と嫡子の表裏一体的な関係性こそ、「嫡」の語が「嫡妻」と「嫡子」の両方を指しているゆえんであろう。「並后、匹嫡、兩正、耦國、乱之本」(3)という言葉に古代中国人の嫡庶観が端的に表れている。嫡庶制度は家族・親族内部で尊卑の秩序関係を作り、さらに複雑な親族名称を生んだが、(4) この制度の最も重要な役割は父系の血筋を正しく、絶やさずに継承していくことにある。この制度は古代日本にも導入され、律令条文に明文化されたが、多くの改変が見られた。現存する養老令の嫡庶関連の条文の分布を見ると、妻妾関連の条文が戸令に集中しているのに対し、嫡庶子関連の条文は撰叙令、継嗣令に集中しており、両者は必ずしも有機的に連動していない。概して言えば、妻妾関連の条文は、当時の離合自由な結婚風習を是正するために取り入れられ、一方嫡庶子制は父系継承の樹立のために取り入れられたものと考えられる。古代日本の妻妾制については、かつて関口裕子に優れた論考があり(5)、筆者も唐制との比較を行ってきたので(6)、本章では主に令制下の嫡庶子制（以下、適宜嫡子制と省略）を中心に考察することとする。

これまで古代日本の嫡子制に関する研究は多く、見解も多岐にわたっている。嫡子制は天智朝以来の内乱を避けるため皇位継承における嫡子相続制の確立を望んだ貴族層全体の意向であること(7)、大宝律令の制定の段階に至って、官位相当と蔭位の結合により有位者の特権維持の制度が整った継嗣令の構成自体は蔭位が中心であること(8)、などが指摘されてきた。また、大宝令の嫡庶制は理念上のもので、養老令では律令国家が意図的に官人出身法を通じて嫡庶の格差をもちこみ、さらに家の嫡嫡相承の相続法の確立を目指す大宝律令を蔭の継承に組み替えたという指摘もなされている(9)。古代日本の嫡庶子制の導入については、日本の古代社会の内的要因からみる視点が重要である。しかし、嫡庶子制は一個の外来制度であり、その父系の理念が、いかなる過程を経て受容され、いかなる機能を持つようになったのかについて、より広い視角からの分析が必要である。特に古代の日本と中国の社会構造の違いを念頭に置くべきであろう。中国では嫡庶の別が律令条文に明文化されたのはごく一部であり、その多くは慣行法として父系宗族内部で機能していた。一方、日本の嫡庶子制は律令国家によって制度的に推進され、戸籍をはじめ、蔭位継承や財産相続など、唐制では必ずしも嫡庶の別が設けられない箇所に組み込まれた。いわば、新しい嫡庶子制である。以下、王位継承、蔭位継承、財産相続、戸籍記載の四つに分けて嫡庶子制の形成過程を追ってみたい。

一　王位継承と嫡庶子制

第一編第一章で述べたように、『古事記』にはすでに「嫡」や「庶」の語が見えるが、その多くは王室の婚姻関係に関する記述の中で用いられたもので、嫡子を指す用法ではない。一方、『日本書紀』には「嫡子」が見られ、いずれも欽明天皇を指す言葉である。欽明天皇は、「男大迹天皇嫡子也、母曰二手白香皇后一」（欽明紀）とあるように、継体天皇と賢仁天皇の皇女手白香皇女との間に生まれた皇子である。欽明が嫡子であれば、その異母兄弟で、欽明以前に王位に即いた安閑・宣化は「庶兄」でなければならないが、安閑紀には「勾大兄広国押武金日天皇、男大迹天皇長子也」、宣化紀には「武小広国押盾天皇、男大迹天皇第二子也」とあるだけで、庶子即位の理由に関する記述もない。この点では、推古を敏達の「庶妹」[10]としながらその即位を記す『古事記』の記述態度と似ている。書紀の編纂に深く関わった天武朝からみて、欽明は父系の直系の祖先に当たる。従って、欽明天皇を嫡子としたことは、欽明―敏達―（押坂彦人大兄皇子）―舒明―天智・天武の王統の正嫡性を事後的に強調することにほかならないが、必ずしも安閑・宣化の非正統性を示すものではない。欽明の正嫡性が後代からつけられたことの傍証として、中国の正史に多く見られる「殺レ嫡（適）立レ庶」の記述が記紀にはほぼ皆無であることが挙げられる。『春秋左氏傳』に、「夫人姜氏帰二于斉一。大帰也。将行、哭而過レ市曰、天乎。仲為二不道一。殺レ適立レ庶。市人皆哭。魯人謂二之哀姜一」（文公十八年）、「昭子曰。叔孫氏有二家禍一。殺レ適立レ庶」（昭公十二年）、「魯文公薨。而東門遂殺レ適立レ庶。魯君於レ是乎失レ國」（昭公三十二年）とあり、『史記』に「十年、幽王卒、同母弟猶代立、是為二哀王一。哀王立二月余、哀王庶兄負芻之徒襲殺二哀王一而立二負芻一為レ王」（巻四十・楚世家）とある。先述したように、中国では嫡子は嫡長子がなるのが慣行で、嫡長子が死亡や犯罪などの諸原因により新たに立嫡する必要がある場合も候補者の順位が決まっていた。「大子死。有二母弟一則立レ之。無則長レ立。年鈞擇レ賢。義鈞則卜。古之道也」（春秋左氏傳・襄公傳三十一年）、「王后無レ嫡。則擇立レ長。年鈞以レ德。德鈞以レ卜。王不立レ愛。公卿無レ私。古之制也」（春秋左氏傳・昭公傳二十六年）などの記述から、嫡子選定の慣習法が厳然と存在していながら、熾烈な権力争いによってしばしば破られた実態が窺える。嫡子は生得的な条件によって立てられる者だからこそ、その地位を奪うためには、「殺嫡」という非常手段を取らざるをえないのである。それに対し、記紀においては、「庶兄」、「庶弟」が悉く敗者として描かれているのは特徴的である。『古事記』には「庶兄（弟）」の用例が三例ある。

①須佐能男命《すさのをのみこと》呼謂大穴遅神曰「其、汝所レ持之生大刀・生弓矢以而、汝庶兄弟者追二伏坂之尾一、亦、追二撥河之瀬一而、意礼（二字以音）、為二大国主神一（神代）

②故、天皇（神武天皇）崩後。其庶兄当芸志美美命。娶二其適后伊須気余理比売一之時、将レ殺二其三弟一而謀之間、其御祖伊須気余理比売、患苦而、以レ歌レ令知二其御子等一歌曰…（神武記）

③故、大毘古命、更還参上、請二於天皇一時、天皇答詔之、此者、為下在二山代国一我之庶兄建波邇安王、起二邪心一之表上耳。（崇神記）

①の「庶兄弟」は、須佐能男命が大穴牟遅神の異母兄弟達を指していう言葉であるが、この異母兄弟たちは、大穴牟遅神が大国主神となる前には「兄弟」と呼ばれたが、須佐能男命が大穴牟遅神を一国の主宰者の大国主神として承認したことを境に、「庶兄弟」と呼ばれるようになった。即ち、大穴遅牟神と異母兄弟の呼称の対応関係は、

大穴牟遅神→大国主神

兄弟→庶兄弟

となる。生得的な条件によって事前に決められる「嫡」と「庶」ではなく、一国の主宰者たる大穴牟遅神＝大国主神を正統（＝嫡）と見なし、その反対勢力の異母兄弟を「庶」とみなした用法である。②の当芸志美々命が「庶兄」と呼ばれたのも、明らかに後に即位する綏靖天皇を意識した用法である。③の建波邇安王は、系譜からいえば崇神天皇の伯父にあたり兄弟ではないので、「庶兄」とされた理由は分からないが[11]、天皇に対して反旗を翻した人物として「庶兄」とされた点では、①と②と同様である。要するに、『古事記』に登場してくる「庶兄弟」には、①王統の反対側に立つ反逆者、②天皇と母親を異にする兄弟、③王位争いに失敗した者である、などの共通点がある。一方、『日本書紀』には二例あり、一例は『古事記』の①と同じなので省くが、もう一例は用明紀にある。

天皇（用明・筆者注）得病、還二入於宮一。（中略）…於レ是、皇弟皇子、皇弟皇子者穴穂部皇子、即天皇庶弟。引二豊国法師一闕名。也。入二於内裏一。物部守屋大連、邪睨大怒。（用明紀）

右の文の分注にある「庶弟」の穴穂部皇子は、欽明天皇と蘇我小姉君の間に生まれた皇子で、用明天皇の異母兄弟のである。この人物も書紀の中で天下を取るために策略を練ったが失敗に終わった敗者として描かれている。即位した天皇を正統とみなすという事後的な基準だからこそ、王権の争いに敗れた者は悉く「庶兄」、「庶弟」になるのである。要するに、記紀の嫡庶の記述法は、王権＝嫡という基準から、その異母の兄弟姉妹を「庶」と記すものであったが、どちらかといえば、同母・異母の別の強調に重点が置かれていた。実際、日本古代の王位継承において、「兄弟相及」か、それとも「子孫相承」かの問題は、兄弟間の嫡庶の別よりはるかに重要であった。天智天皇が制定したとされる「不改常典」の内容については様々な議論があるが、父子の直系継承を志向したものであろうと推測される。天智の皇子大友皇子が壬申の乱で天武に敗れたことにより、天智―大友の父子直系継承は実現できなかった。天武も同じく皇子の草壁皇子を皇太子に立て、父子直系継承を図った。草壁太子の死去により、天武―草壁の直系継承も頓挫したが、草壁の代わりにその母で天武の皇后の持統が即位する。持統が草壁の遺子文武をすぐに皇嗣に立てず、一旦高市皇子を皇嗣に擬したところに、父子の直系継承の観念はいまだ確立されていない状況が窺える。高市皇子は天武の長子で、草壁の異母兄である。皇女を母に持つ草壁や大津皇子に次ぐ人物であるが、草壁や大津が死去した後、皇族の中では最も高い地位にあった。持統が即位すると、太政大臣にもなった人物である。文武の王位継承が図られたのは、持統十年（六九六）に高市皇子が死去した後である。『懐風藻』の葛野王伝によれば、その時にも異論が唱えられ容易に決まらなかったとある。その時、葛野王は次のように進奏したとある。

　我国家為レ法也。神代以来、子孫相承。以襲二天位一。若兄弟相及、則乱従レ此興。仰論二天心一、誰能敢測。然以二人事一推之、聖嗣自然定矣。此外誰敢間然乎。

葛城王はここで父―子―孫という直系継承の正当性を強調して文武を皇嗣として推したが、嫡庶に関しては殆ど問題にしなかった。『続日本紀』第一巻の冒頭に、文武天皇について「天渟中原瀛真人天皇（天武）之孫、日並知皇子尊（草壁）之第二子也」と父系直系的に記しているが、嫡庶に関する記述はない。文武の正嫡性が強調されたのは、その母親元明の即位宣命においてである。

　…藤原宮御宇倭根子天皇、丁酉八月尓、此食国天下之業乎、日並所知皇太子之嫡子、今御宇豆留天皇尓授賜而、並坐而此天下乎治賜比諧賜岐。（中略）去年十一月尓威加母、我王朕子天皇乃詔豆羅久、朕御身労坐故、暇間得而御病欲治。此乃天豆日嗣之位者、大命尓坐世大坐々而治可レ賜止譲賜命乎、受被賜坐而答曰豆羅久、朕者不堪止辞白而受不坐在間尓、遍

多久日重而譲賜倍婆、（中略）此重位尓継坐事乎奈母（藤原宮で天下を統治された持統天皇は、丁酉（文武元年）八月に、この天下を治めていく業を、草壁皇太子の嫡子で、今まで天下を治めてこられた天皇（文武）にお授けになり、二人並んでこの天下を治め、調和させてこられた。（中略）去年十一月、恐れ多いことであるが、わが大君であり、わが子でもある天皇が、仰せられるのは、「自分は病んでいるので、暇を得て治療をしたい。この天つ日嗣の位は、大命に従って、母上が天皇としておつきになり、お治めになるべきであろう」とお譲りになられる言葉をうけたまわり、答え申し上げたことは、「私はその任に堪えられません」と辞退しているうちに、度重ねてお譲りになるので、…この重大な位を継ぐのである…）(12)

元明はまず文武について「日並知皇太子之嫡子」と、草壁—文武の父子直系の継承者であることを強調する。文武は「朕が子」であるから、文武の正嫡性は無論元明自身の正嫡性に繋がる。ここで主張された元明・文武の正嫡性は、天智の皇女と、天智系と天武系の両方の血筋を受け継ぐ文武の血筋の高貴さであり、先述した、『日本書紀』の「嫡子」の用法と同様である。古代日本の王位継承においては、先帝の王統との血縁的距離が最も重要視され、先帝の血筋は皇子・皇女の両方によって受け継がれる。この血統観は、中国の嫡長制とは異なる原理を持つもので、双系的である。その双系的性格を顕著に表したのは、継嗣令皇兄弟子条の「凡皇兄弟皇子。皆為二親王一。女帝子亦同」という規定である。この条文は唐の封爵令の皇兄弟子の規定を継承したものであるが、封爵令には女帝子の文言はない。唐令を双系的な血統観によって修正したのは「女帝之子亦同」という本注である。古代の女帝の歴史的状況として、適切な男性継承者がいない場合と、男性継承者がまだ幼年であり、中継としてなる場合の二つがあり(13)、元明の場合は後者のほうであるが、元明が天智の皇女で、王統を引き継ぐ上では正当性を有するものだと考えられたからである。元明に続き、その皇女の元正が即位し、神亀元年（七二四）二月にようやく文武の皇子聖武が即位する。聖武の即位宣命に引用された元正の言葉が次のようである。

此食国天下者、掛畏岐藤原宮尓天下所知、美麻斯乃父止坐天皇乃、美麻斯尓賜志天下之業(14)（この統治すべき国は、口にするのも恐れ多い藤原宮に天下を統治された汝の父にあたる天皇（文武）が、汝に賜った天下の業である）

「あなたの父文武があなたに賜った天下である」という元正の言葉には、文武―聖武の父子直系継承のラインが前面に押し出されている。草壁と文武、文武と聖武の間に、持統、元明、元正の三代の女帝の治世があるにもかかわらず、父子直系継承が強調され、さらに「大二赦天下一。内外文武職事及五位以上為二父後一者、授二勲一級一(15)」の大赦と五位以上官僚の嫡子の加勲が行われた。中国では、漢代から立太子の際に、「賜天下民当為父後者爵一級」（漢書文帝紀元年正月）とあるように、社会の全階層の「為父後者」に対する加爵がしばしば行われていたが、唐以降では五品以上の「為父後者」の加勲に変わった。聖武即位時に行われた、五位以上の「為父後者」の加勲は明らかに唐制を参照したものである。このような「為父後者」に対する格別な処遇は、神亀四年九月に聖武の皇子基王の誕生、立太子の時にも見られた。神亀四年十一月に基王の産養が行われ、立太子の詔が出された。その際にも「五位以上賜レ綿有レ差。累世之家嫡子、身帯二五位以上一者、別加二絁十疋一」と、五位以上の官人の中でも累世の家の嫡子を優遇した。基王は神亀五年九月十三日二歳で亡くなったが、父から子へと継承されていくという直系継承の志向はその後も絶えず目指されていった。その中で「為父後者」への優遇政策が、父子直系継承の勝利の象徴のように用いられていた点が興味深い。

二　蔭位継承と嫡庶子制

①唐律令における「承襲」と「承重」

古代中国の文献では、嫡子の役割はしばしば「承襲」（「傳襲」、「襲爵」ともいう）と「承重」（傳重、受重、持重ともいう）といった言葉で説明される。「承襲」は主に爵位の継承に用いられる言葉である[16]。爵位は皇親或いは功業の大なる異姓の者に授与する栄典で子々孫々に伝襲されるものである。爵の等級は時代によって異なるが、唐では王以下県男までの九等級に分けられ[17]、食封や永業田の授与、課役の免除、刑罰の軽減などの特典が与えられる。蓋し唐律令において、嫡、庶の別が取り上げられる条文は殆ど封爵関連のものである。唐令封爵令では「王公侯伯子男、皆子孫承嫡者傳襲」と爵位の継承は「承嫡者」に限るといい、『唐律疏議』では「立嫡ハ本ト承襲ニ擬ス[18]」と立嫡の目的は承襲にあると明言している。また、唐律戸婚律の立嫡違法条では「諸テ嫡ヲ立ツルコト法ニ違フ者、徒一年」と、不法立嫡の場合は一年の徒罪とし、唐律詐偽律の非正嫡詐承襲条では「諸テ正嫡ニ非ラズ、応ニ襲爵スベカラズシテ襲承スル者ハ、徒二年」と、正嫡でない者の爵位継承に二年の徒罪とする。封爵令の特徴は一言で言えば世襲制である。嫡子制の最も基本的な機能は世襲的地位の単独継承にあるため、爵位継承の関連条文に嫡庶の別が設けられるのも容易に理解できる。これまで唐の封爵関連の条文と嫡子制の関係性は看過されがちであるが、日本律令の嫡庶規定の制定過程を考える上では重要な問題を含んでいる。一方、「承重」という語は、主に礼制用語として用いられる。『大唐開元礼』の五服制度では、嫡子に対する服の等級が最も重い「斬衰」となっており、その理由は「重其当先祖之正体、又将代己為廟主故」と説明されている。即ち、「承重」の「重」は「主持宗廟祭祀之重[19]」のことであり、嫡子は祖先を祭る宗廟の主の重任を負う者である。[20] 祖先祭祀こそ父系の血脈の繋がりを確認する「時」と「場」であって、その祖先祭祀の主となる嫡子がまさに父系の正統な継承者なのである。

要するに、唐制では、祖先祭祀の祭主たる地位の継承と爵位など世襲的政治地位の継承こそ、嫡子が担う重任なのである。爵位の継承が特定の貴族階層の嫡子に限定されることは言うまでもないが、祖先祭祀は社会の各階層で行われたもので、嫡子制の最も基本的な役割である。両者は継承内容が異なるものの、世襲と嫡庶区別を原則とする点では共通している。一方、家財分割が行われる場合は、嫡子に特権はなく、「諸子均分」の理念によって、兄弟間で平等に家財を分けるのである。唐令応分条に「嫡子」、「庶子」云々がないのはそのためである。用語上においても、父祖の財産の継承は、「承受」[21] と言い、「承襲」「承重」などの語と区別されている。

②日本令における「継嗣」と「承重」

日本の嫡庶子制の基本を作ったのは継嗣令である。継嗣令という篇目は唐令になく、継嗣令の作成時に実際に参照されたのは唐の封爵令である。継嗣令は、皇族の身分を規定する皇兄弟子条、嫡子の選定順序に関する継嗣条、立嫡の届出に関する定嫡子条及び皇親の婚姻に関する王娶親王条の四条からなり、王娶親王条を除いて、ほかの三条は封爵令を継受したものである。封爵令傳襲条と現存する養老令継嗣令継嗣条の冒頭を比べてみる。

（唐封爵令傳襲条）　諸王公侯伯男、皆子孫承嫡者傳襲

（日本継嗣令継嗣条）　凡三位以上継嗣者、皆嫡相承。

まず、唐令の王公侯伯男の爵位保有者は、日本令において三位以上の位階保有者に変えられた。封爵制そのものは日

本令制に導入されず、その継承法のみが導入されたため、文面では爵位から位階に変わったと考えられる。唐の封爵は日本ではほぼ位階に相当すると言われているが(22)、嫡子制の受容の観点から考えると、爵位から位階への変化の意味は決して小さくない。何故なら、爵位の継承は嫡子による単独継承しかも直接継承が基本である。それに対し、位階はまず子孫に直接継承されない。父祖の位階の高さに応じて子孫が叙位上の特権を受ける、いわゆる蔭位制については後述するが、継承内容の改変が嫡子の役割の変化を意味することに留意しておきたい。この変化は用語面にも反映された。封爵令の「承嫡」が「継嗣」に変えられ、「傳襲」が「相承」に変えられている。唐封爵令の「承嫡者」は、男系の子孫の中の「嫡系を承ける者」の意で、「傳襲」は先述したように爵位の継承を意味する言葉なので、当該部分は、「嫡系を承ける者が爵位を傳襲する」と解される。一方「継嗣」は、同じく継承を表す言葉でありながら、意味する範囲がより広い。「礼一娶九女。所以極陽数。廣継嗣。重祖宗者也(23)」とあるように、「男系の子孫」を指す言葉である。「継嗣」に対する養老令の注釈書の『令義解』では「嗣者、子」として、「父」に対する「子」の意に解釈の重点を置いており(24)、『令釈』では『尚書』に見える「罰弗及レ嗣」の注「嗣亦世、倶謂レ子」を引用している。大宝令注釈書『古記』は、職員令治部省の所轄の内容である「継嗣」について「五位以上嫡子」と解釈している。この解釈は明らかに選叙令の五位以上子条、つまり蔭位制を意識している。日本令の継嗣令の「継嗣」の語が選ばれたのは、封爵継承と異なる蔭位継承であることを明示するためではないかと思われる。「継嗣」のみならず、「承重」という語にも同じ転用が見られる。先述したように、唐律令、唐礼において「承重」は祖先祭祀権の継承を指す。一方、日本令における「承重」は、蔭位継承の意に用いられている。継嗣令定嫡子条に「其嫡子有二罪疾一、不レ任レ承レ重者、申二牒所司一、験レ実聴二更立一」とある所の「承重」について、『古記』が「承レ重。謂説二祖父之蔭一承継也」と解釈している。[25]つまり、「祖先祭祀の重任」という「承重」の本来の意味はすでに別の意味にすり替えられているのである。言い換えれば、日本令において嫡子の継承客体は、爵位や祖先祭祀ではなく、蔭位であった、ということになる。父系宗族の出自集団が不在であった古代日本社会にとって、「継嗣」や「承重」などの語は抽象概念でしかない。蔭位制は、これらの抽象概念を具体化する一つの方法であった。蔭位継承は地位の直接継承ではないにしても、父祖から子孫へと及ぶ特権であり、「祖先との繋がり」、「祖先のあとを継ぐ」というのを可視化することができ、受容されやすい。しかもこの制度であれば、律令国家が制度的に推進できる。

③継嗣令の「立嫡」について

養老以前の大宝令継嗣条は中田薫によって復元されている。比較するために、大宝令継嗣条の全文（〔　〕内は養老令当該条の改変部分）と、仁井田陞によって復元された唐令の封爵令傳襲条を次に掲げておく。

（大宝令継嗣令継嗣条）

凡八位〔三位〕以上継㆑嗣者。皆嫡相承。若無㆓嫡子㆒。及有㆓罪疾㆒者。立㆓嫡孫㆒。無㆓嫡孫㆒。以㆑次立㆓嫡子同母弟㆒。無㆓母弟㆒。立㆓庶子㆒。無㆓庶子㆒。立㆓嫡孫同母弟㆒。無㆓母弟㆒。立㆓庶孫㆒。〔四位以下。唯立㆓嫡子㆒。謂。庶人以上。其八位以上嫡子。未叙身亡。及有罪疾者。更聴㆑立替〕其氏上〔宗〕者聴㆑勅。[26]

（唐令封爵令傳襲条）

諸王公侯伯子男、皆子孫承嫡者傳襲。若無嫡子及有罪疾。立嫡孫。無嫡孫以次立嫡子同母弟。無母弟。立庶子。無庶子。嫡孫同母弟。無母弟。立庶孫。曾玄以下準此。無後者国除。[27]

先述したように、嫡子の身分は妻の長子という生得的条件によって獲得するものであるが、嫡子の死亡・罪疾による嫡子不在の場合には新たに立嫡する必要があり、その立嫡の順序を示したのが封爵令傳襲条である。傳襲条を参照して制定された日本令の継嗣条では、爵位およびその継承を示唆する文言の削除を除き、立嫡の順位についてはほぼ継承している。この継嗣条について、これまでに最も議論が集中したのは、条文の文頭の「八位以上」の文言の有無である。即ち、中田の継嗣条復元案を信ずれば、立嫡の範囲が八位以上の位階保有者に限定されてしまい、それでは当時戸籍に見える庶人の嫡子の記載との間に齟齬が生じる。また『令集解』戸令応分条所引の『古記』に、「問。定二嫡子一有レ限以不。答。内八位以上得レ定二嫡子一。以外不レ合。財物均分耳。但累世相継富家財物者、准二八位以上一処分也」という問答がみえるが、もし立嫡の範囲が八位以上という明確な文言があれば、このような質問も出ないだろうと疑問を投げかけられている(28)。確かに、大宝年間の戸籍記載や律令条文を総合的にみれば、嫡子制そのものを位階保有者のみならず、社会の全階層に普及させようとする方針が掲げられたことは間違いない。しかし、この制度が導入の当初から社会の全階層に同じ立嫡を求めていたかどうかはまた別の問題である。思うに、中国の嫡庶子制は本来父系の宗法の産物で、その管理も個々の宗族内部で行われていた(29)。戸籍にも嫡庶の記載がなく、行政側にとって、必ずしも全階層の嫡庶を掌握する必要はなく、襲爵、立嗣(30)など必要な時に届出を求めることになっていたと考えられる。

次に掲げる、唐貞元七年（七九一）三月二十日の勅節文は襲爵と立嫡の手続の関係を示している。

比來食實封人、多不依令式。皆身歿之後。子孫自申請傳襲。伏請、自今以後、並今日以前、應食實封人。並一年内、准式、具合襲子孫官品年名并母氏嫡庶、於本貫陳牒。如無本貫、即於食封人本任本使中牒(31)。

これによれば、令式では食実封を継承するために、本貫所在の行政側に継承すべき嫡子の官品年名及び母氏の嫡庶を届け出る必要がある。特権を享受するためには、一定の立嫡の手続が必要である。この届出の手続は日本の継嗣条に次に配された定嫡子条においても定められている。

凡定二五位以上嫡子一者、陳二牒治部一。験レ実申レ官、其嫡子有二罪疾一罪謂荒二耽於酒一、及余罪戻、将来不レ任二器用一者、疾。謂廃疾不レ任レ重者、申二牒所司一。験レ実聴二更立一。

即ち、継嗣条は嫡子になる候補者の順位、定嫡子条は立嫡の届出の手続を決めるもので、両条とも有位官人層の立嫡を問題にしている。継嗣条が封爵令傳襲条を継承した条文であったことを考え合わせれば、その特権的性格がはっきりしてくる。この意味では、戸籍の嫡子記入と継嗣条の「立嫡」とを同一視できないという宮本救、義江明子の指摘(32)も傾聴すべきであろう。継嗣条の特権的性格を念頭に置けば、先に触れた『古記』の「定嫡子」云々の問答も理解しやすくなる。財産相続を規定する応分条は全階層を対象とした条文である。少なくとも建前上ではそうである。この条文は唐令戸令応分条を継承したものであるが、唐の応分条にない嫡庶の別が盛り込まれている点が特徴である。継嗣条と応分条のそれぞれ参照した母法は異なるもので、その関係を次のように示すことができる。

(唐)封爵令傳襲条(嫡庶区別有り)→継嗣令継嗣条(嫡庶区別有り)

(唐)戸令応分条(嫡庶区別無し)→戸令応分条(嫡庶区別有り)

先述したように、中国では嫡子単独相続のものが祖先祭祀と世襲的地位の継承に限られ、財産継承は諸子均分の原則のもとで行われる。日本令の応分条に嫡庶制が盛り込まれたがために、立嫡の問題が生じてくる。というのは、継嗣条では有位者層にしか触れていないからである。この問いに対して、「内八位以上得レ定二嫡子一」と継嗣条に即して答えながら、庶人については「財物均分耳」と方針を変えたり、さらに「但累世相継富家財物者、准二八位以上一処分」と補足説明を付け加えたりする。この答に見られる揺れは、嫡子制に関する統一的な見方がまだ形成されていないことを示している。有位層と庶人層の立嫡に関して一応の解決を見たのが養老五年の籍式である。応分条の『古記』の一云には「養老五年籍式、庶人聴レ立二嫡子一、即依二式文一、分レ財之法、亦同二八位以上嫡子一耳」とあり、有位無位を問わず、立嫡することになった。しかし、庶人層の立嫡は後述するように、実質の意味がなく、「承家」というのも抽象的な概念にすぎない。養老令の継嗣令になると、皇兄弟条、三位以上の立嫡の順位、五位以上の立嫡の手続、皇親の結婚の四条を階層的に上から下へと並べて、皇親・中央貴族の特権性を色濃く打ち出している。条文の文言にも変化が見られる。大宝令継嗣条は少なくとも字面では唐制を踏襲しており、嫡子—嫡孫—嫡子同母弟—庶子—嫡孫同母弟—庶孫という立嫡の順位は、無論中国の父系宗族の宗祧継承—祖先祭祀の祭主身分の継承法に根ざしたもので、ここでは単に「嫡」ポストの候補者の順位を決めているに過ぎない。しかし、養老令になると、意味のすり替えが見られる。「四位以下唯立嫡子」という文言は、「嫡」の候補者順位を決める「立嫡」の意味を、三位以上の「立嫡子・立嫡孫」と四位以下の「立嫡子」という階層による差異に読み替えたのである。無論養老令のこの文言は、次節で見る「五位以上子条」の内容を想定して付け加えたものである。

④「五位以上子条」に見る嫡庶差別

養老令選叙令五位以上子条では五位以上の官人の子の出身の特典について、次のような規定がある。

凡五位以上子出身者。一位嫡子従五位下、庶子正六位上。二位嫡子正六位下。庶子及三位嫡子従六位上。庶子従六位下。正四位嫡子正七位下。庶子及従四位嫡子従七位上。庶子従七位下。正五位嫡子正八位下。庶子及従五位嫡子従八位上。庶子従八位下。三位以上蔭及レ孫。降二子一等一。外位蔭准二内位一。其五位以上。帯二勲位高一者。即依二当勲階一。同二官位蔭一。四位降二一等一。五位降二二等一。

この条文は恐らく大宝令でも同文であろうとされている。[33] これも唐制に拠ったものと見られる。『唐六典』巻二にみえる「叙階之法」は次のようである。

凡叙階之法、有以封爵…有以親戚…有以勲庸…有以資蔭謂一品子、正七品上叙、至従三品子、遞降一等。四品、五品有正、従之差、亦遞降一等…従五品子、従八品下叙。国公子、亦従八品下。三品以上蔭曽孫、五品已上蔭孫。孫降子一等、曽孫降孫一等。贈官降正官一等、散官同職事。若三品帯勲官者、即依勲官品同職事蔭…四品降一等、五品降二等。郡、県公子、準従五品孫…県男已上子、降一等。勲官二品子、又降一等。二王後子孫、準正三品蔭。有以秀、孝、…有以労考…有除免而復叙者、皆循法以申之。[34]

唐制で一品から五品が資蔭の範囲とされていることに対応して日本令においても蔭位の範囲を五位以上にしている。唐の資蔭制と日本令の蔭位制については本編の第二章で詳述するが、ここでは、この条文と嫡庶子の関連性について考えてみたい。牧英正はかつて唐制と日本令の違いについて、①日本令は唐令より蔭位の範囲が一代縮小した。②唐令は嫡子孫のみであるが、日本令では、嫡庶の別を設けて、諸子に蔭を受けさせる。③唐令では蔭叙は二十五歳から、日本令では二十一歳からである。④唐の秀才以下の科挙による第階がほぼ同等に継受されたのに、唐の蔭階に比べて日本では上位者の蔭階が著しく高くなっている、と指摘した。[35] 確かに日本令では唐令より一世代縮小されており、蔭位利用の年齢も唐令より四歳若くなっているのにも関わらず、叙される蔭階は高い。しかし、牧が唐の資蔭制では嫡子のみで、日本令では嫡庶を区別がありながら諸子が受けられるとしている点については疑問を感じる。何故なら、先に見た『唐六典』の文面を見ても、「～子」、「～孫」になっており、「嫡子」、「庶子」といった区別はないからである。台湾の学者高明士は唐令で言う「子」は「嫡子」のみを指すのではなく、諸子を指している、と指摘した(36)。もっと的確に言うならば、唐の資蔭規定にある「子」と「孫」には嫡庶の別が設けられず、諸子全員が受けられるというものでもない、ということになる。『漢書・哀帝紀』に「吏二千石以上視事三年、得蔭同産若子一人為郎」とあるのが資蔭の祖形であろう。いわゆる「任子」の特典である。『文献通考』によれば、前漢、後漢の任子の例に、父蔭によるものと、兄蔭によるもの、族蔭によるものがある。唐になると、資蔭出身法が整備され、子、孫、曾孫の区別が立てられたが、嫡庶の区別はない。人数も一定しておらず、多い場合には九人もいた(37)。そもそも蔭位制は高官の特権であるが、爵位継承のような地位そのものを嫡子単独で世襲するものとは異なるため、嫡庶による制限の必要はなかろう。唐宋以降、蔭位の人数は次第に制限されるようになった。元、明の時期に至り、蔭の享受が一子に限定されるようになると、嫡子が「承蔭」の優先順位の筆頭になった(38)。通史的にみれば古代中国の資蔭制は高官層の支持と忠誠を得るための優待策として各時代を通じて用いられていたが、察挙制、科挙制などの能力主義の出身法によって抑制され、官人の出身の主要ルートにはなれなかった。一方、日本令の五位以上子条では明確に嫡と庶の間に一等級の差が設けられている。この嫡庶等級制はいかにして想到されたのか。筆者はやはり継嗣条の拠り所とした封爵令を重視したい。先述したように、唐の封爵関係の条文では嫡庶がしばしば問題視されている。封爵令諸皇兄弟条が次のようである。

諸皇兄弟、為親王。親王之子、承嫡者、為嗣王、皇太子諸子、並為郡王、親王之子、承恩澤者、亦封郡王、諸子封郡公、其嗣王郡王、及特封王子孫承襲者、降授國公(39)。

皇兄弟―親王の子孫の身分に関する規定であるが、親王―嗣王―郡王―郡公―国公の爵位の等級差は、主に①世代、②嫡庶の原則によってなされている。第一世代の皇兄弟（親王）―第二世代の皇太子・親王嫡子（嗣王）―第三世代の皇太子諸子・親王子承恩者（郡王）―第四世代の嗣王嫡子・郡王嫡子（国公）の四世代であるが、世代が降下するにつれて爵位が一等下がるという「遞世降封」が行われており、さらに嫡庶制によって、世代が降下するにつれて爵位を受けられる人数が少なくなる、という仕組みになっている。唐では封爵の特権が著しく制限され、「遞世降封」もその現れの一つとされている。(40) このような嫡庶等級制の淵源は周王朝の封建制に求められるが、王、諸侯、卿、大夫、士という政治的ヒエラルキーは父系の宗法の「尊尊親親」の理念によって形成され、嫡と庶の差が等級を形成するのに重要な役割を果たしている。いうまでもなく封爵制には封建的要素が濃厚に残っており、それも封爵関連の条文に嫡庶区別が設けられているゆえんである。ただ、爵位の継承も中央集権のあり方によって変化するものである。嫡子単独継承は基本であるが、歴史的に見ても、諸侯王の勢力を分裂させ、郡県制を広げることを目的とする「推恩裂土」―嫡子には原爵位を継承させ、諸子は一等下った爵位を授けることによって諸王、諸侯の封国を分裂させる―などの政策や、また嫡子不在の解決策として「支庶昭封」―嫡子なら原爵を継承するのに対し、傍系の庶子が継承する場合は一等下った爵位を授けられる―の政策も時々行われた。これらの政策実行においても、為政者にとって嫡庶制が伸縮自在に利用できる方法であった。唐代では官僚制の発達により、官品、世代、嫡庶による等級制が整備されるに至ったが、嫡庶区別が設けられたのは、これまでにみてきた通り、爵位継承などに限られていた。この意味では、貴族的爵位継承と高官の特権としての資蔭は共通点を持ちながらも、異なった論理を持った特権と見るべきである。

一方、古代日本にとって、従来の氏族的社会体質を温存しながらも、律令的国家の秩序を確立することが急務であり、このような意図に合致したのは、唐の資蔭制と封爵制であった。この両方を吸収した日本令の五位以上子条では、父祖の官位差、子・孫の世代差に加えて、嫡庶の差が加えられ、唐の資蔭制より複雑な内容になっている。嫡庶制は日本社会の自生のものではないだけに、制度によって上から推進していく必要があったのであろう。現存の史料では初叙の記録が僅少であるため、嫡庶の差による叙位がはたしてどのように行われたのかを知ることは困難であるが(41)、律令制定時の意図としては、父系観念の導入と、律令官僚のヒエラルキーの体系を構築することにあったと考えられる。要するに、資蔭制の官品、世代の等級性と封爵令にある嫡庶等級性とが結合したところに、古代日本の貴族的官僚制が形づくられたのである。

三　財産継承と嫡庶子制

古代中国と日本の財産継承のあり方には顕著の相違が見られる。唐令と日本令を比較するために、さらに日本令の大宝令と養老令の変化を見るために、仁井田陞によって復元された唐令応分条の該当部分、中田薫によって復元された大宝令と養老令の該当部分を次に掲げておく。

（唐戸令応分条）

諸応分田宅及財物者、兄弟均分。（其父祖亡後、各自異居、又不同爨、経三載以上、逃亡、経六載以上、若無父祖旧田宅邸碾磑部曲奴婢、見在可分者、不得輒更論分）

（大宝令応分条）

応レ分者、宅及家人奴婢並入二嫡子一。〈其奴婢等、嫡子随レ状分者聴。〉財物半分、一分庶子均分。

（養老令応分条）

凡応レ分者、家人。奴婢。氏賤。不在此例。田宅。資材。其功田功封。唯入男女。摠計作法。嫡母。継母、及嫡子。各二分。妾同女子之分。庶子一分。摠宅及家人奴婢並入二嫡子一。〈其奴婢等、嫡子随レ状分者聴。〉

財物半分、一分庶子均分。

唐制では、嫡子は爵位継承、祭祀権継承において特権的であるが、家財分割においては、諸子と平等である。このような諸子均分法は、漢代から行われ、唐、宋、明、清にも継承された[42]。この「兄弟均分」の相続法には、「父子同気」——同じく父親の血を受け継いでいる上、平等である——という父系的原理が反映されている。一方日本令では、一貫して嫡庶異分の方針が取られた。特に大宝令の応分条では嫡子の得分を相続財産の半分としている。この強烈な嫡系主義について、従来諸説があり、日本古来の慣習法として、家父の専有主義に基づく相続とする中田説[43]、大化前の氏の族長的系譜につながる有力者、地方豪族の世襲的特権的地位の継承とする宮本説[44]、皇位の嫡子相続と同じように政治的な意図から規定された可能性も強いとする関口説がある[45]。先述したように、確かに大宝年間の政治情勢の動きを見ると、社会全体に嫡子制を推進させようとする機運にありながら、制度そのものがまだ整備されておらず、嫡子の得分の設定からみても社会全階層に通用するようなものではない。養老令になると、いくつかの修正がなされ、その一つは嫡子の得分が財産の半分から五分の一に減らされ、嫡子と同格の財産相続者に「嫡母」、「継母」が加わった点である。この養老令の「嫡子二分」の分配法が唐の食封に関する規定を参照した可能性があることは夙に中田薫によって指摘されている[46]。食封とは、律令制の俸禄の一形態で、爵位保持者や高官などに一定の封戸が支給され、その封戸からの租の何割分かを徴収することであるが、唐の食封の相続に関する規定は『唐六典』戸部郎中員外郎条に見える。

凡食封皆傳於子孫。食封人身没以後、所封物随其男数為分、承嫡者加與一分、若子亡者、即男承父分、寡妻無男、承夫分。若非承嫡房、至玄孫即不在分限。其封物総入承嫡房。一依上法為分。其非承嫡房、毎至玄孫、準前停。其応得分房無男、有女在室者、準当房分得数與半、女雖多、更不加。雖有男、其姑、姉、妹在室者、亦三分減男之二。若公主食実封、則公主薨乃停。

世襲的性格を持ちながらも、食封相続は、嫡子による単独継承ではなく、子孫しかも女性に相続されるものである。「承嫡者加與一分」というのは、嫡子が諸子と同様な得分の上に、さらに一分加えられることを言い、結果的に嫡子と諸子の得分に一等差が設けられることになる。従って、食封相続は、謂わば、一般財産継承と爵位継承の中間に位置しているようなものである。この相続規定が養老令応分条の修正案にヒントを与えたことは中田の指摘した通りである。大宝令の急進的嫡系主義を修正するため、唐の食封相続条に準拠したところに、その先例主義の立法方針が窺える。と同時に、あくまでも嫡庶異分の方針を維持しようとする強い意志が看取される。財産相続はある社会の家族形態のメルクマールである。両社会の相違は、それぞれの社会の家族形態の相違にほかならない。唐の諸子均分は家族同居共財制に照応したものであろう。諸子均分は中国のみならず、古代ローマ、ゲルマン諸民族、インドなどの社会にも見られる。これらの社会においても、排他的父系親集団が存在し、同居共食が行われ、財産継承も均分主義で行われていた(47)。全員が農業に参加し、共同の耕作、共同の収穫という形で生業を営む社会の生活形態の中で形成された平等の原理であるとされている(48)。特に古代中国の場合は、父子兄弟の同居共財からさらに一族の集住へと拡大していくのが特徴である。即ち、父祖の財産を均等に分割した兄弟らはなお同じところに住み続け、何世代乃至何十世代を経て一族の集住になっていくという仕組になっている。諸子均分の平等精神は、排他的父系集団の拡大と結束に大きく働いていたものと思われる。諸子均分と同居共財制の内的関連の一つの反証として挙げられるのが、遼、金、元などの北方政権の政策である。北方の遊牧民は農耕の漢民族とでは生活習慣が異なり、社会的構造も異なる。遼では、契丹族と支配下の漢民族を管理する二元的な政治が行われていた。『遼史』に「有孝于父母、三世同居者、旌其門閭」（巻十）、「時太平日久、帝（聖宗耶律文殊奴・筆者注）留心翰墨、始畫譜牒以別嫡庶、由是争訟紛起」とある記述から、契丹族の支配者は漢民族の同居制や嫡庶制を積極的に導入しようとしたことが分かるが、漢民族のような累世同居や大規模な父系親集住は考えられない。金の泰和律令では、女真族と漢民族が区別され、女真族に対しては、別籍、分財が可能であり[49]、財産継承の場合も、嫡庶子の異分が行われた[50]。金の旧例に倣って元も同じ方針を取っていた。このように考えると、父子兄弟の同居共財と父系親集住の慣行がなかった古代日本があえて唐制と異なる嫡庶異分の方針を取るのも故なしとしない。古代日本社会においては、夫婦別居が行われており、夫婦同居の俗が一般化した後でも諸妻別居が鉄則であったため諸子も別々に暮らしていた。この居住形式も諸子均分を困難ならしめた一要因であろう。従って、嫡庶異分は本質的には諸子異分である。養老令のもう一つ重要な修正である、被財産相続者の意思を尊重する方針も諸子異分と照応している。養老令応分条の文末には「亡人存日処分。證據灼然者。不㆑用㆓此令㆒」とある。これは大宝令にはなく、養老令応分条で付け加えられた箇所である。文言そのものは唐令身喪戸絶条を参照したものである。しかし、戸絶条は継承者がいなくなるという特殊な状況に限定する規定で、一般の財産相続ではない。即ち、戸絶―家が絶える場合、その近親が死者の所有する「部曲、客女、奴婢、店宅、資財」を換金し、その葬式や功徳に使用したあと、その余額と財物は娘がいる場合は娘に与え、いない場合は近親が相続する。近親もいなければ官没する、という内容の条文であるが、その末尾に「及亡人存日処分。證據灼然者。不レ用二此令一」という但し書きが付け加えられていたのである。戸絶という特殊な状況を勘案して、被相続者の「存日処分」即ち遺言を尊重するというのが当該条文の法意であるが[51]、一般家産分割では、特殊な場合を除いて、基本的に法定の諸子均分が行われていた。それに対し、日本令では嫡庶異分主義が堅持され、被相続者の個人決定権が優先されている。このように遺言が尊重される背景には、古代中国に見られるような父系共同体と異なる社会構造が存在していたことがいえよう。要するに、個人所有者への意思尊重と嫡系原理の推進の意図が合致したところに、嫡庶異分の制が生まれたのではないかと推測される。

四　戸籍制と嫡庶子制

①大宝年間の戸籍にある「嫡子」

大宝二年には御野国型（ここではA型とする）と、西海道型（ここではB型とする）の二類型があり、記載形式に差があるものの、男子の持った成人男性ごとに嫡子を持つ、という点で共通している。A型は大宝令以前の浄御原令の書式、B型は大宝令以降の書式と言われており、両者の相違もすでに指摘されているが[52]、ここでは主に嫡庶子制を中心に考えてみる。A型の特徴として、①男女分けて記載すること、②男性グループの中で、嫡子が父親のすぐ後に付けられ、「父—嫡子」という父子直系ラインが強調されていること、③一戸のうちに複数の父子直系ラインが並存していることなどが挙げられる。A型の例に示されるように、この「戸」のうちに、戸主のほかに成人の兄弟からなっており、四人とも皆嫡子を持っている。一戸のうちに四本の「父—嫡子」の父子ラインが内包されている。諸子の年齢からみれば、長男が「嫡子」と記載される方針である。それに対し、大宝令以降の記載方式に基づいたB型は、まず兄弟合同型の戸が激減しており、結果として一戸内にいる嫡子数もそれに照応して減っている。また記載法として、A型の「父―嫡子」という形を変え、「嫡子」を最下段に記すようになっている。その代わり、「嫡子」のほかに、「嫡女」、「嫡弟」といった「腹」による区別意識が看取されるようになっている。

A型の特徴は、傍系親を含んだ男性グループの結成を強調しながらも、そのグループ内に「父―嫡子―次」の父子直系ラインを視覚的に訴える点にあり、B型の特徴は、夫妻子女という核家族が基本グループになり並べられているが、なお一戸のうちに複数の父子直系ラインが存在している、という点にある。

②養老年間の戸籍にみる「嫡子」

養老年間の戸籍にも「嫡子」が見える。大宝のそれと比較するために、一例を示す。便宜上、C型とする。

C型になると、一戸内に複数の父子直系ラインの併存が無くなり、一戸に嫡子が一人記載されるようになった。嫡子の年齢も大宝年間の戸籍では特に制限がなかったのに対し、養老年間の戸籍では基本的に正丁であることを条件としているようである。(53) 一戸一人の嫡子という記載に照応したかのように、今度は戸の下位単位としての房戸が独立するようになり、「戸主グループ」―「戸グループ」という記載方式に変わった。その房戸と戸主の関係を見ると、大抵「弟」、「従兄弟」になっており、ちょうど大宝年間の戸籍では一戸に入る傍系親の人達である。即ち、「戸主グループ」―「戸グループ」の記載法によって、一戸内に複数の「父―嫡子」の記載がなくなったが、大宝年間の戸籍に強調された男系傍系親を含めた父系的親族集団は一つの纏まりとして保たれているのである。

A型(54)

五保中政戸県主族嶋手戸口卅 正丁三 兵士一 少丁二 小子九 緑児三 并十八 正女三 次女一 少女一 小女五 緑女二 并十二

下々戸主嶋手年卅五正丁 嫡子山寸年十九少丁 次真山年十六小子 次百足年十四小子 次小足年四小子 次稲寸年二緑児

戸主弟小嶋年卅四正丁 嫡子大庭年十六小子 次小庭年十二小子 次廣庭年十小子

戸主弟多都年卅七正丁 嫡子金寸年十八少丁 次小寸年十六小子 次赤猪年十四小子 次古猪年十小子 次猪手年一緑児

戸主弟寺年卅二兵士 嫡子広国年一緑児

戸主母県主族古売年六十四次女 児加都良売年廿少女 戸主妻県主族新野売年卅六正女 児真嶋売年十一小女 小

嶋妻県主族古刀自売年卅五正女 児川嶋売年十五小女 次川内売年五小女 次布知売年二緑女 多都妻県主族弟

売年卅二正女 児麻留売年十二小女 次依売年三緑女 寺児伊怒売年四小女

B型(55)

戸主秦部長日 年陸拾参歳 老夫 課戸

妻家部須加代売 年陸拾貳歳 老妻

男秦部麻呂 年参拾捌歳 正丁 嫡子

女秦部鳥売 年参拾貳歳 丁女 嫡女

孫秦部牛麻呂 年拾肆歳 小子

孫女秦部鳥売 年漆歳 小女

孫女秦部阿由提売 年陸歳 小女 上件三口麻呂男女

弟秦部小日 年陸拾壹歳 老夫

妻古溝勝伊志売 年肆拾歳 丁妻

男秦部鳥麻呂 年拾捌歳 少丁 嫡子

男秦部根麻呂 年拾陸歳 小子

男秦部龍 年拾壹歳 小子

男秦部羊 年捌歳 小子

男秦部犬麻呂 年陸歳 小子

男秦部刀良 年貳歳 緑児 上件五口嫡弟

女秦部羊売 年貳拾歳 次女 嫡女

外孫田部勝等許太利年壹歳 緑児 羊売男

凡口壹拾漆

口壹拾参不課
口五小子
口二緑児
口二丁女
口一老女
口一次女
口二小女

口肆課
口一正丁
口二老夫
口一少丁

受田貳町肆段貳百捌拾壹歩

C型[56]

戸主孔王部黒秦　年伍拾歳　正丁課戸
妻孔王部多須伎売　年肆拾伍歳　丁妻
男孔王部麻呂　年貳拾参歳　正丁嫡子
男孔王部古麻呂　年拾貳歳　小子
妹孔王部加多彌売　年貳拾伍歳　丁女

合伍口
　口参不課　口一小子　口二丁女
　口貳課　口二正丁

戸孔王部龍麻呂　年参拾参歳　正丁課戸、戸主黒秦弟
男孔王部知麻呂　年伍歳　小子
男孔王部子知麻呂　年貳歳　緑児
女孔王部黒売　年拾歳　小女
姉孔王部弟阿古売　年伍拾陸歳　丁女
女孔王部小黒売　年貳拾参歳　丁女
弟孔王部麻古売　年肆拾捌歳　丁女

合口漆
　口陸不課　口一小子　口一緑児　口三丁女　口一小女
　口壹課　口一正丁

戸孔王部得麻呂　年肆拾貳歳　正丁　課戸、戸主孔王部黒秦従父弟
妻孔王部小大根売　年参拾貳歳　丁妻
女孔王部阿古売　年玖歳　小女

女孔王部諸阿古売　年陸歳　小女
女孔王部阿佐売　年貳歳　緑女
弟孔王部宇多麻呂　年参拾漆歳　正丁
姉孔王部大根売　年伍拾壹歳　丁女

□□□（合口漆）
　口伍不課　口二丁女　口二小女　□□□□（口一緑女）
　口貳課　□□□□（口二正丁）

戸孔王部古尼麻呂　年肆拾壹歳　正丁　課戸、戸主孔王部黒秦従父弟、
男孔王部神　年拾陸歳　小子
弟孔王部真尼麻呂　年参拾伍歳　正丁　兵士
女孔王部大海売　年拾壹歳　小女
女孔王部弟売　年陸歳　小女
孔王部刀良売　年陸拾壹歳　老女　神母

合口陸
　口肆不課　口一小子　口一老女　口二小女
　口貳課　口一兵士　口一正丁

大宝年間の戸籍の両形態と養老年間の戸籍記載を、A型—B型—C型の三段階としてみれば、一戸内に何本もの「父—嫡子」の父子ラインがある記載法から、一戸一人の嫡子の記載法に変わっていく過程が明瞭に読み取れる。古代日本の戸籍記載も中国の戸籍を規範としたものとされて[57]いるが、嫡庶子が記載される点では、中国の戸籍記載と異なる。戸籍記載に嫡子制を導入した律令国家の狙いはほかならぬ一般社会に嫡子制を浸透させようとしたところにあるが、父子直系より大きい父

系同居体を基盤とする中国の戸籍の書式を導入したため、一戸内に複数の「嫡子」が並立する結果となった。父子直系継承の理念を強化しようとする意図と、戸籍の書式記載の踏襲が衝突した結果と言えよう。この矛盾は「戸主」と「戸」を分ける方針を取った養老年間の戸籍において一応の解決を見ることができるが、実際兄弟合同の家が不在であったことは、次節で見る戸主になる条件を見ても明らかである。

③「家長」・「尊長」について

養老令（大宝令も同文であろうと推測されている）戸令の戸主条に次のような規定がある。

凡戸主。皆以二家長一為レ之。戸内有二課口一者。為二課戸一。無二課口一者。為二不課戸一。不課。謂二皇親。及八位以上。男年十六以下。并蔭子。耆。癈疾。篤疾。妻妾女。家人。奴婢一。

戸主になる条件は、家長であると明記されている。この「家長」の意味について、平安時代に成立した『令集解』の諸注は、家長＝嫡子としている点で見解が一致している。

『古記』問。父不レ定二嫡子一死。母見在。以レ誰為二戸主一。答。以レ母為二戸主一。一云。依レ法定二嫡子一。合レ為二戸主一也。問。有二嫡子一幼若。若為二処分一。答。嫡子幼弱者、猶為レ以母耳。

『令釈』若父死。母子見存者。以レ男為レ之。又有二伯叔兄数人一。猶以二嫡子一為二戸主一也。

『義解』凡継嗣之道。正嫡相承。雖レ有二伯叔一。是為二傍親一。故以二嫡子一為二戸主一也。

『穴記』家長謂二嫡子一也。無二嫡子一立二嫡孫一。以レ次立。皆依二継嗣令一耳也。

『跡記』問。兄弟同籍。而兄亡。弟在。未レ知。兄子與レ弟以レ誰為二戸主一。答。得下家人以二兄子一合中戸主上。…

大宝令の注釈書『古記』の段階では、戸主になる候補者について、未だ母と嫡子の間で揺れていたが、養老令の注釈書『令釈』以降、家長＝嫡子の説が優勢になり、「継嗣之道」として説明されるようになった。ここで注目したいのが、嫡子と伯叔の関係である。唐律令における「家長」は、戸政上の用語で、字面通り「一家の長」の意である。唐律の「家長」の用法をみると、戸籍の脱漏、家族の違法や私入道などの行為があった場合、或いは奴婢解放の許可が必要になった場合の責任者とされていたことが分かる。この「家長」と語義の近い言葉に「尊長」という語がある。唐律の名例共犯条に「家人共犯、止坐尊長」とあるのをはじめ、律令の条文名だけとってみても「尊長與卑幼定婚」、「謀殺期親尊長」、「毆詈夫期親尊長」、「告期親尊長」などがあり、主に家庭内の乱倫、紛糾の文脈の中で「尊長」が用いられている。即ち、「家長」と「尊長」はほぼ同じ意味を持ちながら、「家長」は戸政上の用語であるのに対し、「尊長」は家庭内の長幼関係を表す語である。従って、家族共犯の場合は、「尊長」のみが責任を問われるのである。『唐律疏議』では「家人共犯、止坐尊長」の「尊長」を「男夫」と限定している。またその「家人」の範囲を「祖父・伯叔・子孫・弟姪」としており、明らかに「戸＝家」の範囲を基本的に父系三代の同居体と想定している。無論唐応分条の規定によれば、父祖の死後より三年経てば、兄弟間の「分家」つまり家財分割が可能となるので、父系親同居体の規模は必ずしも三代同居に限らない。しかし、男系二世代の同居体にせよ、三世代の同居体にせよ、その範囲内の「尊長」＝「家長」は年齢順で決められるので、「伯叔」が家長になる可能性は大いにある。一方、日本令の戸主条では、唐令戸主条の文言と思われる「戸主皆以家長」をそのまま継承しているが、『令集解』の諸注では、伯叔を「傍親」としている。このような「家長」と「傍親」の解釈法から、明法家達が想定した「家長」の「家」は、父―子直系的な範囲であって、伯叔をも含めた父系同居集団ではなかったことが明らかである。父系傍系親を排除した父―子のラインで考えれば、諸注の「戸主＝家長＝嫡子」の解釈法にも一理ある。

おわりに

これまで、古代日本の嫡子制を、その性格、特徴及び歴史的意義について古代日本の歴史的文脈から考えてきた。嫡子制が最も重要な意味を持ったのは王位継承においてである。しかし、当時の王位継承において、嫡庶の問題よりも父子直系継承の樹立が早急に解決されるべき問題であった。「嫡嫡相承」も多くの場合は父子直系継承の「子孫相承」を意味するものであった。この意味では、古代日本の嫡子制導入の真の狙いは父系、しかも父子直系的樹立にある。

唐制との比較分析を通じて、両社会の嫡子制の顕著な相違が明らかになった。即ち、唐の嫡子制が主に爵位や祭祀権の単独継承に機能するのと異なり、日本令制下の嫡子制は主に蔭位制、財産相続、戸籍記載などの行政面に用いられていた。この意味では、日本令の嫡子制は唐制にはない、新しい制度である。この違いは、用語面からも裏付けられる。「傳襲」の語が避けられ、「継嗣」、「承重」が選ばれた理由は、古代日本の継承の客体は爵位ではなく、蔭位という政治的特権だったからである。蔭位の継承こそ、古代日本人にとって「祖先の後を継ぐ」行為であった。しかし、実際には嫡庶に関する表現のほとんどが唐の封爵関係の諸条文に由来している。継嗣令の継嗣条は唐の傳襲条、定嫡子条は唐の襲爵時の立嫡法、また五位以上子条の嫡庶一等差は皇兄弟条、応分条の嫡庶の得分差は唐食封条に、それぞれ拠っている。このように、日本の嫡子制に関する諸条文の封爵令に対する依存度は高いが、継承の客体が爵位ではないため、襲爵を意味する言葉は用心深く削除されたのである。唐の封爵令の関係条文を踏襲しながら、唐と異なる嫡子制度を作り出したため、令体系の内部でいくつかの矛盾を引き起したことはすでに見てきた通りである。大宝・養老の両令の応分条における嫡子の得分の変化、また大宝年間・養老年間の戸籍の嫡子記載形式の変化から、嫡子制の整合がなされた過程を観察することができる。大宝令の時代には、王位継承をめぐる政治的意図によって嫡系主義が提唱され、律令条文や戸籍記載も急進的嫡子重視一色であったが、養老年間になると、その修正が行われる。しかし、養老令応分条に見える「嫡子二分」という修正案が依拠したのは、唐制の一般財産相続と爵位相続の中間に位置する食封相続条であった。このことから養老令の先例主義が窺えると同時に、修正を加えながらも官人制、財産相続制及び戸籍記載の全般に嫡庶制を持ち込もうとする律令国家の強い決意が窺える。

注

(1)　ただ、「嫡子」と「庶子」の用法には、嫡子は一人に限定され、爾余の息子達は、嫡妻腹か妾腹かを問わず、庶子とする用法と、嫡妻腹は「嫡子」、妾腹は「庶子」とする用法が存在しているが、本章で問題にしているのは専ら前者の意味である。従って、今日の民法で言う「嫡出子」(a legitimate child) の概念とも異なる。

(2)　古代中国の文献に見える「長子」、「大子」、「世子」、「宗子」などといった名称は嫡長子を指すものである。嫡長子が不在の場合やまたは疾病や犯罪によって嫡子になる資格を失ってしまった場合は、後述するように、一定の順位に基づいて嫡子を立てるのである。

(3)　『春秋左氏傳』桓公十八年。

(4)　嫡庶系親族呼称については、本書第一編第一章、第二章を参照されたい。

(5)　関口裕子「律令国家における嫡妻・妾制について」(『史学雑誌』、八一―一、一九七二年一月)。

(6)　胡潔『平安貴族の婚姻慣習と源氏物語』(風間書房　二〇〇一年) 第一章を参照されたい。

（7）原島礼二「記紀完成期の国家と人民―律令体制成立史序説―」（『歴史学研究』三三九、一九六八年八月）。
（8）石井良助『長子相続制』（法律学体系第二部法学理論篇、日本評論社、一九五〇年）。
（9）関口裕子「律令国家における嫡庶子制について」（『日本史研究』一〇五号、一九六九年五月）。
（10）敏達記に「此天皇、娶二庶妹豊御食炊屋比売命一」とあり、推古記に「豊御食炊屋比売命、坐二小治田宮一、治天下二」とある。この「庶妹」は王位継承者が「嫡」であるという基準から、その異母妹の意味を表したものである。
（11）新編日本古典文学全集『古事記』一八九頁頭注。
（12）『続日本紀』第四巻。現代語訳は宇治谷孟『続日本紀　上』（講談社文庫、一九九二年）を参照した。以下『続日本紀』の現代語訳も同じである。
（13）吉村武彦『女帝の古代日本』（岩波新書、二〇一二年）。
（14）『続日本紀』神亀元年二月四日条。
（15）『続日本紀』注（14）同日条。
（16）唐律の注釈書『唐律疏議』の「承襲」なる語はすべて爵位の継承に用いられており、「傳襲」の用例を見ても、例えば、『全唐文』貞元九年（七九一）の「冬至大禮大赦制」に「有封爵廃絶。祠廟無主者。宜許子孫一人紹封。以時享祀。自今以後。應有家廟。子孫但傳襲封爵者。並許享祔於廟」とあるように、爵位の継承を指しており、「傳襲封爵」と連用する場合もある。
（17）『唐六典』尚書吏部巻二に「封爵。凡有九等：一曰王、正一品、食邑一万戸、二曰郡王、従一品、食邑五千戸、三曰国公、従一品、食邑三千戸、四曰郡公、正二品、食邑二千戸、五曰県公、従二品、食邑一千五百戸、六曰県侯、従三品、食邑一千戸。七曰県伯、正四品、食邑七百戸、八曰県子、正五品、食邑五百戸、九曰県男、従五品、食邑三百戸」とある。
（18）唐律・戸婚律「立嫡違法」条の疏議。
（19）『儀礼正義』巻二十二。
（20）滋賀秀三の「「承重」について」（『国家学会雑誌』七一―八　一九五七年八月）によれば、「承重」という語は明清時代になると祭祀相続の意味を失い、「祖のために重服を承ける」という単なる喪服制上の述語に傳訛したということである。本稿の対象は唐律令の時代だから「承重」の原義―「祖先祭祀の重任」の意味で考える。
(21)呉之屏『民法継承編論』(上海政法学社、一九三三年)二頁。
(22)石井注(8)前掲論文。
(23)『前漢紀』第二十四巻。
(24)『尚書』大禹謨にある「罰弗及嗣」について傳では「嗣亦世、俱謂子」としている。
(25)『令集解』巻十継嗣令定嫡子条にある「不任承重」の表現に関する古注。
(26)中田薫「養老律令前後の継嗣法」(『法制度論集』第一巻、岩波書店、一九二六年)九一頁。
(27)仁井田陞『唐令拾遺』(東京大学出版会、一九九三年)三〇五頁～三〇六頁。
(28)今江広道「戸籍より見た大宝前後の継嗣法―特に庶人の嫡子について―」(『書陵部紀要』五、一九五六年四月)。
(29)皇室では秦から宗正(前漢は宗伯、後漢は宗正)が置かれ、主に皇室の嫡庶を管轄し、諸宗室の親等の遠近や宗室の名籍を司るが、その職に就くのが「宗室有徳者」である点から見ても、嫡庶の管理はもともと宗族の事柄である。
(30)程維栄の『中国継承制度史』(東方出版中心、二〇〇六年)によれば、当事者に継嗣すべき子孫がなく、同宗で昭穆相応の者を嗣として立てるが、その際に官司に除附の手続を行わねばならない。ここでいう「除附」とは、本来の家の戸籍から除籍し、継嗣すべき家の戸籍に入籍することを言う。
(31)『唐会要』巻九十縁封雑記。
(32)宮本救「『日本古代家族法』補考―継嗣相続法について―」(『芸林』七―六、一九五六年十二月)、義江明子「日本令の嫡子について―戸令応分条の分析を通じて―」(『史学雑誌』一九八九年八月)。
(33)野村忠夫『律令官人制の研究』(吉川弘文館、一九六七年)二六一頁。
(34)『唐六典』巻二吏部郎中条。
(35)牧英正「資蔭考」(大阪市立大学『法学雑誌』二―一、一九五五年)。
(36)高明士『日本古代学制与唐制的比較』(学海出版、一九八六年)。高氏によれば唐代では長子が一段高い官位に叙されている例がある。筆者も歴史記録を精査した結果、いくつかの例があるものの、その多くは、恩恵的で、諸子一同に叙位された場合、その長子が諸子より一段高い官位が叙される例である。これは制度的ものとみることができないであろう。

(37) 高注(36)前掲書。

(38) 『元典章』には「諸用廕者立嫡長子云々」とある。明清の法律条文にも同様な表現が見える。

(39) 仁井田陞『唐令拾遺』封爵令一、『唐六典』巻二司封郎中員外郎条には、「皇兄弟、皇子皆封国、謂之親王。親王之子承嫡者、為嗣王、皇太子諸子、並為郡王、親王之子、承恩澤者、亦封郡王、諸子封郡公、其嗣王郡王、及特封王子孫承襲者、降授國公」とみえる。

(40) 程注(30)前掲書、一五三頁

(41) 『公卿補任』の尻付に「某人孫某人子」か「某人一男」、「某人二男」とあるが、嫡庶の書き込みは見られない。

(42) 但し、後述するように、金、元の時代では、古代日本と同様に嫡庶異分制が行われた。

(43) 中田薫「養老令応分条の研究」(『法制史論集』第一巻、岩波書店、一九二六年)。

(44) 宮本救「日本古代家族法の史的一考察―相続法ヲ中心トシテ―」(『古代学三―四、一九五四年十二月)。

(45) 関口注(9)前掲論文。

(46) 中田注(43)前掲論文。

(47) 中田薫「唐宋時代の家族共産制」(『国家学会雑誌』四〇―七、八、一九四三年)。

(48) 佐藤篤士「古代ローマにおける sui heredes の地位―femilia のありかたと相続形態―」(『早稲田法学』四一―二、一九六六年四月)。

(49) 『元典章』戸部巻三「父母在許令支析」に「旧例:女真人、其祖父母、父母在日支析及令子孫別籍者聴」となっており、旧例は金の泰和律令を言うものから、金の慣行法であろう。

(50) 『元典章』戸部五・家財「旧例:応分家財、妻の子各四分、妾の子各三分、姦良人及幸婢子各一分」とある。

(51) 程注(30)前掲書(二八九頁)によれば、遺言による財産継承法は律令条文に明記されたのは唐の時代からである。

(52)　川上多助「古代戸籍考」(『日本古代社会史の研究』河出書房、一九四七年)、岸俊男『古代後期の社会機構』(中央公論社、一九五二年)。
(53)　十四歳から二十歳の男子、即ち少子から少丁の男子の嫡子も何例あるので、断言はできない。しかし、恐らくかなり緩やかな個人の判断に委ねられただろうと推測できる。
(54)『寧楽遺文』御野国加毛郡半布里大宝二年籍による。
(55)『寧楽遺文』豊前国仲津郡丁里大宝二年籍による。
(56)『寧楽遺文』下総国葛餝郡大嶋郷戸籍による。
(57)　曽我部静雄「西涼及び両魏の戸籍と我が古代戸籍との関係」(『律令を中心とした日中関係史の研究』吉川弘文館、一九六八年)。

第二章　蔭位制について

はじめに

日本古代の官人制は中国のそれに範をとったものである。従って、外形的に両者は相似している。しかし、すでに多くの研究者に指摘されているように、両者の内実は大きく異なる。(1) 外形的相似と内実的相違を併せ持つ典型例に、蔭位制が挙げられる。「蔭位」とは日本史学の用語で、中国史学では「任子」、「門蔭」、「資蔭」、「蔭補」などといった用語が用いられる。(2) 蔭とは、「樹成レ蔭而衆鳥息焉」(荀子・勧学篇)、「枝葉落則本根無レ所庇蔭」(文選・曹冏・六代論)のように、もともとかげ、木陰を指す語であるが、転じて人間による庇護の意に用いられる。「以二品之高卑一蔭二其親屬一、多者及二九族一、少者二三世一」(晋書・食貨志)とあるように、律令制下では、官位の高低によって、親族へ及ぶ「蔭」の範囲が決められていた。蔭には大別して、律蔭と令蔭とがある。刑の減・贖は律蔭で、労役・課税の免除、労働力の支給、(3) 蔭位などは令蔭である。従って、蔭位は諸蔭の中の一種にすぎず、父祖の官位の高低に応じて、一定の位階を与えられる特典、と定義できる。これまでの研究では、主に蔭位と族制、学制との関連性を中心に議論が展開されてきた。牧英正は唐制と比較して、日本の令制では、試験制よりも蔭位制に比重が置かれていたことが貴族的世襲的官制の起源となったと指摘しており、(4) 野村忠夫は牧の指摘を受けて、八世紀の官人の昇進コースを検討し、各階層の官人の昇進が異なり、基本的に同階層から継続的に官僚が再生産されるべく体系化され、そこに諸階層の基本的な枠づけの固定化が見られると指摘している。[5] それに対し、八世紀の貴族と九世紀の貴族の間に系譜的に断絶があることから、蔭位制は貴族制の維持に必ずしも十全に働くものではなく、むしろ有力貴族の地位をしだいに低下せしめる方向に働いたという見解や、[6] 日本の蔭位制は地位の継承の永続性を低くする方法へ改変されており、蔭位制の真の目的は嫡子制の確立にあり、旧来の族制的原理ではなく、新しい組織原理で支配機構を専有する人々を再生産するためのものであったという見解も出されてきた。[7] 一方、学制と五位以上の子孫の出身の関連についても多くの議論が行われてきたが、一般的に、五位以上の子孫の出身であった主要コースは舎人コースを経て蔭位によって位階を授けられるもので、大学寮は、蔭子孫にとっては儒学の教養を身につける以上の機能を果たすことはないと解されてきた。[8] 学問による出身と栄達の途が開かれていた古代中国に対し、古代日本では、科挙制の役割は限定的で、特権的な蔭位制が最も機能していた、という通説に異論をさしはさむものではないが、しかし、中国においても科挙制が行われる前には、世族・大族に有利な九品中正制が長く行われており、一概にはいえない。そもそも蔭位制は世襲的な側面と官僚的な側面を持ち合わせている。現役の官僚を対象としている点からいえば、むしろ反貴族的である。特に律令国家成立期に台頭してくる新興階級に利用された場合は、旧来の貴族勢力に不利な方向に働きやすい。他方、父祖と子孫という血縁関係を前提としているので、何世代にわたって政治的勢力が集積すれば世襲的な方向に傾きやすい。どの側面が強く出るかは、社会、時代の諸条件によって決まる。問題は日本の蔭位制がいかなる歴史的条件下でいかなる機能を持っていたかである。従来の議論では、族姓、族制、旧氏族、新氏族などの用語が明確な定義がないまま用いられていることが多い。新・旧氏族は時期の早晩の違いのほか、質的な差異は何か、また氏族から独立した「家」とは、どのような家族形態の「家」なのか、曖昧模糊としている。さらに蔭位制の真の目的は嫡子制の確立にあるとするならば、何故嫡子制が旧来の族制の原理ではなく、新しい組織原理になり得たのかについても、十分な説明はない(9)。序論にも述べたように、日本古代の氏族集団は父系原理の出自集団ではなく、父子兄弟による同居同産の「家」も存在しなかった。嫡子制は父系出自集団の継承法に欠かせないものであるが、資蔭制は本来ならば別の原理を持つものである。父系集団の不在、成人の父子兄弟による生活共同体の不在、これが唐制と決定的に異なるところである。この違いが蔭位制とどう関わってくるのか、検討する必要がある。本章は、父系制との関わりを念頭に置きながら古代日本の蔭位制の特徴を再検討しようとするものであるが、その前に日本の蔭位制の範となった唐の資蔭制について触れておきたい。

一　唐の資蔭制について

資蔭制は前漢時代の任子制に淵源を持つと言われている。任子制が何時始められたかは定かではないが、それが廃止される詔令は『漢書』哀帝紀にみえる。「任子令及び誹謗詆欺法を除く」というものである。應劭の注によれば、任子令とは、二千石以上の官で三年以上在職していれば、兄弟か子の一人が保任されて郎官になる(「吏二千石以上視事滿三年、得任同産若子一人為郎」)という特典である(10)。二千石というのは、中央では九卿、地方では郡太守の階層であり、いわゆる「大官」レベルの官僚である。前漢の郎官には議郎(六〇〇石)、中郎(六〇〇石)、侍郎(四〇〇石)、郎中(三〇〇石)などの種類がある。郎の主要な職務は、皇帝に提言する議郎を除いて、概ね宮門の警備、皇帝や太子の護衛、随行、使者及び身辺奉仕などである。郎官には定員数がなく、正式な官職ではない。しかし、皇帝に近仕するから能力のある者が認められ早く昇進することができるというメリットがある。当時は郎官は昇進の近道の一つと目されていた。『漢書』、『後漢書』には、「以父任～」「以兄任～」、「以宗家任～」などの表現が頻出し、任子の特典を利用して出身したということを言う。

①（劉徳・筆者注・以下同）以親親行謹厚封為陽城侯。子安民為郎中右曹、宗家以徳得官宿衛者二十餘人。……（劉徳子）向字子政、本名更生。年十二、以父徳任為輦郎。（漢書・巻三十六・楚元王傳）

②爰盎字絲。其父楚人也、故為群盜、徙安陵。高后時。盎為呂祿舍人。孝文即位、盎兄噲任盎為郎中。（漢書・巻四十九爰盎傳）

③蘇建、杜陵人也。以校尉從大將軍青擊匈奴、封平陵侯。…有三子…嘉為奉車都尉、賢為騎都尉、中子武最知名。武字子卿、少以父任、兄弟並為郎。（漢書・巻五十四蘇建傳）

①は『列女伝』など多数の著作で知られる劉向の父・劉徳の伝である。劉徳は皇族で陽城侯の位を賜り、その子劉安民、劉向は父の任子で郎になり、二十何人の族人も劉徳の関係で宿衛になった。②の爰盎は漢文帝・景帝の二代に仕えた人物である。呂后の時代には呂禄の舍人であったが、文帝の時に兄爰噲の任子により郎中になった。「以兄任」の例である。③の蘇建は衛青に従って出征し功労を立てて平陵侯となった武将である。その子である蘇嘉・蘇賢・蘇武の三人が「並為郎」とあるから、三人とも父の任子により郎官となったことが分かる。任子の享受範囲が兄弟か子である。父系直系に限定しないことから、当初からこの制度は父系継承のために設けられたものではないことが分かる。一度に複数の子が任子になれたかどうかは定かでないが、任子の範囲と人数の限定はさほど厳しく守られていなかったことがこれらの例から窺える。父祖の特権の恩恵が子孫に及ぶ、という点では特権的であるが、家格や家門の伝統を問わず、現役の官人で一定の条件をクリアすれば誰でも利用できる。漢武帝の時代、儒学が重要視され儒学や

律令に精通した学者が多く起用されたが、学識や才能によって高い政治地位を獲得できたこれら新興階層の次世代が任子制を利用し始めることになる。

④（張湯子）安世字子孺、少以父任為郎。…上奇其材、擢為尚書令、遷光祿大夫。…中略安世子千秋、延壽、彭祖、皆中郎將侍中。（漢書・巻五十九・張湯傳）

⑤蕭望之字長倩、東海蘭陵人也。徙杜陵。家世以田為業、至望之、好學、治齊詩…望之八子、至大官者育、咸、由。育字次君、少以父任為太子庶子。（漢書・巻七十八・蕭望之傳）

④は武帝の時に小吏から大臣に上った張湯の伝記にある記述である。張湯の息子も孫達も任子により出身したことを右の記述によって確認できる。⑤の蕭望之は漢宣帝の時代に生きた学者官僚である。代々農業を営む家の者だが、学問を以て宣帝の信任を得た人物である。その息子蕭育も任子を利用している。ここで留意しておきたいのは、張湯子張安世が尚書令に抜擢され、光禄大夫となったのは、その才能が認められたからである。張湯の孫達が中郎を統率する中郎将となれたのも、蕭望之の子である蕭育、蕭咸、蕭由が栄達を遂げたのも、家業としての学問の力を発揮できたからである。彼らは皇帝に近侍することを通じて、地方の選挙による孝廉郎とともに、漢代の文教政策の策定及び実施において重要な役割を果たした[11]。これら学者官僚の子弟にとって、任子の特典の利用は、仕途に入る際の一手段にすぎない。しかし、任子制は畢竟父祖の地位を利用して出身する方法なので、一般的に察挙制による孝廉郎より一段低く位置づけられていたのもやむをえない[12]。伝統の有無を問わないことでは学者官僚を含めた新興高官層に歓迎されたが、才覚の有無を問わない点ではまた学者官僚に軽蔑され、批判される的となった。

⑥夫長吏多出於郎中、中郎、吏二千石子弟選郎吏、又以富訾、未必賢也。（漢書・巻五十六・董仲舒傳）

⑦（王）吉上疏言得失、曰、「今使俗吏得任子弟、率多驕驁、不通古今、至於積功治人、亡益於民、此伐檀所為作也。宜明選求賢、除任子之令。（漢書・巻七十二・王吉傳）

⑥は武帝期の学者董仲舒の対策文にある言葉である。俊才を求めるためには、太学を興すべきと力説した董仲舒が任子の問題にも言及している。そもそも長吏（六〇〇石以上、県令クラスの官僚）の多くが郎中、中郎から選ばれるが、その郎中や中郎の多くが二千石以上の官人の子弟が任子で成った者か或いは財力で成った者だから、必ずしも有能な者とは限らない、と任子制を批判している。⑦は宣帝期の学者王吉の上疏文である。任子の特典を利用する者の跋扈と無知をあげて、任子令の廃止を求めている。先述したように、哀帝の時代にようやく任子制の廃止となったが、その理由はほかならぬ「不以徳選」であった。しかし、実際文献の記録を見る限り、任子が後漢においても続けられ、哀帝の任子廃止令は空文であったことが分かる。ただ、後漢の後期の任子例を見ると、皇帝による詔賜や外戚、宦官の利用が目立つ。これは当該期の外戚、宦官の政治勢力の拡大が背景にあったためと思われるが、察挙制の変質とも関連していると思われる。後漢の章帝（七五〜八八）の時の学者韋彪が当時の人材の選抜について「士宜以才行為先、不可純閥閲」と提言している。この提言から、この時期に地方の察挙で閥閲が重要視されていたことを知ることができる。後の「九品中正制」の淵源ともいうべき門地・家柄による官人選抜は後漢の前期にすでに現れていたのである。[13]貢挙制によって官途に入り、高い地位を獲得した学者官僚達は、察挙、任子、そして家業の学問によって何世代もの努力によって徐々に勢力拡大してきた。このような一族の力を結集した士族には、任子制はもはや時代遅れなものになってしまっていたのであろう。魏晋南北朝の時期は九品中正制の全盛期であったせいか、任子に関する記載はあまり見られない。宮崎市定によれば、任子の特典は魏晋以降も九品官人法に温存されていた[14]という。

⑧（豫章文献王蕭嶷の）第三子子操、泉陵侯。王侯出身官無定、准素姓三公長子一人爲員外郎。建武中、子操解褐爲給事中、自此斉末皆以爲例[15]

⑧は『南斉書』にある、文献王蕭嶷の第三子蕭子操に関する記述である。漢代以来の「以～任」という記述がないものの、三公の長子が一人員外郎になる特典であるため、明らかに任子の延長線上にある出身法である。皇族は三公子に準じて員外郎に任じられるというところから、範囲と人数は狭く限定されていたことが分かる。

⑨子顕字景陽、子恪第八弟也。幼聡慧、文献王異之、愛過諸子。七歳、封寧都県侯。永元末、以王子例拜給事中[16]

⑨は『梁書』にある、蕭嶷の第八子である蕭子顕に関する記録である。蕭子顕も王子ということで、給事中となっている。さらに『隋書』に次のような記述がみえる。

⑩陳承梁、皆循其制官、…其親王起家則為侍中。若加將軍、方得有佐史、無將軍則無府。止有国官。皇太子冢嫡者、起家封王、依諸王起家。余子並封公、起家中書郎。諸王子並諸侯世子、起家給事。三公子起家員外散騎侍郎、令僕子起家祕書郎。若員滿、亦爲板法曹、雖高半階、望終祕書郎下。次令僕子起家著作佐郎、亦爲板行參軍[17]

皇帝の子である親王から、皇太子嫡子、余子、王子、三公子、令僕子、次令僕子まで七等級が設けられ、その出身の特典が定められている。この三つの史料から、魏晋南北朝に行われていた任子制の脈絡を大体把握することができる。即ち、両晋から齊末までの間では、任子の特典の範囲は主に王侯、三公（長）子であったが、梁、陳の時代になると、王侯と三公子に令僕子、次令僕子が加えられた。父の階級に応じた叙任は七段階にも分けられ、しかも「～子」という父子直系的関係に限定された。これは恐らくこの時期の九品中正制の「郷品」の評定法の影響によるものであろう。宮崎の研究によれば、魏の九品中正制では、叙位される者の「郷品」とその父の「官品」には一定の対応関係があり、

一、二品の高官の子は概ね五品に叙せられている、という。(18) 漢から唐以前の任子制の流れを概観していえることは、二千石以上の官僚層の特典として用いられた任子制は、選挙制の進展と変質によって次第に適用範囲が縮小され、等級化し、さらに皇族の任官法と結合され、狭い父子直系に限定された特典になったということである。この任子制の適用範囲の縮小は、後漢から形成され、六朝時代で最盛期を迎えた大族化、またその大族化に合った出身法の九品中正制の隆盛と照応したものと理解されるべきである。九品中正制は真の意義で言う実力主義とはほど遠いものであったが、地方の俊才を選抜するのが当初の目的であり、建前であった。しかし、地方選抜制が一旦地方の大族に占拠されたなら、「上品無寒門、下品無世族」というような門地主義になってしまうのも時間の問題である。任子制と九品中正制の違いは、現役官僚の父祖個人の官位に基準を置くのか、父祖の官位を見ながらも一門の格、伝統に基準を置くのかにあった。従来の研究では、この違いが大抵見過ごされてきたが、官人制の親族制とのかかわりを考える上では重要な視点である。先述したように、任子の範囲は「子弟」である。もともと父子直系的に設けられておらず、適用範囲は小さく制限されていた。この限定的範囲では、もはや大族化した士族の要望には応えられなくなった。魏晋南北朝を一括して論ずることはできないが、大まかな言い方が許されるなら、細い父子間のつながりにとどまらず、一族、一門のつながりで勝負する時代であったとも言えよう。いわゆる世族、大族の形成とは、任子制、選挙制、家業などの複線的方法を通じて、何世代もの努力によって実現されるものである。この時代には、「名門」「望族」「甲族」、「単族」、「寒門」などといった一門、一族の格を表す表現や、一族から三公が何人出たのか、大官に至った者は何人かといった記述が多く用いられていた。九品中正制の門地主義はこのような大族化の時代と照応していた。隋、唐の科挙制は、このような九品中正制の弊害を是正するために打ち出された方策で、唐の資蔭の規定も同じ意図のもとで考案されたものと考えられる。

凡叙階之法、有以封爵…有以親戚…有以勲庸…有以資蔭謂一品子、正七品上叙、至従三品子、遞降一等。四品、五品有正、従之差、亦遞降一等。従五品子、従八品下叙。国公子、亦従八品下。三品以上蔭曾孫、五品已上蔭孫。孫降子一等、曾孫降孫一等。贈官降正官一等、散官同職事。若三品帯勲官者、即以勲官品同職事蔭。四品降一等、五品降二等。郡、県公子、准従五品孫、県男已上子、降一等。勲官二品子、又降一等。二王後子孫、准正三品蔭。（唐六典・尚書吏部）

唐の資蔭の基準として、一品〜五品正従の官位の差、子と孫の世代差、贈官・散官と正官・職事の差がそれぞれ設けられている。官位に応じた蔭の等級がより綿密に決められたこと、兄弟間の資蔭が除外され、父子孫曽孫の直系的資蔭範囲になったことなどの特徴がまず確認できる。この資蔭制の父系直系的性格は古代日本の官位制度を考える上で重要な視点となろう。

二　日本の蔭位制について

唐の資蔭の範囲が父子孫という父系直系に限定されていた理由は、恐らく貴族、豪族の勢力の拡大を抑える狙いがあったためと思われるが、それが図らずも父子の継承ラインの樹立を目指そうとした日本古代の律令国家の意図に合致した。しかも日本の蔭位制は最初から嫡庶子制と結合することにより、一種の継承法と見なされるようになった(19)。養老令選叙令の五位以上子条に次のようにある。

凡五位以上子出身者。一位嫡子従五位下、庶子正六位上。二位嫡子正六位下。庶子及三位嫡子従六位上。庶子従六位下。正四位嫡子正七位下。庶子及従四位嫡子従七位上。庶子従七位下。正五位嫡子正八位下。庶子及従五位嫡子従八位上。庶子従八位下。三位以上蔭及レ孫。降二子一等一。外位蔭准二内位一。其五位以上。帯二勲位高一者。即依二当勲階一。同二官位蔭一。四位降二一等一。五位降二二等一。

唐の資蔭と日本の蔭位を比較した牧英正は、両者の違いを、①日本令は唐令より蔭位の範囲が一代縮小した、②唐令は嫡子孫のみであるが、日本令では嫡庶の別を設けて、諸子に蔭を受けさせる、③唐令では蔭叙は二十五歳から、日本令では二十一歳からになっている[20]、④唐の秀才以下の第階がほぼ同等に継受されたのに、唐の蔭階に比べて日本では上位者の蔭階が著しく高い、と指摘した[21]。牧の指摘を纏めると、①世代の短縮、②嫡庶制との結合、③叙位年齢の降下、④叙位位階の上昇、の四つになる。①で指摘した世代の短縮について、牧は、日本の律令は一般的に唐の律令による規模を縮小しているものであったと解しており、それ以上言及していない。それに対し、日本では祖父の蔭の条件が高くなっており、蔭位制を利用するために、早い昇進、スピード出世が必要であるという見解も出された[22]が、果たしてそれは制定者の意図であろうか。世代の短縮は五位以上子条のみならず、五等親条や服紀条にも見られる[23]。これは恐らく日本律令内部における親族範囲の設定に連動した問題であろう。五位以上子条は最初から父子関係を想定して作られた可能性が高い。唐制に牽制されて孫を蔭位の範囲内に入れたが、平安時代に見られる、孫や兄弟をわざわざ養子にして親子関係に擬制することから見ても[24]、蔭位制の真の狙いは父―子間の継承ラインの樹立にある。②の嫡子庶子に関する指摘は、本編第一章に述べたように、牧の認識は誤りである。嫡庶制は主に世襲的継承に機能するもので、父系出自集団の宗族内の祭祀継承や世襲的地位の継承の襲爵に用いられるが、資蔭制はその範囲内ではない。唐令では蔭を享受できるのは子、孫、曽孫としており、嫡庶の制限は書かれていない[25]。実例を見ても嫡庶を問わず子孫が利用できた。典型的な一例を挙げておこう。

図1

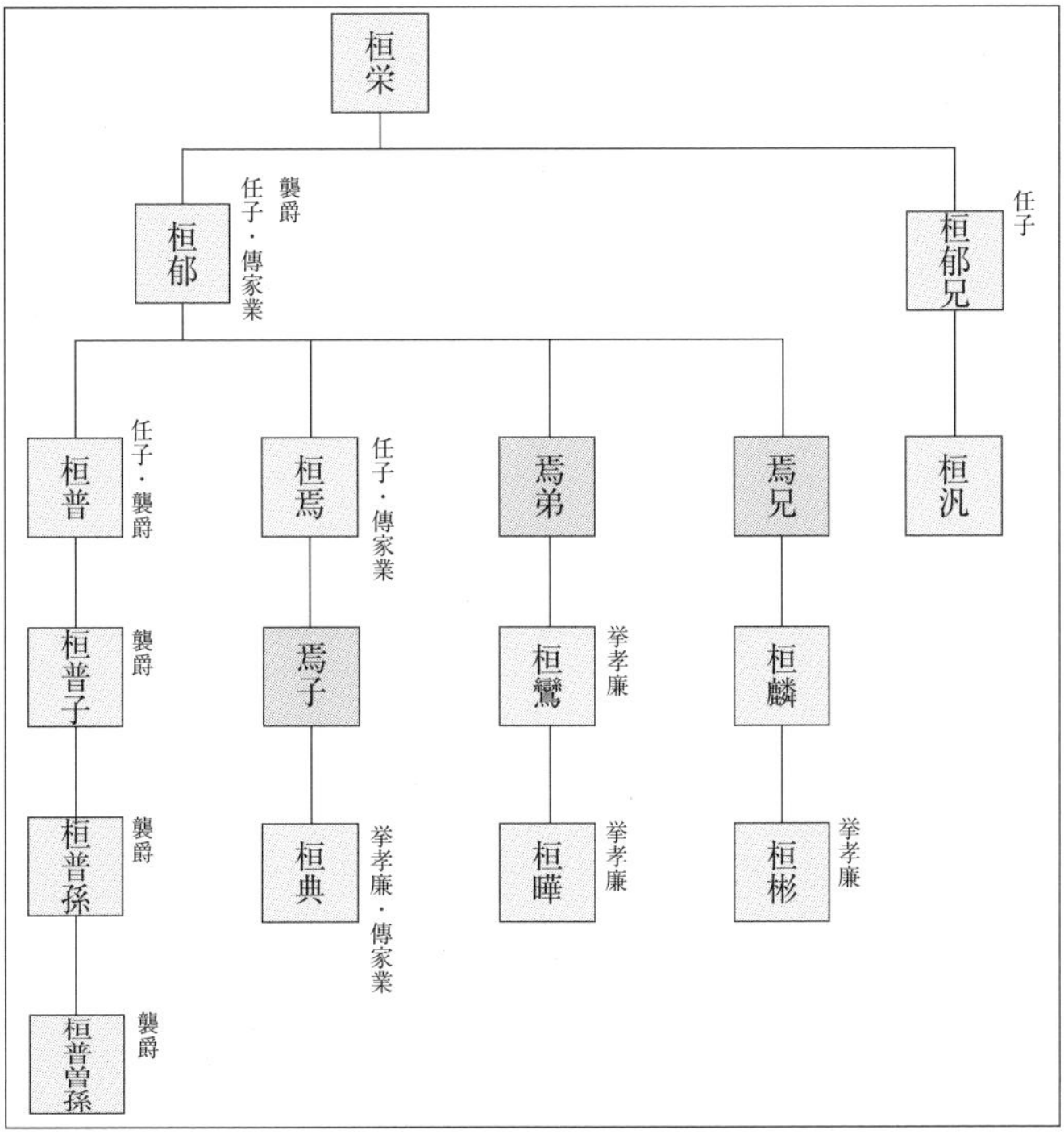

図1は、桓栄という人物の子孫の爵号継承と任子特典を受ける状況を示したものである。後漢の明帝（顕宗）の師である桓栄は、関内侯、食邑五千戸という厚遇を受けた人物である。桓栄には六人の息子がいるが、図1に示したのは『後漢書』桓栄傳にあった子孫である。桓栄が死去した後、その爵位は息子の桓郁が継ぐこととなるが、桓郁は長子ではない。長子が早世したのである。桓郁は父の爵位を兄の子桓汎が継ぐべきだと上書したが、明帝はそれを聴きいれなかった。やむをえなく桓郁が襲爵することとなった。この人物は父親の爵位を継ぐ前に、兄とともに任子の特典を受けて郎になっていた。爵位継承の前提は嫡子であることであるが、任子は嫡庶を問わない。任子の条件として、父祖が一定の高さの官位に達し、一定の在職年数を満たしたことが求められるが、複数でも受けら

れるものである。桓栄の息子二人が受けており、桓郁の息子桓普と桓焉も受けている。ただ梁、陳の時代には皇族（親王、皇太子嫡子、諸王）に関する出身の特典に嫡庶子の区別がつけられていたことに留意しておきたい。封爵の主要な対象である皇族の場合、「封〜、起家〜」のように封爵と任官の両方を受けられるので、封爵制に引きずられて、嫡庶の別が立てられたのではないかと考えられる。古代日本の蔭位制は、梁、陳の皇族の出身法に近いが、目的は異なる。日本の蔭位制における嫡子制の意味については、本編第一章で述べたように、律令国家が構想していた父系樹立の目標と密接にかかわるもので、父子の繋がりを強調できる条文には悉く嫡庶制が組み込まれており、父子関係を前提とした蔭位制の場合はなおさらであった。ただ、律令制導入の初期の段階では、嫡子制が実質的な意味を持っていたとは考えにくい。平安時代の兄弟間の昇進を見ても、事後的に最も高い官位に上がった者が嫡流と見なされていたので、嫡子の実質的な役割は未だ確立していなかったと思われる。実質的には機能していないものの、嫡庶の別が立てられたところに父系的観念を定着させる意義がある。むしろ一等級の差があるものの、嫡子も庶子も父祖の蔭を受けられることがそれぞれの階層から継続的に再生産されていくのに大きく寄与したと思われる。中国では、任子（資蔭）制は、察挙制と並行して行われていても、主流をなすのは任子ではなく察挙制である。最も門地主義の色合いの濃い九品中正制においてさえ才覚による人物推薦が建前として掲げられていた。任子は官僚特典の一つにすぎず、あくまで副次的出身法であった。察挙や科挙が各階層間の流動を促す制度であったことはいうまでもない。一方、古代日本において、蔭位制は主要な登用法として用いられた。蔭位制が主役となった歴史的背景には、支配層が世襲的であり、科挙制のような実力主義にはなじまなかったことが挙げられるが、律令国家の基礎にあたる「家」――父子孫の継承ラインで貫かれた「家」の創設が急務として進められたこともあったのではないか。唐の律令制は父系社会を前提に作られたもので、家と言えば夫方居住・父系親同居家族を基本とし、父祖から子孫へと父系的に受け継がれていくものであった。一方、双系社会の古代日本では、成人の父子兄弟が別居するという居住慣行が行われており、唐制で言うような父系的に継承される家—居住を共にする集合体—は存在しなかった。中国の父系制に代わるような父子の継承ラインの創設は律令国家の重要な課題の一つであった。自社会の原生的父系制ではなく、外来の父系制を導入する場合は、律令国家が制度的に推進できる蔭位制が最も有効である。というのはこの制度には父祖と子孫の血縁関係を前提としており、父系的継承ラインを樹立するのに適しているからである。それもなぜ日本の蔭位制に嫡庶制が盛り込まれたかの本当の理由であろう。父祖の「蔭」=官位の高低によって、子孫が出身上の優位を受ける、という点では唐制と同じであるが、承蔭=承家とされている点は日本の蔭位制の特徴である。いうまでもなく「蔭」を媒介とした父子間の継承はあくまで間接的なものである。蔭位制そのものでは父子間の直接継承を作ることはできない。「蔭」の継承から「職」の継承に移行するには幾つかの経路が必要である。

三　昇進コースの固定と官職の独占

律令官人体系の内部では、三位以上は「貴」、五位以上の者は「通貴」と階級的に分けられる。蔭位の適用範囲、蔭階など具体的な内容を規定する五位以上子条は、通貴以上の官僚層を対象とした条文である。蔭位を享受できる者は「蔭子孫」といい、それ以外の「位子」、「白丁」と区別された[28]。このような区別は初叙の時のみならず、その後の昇進のコースと昇進速度にも現れることがしばしば指摘されている。八世紀の官人制を考察した土田直鎮は、官人の出身とその昇進コースは、蔭子孫出身と位子・白丁出身の間に明確な差異が見られる、と指摘した。つまり、蔭子孫なら、内舎人（または諸舎人）を経て判官級に到達できるが、位子・白丁の場合は、諸舎人、史生級を経て主典級に止まってしまうのである。[29] 同時代の官人の昇進の速度を考察した野村忠夫は、律令官人制が導入された後においても、族姓的要素が濃厚に残っており、官人諸階層の基本コースが形成され、各階層から継続的に再生産される体系がすでに固定化しはじめ、藤原氏と他氏の差異が見られたと指摘した。[30] また加納宏志は九世紀では官職が特定の貴族の家筋に固定化しつつあったと指摘した。[31] 試みに、十世紀初頭の昌泰三年（九〇〇）と十一世紀初頭の長保三年（一〇〇一）の公卿補任の記録を〈1〉と〈2〉に示した。[32]

〈1〉と〈2〉の公卿補任の記録からも、このような各階層のコース化は、十世紀、十一世紀を通して一層本格化したことが明白に看取される。〈1〉の昌泰三年は、醍醐天皇の治世で、寛平九年（八九七）醍醐天皇が即位してから三年目にあたる。関白太政大臣藤原基経の長男、藤原時平が公卿の首席の左大臣の座を占めており、その弟忠平も従四位下参議になっていた。この時期の公卿の座は菅原道真を除いて殆ど藤氏、源氏に独占されていた。藤原氏には、醍醐天皇の外祖父の藤原高藤が内大臣、その息子の藤原定国は従三位・中納言になっており、藤原基経の同母弟の藤原清経は忠平の譲りを受けてこの年三位になった。源氏も公卿の座を多数占めている。源光は仁明天皇の子で、宇多、醍醐両帝に重用されて、道真失脚後に右大臣、さらに時平の死後に左大臣まで上った人物である。源希は大納言源弘の子で、源湛、源昇は左大臣源融の子である。源貞恒は光孝天皇の皇子で、宇多院別当をも勤めた。在原友于は中納言在原行平子、宇多天皇に信頼されていた。このように十世紀初頭のこの時期の公卿の座はほぼ藤原氏、源氏の両氏によって占められ、醍醐天皇や宇多天皇の外戚や個人的に信頼関係にあった者が主だったことを確認できる。従三位参議の菅原是善を父に持つ菅原道真のような学者官僚がまだ重用されていたことは、まだこの時代は完全に藤原一色

〈1〉十世紀初頭の昌泰三年（九〇〇）の公卿補任

〈人物〉	〈官職・官位〉		〈極官〉	〈父の官職・官位〉
藤時平	左大臣	正三位	左大臣正二位・贈正一位太政大臣	関白太政大臣従一位基経
菅道真	右大臣	正三位	右大臣従二位・贈太政大臣	参議従三位是善
藤高藤	内大臣	正三位	内大臣正三位	内舎人正六位上良門
源光	大納言	従三位	右大臣正二位贈正一位	仁明天皇
藤国経	中納言	従三位	大納言正三位	権中納言従二位長良
源希	中納言	従三位	中納言従三位	大納言正三位弘
藤定国	中納言	従三位	大納言従三位	内大臣正三位高藤
同有実	参議	従三位	参議正三位	中宮大夫従四位下良仁

〈人物〉	〈官職・官位〉		〈極官〉	〈父の官職・官位〉
源貞恒	参議	正四位下	大納言正三位	光孝天皇
十世王	参議	正四位下	参議従三位	二品仲野親王
藤有穂	参議	正四位下	中納言従三位	備前守従五位上直道
源湛	参議	従四位上	大納言従三位	左大臣従一位融
同昇	参議	従四位上	大納言正三位	左大臣従一位融
在原友于	参議	従四位上	参議正四位下	中納言正三位行平
藤忠平	参議	従四位下	関白太政大臣従一位	関白太政大臣従一位基経
同清経	参議	従四位上	参議従三位	権中納言従二位長良
藤忠平	前参議	従四位下		

〈2〉長保三年（一〇〇一）の公卿補任

〈人物〉	〈官職・官位〉		〈極官〉	〈父の官職・官位〉
藤道長	左大臣	正二位	太政大臣従一位	関白従一位兼家
同顕光	右大臣	正二位	左大臣従一位	関白太政大臣従一位兼通
同公季	内大臣	従二位	太政大臣従一位	右大臣正二位師輔
源時中	大納言	従二位	大納言従二位	左大臣従一位雅信
藤道綱	大納言	従二位	大納言正二位	関白従一位兼家
同懐忠	大納言	正三位	大納言従二位	大納言正三位元方
同実資	権大納言	従二位	右大臣従一位	参議従三位斉敏 養父摂政太政大臣従一位実頼
平惟仲	中納言	正三位	中納言従二位	従四位上珍材
藤時光	中納言	従三位	中納言従二位	関白太政大臣従一位兼通
同公任	中納言	従三位	権大納言正二位	関白太政大臣従一位頼忠
同斉信	権中納言	従三位	大納言正二位	太政大臣従一位為光
同懐平	参議	従三位	権中納言正二位	参議従三位斉敏

〈人物〉	〈官職・官位〉		〈極官〉	〈父の官職・官位〉
菅輔正	参議	従三位	参議正三位	勘解由長官従四位上在躬
藤誠信	参議	従三位	参議正三位	太政大臣従一位為光
同忠輔	参議	正四位下	権中納言正三位	治部卿正四位下国光
源俊賢	参議	正四位下	権大納言正二位	左大臣正二位高明
藤行成	参議	正四位下	権大納言正二位	右少将正五位下義孝 養父摂政太政大臣正二位伊尹
同有国	参議	正三位	参議従二位	豊前守正五位下輔道
源時中	前大納言	従二位	大納言従二位	左大臣従一位雅信
藤隆家	前中納言	従三位	中納言正二位	関白正二位道隆
同高遠	非参議	従三位	非参議正三位	参議従三位斉敏
源憲定	非参議	従三位	非参議従三位	一品式部卿為平親王
平親信	非参議	従三位	参議従二位	伊勢守従四位下真材

になっていないことを示している。ただ道真の場合は、摂関家と同様に宇多天皇の後宮に女子を送り、宇多天皇と一種のミウチ関係を作っていたこともこの際留意したい。道真の右大臣抜擢の背後に宇多天皇の意思が大きく働いたとみてよかろう。それにしても、昌泰四年（九〇一）一月に起こった「昌泰の変」によって菅原道真が左遷されたことは、彼は本来大臣に就く家柄ではないという認識が高層貴族の中に根強くあったことを端的に物語っていると思われる。その後、延喜九年（九〇九）時平の死去によって、忠平が氏長となった。彼は従四位上参議から従三位権中納言、翌年の延喜十年に（九一〇）従三位中納言、延喜十一年（九一一）には上位である源湛、源昇を超えて従三位大納言へと昇進した。この異常な昇進を遂げられたのには、同母妹の藤原穏子の存在が大きいと思われる。穏子は昌泰四年（九〇一）兄時平を後ろ盾に入内した。延喜三年（九〇三）に生まれた皇子も翌年の延喜四年（九〇四）に立太子し、東宮となった。時平の死後、忠平が穏子の同母兄として東宮の後見を務めなければならない。そのためには高い地位に達する必要性がある。忠平の昇進は、明らかに母方の後見という私的な論理によるものである。それが当時の上層貴族社会で容認されていたことから、摂関家としての別格のコースがすでに承認済みであり、基経―時平・忠平の間に継承のラインがほぼ確実になったとみられる。〈2〉の長保三年は一條天皇の治世で藤原道長執権期にあたる。長徳元年（九九五）道長の兄道隆が死去し、長徳二年（九九六）の長徳の変によって道隆子伊周は太宰権帥に、隆家は流された。長保二年（一〇〇〇）に、藤原彰子が中宮に立てられ、先に中宮に立てられた道隆女藤原定子が皇后になるなどのことで定子が窮地に追いやられたことは想像に難くない。同年定子が皇女媄子を出産した直後に亡くなり、中関白家が没落した。長保三年の上層公卿の面々を見ると、藤原氏が圧倒的に多く、源氏が減少し、しかも大臣クラス以下になったのに気づく。大納言源時中は道長の妻源倫子の異母兄弟で、この時期藤原彰子の中宮大夫を務めていた。

源俊賢は道長のもう一人の妻源明子の弟で、両者とも道長との私的関係が大きいと考えられる。また公卿の多くが大臣クラスの子である点も特徴で、昇進コースがほぼ固定して、「同じ階級からの再生産」が表面化したことを確認できる。階層的に昇進が固定してくると、父子間の官位・官職の間隔が短くなり、直接継承が容易になるのであるが、父子間の間隔を縮める一つの方法は息子の昇進を早くすることである。特に摂関家の子弟の昇進は早い。そもそも摂関政治は天皇の外戚である母方外祖父・叔父が天皇の政治を輔佐するという政治形態である。父子間で摂関職を保持していくためには、皇室に女子を送り、常に皇室のミウチの関係を保持しておかなければならなかった。皇室とミウチ関係にある摂関家の子弟は皇室関係の行事に多く参会することで昇進の機会に恵まれており、その昇進も早い。彼らの叙爵の到達年齢を見ると、十世紀後半まではさほど選叙令の五位以上子条の基準から離れていなかったが、十一世紀になると、摂関家の子息という理由で加階が高くなり、年齢もさらに若年化した。藤原頼通は十三歳で正五下(一〇〇三)、教通は十二歳で正五下(一〇〇六)が叙され、頼通子通房は十一歳で正五下(一〇三五)、同じく頼通子師実は十二歳で正五下(一〇五三)、師実子師通は十二歳で従五上(一〇七二)、師通子忠実は祖父師実摂政大臣従一位の養子として十一歳で正五下(一〇八八)、忠実子忠通は十一歳で正五下(一一〇七)、頼長は十一歳で正五下(一一三〇)、兼長は十一歳で従五上(一一四八)、基実は九歳で正五下(一一五〇)、兼実は八歳で正五下(一一五八)というふうに次第に年齢が下がっていく。また彼らの三位に到達した年齢を見ると、藤原頼通、教通、通房は十五歳、師実、師通、忠実、忠通、基房、兼房は十四歳、頼長、兼長、兼実は十二歳、基実は十歳となっている。子の昇進が早くなることは結果的に父子の官職の間隔の縮小につながり、職を軸とした父子間の継承を容易にしたと考えられる。

四　官位・官職の譲与

加階の譲与とは、もともと昇級のできる者がその位階を他の人に譲ることである。『続日本紀』延暦四年（七八五）十二月十日条に、近江国の人で、従七位下勝首益麻呂が自分に授けられるべき外従五位下の官位をその父親真公に譲ることを願い、勅許を得たという記録があり、また『続日本後紀』嘉祥元年（八四八）十月一日条に、讃岐国三野郡の従四位上の丸部明麻呂が三野郡の大領に任ぜられるが、その官職を父に譲り孝行を努めたことにより、三階の昇進を与えられ、終身田租が免じられる、という勅命を受けた、とある。『三代実録』巻十三にある夏井傳に、夏井が仁寿四年（八五四）に、兼任の美濃少掾を異母兄大枝に譲ったという話もある。天暦六年（九五二）四月廿七日に出された暦博士賀茂保憲の父への位階譲与の申請文[33]（大江朝綱の作）には、「方今聖上已以レ孝治二天下一、臣下何忘レ孝留二心中一」と自らの行為を親孝行の行動と説明している。このような譲与が十世紀に入っても見られる。正暦四年（九九三）十一月十二日に従三位参議右大弁平惟仲が子平道行の、槽を造る功による加階の譲りを受けた。長和四年（一〇一五）十月二十二日に従二位権中納言右衛門督藤原懐平が次男左中弁経通の造宮行事の賞の譲りを受けて正二位に昇進した。このような父親への位階譲与の延長線上に、昌泰三年（九〇〇）に藤原忠平が叔父藤原清経に参議を譲ったことも挙げられる[34]。概していえば例が僅少で、孝行友悌の行為と見なされていた。一方、中国の文献を見ると、官職そのものの譲与は僅少で[35]、最も多いのが兄弟間の讓爵である。特に北朝にはこのような讓爵の記録が多く見られる。

①（李寶）有六子：承、茂、輔、佐、公業、沖。…承、字伯業、少有策略。…世祖深相器異、禮遇甚優、賜爵姑臧侯。後遭父憂、居喪以孝聞。承應傳先封、以自有爵、乃讓弟茂、時論多之。（魏書・巻三十九・李寶傳）

②（盧玄孫）道將、字祖業、應襲父爵、而讓其第八弟道舒。有司奏聞、詔曰：「長嫡承重、禮之大經、何得輒授也。」而道將引清河王國常侍韓子熙讓弟仲穆魯陽男之例、尚書李平重申奏、詔乃聽許。（魏書・巻四十七・盧玄傳）

③（韓麒麟孫）子熙別蒙賜爵、乃以其先爵讓弟仲穆。兄弟友愛如此（魏書・巻六十・韓麒麟傳）

④（陸俟孫）定國以承父爵、辞、不許。又以父爵讓弟叡、乃聽之。（北史・巻二十八・陸俟傳）

⑤（劉德威）丁父憂去職。及葬、跣足隨車、流血灑地、行路稱之。服闋當襲爵、累表讓弟、朝議不許。（旧唐書・巻七十七・劉德威傳）

中国の文献に見られる譲与は爵号が主流であるのに対し、日本では位階の譲与が多い。中国では兄から弟への譲与が多いのに対して、日本では父から子への譲与が多い。特に十世紀後半になると、父から息子への位階譲与の例が増えてくるのは見逃せない。天延四年（九七六）二月一日に出された藤原明子の譲爵の申請文（源順作）に、「訪二故実一或官或爵父子遞相讓之例。古今不レ可二勝数一」とあることから、父から子への位階譲与はすでに一つの慣例になっていたことが分かる。大江匡衡の「再除二吏部員外侍郎一懐レ舊有レ感」に次のように書いている。

忝傳二祖父貽孫跡一、為レ子辞レ官任二本官一。天暦余風今在レ此。少年莫レ咲雪窓寒。祖父納言為二天暦侍読一之時、辞所帯式部大輔、以二男蔵人斉光一任二式部丞一、斉光叙二栄爵一之後、納言還二任式部大輔一、江家再有二此例一、故云。（『江吏部集』）

『公卿補任』によると、大江維時が天徳二年（九五八）に式部大輔を辞して、息子斉光の式部丞に就任させたとあるが、応和三年（九六三）死去するまで式部大輔に再任した形跡はないので、「納言還任式部大輔」というのは定かではないが、大江匡衡も祖父と同じように一度息子のために式部大輔を辞してまた再任したので、「江家再有此例」と感激したのであろう。このような一職を辞することを交換条件に息子の官職の昇進を図ることが『公卿補任』、『小右記』[36]や

『権記』(37)など当該期の記録に多く書き残されている。

①大納言従二位藤為光四十　按察使。二月廿三日正二位。［臨時］十月四日可叙従一位。而譲男従五位上誠信叙正五位下（補任・天元四年（九八一））

②参議正四位下藤佐理三十八　讃岐守。十月四日可叙従三位。而譲男頼房叙従五位下。（補任・天元四年（九八一））

③左大臣正二位源雅信六十五　東宮傅。八月廿七止傅。今日立太子兼之。十月十日可叙従一位。而譲男従四位上時中叙正四位下。（補任・永観二年（九八四））

④大納言正二位藤為光四十三　八月十八日兼春宮権大夫。同月廿七日止権大夫。［受禅］…可従一位。而譲男従五位下斉信叙従五上。（補任・永観二年（九八四））

可従一位。而譲男従五位下斉信叙従五位上。（補任・永観二年（九八四））

⑤権大納言従二位藤朝光三十四　左近大將。春宮大夫。正月七日叙正二位。八月廿七日止大夫。十月十日可叙従一位。而十四日譲男登朝叙従五位下。（補任・永観二年（九八四））(38)

⑥権大納言正二位藤道隆三十五　皇大后宮大夫。十月十四日叙従一位。而譲男伊周叙正五位下。（補任・永延元年（九八七））

⑦権大納言正二位同道隆三十六　皇大后宮大夫。三月四日可叙従一位。而譲男伊周叙従四位下。（補任・永延二年（九八八））

⑧卅日、壬申、参内、除目議如昨日、左右大臣被参、有造門行事及国々賞、大納言重信卿賞譲子息右少将宣方（小右記・正暦元年（九九〇）八月卅日条）

⑨右衛門督叙正二位、（左中弁経通譲、経通者造宮行事）、実経叙従四位上、（父中納言行成譲書額功）（小右記・長和四年（一〇一五）十月二十二日）

①〜⑦は『公卿補任』の記録で、⑧、⑨は『小右記』の記録であり、殆ど十世紀の後半の記録である。先述した藤原明子中文に言う「古今不可勝數」を裏付けるものである。①の藤原為光が息子誠信に位階を譲与した例であるが、為光が誠信の昇進にかなり苦心しているようで、永延二年（九八八）誠信が参議になったのも為光の奔走によるものであると『小右記』の記主が書いている。[39]②は能書家の藤原佐理が息子に加階を譲った例で、③〜⑤にみえる源雅信、藤原為光、藤原朝光の三人は同じく永観二年十月十日花山天皇即位の日に行われた叙位である。三人とも従一位を叙されるのを息子に譲っている。[40]⑥、⑦は藤原道隆が二回に亘って息子伊周に官位を譲った記録である。永延元年といえば、前の年の寛和二年に一条天皇が即位し、その外祖父として藤原兼家が摂政となった年である。永延元年に兼家は従一位となり、その息子権大納言道隆は正三位から正二位という異例の昇進を果たし、さらに従一位に叙されることになったが、それを息子伊周に譲ったのである。兼家—道隆—伊周の官位差は「正一位—正二位—正五位」となっており、父兼家と息子道隆の差は小さく、すぐ摂政職を継承できるような態勢になっている。⑧、⑨は古記録に見られる記述で、⑧は大納言源重信が自分に与えられた賞としての加階を息子宣方に譲った、とある。重信の息子には、致方・道方・宣方・相方らがいるが、宣方は重信と源高明女の間に生まれた息子である。⑨の藤原実経は藤原行成の男で、能書家の父行成が書額の功による加階を息子に譲っている。無論、位階の譲与は父子間に限らない。

⑩大納言正二位源重光［年七〇］、辞所帯大納言職、譲婿納言伊周任権大納言［年一九］（権記・正暦三年（九九二）八月二八条）

⑪正三位藤原朝臣実成（左大臣譲）、正四位下源済政（北方譲）（小右記・長和二年（一〇一三）九月十六日条）

⑫右近中将兼隆辞退・兼綱任左中将、蔵人頭［兼隆譲、中将兄］（小右記・長和五年（一〇一六）正月十二日）

⑩は源重光が大納言職を婿の伊周に譲った例で、官職を譲る少ない例の一つである。正暦三年には道隆が摂政になっており、道隆―伊周父子の全盛期で、重信は自らの大納言を婿に譲ることによって、一家の繁栄を狙っていたのであろうが、道隆の急死と伊周の失脚で泡と消えたのである。⑪藤原道長・源倫子夫婦がそれぞれ藤原実成と源済政に加階を譲ったという記録であるが、これは中宮行幸の賞による道長、倫子の加階である。道長が実成に譲ったのは、その時実成が中宮権亮の職を兼任していたからであろう。源済政は雅信の孫で、父時中は道長の正妻倫子の異母兄弟である。オバからオイへの譲与である。⑫は兄弟間の譲与である。藤原兼綱と藤原兼隆は同母兄弟で、父は故関白道兼である。兼隆は参議従二位右権中将伊予権守であったが、中将の職を辞退し、弟兼綱の蔵人頭就任を実現させた。これらの記録から、十世紀以降、官位、官職の譲与が多く行われたことが了解されよう。無論こういった官位、官職の譲与は父子間に限ったことではなく、舅婿間や兄弟間および親族間の譲与も見られるが、父から子への官位の譲与が一つの慣例となっていったことは確実に見てとれる。このような譲与が行われた背景には、官位・官職を軸にした父子一体観が確立したことがあったと思われる。言い換えれば、官位・官職こそ父子間の繋がりであった。この意味では、長和五年（一〇一六）に藤原道長が摂政太政大臣になり、その翌年に頼通にその職を譲与したのは、職を通じた父子間の直接継承の始まりと見てよかろう。これまでの摂政家の継承―冬嗣から良房、基経、忠平、師輔、兼家、道隆、道兼を経て道長へと続く継承は、少なくとも父から子へ直接譲る形ではなかった。兄弟間に長幼の秩序原理が機能したものの、基本的には諸要因によって事後的に高官になった者が父の摂政を受けることになっていた。しかし、道長が摂政太政大臣を頼通に譲ったことによって、摂政という職も王権と同様に父から子へと伝えられるようになっ

たのである。なお、頼通以降の継承を見ると、頼通子藤原師実が承保三年(一〇七六)に摂政になってからは師実—師通—忠実—忠通—基実という父子一系の継承になり、父子間の地位の継承が固定したあと、皇室の後見役の大小による影響が後退し、直接の後見役でなくても父子という理由で継承できるようになったのである。(41)十三世紀に成立した『愚管抄』(一二二一年成立)になると、摂政の職を「代々の例この職は父の譲を得候てうけ取候」とあるように、摂政の職は父から直接受け継ぐものと明言されるようになったのである。

五　日記の伝承

最後に、「父子相伝」のもう一つの形である、日記の伝承を挙げておきたい。ここで取り上げる日記は、殿上日記、外記日記など公的な職務日記ではなく、官僚個人が記したもので、一般に公卿日記と呼ばれているものである。このような私的な記録がはっきり姿を現したのは平安期以降である。私的な記録と言っても、その内容は主に朝廷の儀式や行事に関するものである。藤原忠平の日記が最も早いものといわれているが、その原本は伝わっていない。現在流布しているのは忠平の長男実頼による『貞信公記抄』である。(42)忠平が二十八歳の延喜七年(九〇七)から死去する前の年の天暦二年(九四八)までの間の記録で、主に朝廷の儀礼に関する内容である。起筆は何時なのか定かではないが、延喜七年といえば、公卿の首班は忠平の兄の時平で、忠平は従四位上右大弁侍従備前権守であった。入内した同母妹の穏子に生まれた皇子がすでに皇太子に立てられており、時平、忠平兄弟は母方の後見役として殿上にいた。この時期からすでに公の職務について記録をつけていたことから、忠平の、政治家としての鋭い感覚と才能が窺える。忠平は公の年中行事、典礼儀式を熟知することが彼の政治地位を固める上で重要な意味を持ったものと考えられる。

息子達にも儀式行事の知識を伝えようとした。息子師輔が自分の日記『九暦』に「（父忠平の）教命時々雖承、愚拙之身自以忘失歟、但至于承覚略書之」と記していることから、父親の忠平が屢々知識の伝授を行っていたことが確認できる。師輔のみならず、ほかの息子達にも同じく教育を施したのであろう。忠平の婿である源高明の『西宮記』にも貞信公記からの引用が多いが、桃裕行によれば、原本ではなく、実頼の抄出本からの引用である(43)。忠平の日記が長男実頼の手に渡ったのであろう。実頼自身の日記は養子の藤原実資の保管となっていたことが『小右記』の記述によって分かる。ただ、実頼の日記はすでに散逸し、今日に伝わっていない。『小右記』によれば、実頼の日記は公任に貸し出し期間中、火事にあい焼失してしまったという(44)。しかし、全部ではないにしても、その一部が実資の『小右記』や公任の『北山抄』によって継承され、伝えられている。実資が様々な儀式典礼に関して実頼の日記を参照しつつ、方々からの諮問に答えていたことは『小右記』の所々の記述によって窺える。平安貴族社会において、儀式や行事の先例は一種の権威性を有しており、先例を熟知する者は有能と見なされたのである。無論日記に記されている儀式、行事の知識の利用は直系の子孫に限定されないが、日記の保管は一般に父子相伝の形が取られていた。男子がいない場合は、娘の所生の男子への譲与も可能であった。実資は、小野宮並びに荘園、財産などすべてを娘千古に譲ったとしても、官文書、累代要書、御日記などは除外していた。「女子若産男子與彼、暫不定充」と、娘に男子が生まれたら譲ろうと決めていた。『宇津保物語』にも似た話がみえる。俊蔭は娘に秘琴の技を伝授したが、文書、日記類に関しては娘に渡さなかった。「文書のことは、わづかなる女子知るべきにあらず、二、三代の間にも後出でまで来ば、そがためなり」と、娘に生まれる男子のためにとっておくと遺言に記している(45)。先述したように、公卿日記内容は公事が主である。男性官僚が公の世界で必要とする知識なので、日記の父子相伝はむしろ自然の成り行きであるが、男子がいない場合は、女系の子孫の手に渡すのに当時の貴族達はさほど躊躇していなかったようである。『小右記』の原本が最終的に誰に渡ったのかは不明であるが、養子資平が長元三年（一〇三〇）から実資に借りて書写していたことが分かる[46]。息子達、養子達が父親また養父の日記を懸命に収集し、自分の手元に保管しておこうとしていたことが印象的である。このことは、日記は単に官僚に必要な知識を身につけるためのみならず、父系の正統を受け継ぐ主張をするための手段にもなったことを示しているのではないか。桃裕行によれば、これらの公卿日記は、小野宮流や桓武平氏の高棟王流は「日記の家」といわれて重んじられた。こうして諸家の日記をあわせ写すことが多くなり、日記を書写して故実先例に資することが公家の一つの任務となった。嫡子以外の子孫は嫡子から借りて写すことによって、先祖の日記を利用していた[47]。先述したように、公卿日記には個人身辺の日常のことも記されているが、公の行事や儀式に関する記録が主である。官僚として知っておくべき知識を個人的に記録し、それを子孫に残す行為は、蔭位制と同様に、間接ではあるが、官位・官職を軸に行われた父子相伝の方法の一つと理解されるべきであろう。

おわりに

中国の資蔭制比較、父系制導入の過程における蔭位制の位相と意義について、以下のように纏めることができる。

第一に、唐の資蔭制に認められる父系直系的関係は、父系継承の樹立を目指していた古代日本の支配層の意図に合致し、日本の官人制に導入されたが、両者の持つ歴史的意義は異なる。唐の資蔭制は、魏晋南北朝の世族化、大族化の全盛時代を経た後の産物である。門地の高さ、伝統の長さを重要視する九品中正制に対し、資蔭制は現役高官の特典として、中正制の世襲的要素を温存しながら、そこに父系集団の原理が働きすぎないように、直系関係に限定し、律令国家の官人体系の秩序の中で管理しようとする狙いが込められていた。それに対し、日本古代の蔭位制は、父系継承を樹立する目的のもとで導入された新制度である。嫡庶制に結びつけられ、承蔭＝承家＝父系継承と解釈されたところに日本の蔭位制の特徴がある。蔭位制は外来の父系原理を直系的父子継承に変換できる格好の方法であり、直系的父系制の着地点であり、始発点であった。

第二に、唐の資蔭制と日本の蔭位制の、官人登用法における位相が異なる。漢代の任子制度から唐の資蔭制、さらにそれ以降の史的変遷を見て言えることは、資蔭制は察挙、科挙制と併用されながらも、あくまで副次的な登用法であった。資蔭による出身と察挙、科挙による出身との間には差がつけられ、その後の昇進とは必ずしも連動していない。一方、日本の蔭位制は官人登用の主要な方法であり、その後の昇進コースと密接に連関していた。蔭位制の制度そのものは父祖の特典を享受することで、あくまでも間接継承であるが、最初からいくつか重要な変化を加えられていた。唐制の資蔭制に比べて、叙位される年齢が若く、叙位される位階が高い。階層が高ければ高いほど昇進コースが早く、その結果父子間の官位の間隔が小さく、父子間の官職の継承が容易なものとなった。さらにその後の昇進の差異によって官人の出身コースはほぼ固定化し、摂関家では十一世紀初頭に直接継承を果たした。この意味では、日本の蔭位制は一官人登用法に止まらず、職を軸とした父子継承の形成、各階層の固定化を促す重要な働きを持つ制度である。

第三に、父子兄弟間の爵号、官位・官職の譲与は、古代中国にも古代日本にも行われたが、それぞれ特徴を持っている。中国では兄弟間の爵号譲与が多いのに対し、日本の平安時代に行われた譲与の多くは父子間の位階譲与であった。このことは、蔭位制によって、職を軸とした父系継承の観念が発達し、官職、官位を通じて形成された父子共有意識、一体観を示したものと理解すべきであろう。
　最後に、平安時代の公卿日記は公的記録とは別に官僚個人が書き留めたものであるが、官僚個人の身辺事情の記録よりも、公の儀式行事に関するものが主であった。公的な職務を私的に記し止めて、さらに子孫に伝えることについては、様々な解釈が可能であるが、父系継承の視点からみれば、父子の間に職を軸とした父子相伝の一つの形として捉えられる。

注

（1）資蔭制をめぐる両国の相違に関しては、牧英正の「資蔭考」（大阪市立大学『法学雑誌』二―一、一九五五年一月）、野村忠夫『律令官人制の研究』（吉川弘文館、一九六七年）などの研究が挙げられる。
（2）混乱を避けるために、本書では、基本的に、「蔭位」の語で統一するが、中国に関する記述では、「任子」、「資蔭」を用いる。
（3）晋書巻二十六食貨志に、「蔭人」の数に関する規定が見える。官品の高低に応じて、衣食客（雑役）、佃客（小作人）などの労働力を保有する基準が決められていた。
（4）牧注（1）前掲論文。
（5）野村注（1）前掲書四二〇頁、四六〇頁。
（6）長山泰孝「古代貴族の終焉」（『続日本紀研究』二一四号、一九八一年四月）。
（7）尾崎陽美「律令官人制における蔭位制の本質」（『日本史研究』四一八、一―二一、一九九七年六月）。
（8）学制と官人登用の関係に関する研究に、桃裕行「官吏への道」（『平安京』日本歴史シリーズ三、世界文化社、一九六九年、但し筆者が見たのは『上代学制論攷』桃裕行著作集二、思文閣出版、一九九三年のものである）、林陸朗「蔭と貢挙との関係」（『続日本紀研究』七―五、一九六〇年六月）、野村忠夫「官人出身法の構造―慶雲三年二月十六日格をめぐって―」（『律令官人制の研究　増訂版』吉川弘文館、一九七〇年）、岩澤豊「律令官人の出身と大学寮」（『国史談話会雑誌』二十六号、一九八五年）、仁藤敦史「蔭位授与制度の変遷について」（『歴史学研究』五九二号、一九八九年、のち『古代王権と官僚制』臨川書店、二〇〇〇年所収）、久木幸男『日本古代学校の研究』（玉川大学出版部、一九九〇年）、野田有紀子「学令にみえる大学の一側面」（『延喜式研究』十六号、一九九九年十一月）、古瀬奈津子「官人出身法からみた日唐官僚制の特質」（池田温編『日中律令制の諸相』東方書店、二〇〇二年）、尾崎陽美「律令国家と学制―官人出身法における大学就学―」（『日本歴史』一―十八、二〇〇二年十二月）などの論考が挙げられる。

（9）蔭位制と旧来の族制の関係性に関する研究に、大塚徳郎「令制有位社の氏族構成の変遷」（『日本歴史』三三〇号、一九七五年十一月）、宇根俊範「律令官人制と貴族」（『史学研究』一五五号、一九八二年一月）、吉田孝「律令時代の氏族・家族・集落」（『律令国家と古代の社会』岩波書店、一九八三年）、池田久「蔭位制の再検討」（『皇学館論叢』十六―四、一九八三年八月）などの論考がある。

（10）服虔は「以父任為郎」について、子は父の保任によって郎となる、と解釈している。

（11）成祖明「郎官制度与漢代儒学」（『史学集刊』第三期、二〇〇九年五月）。

（12）閻歩克『察挙制度変遷史稿』（遼寧大学出版社、一九九七年）二五頁、同氏の『中国古代官階制度引論』（北京大学出版社、二〇一〇年）一七〇頁。

（13）「閥閲」の語は、もともと功労や経歴を言うが、後漢中頃から門第、家柄を指すようになった。

（14）宮崎市定『九品官人法の研究』（同朋舎、一九五六）三六九頁。

（15）『南斉書』巻二十二列伝第三豫章文献王傳。

（16）『梁書』巻三十五列伝第二十九蕭子恪傳。

（17）『隋書』巻二十六百官上。

（18）宮崎注（14）前掲書一一四頁。

（19）本編第一章で述べたように、蔭位制を継承法と見なす最も典型的な解釈として『令集解』所引の『古記』の見解が挙げられる。『古記』は「承重」という言葉について、「謂説二祖父之蔭一承継也」と解釈している。

(20) 但し、中国の文献に、資蔭の年齢について明文で記されたのは、後代の元になる。果たして唐以前、唐、宋も同じかどうか定かではない。一方養老令では二十一歳となっており、大宝令も同文と推定されている。和銅八年(七一五)の霊亀改元の詔には「五位以上の子孫年廿以上者、宜授蔭位」とあり、叙位の年齢がさらに引き下げられた。

(21) 牧注(1)前掲論文。

(22) 宇根注(9)前掲論文。

(23) 本書第一編第二章を参照されたい。

(24) 高橋秀樹「平安貴族社会の中の養子」(『中世の家と親族』吉川弘文館、一九九六年)を参照されたい。高橋によると、十一世紀以前に多いのは祖父が孫を養子に取るケースで、十二世紀以後は弟など同世代の者を養子に取るケースが多くなった。

(25) 資蔭の特典に嫡庶の区別が書き入れられたのは元代以降である。本編第一章注(38)を参照されたい。

(26) 野村注(1)前掲書四六一頁。

(27) 古瀬注(8)前掲論文。

(28) 六位から八位の嫡子は「位子」といい、無位無官の者は「白丁」という。位子にも一定の条件下で出身の特典を受けられ、その他に課役の一部免除、大学への情願入学などを受けられるが、五位以上子の特典との間に格段の差があった。

(29) 土田直鎮「奈良時代における舎人の任用と昇進」(『歴史地理月報』三、一九五一年)。

(30) 野村注(1)前掲書四六一頁。

(31) 加納宏志「九世紀における蔭位制の実態的考察」(『金城学院大学紀要』六号、一九八二年)。

(32) 昌泰三年と長保三年の公卿補任に基づいて作成した。極官はその人物が生前到達した最高官位・官職を記している。贈官を入れないことにした。

(33) 位階の譲与は当時では「譲爵」というが、中国の文献に出てくる「譲爵」と混同しやすいので、原文引用以外に、「位階譲与」と表現する。

(34) 『公卿補任』昌泰三年(九〇〇)の記録には、藤原忠平が「従四位下藤忠平(廿一) …二月以三木譲与叔父清経朝臣」とある。

（35）『南斉書』巻五十五列伝第三十六孝義に、呉達之が郡の主簿の官職を兄に譲ることが見える。また『梁書』巻四十七列伝第四十一孝行に、劉曇浄が孝行で以て海寧令に任じられたが、兄に譲ったことが記されている。
（36）『小右記』は天元元年（九七八）から書かれたらしい。しかし、現在では天元五年（九八二）から長元五年（一〇三二）の間の記事しか残っていない。
（37）『権記』は、正暦二年（九九一）から寛弘八年（一〇一一）までの記録が残されている。
（38）小右記永観二年（九八四）十月十五日条にも同じことが記されている。「傳聞、昨日有両三輩叙位云々、左大将（藤原朝光）加階譲子息（藤原登朝）云々」という。
（39）『小右記』永延二年三月二十八日条。
（40）藤原朝光が息子登朝に加階を譲ったことは『小右記』にも見えるが、日にちが合わない。
（41）服藤早苗「摂関期における「氏」と「家」」（『日本古代の政治と文化』青木和夫先生還暦記念会編、吉川弘文館、一九八七年）。服藤は皇室と親族関係にない忠実が摂政になったことについて、「すでに摂関の官職が摂関家の家業となり、父子継承が承認されていたことは確実である」と指摘している。
（42）この抄出本十巻からなっていることは『後二条師通記』の記録によって判明できる。『後二条師通記』寛治四年（一〇九〇）十二月八日条に、師通が父師実から貞信公記抄十巻と実頼による目録二巻と借りたことが記されている。
（43）桃裕行『古記録の研究上』（思文閣出版、一九八八年）七五頁。
（44）『小右記』長和四年四月十三日条。
（45）新編日本古典文学全集『宇津保物語2』蔵開上、四八三頁。
（46）『小右記』長元三年九月十九日条に「十九日、己巳、六ヶ年暦記遣中納言許、以有消息」とある。
（47）桃注（43）前掲書、二十三頁。

第三章　家業と父系的継承

はじめに

「家業」という語には、諸橋轍次編の『大漢和辞典』によれば、家の職業、先祖から伝えられた職業の意と、家の財産と門閥の意の二つがある。「事家業」（家業を事とす）、「躬勤家業」（躬ら家業に勤《はげ》む）でいう家業は前者の意、即ち生計を立てるための生業、わざを指し、「家業本貧」（家業は本貧し）、「家業張減」（家業が張減す）「家業富盛」（家業は富盛なり）などの表現でいう家業は後者の意である。人間は働くことによって生計を立て、財産を築く。生業の職業も築かれた財産も、世代を超えて継承されていけばその家の家業となる。「家業」という語は生業の意に止まらず、それによって蓄積された家財をも指すゆえんである。「家業」は日本語にも中国語にも用いられているが意味の相違が見られる。日本の文献上で「家業」の語が最初に現れるのは『続日本紀』である。

①比来百姓例多乏少、至二於公私不レ弁者衆。若不二矜量一、家道難レ存。望請、比年之間、令下諸国毎年春初出レ税、貸二与百姓一、継二其産業一、至二秋熟後一、依レ数徴納上（中略）望請、限二養老二年以前一、無レ論二公私一、皆従二放免一。庶使二貧乏百姓、各存二家業一（続日本紀・巻八）

②官人百姓、不レ畏二憲法一、私聚二徒衆一、任レ意双六、至二於淫迷一。子無レ順レ父、終亡二家業一、亦虧二孝道一。因レ斯、遍仰二京畿七道諸國一、固令二禁断一。（続日本紀・巻十九）

①は、養老四年（七二〇）三月十七日に奏上された太政官奏である。年来百姓の生活（家道）が困窮し、公私の負担に耐えかねる者が多くいる。その生計（家業）を維持させるために、正税の稲を出して人々に貸与し、その生業（産業）を継続させ、秋の収穫後に、貸与した数量に応じて徴収する。また、稲の負債を負っている者には、養老二年より以前を限度に、公私の別なく、すべての債務を免除する、という。②は、天平勝宝六年（七五四）十月十四日に出された勅令であり、京畿七道諸國で流行っている双六を禁止する内容である。禁止の目的は賭博による生活基盤（家業）の破綻を避けることである。二例とも「家業」が生計の意に用いられているが、家財の意味合いがより強い。しかし、平安時代以降「家業」は多くの場合、専門・特技の意に用いられるようになった。

③（紀田上）家業二武芸一、才華興聞、至二於従レ政、不レ失二民心一（日本後記・巻二十三・逸文）

④永直者右京人也。本姓讃岐公。讃岐寒川郡人。幼歯二大學一、好讀二律令一。性甚聡明。一聴暗誦。弘仁六年補二明法得業生一。兼二但馬権博士一。数年之後。奉試及第（中略）長子時人傳二父業一、改二姓和氣朝臣一。少女為二光孝天皇更衣一。生二源皇子舊鑒一。（三代実録・巻六）

⑤峯嗣者、左京人也。父出雲朝臣廣貞、長二於醫師一、官為二正五位下信濃權守一。淳和太上天皇龍潛之日、令下二峯嗣一侍中春宮藩邸上、峯嗣自申請。欲レ継二家業一。仍補二医得業生一（三代実録・巻十七）

③は『日本後記』天長二年（八二五）四月十三日条に見える紀田上《きのたがみ》の卒伝である。紀氏は大化前の時代から軍事面の功績を挙げ、律令時代に入ってからも武官を輩出した氏であった。④は『三代実録』貞観四年八月十五日条にみえる、明法博士讃岐永直《さぬきのながなお》の卒伝である。その長男時人が父の明法学を受け継いでいたことが「傳父業」と記されている。⑤は『三代実録』貞観十二年（八七〇）三月二十日条にみえる菅原峯嗣《すがわらのみねつぐ》の卒伝である。峯嗣は父の医学を受け継いで、

医得業生に補された、とある。このように、「家業」また「父業」の語が武芸、明法、医学などといった、比較的に新しく形成された学問・特技の、父子間の伝承を指すのに用いられている。さらに中世になると、「家業」は特定の家に継承される所領・所職を指すようになる。特に『玉葉』、『吾妻鏡』、鎌倉遺文など中世の文献においては殆ど所領・所職を指すことになった。

> ⑥件所領所職等、云生西重代相伝、云将軍家之御恩賜、知行無相違、然嫡男左衛門尉朝長在生時、譲与之処、早世畢、然朝長子息之中、以五郎長村立嫡男、可令相継家業之由、平生之時令計置畢、仍任其趣、為長村嫡々相承、件所領所職等、云重代相伝証文、云将軍家代々御下文、調度之、以所譲与也、但生西一期之間、可進退知行也、於没後者、任譲状、無他妨、長村可令領掌知行之状、所譲渡如件（鎌倉遺文・寛喜二年二月二十日小山朝政譲状案）

右の⑥は平安末期から鎌倉初期の武将小山朝政が寛喜二年（一二三〇）に書いた譲与書である。朝政は「重代相伝」の所領・所職を一旦、嫡男朝長に譲与したが、朝長の早世により、朝長が生前嫡子と決めた長村を家業の後継者として、彼に受け継がせた。所領・所職というのは、土地の知行権と収益権であり、様々な経済的な利益が付随されるものである。小山朝政の譲与書にある「家業」は、世襲化された職業の意味である。このような収益が内包された官職が[1]、直系的に父子間[2]で継承できるようになったことは、公務の私有化を意味する。逆の言い方をすれば、家業の公職化・機構化である。この「家業」の特質は、中国語の用法と比較すればより鮮明になる。滋賀秀三が中国と日本の「家業」の意味の相違について次のように指摘している。

> 我が国において、家は世代を超えて一定の業を営むところの、ないしは恩給・俸禄とひきかえに奉仕するところの、広い意味で一個の企業体ともいうべきものであったという点に、家業の概念の特質が在するのであり、これ

に相当するものは帝政中国には殆んどどこにも求めることができない。「家業」という熟字そのものは中国語にも存在する。しかし、その際の「業」の字は、必ずしも「わざ」を意味するとはかぎらず、むしろ「わざ」ではなくして、「不動産」を意味する場合の方が多い。つまり「家業」とは普通は家産の意味である。もちろん、家の「わざ」という意味で「家業」の語が用いられることもないわけではない。後漢書に、郭氏一族について、法律学をその「家業」と称しているなどがその例である。そして事実郭氏からは多くの法律家が輩出している。しかし、これは：同族による特技保持の一形態にほかならない。わが国において明法家の代々の当主が明法勘文を奉ることを職としたのと、同日に論ずべき事柄ではない。(3)

滋賀の指摘によれば、「家業」は日本では主に「わざ」の意に用いられ、中国では主に「家財」の意に重点が置かれている。これは恐らく両国語にある「家」の概念の違いによる相違であろう。日本語で言う「家」には、「実質的意味における家のほかに、形式的に思惟されたる家の観念」(4)が存在していることは多くの研究者が言及するところである。一方、中国語で言う「家」は、基本的に血縁関係によって結ばれた家族ないし親族を指す言葉である。滋賀が日本の家業について言及した時には時代を特定していないが、日本古代、中世の文献の用法も滋賀の指摘を裏付けるものである。実際、家業＝所管・職掌というのは研究者、特に中世研究者の間では共通認識になっている。佐藤進一は、『法曹至要抄』や『明法条々勘録』などの法書にみられる、家業のためなら律令をやぶることも許されるとする家業優先の法理に注目し、その背後には特定の氏族の世襲による官庁業務の独占が存在していたと指摘している。(5)佐藤が問題にしている家業とは、明らかに職掌のことである。佐藤の研究は中世社会の家と官制を考える上では大変重要であるが、政治史の立場からなされたものであり、家族・親族的側面に関する言及は少ない。一方、中国語の家業の用法となると、少し説明を要する。確かに明清の法律文書に用いられた家業の使用例の多くが「家産」の意であり、[6]現代中国語においても主として「家産」の意に用いられている。従って、滋賀の指摘は決して誤りではない。しかし、古代中国の正史、特に『漢書』、『後漢書』の記述に目を転ずると、家業の語が学問や特技の意に用いられる例が多いことに気づく。[7]滋賀秀三も特技を家業とする例として、『後漢書』にみえる郭弘氏一族を挙げている。郭氏については後述するが、この種の「家業」は郭氏一族のみならず、ほかにも多く記述が見られる。『漢書』や『後漢書』の古代日本に与えた影響の大きさから考えても、見逃すことのできない問題である。両者の関連性を究明することは、滋賀が指摘した日中両社会の家業観の違いを理解する前提となる。本章では、まず『漢書』、『後漢書』を中心に、古代中国の家業の概念と用法を明らかにした上で、平安時代の紀伝道文人の家業に関する言説を取り上げて分析する。紀伝道文人を分析対象とした理由は、古代中国と日本の文化交流史における彼らの役割が極めて大きかったからである。彼らは中国の『史記』、『漢書』、『後漢書』などといった史書に精通しており、学生に伝授するほかに、朝廷や高層貴族主催の詩宴などに参加した。また各種の書物を編纂し、天皇の侍読、上流貴族の代筆活動などの文筆活動を展開した。彼らの活動は、単に文学にとどまらず、中国の父系的イデオロギーを日本に伝えるという重要な役割を果たした。最も興味深いことは、彼らは家業の継承を高らかにたたえ、率先して学問の世襲化を実現した人々でもあったことである。ここで紀伝道文人の詩文に見られる家業観念について考察し、彼らの家業観の特質と歴史的意義を明らかにし、さらに平安後期から中世へ移行していく歴史の中で各階層の職の世襲化との関連性について述べたい。

一　官人登用制度と学問

①学問の意の「家業」の用法

周知の通り、中国の周王朝は封建社会であった。その政治形態は父系の宗族制を基盤にしているのが特徴である。嫡子相続を中核に据え、血縁関係を紐帯に政治秩序が構築された社会であった。嫡子相続が基本であるので、政治地位は世襲的に受け継がれていた。いわゆる世卿世禄制である。しかし、春秋以降からこのような血縁関係を基盤とする政治体制も行き詰まり、新たな政治のあり方が模索されていた。秦では中央集権が強化され、それに相応した官人選考法も考案された。「不世官、守、相、令、長、以他姓相代、去世卿、大夫、士」（『漢旧儀』）という方針から、秦の官人登用法の狙いは世襲政治の打破にあることを知ることができる。すべての権力を皇帝に集中させるために、秦王朝は、世襲制のみならず、父子同居も禁止し、さらに言論自由の温床となる私学も禁止した。それが儒生の反発にあうと「焚書坑儒」のような極端な手段で鎮圧した。秦代の政治改革と学問に対する禁制に関してはここで触れないことにするが、秦の「不世官」の原則は漢にも継承され、それ以降の各時代の官僚制の基本となった。漢王朝は、諸学を禁圧しようとする秦王朝の強権政治と異なり、諸学の力を国家の公的秩序の中に組み込もうとした。それは、漢高祖の「賢士大夫有肯従我游者、吾能尊顯之」[8]や、漢文帝の「舉賢良方正能直言極諫者、以匡朕之不逮」[9]といった漢初の天子達の詔書から見ても明らかである。このような賢良方正の士を招致することが制度化されたのは漢武帝の時代である。武帝が即位した建元元年に「詔丞相、御史、列侯、中二千石、二千石、諸侯相、挙賢良方正之士能直言極諫之士」[10]という詔書を出して、察挙制（選挙制ともいう）を本格的に実施し始めた。「察挙」のほかに、辟召（天子または官府による直接招聘）、任子（父祖の身分による子孫が任官上の特典）、納貲（財力で官を買う）などの出身法も併用されていたが、中でも「察挙」と「辟召」の二つが最も重要である。「察挙」には「孝廉」、「茂才」、「賢良・方正」、「文学」、「明経」、「兵法」、「陰陽災異」などの科目があり、その分類基準は必ずしも明確ではないが、儒学尊重の学者的官僚と法令重視の実務的能吏の選抜がその主眼であった。[11] 特に儒学尊重の武帝や元帝の時代には、儒学者が多く登用された。

①及今上即位、趙綰、王臧之屬明儒學、而上亦鄉之、於是招方正賢良文學之士。（中略）及竇太后崩、武安侯田蚡為丞相、絀黃老、刑名百家之言、延文學儒者數百人、而公孫弘以春秋白衣為天子三公、封以平津侯。天下之學士靡然鄉風矣。（史記・巻一二一・儒林列傳）

②自武帝立五經博士、開弟子員、設科射策、勸以官祿、訖於元始、百有餘年、傳業者寖盛、支葉蕃滋、一經說至百余万言、大師衆至千余人、蓋祿利之路然也。（漢書・巻八十八・儒林傳）

この二つの記述から、漢武帝の時代に大きな転換が見られたことを知ることができる。一つは儒学のみが尊重され、儒学者が政界に進出するようになったということである。黄老術を好む竇太后の死去を契機に、儒学以外の学問が退けられ、儒学者を重用することになった。中でも公孫弘のような、一介の書生から『春秋』の学問を以て三公の位に達し、平津侯に封ぜられた者が出現したことで、天下の学士が奮い立ち、学問を修める風潮が高まった。もう一つは公的教育機関が設けられたことである。官学は周王朝にも設けられたが、周王朝の滅亡とともに廃止された。春秋戦国時代は私学の隆盛期で、中頃戦国時代の斉に官私合同の「稷下学宮」が出現したものの、統一国家の官学として設置されたのは武帝期の時である。官学には儒教の五つの経典を教授する「五経博士」が置かれ、それを学習する学生が集められた。このような儒学重視の政策が学問の世界にもたらした影響は大きく、儒学経典をめぐる註釈はますます細分化され、煩瑣になった。武帝から百年経った漢平帝の元始（西暦一年）の頃には、儒学の一つの経典に関して「百余万言」となり、大師が千余人にも上る、という異常な繁栄ぶりに至った。このような儒学の隆盛は蓋し「祿利之路」によるものだ、と班固が評している。要するに、学問は単なる知識ではなく、官途に就く重要手段になったわけである。

③自孝武興學、公孫弘以儒相、其後蔡義、韋賢、玄成、匡衡、張禹、翟方進、孔光、平當、馬宮及當子晏咸以儒宗居丞相位、服儒衣冠、傳先王語、其醞藉可也…（漢書・巻八十一）

右の記述は、漢武帝以降の、儒宗から大臣（丞相、宰相）に成った儒者に関する記述である。中でも公孫弘、蔡義、匡衡、翟方進らはみな貧しい家の出身で、学問一つで栄達を遂げた人々である。儒者のみならず、于定國のように法律の学問と実務的能力を以て大臣まで上り詰めた人物もいる。[12] ここで注目したいのが韋賢・韋玄成父子、平當・平晏父子である。父子ともに大臣に上ったのである。『漢書』韋賢伝によると、韋賢の五世祖韋孟は楚元王及びその子夷王、孫王戊の三代の傅《ふ》である。韋賢本人も「兼通禮、尚書、以詩教授、号称鄒魯大儒」ということで博士として徴《め》された。昭帝に詩経を進授することもあり、宣帝の時に「先帝師」と尊敬され、本始三年（前七五）に丞相となった。韋賢には四人の子がいる。

④長子方山為高寝令、早終。次子弘、至東海太守。次子舜、留魯守墳墓。少子玄成、復以明經歴位至丞相。故鄒魯諺曰：「遺子黄金滿籯、不如一經。」玄成字少翁、以父任為郎、常侍騎。少好學、修父業…以明経擢為諫大夫（中略）及元帝即位、以玄成為少府、遷太子太傅、至御史大夫。永光中、代于定國為丞相。（漢書・巻七十三・韋賢傳）

おそらく韋賢の四子はともに父に儒学を学んだと思われるが、その中でも韋玄成が優れており、父親と同じく丞相になったことが特筆されている。韋玄成の経歴をみると、初叙任は「任子」の特典を用いて郎官となり、後に「明經を以て」諌大夫に抜擢され、その後父の爵位を継承し、河南太守、未央衛尉を経て、太常になった。一度党友の罪によって免官されたが、後に復官し、元帝の永光年間（前四三〜前三九）にはついに丞相に上った。特典である任子制度や、父の爵位の継承が彼の仕途に有利に働いたのは確かであるが、丞相にまで上り詰めたのは、やはり彼が学識のある実力者だからであろう。「修父業」とは父親の明経の学問を継承したことを言うが、学問が黄金などの財産よりも重要だと認識されていたことが、当時魯の地方に、「子に黄金を滿籝遺すよりも、一経を遺すことに如ず」、という諺があったことから窺える。一方平當父子に関する記述を見ると、

⑤平當字子思、祖父以訾百萬、自下邑徙平陵。當少為大行治禮丞、功次補大鴻臚文學、察廉為順陽長、栒邑令、以明經為博士、…哀帝即位、徵當為光祿大夫諸吏散騎、復為光祿勳、御史大夫、至丞相。（漢書・巻七十一・平當傳）

とある。大行治禮丞、大鴻臚文學といった官職から、平當は若い時から学問を以て出身したことが分かる。後に察挙を受け、明経を以て博士となり、哀帝即位後、光祿勳、御史大夫を経て丞相に至った。その子平晏も父親と同様に「以明經歴位大司徒、封防郷侯」とある。父子が同じ丞相になった例は韋賢と平當ぐらいであるが、彼らの例から、学問—この場合はいわゆる「儒術」の明経である—が父子間で伝承され、それが官界における栄達を遂げるための武器であったことが知れる。そもそも学問の伝承は孔子が七十二人の弟子に伝授するように、血縁関係に限定されることはなく、出身と繋がる必然性もない。しかし、学問が一旦官人になる手段になった以上、その手段を子孫の代まで保持させたいと思うのも自然の人情である。一方、人材を招致する側にも名士の子孫を求める傾向がある。『史記』

賈生傳に、漢文帝時代の政治家かつ文学者の賈誼の子孫に関する記述が見える。賈誼は優れた才能の持ち主で、文帝の時には最年少で博士になったが、周りの讒言によって左遷され、不遇と失意の中で亡くなった。武帝は即位すると、さっそく賈誼の孫二人を特別に登用した。

⑥孝武皇帝立、挙賈生之孫二人至郡守、而賈嘉最好學、世其家、與余通書。至孝昭時、列為九卿。(『史記』巻八四賈生傳)

二人の孫はいずれも郡守に上った。その一人の賈嘉は最も学問を好み、その家業を継ぎ、昭帝の時に公卿に至った。「世其家」というのは、家即ち父祖の学問を伝えたことを言う。このような父祖から子孫へ伝わる学問の伝承が存在したからこそ、漢武帝がその家の子孫を求めたのであろう。『漢書』の儒林傳では儒学の五経のそれぞれの継承経路について紹介されているが、その中にある「傳子孫」、「家世傳業」の記述を拾ってみると、次のようになる。

【易経】①梁丘賀：賀以筮有應、繇是近幸、…至少府。…傳子臨、亦入説、…臨代五鹿充宗君孟為少府。②士孫張：為博士、至揚州牧、光祿大夫給事中、家世傳業。

【尚書】①伏生：伏生孫以治尚書徴。②歐陽生：授倪寛。…寛授歐陽生子、世世相傳、至曾孫高子陽、為博士。高孫地餘長賓以太子中庶子授太子、後為博士、論石渠。元帝即位、地餘侍中、貴幸、至少府。③陳翁生：信都太傅、家世傳業。④夏侯勝：其先夏侯都尉、從濟南張生受尚書、以傳族子始昌。始昌傳勝、…勝傳從兄子建。⑤孔霸：以帝師賜爵號褒成君、傳子光、亦事牟卿、至丞相。

【詩経】①韋賢：治詩、…至丞相。傳子玄成、…後亦至丞相。玄成及兄子賞以詩授哀帝、至大司馬車騎將軍。②伏理：家世傳業。

【礼経】①徐生…以頌為禮官大夫、傳子至孫延、襄。②慶普……傳族子咸。③徐良…家世傳業。④橋仁…為大鴻臚、家世傳業。

【春秋】①王中…為元帝少府、家世傳業。②瑕丘江公…傳子至孫為博士。③尹更始…傳子咸及翟方進、琅邪房鳳。咸至大司農、方進丞相、自有傳。

それぞれの経典の学派に「家世傳業」の傾向が現れている。記述にある人物の多くが宣帝・元帝（前七十三年～前三十三年）頃に生存していたことから、(13)武帝期（前一四〇年～前八八年）に制度化した才覚重視の官人登用法が一つの刺激となって、宣帝・元帝の頃に、次第に学問の家業化が形成されたのではないかと考えられる。家業継承者の到達した官位も明記されているのは儒林伝のみではなく、歴史記載の一形式ともいえるが、そこには仕官志向の強かった当時の学問観が見て取れる。『後漢書』になると「傳父業」、「傳家業」の用例が一気に増える。

（耿弇）父況字俠游、以明経為郎…弇少好學、習父業…弇兄弟六人皆垂青紫。（巻十九・耿弇傳）

（鮑永）父宣、哀帝時任司隷校尉…永少有志操、習歐陽尚書。…昱（鮑永子）、少傳父学（巻二十九・鮑永傳）

（郎顗）父宗字仲綏、学京氏易…（郎顗）少傳父業、兼明經典。（巻三十六・郎顗傳）

（陳元）父欽、習左氏春秋…元少傳父業。（巻三十六・陳元伝）

（賈逵）九世祖誼、文帝時爲梁王太傅…父徽、從劉歆受左氏春秋…逵悉傳父業。（巻三十六・賈逵傳）

（宋意）父京、以大夏侯尚書教授…少傳父業。（巻四十一・宋意傳）

（徐防）祖父宣、爲講学大夫…父憲、又伝宣業…防少習父祖学。（巻四十四・徐防傳）

（袁安）祖父良、習孟氏易…安少伝良学…安子京、敞習孟氏易…（京）子彭…少傳父業。（湯）少傳家業（敞）少傳易

經教授。（巻四十五・袁安傳）

（陳寵）曽祖父咸、成哀間以律令為尚書…（父）躬爲廷尉左監、早卒。躬生寵、明習家業。…子忠字伯、傳家業。（巻四十六・陳寵傳）

（崔駰）高祖父、歴四郡太守…駰…年十三能通詩、易、春秋。博学有偉才、盡通古今訓詁百家之言、善屬文。少游太学、與班固、傅毅同時齊名…子瑗…盡能傳其父業。（巻五十二・崔駰傳）

（楊震）八世祖喜封赤泉侯・高祖敞・昭帝時爲丞相、封安平侯・父寶…習歐陽尚書…震少好學、受歐陽尚書於太常桓郁…少子奉…議者以爲能世其家…子衆、亦傳先業（巻五十四・楊震傳）

（孔昱）七世祖霸。昱少習家学（巻六十七・党錮傳）

（劉寵）斉悼恵王之後也…父丕、博学、号為通儒…少受父業、以明經挙孝廉。（巻七十六・循吏列伝劉寵傳）

（李郃）父頡、以儒学称、官至博士、郃襲父業、遊太学。（巻八十二上・方術列伝李郃傳）

右に羅列した「家業」に関する記述には、いくつかの共通点が見いだせる。まず、これら列伝に上がっている人物の父祖はほとんど儒者的官僚であるが、その子孫が受け継ぐ「父業」や「家業」は専ら学問を意味している。次に、学問の内容は、歐陽尚書、大夏侯尚書、孟氏易、左氏春秋などとあるように、流派まで詳細に紹介されている。さらに家学の学習開始年齢が若い。一種の文飾の可能性があるが、ほとんど「少傳（受・習）家業」の表現になっており、幼少時から学習を始めるという当時の状況が窺える。崔駰や李郃のような「少遊太学」の学生出身の者もいるが、家業を以て出身した者が多い。

⑦伏湛字恵公、琅邪東武人也。九世祖勝、字子賤、所謂濟南伏生者也。…父理、為當世名儒、以詩授成帝、爲高密

太傅、別自名學。湛性孝友、少傳父業、教授数百人。成帝時、以父任為博士弟子。…建武三年、遂代鄧禹爲大司徒、封陽都侯。…二子：隆、翕…（翕）子光…（光）子晨…（晨）子無忌嗣、亦傳家学、博物多識、順帝時、爲侍中屯騎校尉。（巻二十六・伏湛傳）

⑧鄭興字少贛、河南開封人也。少學公羊春秋。晩善左氏傳、遂積精深思、通達其旨、同学者皆師之…世言左氏者多祖於興、而賈逵自傳其父業、故有鄭、賈之學。…子衆。衆字仲師。年十二、從父受左氏春秋、精力於學、明三統歴、作春秋難記條例、兼通易、詩、知名於世。…永平初、辟司空府、以明經給事中、…建初六年、代鄧彪爲大司農…。子安世、亦傳家業、爲長樂、未央廄令。…及順帝立、安世已卒、追賜錢帛、除子亮爲郎。衆曾孫公業、自有傳。（巻三十六・鄭興傳）

⑨賈逵字景伯、扶風平陵人也。九世祖誼、文帝時爲梁王太傅。曾祖父光、爲常山太守、宣帝時以吏二千石自洛陽徙焉。父徽、從劉歆受左氏春秋、兼習國語、周官、又受古文尚書於塗惲、學毛詩於謝曼卿、作左氏條例二十一篇。逵悉傳父業、弱冠能誦左氏傳及五經本文、以大夏侯尚書教授、雖爲古學、兼通五家穀梁之説。（巻三十六・賈逵傳）

⑦の伏湛は尚書を専門とする家系の生まれで、九世祖伏勝は文帝の時にその名声を轟かせた「濟南伏生」である。『漢書』四十九鼂錯傳によると、文帝が尚書の専門家を求めたところ、元秦の博士であった伏勝しか尚書が分からないと人々がいう。伏勝はすでに九十の高齢に達しており、官吏として登用できない。そこで、文帝が鼂錯を派遣してその学問を学ばせた、とある。その九世孫が伏湛であるから、尚書の学問が父祖から子孫へと長く伝承されたことが分かる。伏湛の父親伏理は成帝に詩経を進授した、当代一流の儒学者である。伏湛も若い時から父の学問を受け継ぎ、数百人に教授していた。彼も任子の特典によって「博士弟子」――太学の学生になったが、その後王莽、更始の時代を

経て、後漢の光武帝の治世に、三公の一つである大司徒となり、陽都侯に封ぜられた。例⑧と⑨は「中世儒門、賈、鄭名學」[14]と併称された鄭興一族と賈逵一族に関する記述である。鄭興は前漢末から後漢初にかけて活躍した、春秋左傳専門の学者である。更始帝の時には諫議大夫、涼州刺史、後漢光武帝の時には太中大夫であった官歴を持つ人物である。その息子の鄭衆は明帝の治世に司空府の辟召を受けて仕官し、章帝の建初六年に大司農となる。鄭興の学問は子鄭衆に継承され、さらに鄭衆の子・鄭安世、曽孫・鄭公業によって受け継がれていった。⑧の記述の中には⑨に挙げた賈逵に関するエピソードが含まされている。鄭興は左傳学の権威であるが、賈逵は「傳父業」—父の学問—を継承したので、左傳学には鄭、賈の二つの流派ができた、とある。そこには二つの血縁グループによる家業継承の流れが見られる。鄭興に始まる家業継承ラインは、鄭興—鄭衆—鄭安世、さらに鄭衆の曽孫である鄭公業へと繋がっていく。一方、前漢の政治家、文学家賈誼を九世祖に持つ賈逵は、父親賈徽の学を継承し、一家の説を立てた。『後漢書』に見られる「傳家業」の記述の特徴は、家の学問の伝統の長さを誇示することである。伏湛や賈逵のような九世祖から述べるのが一つの典型例である。伏湛の場合は九世祖伏勝から伏湛の玄孫伏無忌まで実に十三代に亘る長い家業の伝承となる。「家業」、「父業」、「祖業」といった言葉の用法に注目すると、「傳父業」、「傳家業」、「克守家業」、「克隆家業」、「保全家業」、「紹興家業」などとあるように、継承、保持、発展を意味する言葉と常に一緒に用いられていることが分かる。

② 「傳家業」「傳父業」と一族の連携

漢代は、官人登用の上「不世官」を基本原則としているが、爵位や任子のような特権や特典は温存されている。学問継承の傳家業に比べて、爵号は通常嫡子一人が継承するもので、嫡庶の別によって限定される。任子は漢代においては人数の制限はないが、大抵は初叙任の時に受ける特典で、その後の昇進は本人の実力如何がもっとも重要になってくる。このような限定的な襲爵や任子に対し、学問の伝承としての「傳家業」には制度的制限がない。年齢、嫡庶になどに関係なく一家・一族の中で学問が伝承されていく。本編第二章で取り上げた、後漢の時期に「世習相傳授、東京最盛」(15)と言われるほどの儒宗桓栄の例をここで再度取り上げて考えてみる。

① (桓栄の次男) 郁嗣…郁字仲恩、少以父任為郎。敦厚篤学、傳父業、以尚書教授、門徒常数百人。栄卒、郁当襲爵、上書譲於兄子汎、顕宗不許、不得已受封、悉以租入與之。…子普嗣、傳爵至曾孫。郁中子焉、能世傳其家學。

(後漢書・巻三十七・桓栄列傳)

まず桓栄の爵位は桓郁が継ぐこととなったが、その前に彼は兄とともに任子を利用して郎官になっており、父親の専門である『尚書』の学問を継承し、教授も行っていた。ここには「任子」、「傳家業」、「襲爵」の三つの継承が見られる。桓栄一族のその後を見ると、爵号は桓郁からその嫡系によって受け継がれ、桓郁の二人の息子が任子を利用したが、ほかの子孫は察挙を受けて出身している。「傳家業」という記述はなくても、家業の学問を習得して、出身したと考えられる。爵号は単独継承で嫡子に限定され、任子にも一定の官位の高さと年数の制限がある。両者がいずれも限定的であるのに対し、学問としての「家業」は、父祖の官位の高低や嫡庶の別なく、複数の子孫によって伝承される性格のものである。無論個人の資質に左右される部分も大きい。このような「傳家業」の性格は、世代を超えて伝承され、それによって政治的地位の保持に役立つのみならず、父子兄弟さらにその一族の連携の「横の繋がり」の形成にも役立つものと考えられる。

②夏侯始昌、魯人也。通五經、以齊詩、尚書教授。自董仲舒、韓嬰死後、武帝得始昌、甚重之。…時昌邑王以少子愛、上為選師、始昌為太傅。…族子勝亦以儒顯名。…勝少孤、好學、從始昌受尚書及洪範五行傳、説災異。…勝從父子建字長卿、自師事勝及歐陽高、左右采獲、…為議郎博士、至太子少傅。勝子兼為左曹太中大夫、孫堯至長信少府、司農、鴻臚、曾孫蕃郡守、州牧、長樂少府。勝同産弟子賞為梁内史、梁内史子定國為豫章太守。而建子千秋亦為少府、太子少傅。（漢書・卷七十五・夏侯傳、第四十五・夏侯始昌）

③馮奉世字子明、上黨潞人也。…武帝末、奉世以良家子選為郎。昭帝時、以功次補武安長。失官、年三十餘矣、乃學春秋渉大義、讀兵法明習、…元帝即位、為執金吾。…數歲、為光祿勳。…賜奉世爵關内侯、食邑五百戸、黄金六十斤。…奉世有子男九人、女四人。長女媛以選充後宮、為元帝昭儀、産中山孝王。…奉世長子譚、太常舉孝廉為郎、…隨父從軍有功、未拜病死。譚弟野王、逡、立、參至大官。野王字君卿、受業博士、通詩。…逡字子產、通易。…立字聖卿、通春秋。…參字叔平、學通尚書。…哀帝即位、帝祖母傅太后用事、追怨參姊中山太后、陷以祝詛大逆大罪、…參以同産當相坐、…參自殺。且死、仰天歎曰：「參父子兄弟皆備大位、身至封侯、今被惡名而死、姊弟不敢自惜、傷無以見先人於地下！」死者十七人、衆莫不憐之。宗族徙歸故郡。（漢書・卷七十九・馮奉世傳、第四十九）

④郭躬字仲孫、潁川陽翟人也。家世衣冠。父弘、習小杜律。…躬少傳父業、講授徒衆常數百人。…躬家世掌法、務在寛平、及典理官、決獄斷刑、多依矜恕、乃條諸重文可從輕者四十一事奏之、事皆施行、著于令。…（郭躬）永元六年、卒官。中子晊、亦明法律、至南陽太守、政有名迹。弟子鎮。鎮字桓鍾、少修家業。辟太尉府、再遷、延光中爲尚書。…乃封鎮爲定潁侯、食邑二千戸。…（鎮）長子賀當嗣爵、讓與小弟時而逃去。…鎮弟子禧、少明習

家業、兼好儒學、有名譽、延熹中亦爲廷尉。建寧二年、代劉寵爲太尉。禧子鴻、至司隸校尉、封城安郷侯。（後漢書・巻四十六・郭躬傳）

例②の夏侯始昌は武帝期の儒者で、漢宣帝の治世に夏侯氏の尚書の学問は官学に立てられた。夏侯家の学問は、子、孫、曽孫に伝わるのみならず、族子、従兄弟子といった父系同族内でも伝承されていたことが分かる。例③の馮奉世は前漢元帝の時期の人で、彼が「良家子」として郎官に選ばれたことや、娘を元帝の後宮に入内させたことなどから、大族の出身者だろうと推測される。知識人が学問を以て官界へ進出した一方、旧来の貴族や大族の学問化も進んだと思われる。馮奉世は三十歳の時から春秋を習い、兵法を習ったとある。息子は九人おり、その中で「至大官」の四人について、馮野王は詩（詩経）、馮逡は易経、馮立は春秋、馮參は尚書にそれぞれ精通しているとある。一家の内では一つの経典を父祖から子孫へと伝えるのが常であるが、馮奉世父子はまるで分業のように各経典を一つずつ専門としているのである。これは恐らく「父子兄弟皆備大位、身至封侯」という政治上の父子兄弟の連携プレーに欠かせない手段であろう。例④の郭躬の例はかつて滋賀秀三も注目した事例である。郭氏は明法家の一家で、父である郭弘から郭躬、さらに次世代では郭躬の次男の郭晊と郭躬の弟の男子の郭鎮、さらに次の世代では郭鎮の二人の息子と郭鎮の弟の子の郭禧へと家業が伝えられた。この伝承関係を図で表すと図2になる。この郭氏の例からも、父子、兄弟、さらに兄弟の息子兄弟へと拡大されていく「傳家業」のあり方がはっきりと看取できよう。郭氏の「家業」の伝承について、『後漢書』の編纂者は次のように評している。

郭氏自弘後、數世皆傳法律、子孫至公者一人、廷尉七人、侯者三人、刺史、二千石、侍中、中郎將者二十餘人、侍御史、正、監、平者甚衆。

図2

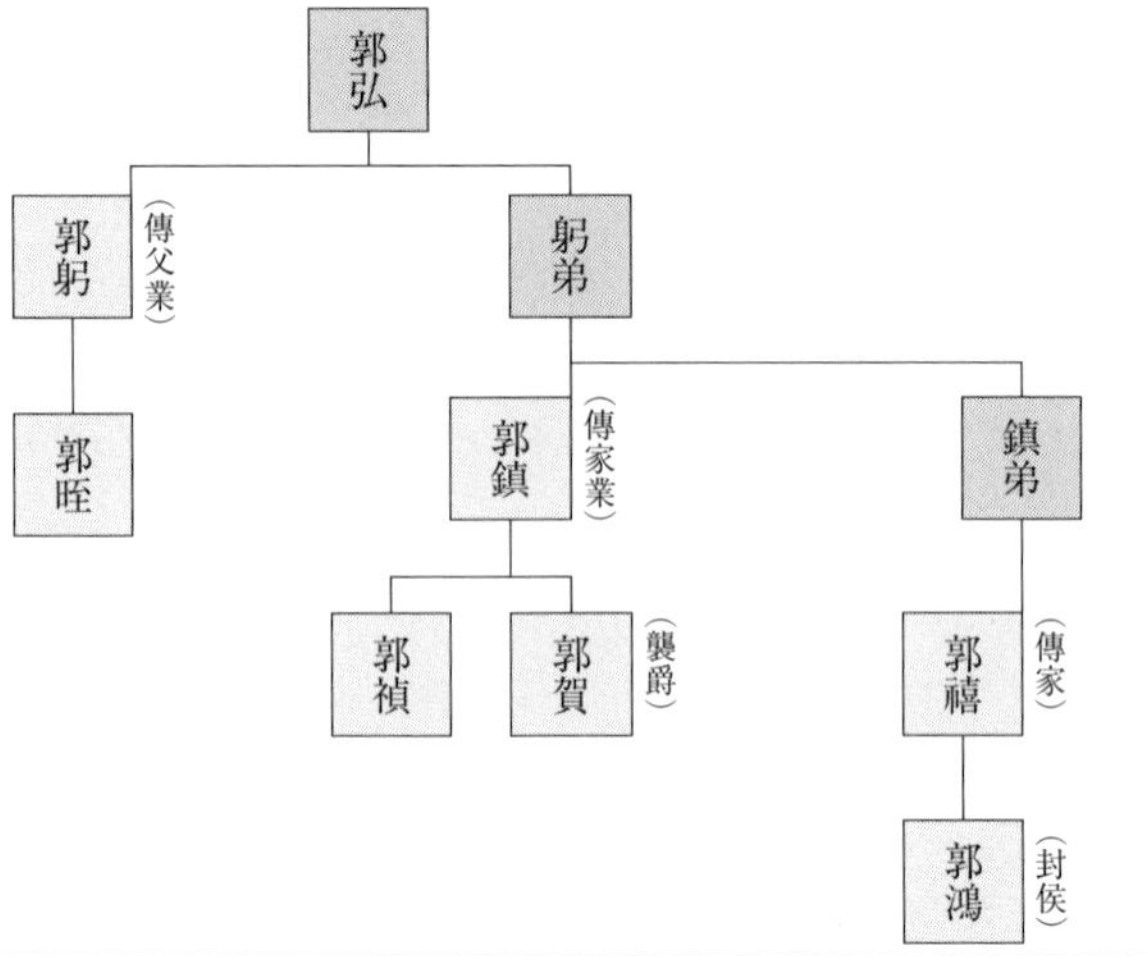

右の「郭氏自弘後、数世皆傳法律」という記述にある「郭氏」が明らかに郭姓の男系一族を指す言葉である点、さらに一族の社会的地位の到達度を官位「至公者—廷尉—侯者—刺史—二千石—侍中・中郎將者—侍御史・正・監・平者」というふうに、具体的な官職名も交えながら、爵号・品秩の高さを基準に羅列している点に留意したい。これは中国の正史によく見られる記述法である。これはある具体的な官職が父子孫によって継承されることに重点が置かれる古代日本の記述法と対照的である。またある人物及びその一族について記す時に、単純に長幼に従い、父の世代から子の世代というものではなく、まず縦的にその人物の祖先、本人の事績、その子孫へと記述が移行し、次は横の関係であるその人物の兄弟、兄弟の子、孫、曽孫へと述べていき、常に父子兄弟のグループを横的に並べるのである。特に大族に関する記述はこのような順序によって述べられる。次の例は典型的である。（人物に付けた数字は記述順を表わしたものである。筆者注）

⑤李崇[1]字繼長、小名繼伯、頓丘人也。文成元皇后第二兄誕之子。…長子世哲[2]、…世哲弟神軌[3]、小名青肫、受父爵陳留侯。…崇從

弟平。[4]…長子奬襲。[5]…子構襲。[6]子丕、[7]有父風、位尚書祠部郎中。丕弟克、[8]…奬弟諧。[9]諧字虔和、幼有風采。…諧長子岳[10]、字祖仁、官中散大夫。…岳弟庶[11]、方雅好學、甚有家風。歷位尚書郎、司徒掾、以清辯知名。…庶弟蔚[12]、少清秀、有襟期倫理、渉觀史傳、兼屬文詞。…蔚弟若[13]、聰敏、頗傳家業、風采詞令、有聲鄴下。坐兄庶事徙臨海。…加儀同三司。…諧弟邕[14]、字脩穆、幼而儁爽、有逸才。（魏書・巻四十三・李崇傳）

⑤の李崇は北魏文成帝時代（四五二～四六〇）の人で、外戚関係により大族化した一族の出身者である。この記載順序には、幾つかの段落がある。図3で示しているように、まず李崇の父子直系グループ（1～3）、「従弟」という親族名称で、李崇従弟の李平の父子直系グループが繋がる。まず李平─李奨の直系（4～8）、次に「奨弟」で再び李平の息子という世代に戻り、李諧の父子直系グループ（9～13）、さらに「諧弟」で李平の息子という世代に戻り、李邕[14]の話に繋がっていく、という記載方式である。必ずしも長幼の秩序によって記されたものではないが、父系の宗族の「親親尊尊」の理念に基づいた記述法といえよう。

このような記載法には、縦横両方向の拡張が見られる。父子兄弟を軸とし、「～弟」「～従弟」、場合によっては、「～族子」などの親族名称で横の関係を記述し、さらにその父子グループという縦の方向の関係をも記述する。ここで想起されるのは、古代中国の研究分野で、後漢から魏晋南北朝にかけて顕著になった大族化（「豪族」、「大姓」とも言う）に関する議論である。[16]「大族」とは「多くの族人があり、多くの隷民を有し、財力が富強で、自己の同族・隷民をも動員し得る可能性を有する」[17]集団を指すが、非血縁関係隷民が含められたとしても、また姻戚関係による複数の宗族の聯合が存在したとしても、[18]大族が父系親を中心に結集され、なんらかの歴史的条件の作用で増強された親族集団であることには変わりない。かつてこのような大族の持つ政治地位と文化伝統の特質が多くの研究者によって指

図3

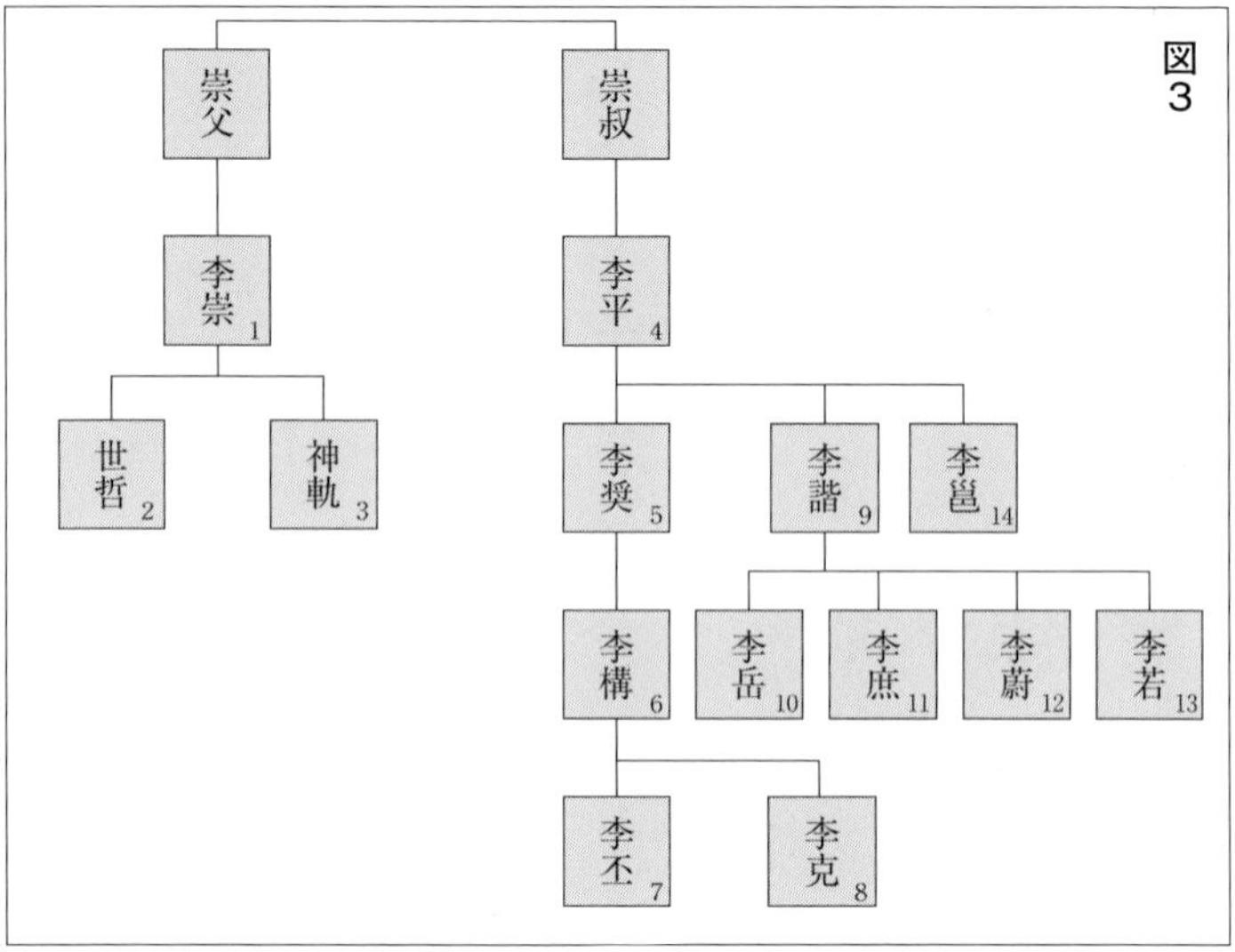

摘されてきたが、家業の継承が文化的伝統の形成の一つの方法であることを忘れてはならない。官界へ進出する手段としての家業は単純に父子間の直系的継承だけではなく、父子兄弟ないし同族の者による一族的な継承行為である。

『漢書』、『後漢書』を中心に、家業の伝承と官人制との関わりを見てきたが、両書における「家業」、「父業」、「家学」といった表現の多くは、学問を指している。もともと私的な学問の伝承は、律令国家の才覚重視の官吏登用法によって、公的な政治世界へ進出する手段となった。家業の伝承は、嫡庶の別や父祖の官位の高さなどの制限と持つ襲爵・任子と異なり、父子兄弟、従兄弟同士さらに一族の中で伝承されるものである。従って、「家業」の伝承は、世代を超えて父祖と子孫の間で政治地位を保持する方法であると同時に、兄弟の連携によって父系一族の政治勢力を拡大していく手段でもある。「家業」の伝承は専門性によっては、同じ官職を一族で多く占めることもみられるが、基本的に一族が長く一つの官職を独占する例は見られない。一方、一族によって家業の伝承の長さ、官位の高さおよび一族の者の「至大官」の人数の多さの誇示に重点が置かれる記述が、時代が下るにつれて濃厚に看取される。このような傳家業と一族の政治地位の高さの誇示から、やがて到来する大族、世族の時代の兆しを見出すことができる。

二　紀伝道文人の家業観

紀伝道とは、古代日本の大学寮の一学科である。紀伝という言葉は本来歴史専門を指すが、後に文学専門をも指すようになった。文学が紀伝と呼ばれた理由は定かではないが、大体十世紀以降、学科名としては「紀伝道」[19]、大学寮で中国の歴史・文学を教える教官は「文章博士《もんじょうはかせ》」、学生は「文章生《もんじょうしょう》」と呼ばれるようになった。大学寮が律令国家の一機関である以上、紀伝道の教官達も国家の一官人であり、同時に外来文化の中国の歴史・文学を日本に紹介するという文化運搬者の役割を担った人々でもある。紀伝道が最初の一小分科から次第に発展し、大学寮の代表たる学科となった背景には、平安前期の漢詩文の興隆があったと考えられるが、その興隆とともに、紀伝道の家業化が進んだ。家業化の徴候が早く見られたのが菅原家、大江家である[20]。菅原道真（八四五—九〇三）の詩文には、「家風」、「祖業」といった言葉が多く用いられている。

偏信琴書学者資　偏《ひとへ》に信ず　琴と書とは学者の資《たす》けなることを
三余窓下七条絲　三余《さむよ》の窓の下　七条の絲
専心不利徒尋譜　心を専《もはら》にすれども利あらず　徒《いたづら》に譜《ふ》を尋《たづ》ぬ
用手多迷数問師　手を用ゐれば迷ふこと多し数《しばしば》師に問ふ
断峡都無秋水韻　断峡《だんかふ》　都《ことごと》く秋水《しうすい》の韻《ひび》きなし

寒烏未有夜啼悲　　寒烏《かんう》夜啼《やてい》の悲しびあらず
知音皆道空消日　　知音《ちいむ》はみな道《い》ふ　空《むな》しく日《ひ》を消《け》すなるなりと
豈若家風便詠詩　　豈《あに》家風《かふう》の詩を詠《ゐやう》ずるに便《たよ》りあるに若《し》かめや
（『菅家文草』巻一）

『菅家文草』にある「停習弾琴」という詩である。琴と書は文人の助けとなるとひたすら信じ、読書すべき余暇の時間に窓の下で七弦琴を習う。心を集中してもうまくいかず、しきりに楽譜を見る。弾いても迷うことが多く、何度も師にたずねなければならない。「三峡流泉」の曲も秋さらさらと流れる水の調べにならず、「烏夜啼」という曲も、烏が亡き親を思って悲しげに啼くようには響かない。友人たちは皆「君が琴を学ぶのは時間の無駄だ」、という。琴を習うことをやめて、家風の学問を勉強しよう、と詠んだ詩である。この詩の中で、琴と詩が対置され、文人の趣味としての琴よりも、本業の詩を詠もうとしている。道真の父親の菅原是善《すがわらのこれよし》も祖父の菅原清公《すがわらのきよただ》も紀伝道の文人で、日頃詠詩の教育を受けていたことが容易に推測されるが、詠詩が個人の愛好や才能を超えて、「家風」即ち家の伝統と認識されたところから道真の家門意識と自負が読み取れる。また、「講書之後、戯寄諸進士」と題した詩もある。

我是煢々鄭益恩　　我《われ》はこれ煢煢《けいけい》たる鄭益恩《ぢやうえきおん》
曽経折桂不窺園　　曽《むかし》折桂《せきけい》を経て園《その》を窺はずありき
文章暗被家風誘　　文章《もんじやう》は暗《ほのか》に家の風に誘はる
吏部偸因祖業存　　吏部《りほう》は偸《ひそか》に祖業存《そげうそん》するに因《よ》る

文章博士非材不居。吏部侍郎有能惟任。自余祖父降及余身　三代相承、両官無失故有謝詞。文章博士は材に非ずは居らず、吏部侍郎《りほうしらう》は能有らばこれ任《にむ》ず。余《わ》が祖父より降《くだ》りて余《わ》が身に及ぶまで三代相承けて、両つの官《つかさ》失へりしこと無し。故《かるがゆゑ》に

謝詞《しゃし》有り

勧道諸生空赧面　勧め道《い》ふ　諸生《しょしょう》空しく面《おもて》を赧《あか》めむより

従公万死欲銷魂　公《こう》に従ひて万死《ばんし》　魂《たましひ》を銷《け》さまく欲《ほ》りせよ

小児年四初知読　小児《せうに》年四つ　初めて読むことを知る

恐有疇官累末孫　恐るらくは　疇官《ちうくわん》の末孫《ばつそん》に累《かさな》ること有らむこと（『菅家文章』巻二）

右の詩は元慶三年（八七九）に文章博士の道真が、後漢書の講書が終わった後、文章生達に寄せる形で詠んだものである。詩の前半は、「私は孤独な鄭益恩と同じように学者の一人息子で、科挙の試験に合格するために庭も見ないで勉強に専念した。文章博士の官職は家柄に導かれた結果で、式部大輔の職も父祖の御蔭による」となっている。ここに引き合いに出された鄭益恩《じょうえきおん》は漢の大学者鄭玄の息子である。「煢煢鄭益恩」の「煢煢」は、七十歳になった鄭玄が息子鄭益恩に家の事を頼んだ時に、「家事大小、汝一承之。咨爾焭焭一夫、曾無同生相依」（『後漢書』鄭玄伝）と嘆いたところに拠ったと思われる。「焭焭一夫」というのは、孤独で、相談できる兄弟もいない一人息子、鄭益恩のことを案ずる親の心境を伝えた表現になっている。ちなみに、鄭玄傳に言う「傳家」は、『後漢書』注によると、家事を子孫に任せることを言い、儒家の礼で言う「七十老而傳」（曲礼）に基づく行為である。「傳家」の「家」は、生活基盤として家の経営と、儒家の子孫として父祖の学問に研鑽することの両方を指すと思われる。この鄭玄の書を意識し、自ら鄭益恩に準えているところに道真の儒学の名門一家の継承者としての意識の強さが看取されるが、道真が言う「家風」、「祖業」は、紀伝道の家学の伝統を指すと同時に、官職の継承をも指していることは見逃せない。むしろどちらかといえば後者のほうに重点が置かれている。「文章は暗に家の風に誘はる、吏部は偸に祖業存するに因る」の

「文章」とは文章博士、「吏部」とは式部大輔の職を指す。文章博士は大学寮の教官職で従五位下であり、式部大輔は式部省の次官で、正五位下相当である。平安期に入ると、式部卿は政治の実務や実権のない親王が任命されるようになり、その次官である式部大輔は紀伝道文人の任命が慣例となった[21]。文章博士も式部大輔も律令国家の公職で、そもそも父子孫という私的関係の中で交代されるものではない。しかし、中国の歴史・文学は外来の知識で、それを身につけた者はごく一部の少数だったことが容易に推測できる。いわば専門知識、特技である。いうまでもなく、このような知識は学習をしてはじめて身につけられるものである。知識の伝授そのものは血縁関係に限らず行われるが、父子兄弟の中で伝授が行われやすいことは先に見た通りである。菅原家は早い時期から、学問の専門性を武器に官職の世襲化を目指した一族である。道真はこの二つの官職を継承できたことを「家風」、「祖業」のお蔭とし、さらに、「文章博士は材に非ずは居らず。吏部侍郎は能有らばこれ任ず。余が祖父より降りて余が身に及ぶまで、三代相承けて、両つの官失へりしこと無し」とわざわざ注を付けて、祖父子三代にわたる文章博士と式部大輔の任官上の継承を誇っている。「三代相承」と「両官無失」は詩のレトリックに止まらず、一種の継承の理想を示しているところに重要な意味を持つ。儒学の領袖の家だけにその発信力は強い。詩の後半の傍線部分は、四歳の息子（高視）が初めて読書を知ったといい、恐らくこの子が家業を引き継ぐだろう、と期待の念を表している。父祖の官職は自分が引き継ぎ、さらに息子に引き継がれていく、家業継承の構図が菅原道真の詩の中ですでにはっきりとした形で浮かびあがっているのである。このような官職を内包した家業観は、道真が小野篁の子孫である小野営に大学寮の入寮を薦めた時に詠んだ詩にも見られる[22]。「菅尚書子寧非我　野相公孫独有君」（『菅家文草』巻二「勧野営住学曹」）と、父祖の職業を冠して自分と相手を「菅尚書子」と「野相公孫」とを称しながら、相手の家業継承の意欲を促しているのである。菅原道真は祖父と自分の三代の連続性に強い意識を持っている。官職のみならず、文筆活動における連続性も示そうとしている。彼は昌泰三年（九〇〇）に朝廷に家集を献じており、その家集には祖父菅原清公の『菅家集』六巻、父親菅原是善の『菅相公集』十巻、及び道真自身の『菅家文草』の十二巻、合わせて廿八巻が含まれている。その「献家集状」で次のように述べている。

：臣伏惟臣家為二儒林文苑一尚矣。臣之位登二三品一、官至二丞相一、豈非三父祖余慶之所二延及一乎。既頼二余慶一、何掩二旧文一。為二人孫一不レ可レ為二不順之孫一焉。為二人子一不レ可レ為二不孝之子一矣。故今献二臣草一之次、副以奉進之。（菅家後集・奏状）

ここで、道真は「儒林文苑」としての家業を強調し、自分が右大臣になったのも父祖の御蔭だとし、父祖の文集を献じることは「孝子」、「順孫」行為としている。学問の継承や官職の継承を孝行と結び付けて解釈しようとするところに道真の紀伝道文人らしい価値観が窺える。このような解釈は、後々官職を軸とした父子継承に一種の正当性を与えることになる。このような家業観は同じ紀伝道文人の大江匡衡《おおえのまさひら》の詩文にも顕著に見られる。大江匡衡（九五二―一〇一二）は十世紀後半から十一世紀前半に生きた紀伝道文人である。道真と比べて、大江匡衡の場合は、しきりに父祖の先例を引いているのが特徴である。

昔延喜天暦二代聖主。各奉二為母后一手二書金字法華経一。我祖江納言以二侍読一作二願文一。今聖上又奉二為東三条院一手二書金字法華経一。匡衡又以二侍読一作二願文一。三代稀有之事。（『江吏部集』以下同）

ここの「三代稀有之事」の「三代」は、菅原道真の言う「三代相承」の意味と少々ニュアンスが異なり、醍醐・村上・一条の三代の天皇を指すと思われる。侍読として三代の天皇の母后のための願文を作成することが稀だと誇っている。大江匡衡が若い時に父重光が死去しているためか、彼の詩文に重光が稀にしか出てこない。彼にとって祖父大江維時は重要な存在である。祖父の期待どおり帝王の師＝侍読になり、また祖父と同様に願文を作成したことは、匡衡にとって重要な意味を持つものであろう。願文作成のみならず、「昔祖父江中納言。延喜聖代奉レ付二両皇子名一朱雀院天皇。天暦天皇。、天暦聖代奉レ付二両皇子名一冷泉院天皇。円融天皇。叔父左大丞奉レ付二当今之名一、江家代々之功大」とあるように、醍醐・村上・一条の三代の天皇の皇子達を名付けたという大江家の功労を強調している。道真が自負した官職の継承ではないが、父祖の先例を踏むこと、即ち伝統を受け継ぐ行為と認識し、誇示している。このような誇示には実用的な目的があった。彼は息子挙周を侍読にするために、醍醐朝の延喜年間に大江千古と大江維時父子二代の白詩文集の侍読、村上朝天暦年間の大江維時と大江斉光父子二代、さらに円融朝天禄年間の大江斉光と大江定基父子の先例を挙げて、息子が侍読になれないことを訴えている。父子二代の侍読という先例はここでは一種の資格となっている。また彼は「請被給穀倉院學問料令繼六代業男蔭孫無位能公状」に次のように書いている。

　菅原大江両氏、建立二文章院一、分別二東西曹司一、爲二其門徒一習二儒學一、著二氏姓一者濟濟、于レ今不レ絶。因レ斯此両家之傳二門業一。不レ論二才不才一。不レ拘二年齒一、菅原爲紀以二七代一應レ擧。其時有二高岳相如賀茂保胤者一、雖レ富レ才不レ争。大江定基以二五代一當レ仁、其時有二田口齊名弓削以言者一、雖レ工レ文不レ競。夫然則累代者見レ重、起レ家者見レ輕。明矣。方今能公聚レ窓之螢、漸照二蠹簡一、過庭之鯉、志在二龍門一。若不二吹噓一何期二成立一。望請蒙二鴻慈一准二前例一、早賜二燈燭之料一、令レ繼二箕裘之業一、不レ勝二懇欵之至一。（本朝文粋・巻六）

ここで言う「両家之傳門業」、「箕裘之業」とは菅原・大江両家が伝える「儒学」を指すが、菅原家が「七代應擧」、大江家が「五代當仁」という家業の長さを数える表現は、孫能公の学問料の申請のためである。「累代者見重、起家者見輕」というのはこの申請文ではマイナスの意味ではなく、累代の家業の重々しさを誇張する目的でのみ用いられている。これも菅原家のほうに先例があり、菅原文時（八九九—九八一）が息子惟熈の学問料の申請をする際に、学問料の起源は高祖父従三位清公朝臣の兄弟四人が給せられたことから始まった、と強調しながら、息子が学問料を受ける正当性を訴えていた。桃裕行によれば、学問料は儒家の子弟にこれを受けるものが多く、儒職の世襲と密接な関係があった(23)。即ち、これは単に給費だけではなく、一つの資格を表している。紀伝道文人にとって、父祖の学問の継承は勿論のこと、父祖の官職を継承することがより重要である。同様に官職を子孫に伝えることも重要で現実な目標である。そのために、彼らは中国の文献にある典拠、表現に拠りながら、学問の家の学識と伝統を強調し、父祖から受け継ぐ官職をさらに子孫に受け継がせていく正当性を主張する。子孫のための学問料の申請のみならず、本編第二章に述べたような、位階の譲与も行われていた。大江匡衡の「再除吏部員外侍郎懐舊有感」には次のように書かれている。

忝傳二祖父貽孫跡一、為レ子辞レ官任二本官一。天暦余風今在レ此。少年莫レ咲雪窓寒。祖父納言為二天暦侍読一之時、辞二所帯式部大輔一、以二男蔵人斉光一任二式部丞一、斉光叙二栄爵一之後、納言還二任式部大輔一、江家再有二此例一、故云。（『江吏部集』）

『公卿補任』によると、大江維時が天徳二年（九五八）に式部大輔を辞して、息子斉光の式部丞就任にさせたとあり、維時が応和三年（九六三）に死去するまで式部大輔に再任した形跡はない。ここの「納言還任式部大輔」の根拠は定かではないが、ここにも祖父の先例に価値を見いだそうとする大江匡衡がいた。祖父と同じように一度息子のために式部大輔を辞してまた再任した感激を「江家再有此例」と表現している。菅原道真と大江匡衡の家業に関する言説から、学問継承の意味が後退し、学問の専門性による父祖と子孫の職の繋がりの意味が大きく前に出ていることを確認できる。彼らは、あるいは祖父―父―子の三代による特定の官職の保持を喜び、あるいは父祖の先例を引き合いにだして、伝統継承の正当性を主張する。学問を武器に社会的地位を高めるという点では中国の官僚学者と同様であるが、相違点も見逃せない。先述したように、中国の学者官僚に関する記録は男系一族による学問の伝統の保持と、それによって高官になった人数に重点が置かれている。それに対し、平安時代の紀伝道文人の家業観において、学問の伝統の保持とともに、父祖と同様の官職に任ぜられることのほうがより重要視されている。官職の継承が家業の継承と等値されていることは特徴的である。このような家業観は、当時各階層に進展していた家業化にある種の正当性を与えていたと考えられる。本編第二章で述べたように、十一世紀前期に摂政の職の世襲化が確立した。律令国家の官庁の再編も十世紀、十一世紀の間に進められた。佐藤進一は、官庁再編の過程において特定の氏族が特定官職に世襲的に就任し、さらには特定の氏族が特定官庁を世襲的に運営する官職・官庁の世襲請負制が生まれたと指摘している。佐藤によると、九世紀から十一世紀の間に、明法博士が検非違使を兼ねることが恒常化、そして算道の小槻氏も十世紀後半から左大史の官職を独占するようになり、明経道の中原氏、清原氏両氏もほぼ同じ時期に官庁の官務、局務の職掌を独占するに至ったという(24)。紀伝道のみならず、明法道、明経道、算道などの諸道においても、専門知識と文筆能力を武器に官庁の実務的ポストを独占していたのである。このような各専門、各階層において職の家業化、世襲化が実現できた前提には、これまでに見てきたような、父祖の職の継承を是認する家業観念、父子または祖孫のような血縁関係を優先する試験制度・推薦制度、さらに特定の専門または特技を持つ人々に業務処理を委ねる制度、いわゆる請負制の確立などの諸要因があったと考えられる。

三　家業と奉公

先述したように、院政期から鎌倉時代の文献において、「家業」は所領・所職を指すのに用いられている。これまでみてきたように、家業化の実現の前提は、専門＝特技による職の独占である。この意味では、中世の武士層に用いられている家業の語は武芸による職の独占、ということができるだろう。ただ、武士層で言う家業は、紀伝道を初めとする諸道に比べて、専門＝特技の意味が薄れて、所領・所職及びそれに付随した利益というニュアンスが強い。家業の継承のあり方を見ても、試験、推薦、人選面の優位性を通じて間接的に父祖子孫の世襲を実現させた紀伝道及び他の諸道の方法に対し、武士の家業は直接譲渡という方法であった。直接子孫に譲与するものだから明らかに私有の性質を帯びている。これは本編第二章でみたような、蔭位による叙位上の特権よりも、また自分の加階を息子に譲与するなどの間接的な方法よりも、直截で明確である。構造的にみれば、源頼朝が諸国守護を朝廷から委託されて、日本最大の軍事組織となったのが鎌倉幕府であるが、武家の棟梁である頼朝と御家人といわれた家臣は強い主従関係で結ばれていた。御家人達はまた、鎌倉幕府に各地の守護を委託されて、一族を率いて鎌倉殿に軍役と公事の負担を持つ、という構造になっている。いうまでもなく委託＝請負関係は実際にはもっと多層的にできていた。職と家業の視点からみれば、朝廷から幕府に、幕府から御家人に委託された守護の職は、父子という私的な血縁関係によって、「家業」として継承されるのである。このような委託関係は、請負制のもとで、ある職掌が特定の氏族に家業として独占されたことと一脈通ずる面を持っていた。この時代になって嫡子制がようやく実質的な機能を持つようになったと言える。先述した武将、小山朝政の例に示されたように、所領・所職は嫡子に譲与するものであった。小山朝政の場合は嫡子が早世したため、再び嫡子を立て、譲与の旨を幕府に申請したのである。一族を率いるのが家督であり、家督は嫡子がなるものである。言い換えれば、嫡子は奉公のために立てられるものである。所領・所職が私有財産のように子孫に分配できるとなると、兄弟間において所領・所職をめぐる争いが生じやすくなることも容易に想像されよう。保元の乱に象徴されるように、父子兄弟間の争いがこの時代から顕著になってきたのは偶然な現象ではあるまい。このような現象は「父子相承の慣例には反するが、変動動揺する時代の現象」[25]と評されるが、公的な官職と私的な家業の関係の進展による現象として捉えることができる。

おわりに

家業という言葉には、（祖先伝来の）生活基盤としての家財の意と生計を立てるための職業・技の意があり、日本語でも中国語でも用いられる。中国の古代文献において「家業」の語の主要な意味の一つは、伝承された家の学問、特技であった。この用法がいち早く日本の文献に取り入れられ、武芸、明法、医学などといった、比較的新しい学問の家の学を指すのに用いられた。さらに中国の歴史や文学に精通した紀伝道文人の宣揚によって父系継承のイデオロギーにも押し上げられていった。彼らの言説を通じて、『漢書』、『後漢書』の用法の流入経路が明らかになったと同時に、その違いも明らかになった。即ち、同じ学問の伝承を指す「家業」であるが、両社会の取り巻く諸条件の相違により、中国語での「家業」は基本的に父祖の学問そのものを指し、儒学の場合はその流派まで記録する特徴がある。家業を傳えるという行為そのものは政治的ステータスの獲得と直接的な関係はないが、栄達をとげる方法の一つにはなる。その伝承範囲は父子兄弟による同居共財の家族さらに一族であり、嫡庶の区別なく継承でき、さらに襲爵や資蔭などと併用される場合が多い。従って、「傳家業」は、父子兄弟さらにその一族の連携を強くするために役立ったものと考えられる。個人の栄達ではなく、その一族から高官に達した人数、世代数が重要視されるのである。

一方、平安時代の紀伝道文人の「家業」には、父子孫という直系的継承を指すことが多いこと、父祖の任ぜられた官職の継承に対する意欲が強いことなどの特徴が見られる。その家業観の中核に据えられたのは職の継承であった。このような官職を内包した家業観は菅原・大江両家の詩文の中にははっきり見てとれる。菅原道真においては父祖の後を受けて文章博士と式部大輔に任じられることが家業を継承する実感となり、大江匡衡においては、祖と自分が醍醐・村上・一条の三代の侍読で、天皇の母后のために願文を書いていることを誇りとしていた。実際、紀伝道は学問を武器に家業化を実現した先駆けでもあった。紀伝道の教官の世襲の出現は他のいずれの学科（道）よりも早く、平安初期にすでに傾向として現れていた。また家業観念の導入に対して紀伝道文人の果たした役割は大きい。彼らの言説は職を中心とした世襲化に一種の正当性を与えた。十世紀、十一世紀を通して、各階層において官職の世襲化が徐々に進展していったが、各階層の家業、家格の形成の経路は一様ではない。蔭位や姻戚の特権を最大限に利用して政治的主導権を手にいれる上層貴族と違って、中下層の貴族や実務官僚層では、実務に必要な文筆などの特技を武器に、特定の職を家業化し、父子間で伝えていこうとした。さらに一族による職の請負も現れた。十二世紀以降になると、鎌倉幕府のもとで、軍事、治安維持を職業とする武士の家業が出現することに至った。

家業という語に見られるこの差異はあたかも中国と日本の「家」の相違を反映したもののようである。中国語での家業という語において家財に重きが置かれた理由の一つに、父子兄弟の同居共財制が挙げられ、それに照応した婚姻形態は娶嫁婚であり、居住形態は夫方居住である。それに対して、日本語での家業という語に「わざ＝職」に重きが置かれたのは、（実際の居住生活、経済生活から離れたところの）官職こそ父子間で継承される客体だからである。「職」を通じて父─子の「系的関係」が形成されてきたことは、これもまたしばしば日本の「家」の抽象性、機構性が指摘された本当の理由である。

注

（1）佐藤進一『日本の中世国家』（岩波書店、二〇〇七年）四七頁。
（2）父子間の継承のほかに、養子、兄弟、叔甥といった男系の中で継承した例も存在している。
（3）滋賀秀三『中国家族法の原理』（創文社、一九六七年）六二頁。
（4）中田薫「中世の家督相続法」（『法制史論集』第一巻、岩波書店、一九二六年）。
（5）佐藤進一「公家法の特質とその背景」（日本思想大系『中世政治社会思想　下』岩波書店、一九八一年）。
（6）滋賀注（3）著書の第一章を参照されたい。
（7）中国の文献において、「家業」は「わざ」と「財産」の両方の用法があり、「家の財産」に用いる場合は、事・営・勤・持・勤・顧といった動詞と結びつき、「家の職業」を指す場合は「傳・修・習・受・興」といった動詞と結びつく傾向がみられる。本章では後者の用法を問題にしている。
（8）『漢書』高祖十一年二月詔。
（9）『漢書』文帝二年詔。
（10）『漢書』武帝建元元年詔。
（11）福井重雅『漢代官吏登用制度の研究』（創文社、一九八八年）四四頁。
（12）漢書巻七十一于定国傳。
（13）具体的には、梁丘賀・梁丘臨父子、韋賢・韋玄成父子、張仲方、歐陽生、倪寛、歐陽高、歐陽地余、夏侯始昌、夏侯勝、夏侯建、孔覇、孔光、伏理、徐延、夏侯敬、徐良、橋仁、王中などの人物が挙げられる。

(14)『後漢書』巻三十六。
(15)『後漢書』巻七十九上儒林列傳。
(16) 陳嘯江「魏晋時代之『族』」(『中山大学史学専刊』第一巻第一期、一九三五年)、楊聯陞「東漢的豪族」(『清華学報』第十一巻四期、一九三六年)、宇都宮清吉「漢代豪族研究」(『中国古代中世史研究』創文社、一九七七年)、唐長孺「東漢末期的大姓名士」(『魏晋南北朝史論拾遺』中華書局、一九八三年)。
(17) 宮崎市定『九品官人法の研究』(同朋舎、一九五六年)三頁。
(18) 特に前漢末に見られる、王莽政権に反旗を揚げた士族の親族集団は父系宗族のみならず、姻戚関係や門人など複数の集団が内包されたものである。
(19) 律令導入の当初から設けられた学科ではない。養老令・学令では、「明経」、「算道」、「書道」が設けられたが、神亀五年(七二八)には文章博士設置され、承和元年(八三四)に紀伝博士が廃止され、文章博士二人に増やされた。「紀伝」という言葉は本来歴史専門を指すが、後に文学専門も「紀伝」という名で呼ばれるようになった。本稿で言う「紀伝道の文人」とは、文章博士か文章生のような中国の歴史・文学を専門とする文人である。
(20) 桃裕行『上代学制の研究修訂版』(思文閣出版、一九九四年)第三章、単行論文は一九三八年。
(21) 菅原家の場合は、道真が自負しているように、菅原清公(嵯峨朝)、菅原是善(清和・陽成朝)菅原道真(宇多朝)の三代、さらに道真の孫の文時、在躬が任ぜられたことがあり、世襲的な傾向が見られる。菅原家のほかに、紀長谷雄(宇多朝)、三善清行(醍醐朝)、大江千古(醍醐朝)、藤原元方(朱雀朝)、大江維時(朱雀朝・村上朝)、大江斉光(円融朝・花山朝)などいずれも名高い紀伝道の学者である。
(22) 道真の祖父清公は、弘仁中に文章博士、式部大輔となる。父清善は、承和十二年(八四五)文章博士、貞観十二年(八七〇)式部大輔となる。道真は貞観十九年(八七七)式部少輔、元慶元年(八七七)式部大輔となる。
(23) 桃注(20)前掲書。
(24) 佐藤注(1)前掲書。

（25）　平山敏治郎『日本中世家族の研究』（法政大学出版局、二〇〇五年）。

終章

本書は古代日本の婚姻・家族に関する研究である。その内容の大半は著者が近年逐次公表してきた論文であるが、理論的骨格を改めて整理し、その骨格に沿って全体を書き改めたもので、一部は新たに書き下したものである。本書の目的は、比較文化史学の視点から日本古代社会に見られる父系的偏向と母方・妻方的偏向の形成過程とその特徴を明らかにすることにある。ここで簡単な総括をしておく。

第一編「婚姻慣習と漢字表現」

日本古代の漢字文献の理解に関する著者の考えを開陳した部分であるが、婚姻禁忌、親族名称と婚姻慣習の問題を絡めて漢字使用上の取捨選択法について論じた。第一編の考察を通じて、禁婚範囲が大きく、父系と母系の区別や婚前と婚後の区別が明確であった中国の父系社会と異なり、古代日本社会は、禁婚範囲が限定的で婚前と婚後の区別も曖昧であり、結婚開始時より男性が妻家へ通う慣習が長く続いていた。また父母双方のみならず子女双方も比較的に平等に認識する双系的親族観も中国社会のそれと対照的である。両社会の違いは漢型親族名称・婚姻語彙の利用法にも反映される。「庶妹」という語は異母兄妹婚を示す時に、「相聞」、「通」、「歌垣」、「妻問」などの語は訪婚社会の事柄を表す時に用いられ、さらに父系制の産物である五服制は双系的に修正されたことがその好例である。また同じ近親婚や歌垣、訪婚に関する記述でも、『古事記』と『日本書紀』、『万葉集』及び風土記の使用法は一様ではない。その漢字の使い分けから中央と民間、過去と現在の区別意識が明瞭に看取される。第一編の考察を通じて漢字表現による安易な解釈に警鐘をならしている。

第二編「婚姻居住と親族関係」

居住という人間生活の最も基本的で欠くことのできない問題に視点を据えて、当時の社会基層にある婚姻と親族関係を考察した部分である。当時の婚姻に見られる、訪婚、妻方居住、独立居住（妻側提供、夫側提供）という三つの形は併存しながらも、内なる連続性を持ち、段階的に移行していくものである。併存と言ってもその中で中心的な形態が存在し、しかも時代的にその中心は訪婚―妻方居住―独立居住へと変遷していくことが観察される。平安時代の婿取婚には二つの機能があり、一つは訪婚中の夫婦の婚姻関係の安定化、妻方での夫婦同居（妻方居住）を促すことであり、もう一つの機能は新しい（娘の）家族の自立（独立居住のできる状態）を助けることである。婿が妻側の後見を受け、日常生活上では家族の一員とみられ、子供も母の家で育つことから、平安時代の婿取婚下の家族、親族関係には明らかに母方・妻方的偏向が看取される。一方男性は妻の早世によって妻の家から離れなければならず、また妻の家から別の女性への訪婚も可能であることから、完全に妻族化されていないことが分かる。このような、居住形態の緩やかな併存と移行、緩やかな人間関係こそ平安時代の婚姻、家族の特徴として捉えることができる。娶嫁婚の行われた父系制社会と最も顕著な違いは、成年の父子兄弟の同居の不在、花嫁代償の不在であった。

第三編「職と父系的継承」

古代日本の父系の「系的関係」の形成を考察した部分である。律令制度、父系原理の導入の視点から、嫡子制、蔭位制、父子間の家業継承について考察して判明したのは、古代日本の父系の形成に官人制が大きく関わったことと、父子継承の「家」は同居共財の「家」ではなかったことである。父系の正統を継承する上で最も重要と目される嫡子は、蔭位、戸籍、財産相続など律令制で推進できる局面に用いられた。即ち、中国では父系宗法下の嫡子制であったが、古代日本では律令制下の嫡子制であった。この違いは古代日本の父系の「系的関係」の人為的、抽象的性格を示唆するものである。成年父子兄弟の同居共財、父系出自集団が不在であった古代日本社会において、父系の「系的関係」は律令制、特に官人制を媒介に形作られた部分が多い。特に蔭位制は、「承蔭＝承家」という継承観念の樹立に重要な意味を持つ制度である。「蔭」の継承はあくまでも間接的なものであるが、やがて職を軸とした父子継承が各階層で形成された。文章博士のような漢学を特技として、父子孫の何世代も同じ職を独占する、いわゆる家業化を図るのはその典型例である。「職」を軸とした父系継承の「家」はその出発点において、父系社会で言う実生活に裏付けられた「家」と異なり、ある種の抽象性を持っていたのである。

三編十章を設けて、勉強して得られた見解を述べてきたが、すべて中間報告のようなもので、読者のご批正を乞う次第である。今後の課題として以下のように考えている。

父系の「系」を最も端的に表しているものに、父姓制、嫡子制が挙げられよう。父姓制については、賜姓、改姓などの問題と絡んでおり、本書ではこれを取り扱う力量は十分ではないため、今後の課題となった。古代日本の嫡子制も平安後期から中世にかけて質的な変化を遂げていった。中世における嫡子制と父系制の関連性、家業の問題は本書では深く触れることができなかったが、今後引き続き究明していきたい。

本書の構想に新たな示唆を与えてくれたのは、中国西南部の少数民族の婚姻に関する研究や東南アジアの双系社会に関する研究である。中国西南部に住む摩梭人社会では、訪婚が広汎に行われている中で、娶嫁婚の結婚式を挙げて独立居住婚に入る家庭が増えたという報告に接して、その多様さに驚く反面、訪婚社会における母方オジの働きや父子関係に照らして、古代日本の婚姻は母系婚ではないという確信を持つに至った。またタイなどの双系社会の居住において、娘夫婦が隣接居住を行う地方もあれば、息子夫婦が隣接居住を行う地域もあることを知り、同じ双系社会と言っても、それぞれの社会的、歴史的条件によって異なると認識を深めることができた。より柔軟な、より分析的な観察法が必要であると痛感している。

今後は他の双系社会との相似点と相違点に注意しながら、古代日本の双系社会の解明を続けていきたい。

あとがき

平安文学の背景にある貴族の婚姻慣習の研究を始めてから、早くも二十何年ほどの月日が流れた。その間『平安貴族の婚姻慣習と源氏物語』が公刊され、今年で十五年目になる。当初は『源氏物語』に描かれている貴族の多妻の地位は婚儀で決まるものかどうかという素朴な疑問から始めた研究で、あくまでも平安文学を理解するために取り込んだのだが、法制度と慣習、漢字と仮名、家族と居住形態、継承と官人制度などの問題に関心が次第に広がっていったのである。振り返ってみると、筆者が取り上げてきた問題の多くは、もともと関連性があり、問題を掘り下げていくうちに、自然に広がっていったと思われるのである。貴族の妻達の地位を考えるだけでも、女性達の親の権勢、結婚開始時の婚儀の有無、結婚後の居住形態、子供の有無など多くの問題に直面せざるをえない。文学研究に止まらず、歴史学、社会人類学の研究成果を踏まえなければ到底究明できないものである。本書が各学問間の垣根を越えて、古代中国との比較を通じて行うという方法を取ったのも、学際的な視点から古代日本社会の婚姻や家族の問題を捉えてみたいという筆者の願望に発している。

お茶の水女子大学の大学院助手の任期を終えて、名古屋大学の国際言語文化研究科に勤務するようになってからすでに十年経っている。仕事の傍ら五、六年をかけて、自分の中でなお疑問として残っている、律令の導入と婚姻慣習の問題について書く計画であったが、研究は遅遅として進まず、頓挫してしまった時期がある。これは著者の不勉強によるものであるが、門外漢として日本古代史や社会人類学の分野の研究をかじるのは容易ではなかったのも一因である。当初の予定より倍以上の時間がかかってようやく一書に纏めたのが本書であるが、今読み返してみても、自分の未熟と短慮を思い知らされるばかりである。しかしながら古代中国との文化交渉を視座に据えて、両社会の比較を通じて古代日本の双系制の特徴を浮き彫りにしようとする本書の試みは、未熟であっても意義がある、と筆者なりの自負もなしとはしない。本書は元来文学あるいは歴史学という専門性にこだわっていないので、古代日本の婚姻、家族に関心を持たれる読者に読まれ、ご批判ご叱正をいただきたいと切望している。

このように一書に纏めるまでには何回も投げ出したくなることがあったが、そのたびに励ましてくださり、続けていく意欲を呼び起こしてくださったのは恩師の平野由紀子先生である。本書の原稿を書き終えたときに真っ先に読んでくださったのも平野先生であった。前著と同様に、この著書が公刊できたのも、ひとえに先生の叱咤激励の賜物である。院生時代から今日に至るまで、先生の懇切なご指導と暖かい励ましを賜わったことについて、この場を借りて、心から御礼を申し上げたい。名古屋大学名誉教授の前野みち子先生にも御礼を申し上げたい。日頃文化研究に関する議論から多くの示唆をいただいた。私の研究の話を聞いてくださり、励ましてくださったのも前野みち子先生である。また、名古屋大学の院生鈴木梓さん、楊悦さん、劉菁菁さんには本書の校正でお世話になった。ミスの多い文章を根気強く見てくださったことに感謝したい。

出版を快諾してくださった風間書房には一方ならぬお世話をいただいた。外国人が日本語で書くことの困難さを理解してくださり、遅遅として進まない原稿の校正に辛抱強く付き合ってくださった風間敬子社長、編集部の皆様には厚く御礼を申し上げたい。

最後に、長年私を理解して、支えてくれた家族に感謝したい。特に高齢の両親を献身的に世話してくれている弟夫妻に深く感謝したい。家族の理解がなければ、本書は到底世に出ることはなかったと思う。

なお、本書は独立行政法人日本学術振興会平成二七年度科学研究費助成事業（科学研究費補助金）（研究成果公開促進費・学術図書15HP5083）の交付を受けて公刊したものである。その内容は、主として二〇〇五年～二〇〇七年、二〇〇九年～二〇一二年度に交付された科学研究費補助金（基盤研究C）の二つの研究によるものであり、一部は現在進行中の研究（二〇一三年度～二〇一七年度に交付された科学研究費補助金・基盤研究C）による成果であることをここに記す。

二〇一六年一月

胡　潔

索引

凡例

一、本索引は事項索引と研究者名索引の二つに分類している。
二、事項索引は、学術用語、歴史上の人物名、史料名、事項などについて、必要と判断したものを採録した。
三、用語が同一頁に二回以上出てくる場合は特に注記しない。
四、本索引は五十音順に配列したものである。

事項索引

た

な

は

研究者名索引

あ

か

さ

た

著者略歴

胡　潔（Hu Jie）

1956年　中国上海市に生まれる
1983年　上海外国語学院日本語・アラビア語学部卒業
1983年９月　上海大学国際商業学院日本語学部専任教員
1995年　お茶の水女子大学修士課程修了
1999年　お茶の水女子大学博士課程修了。博士（人文科学）
お茶の水女子大学大学院助手、研究員を経て、
現在、名古屋大学大学院国際言語文化研究科教授

著書・論文

『平安貴族の婚姻慣習と源氏物語』（風間書房、2001年）、「『河海抄』の妻妾論について」（『中古文学』第64号、1999年11月）、「白詩和平安文学的女性形象」（『日本語学習與研究』第６期、2008年12月）、「古代日本の婚姻形態と妻妾制の導入」（『東アジアの結婚と女性』勉誠出版、2012年）

律令制度と日本古代の婚姻・家族に関する研究

二〇一六年二月二五日　初版第一刷発行

著　者　胡　　潔
発行者　風　間　敬　子

発行所　株式会社　風　間　書　房
101-0051　東京都千代田区神田神保町一―三四
電　話　〇三―三二九一―五七二九
ＦＡＸ　〇三―三二九一―五七五七
振　替　〇〇一一〇―五―一八五三

印刷　藤　原　印　刷
製本　井上製本所

NDC 分類：210
ISBN978-4-7599-2121-2　Printed in Japan